Cordial hommage

DICTIONNAIRE AMOUREUX DES LANGUES

CLAUDE HAGÈGE

DICTIONNAIRE AMOUREUX DES LANGUES

Dessins d'Alain Bouldouyre

Plon/Odile Jacob
www.plon.fr

COLLECTION DIRIGÉE PAR
JEAN-CLAUDE SIMOËN

La liste des ouvrages
du même auteur
figure en fin de volume

Alphabet extrait de
Fancy Alphabets,
édité par The Pepin Press
www.pepinpress.com

ISBN : 978-2-259-20409-5

Ce livre doit beaucoup à l'aide
et aux heureuses suggestions
de Septiani Wulandari,
à laquelle je le dédie.

PRÉFACE

Les *Dictionnaires amoureux* de Venise (Philippe Sollers), de la Russie (Dominique Fernandez), de l'Opéra (Pierre-Jean Rémy), de la Grèce (Jacques Lacarrière), de l'Espagne (Michel del Castillo), de l'Amérique (Yves Berger), pour n'en citer que quelques-uns de cette même collection, procurent une intense vibration. Tout comme eux, le *Dictionnaire amoureux des langues* n'est pas une encyclopédie, mais une promenade sentimentale. Son propos n'est donc pas de tout dire sur les propriétés magiques ou insolites de beaucoup de langues, sur les situations surprenantes de certaines autres, jadis ou aujourd'hui, sur telle ou telle langue qui comble de merveilles l'imagination et le cœur de passion. Les langues ne sont pas un sujet bien circonscrit comme ceux qu'abordent ces autres ouvrages de la collection. Les langues sont l'univers.

Ce livre n'est pas un dictionnaire amoureux du langage comme faculté définissant l'humain, ni de la langue comme système de signes en général, ni de lalangue (oui, en un seul mot) comme instance lacanienne qui sous-tend, figure et exprime, les pulsions de l'inconscient. Non que ces notions et ce qu'elles recouvrent ne puissent inspirer l'amour. Mais c'est des langues, en tant qu'êtres vivants, changeants et multiples, que l'on va raconter ici les chatoiements et les fascinations. Les langues, cependant, ne sont pas seulement écrites. Elles sont aussi, peut-être surtout, parlées. Le *Dictionnaire amoureux des langues* ne peut pas faire entendre, aux oreilles qui n'en ont jamais été frappées, toutes les productions sonores offertes, dans les sociétés les plus diverses, par le jeu infini des organes producteurs de sons.

Mais les langues ne sont pas seulement des agencements de sons. Elles sont aussi de géniaux dispositifs à produire du sens, au moyen de formes soumises à des règles, et ordonnées en phrases. Ce miracle est assez pour qu'on s'en puisse éprendre. Mais d'autres dimensions rendent les langues aimables : leur fascinante diversité, leur rôle social, leur utilisation pour convaincre, informer, ordonner ou aimer, leur statut d'enjeu des luttes qui sont conduites ici et là pour l'affirmation d'une identité ou d'une solidarité nationale, leurs histoires tourmentées, souvent violentes, leur précarité de faits culturels menacés de déclin, sinon d'extinction. Et beaucoup d'autres aspects encore. Il faut bien que l'on se résolve à y faire des choix. Si ceux qui sont faits dans ce qui suit paraissent arbitraires, tous autres le seraient autant. Du moins mes choix peuvent-ils donner une idée de ce qu'est, et de ce qu'implique, l'amour des langues.

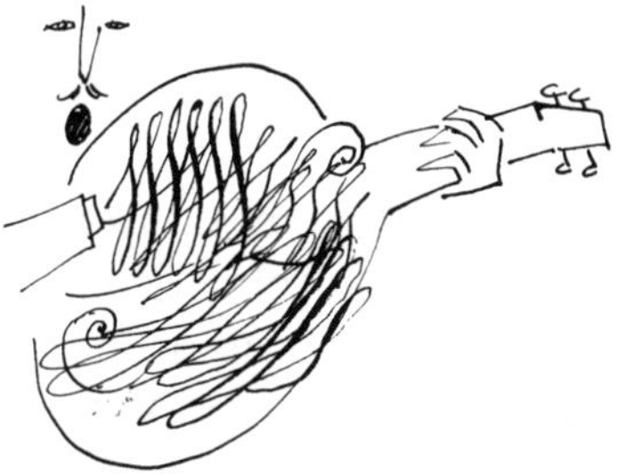

NOTE SUR LA PRÉSENTATION ET LES TRANSCRIPTIONS

Les familles des langues sont indiquées entre parenthèses à leur première mention, et données de nouveau dans un Index final. Les notations des mots entre crochets sont celles de l'Alphabet phonétique international : *e* est la voyelle de *crée*, *ɛ* celle de *mère*, *ɔ* celle de *col*, ə (écrit « ø » en danois, « ö » ou « ő » en hongrois, etc.) celle de l'article *le*, *æ* ou *ä* une voyelle plus ouverte que *ɛ*, mais moins ouverte que le [a] de l'article français *la* ; *ɑ* ressemble à ce même [a], bien qu'il soit plus profond, avec les lèvres légèrement arrondies, comme dans l'anglais *car* ; *I* est la voyelle de l'anglais *fit* ; le ı (sans point) des exemples en turc, ailleurs noté ɯ, ou *ɨ*, est un *i* prononcé avec rétractation de la langue vers l'arrière du palais ; ɥ des exemples gallois est un *i* long ; un accent aigu sur une voyelle indique qu'elle est prononcée avec plus d'intensité, ou sur une note plus haute ; les deux points « : » après une voyelle indiquent que celle-ci est longue, c'est-à-dire tenue plus longtemps ; *š* note le son que l'on trouve dans *chat* ; *ś*, intermédiaire entre le *s* de *seau* et le *ch* de *chat*, est un son courant en espagnol d'Espagne ; *ñ* est la consonne (courante dans l'orthographe espagnole) qui correspond à « gn » en français, comme dans « vignoble ».

ɦ est une aspiration légère, contrairement à *χ*, qui note un son semblable à celui de la jota espagnole (ce son étant cependant écrit d'une autre manière, notamment « ch », dans les orthographes latinisées d'un certain nombre de langues) ; pour l'arabe, *q* note un son prononcé plus en arrière que le *q* de *quart*, mais *q* note un *ty* aspiré pour le chinois, qui a une transcription latine officielle (appelée *pinyin*), laquelle utilise aussi *sh* pour noter le même son que dans *chat*, *zh* pour noter *tch* (qu'une autre orthographe, celle du turc, note *ç*), « c » pour noter *ts*, et *i* pour un ə prononcé avec les lèvres plus étirées et plus fermées ; *γ* est un *g* prononcé en laissant passer l'air (mais les traditions des graphies latinisées de diverses langues le notent différemment, par exemple *gh* pour l'arabe et *ğ* pour le turc).

ɹ est la consonne initiale de l'anglais *right*, *ʌ* la voyelle de l'anglais *but*, *ŋ* la consonne finale de l'anglais *doing* ; ʾ note l'attaque glottale que l'on entend en allemand entre le *be-* et le *-arbeiten* de *bearbeiten* « façonner », ainsi qu'au début, au milieu ou à la fin de nombreux mots arabes ; *ʕ* ou ᶜ notent une consonne prononcée par occlusion du pharynx, et typique de l'arabe, ainsi que de l'hébreu dans sa prononciation traditionnelle (et non israélienne) ; *þ* et *ð* notent les mêmes sons que dans les mots anglais *thin* et *that*, respectivement ; *ɓ*, *ɗ* et *ƙ* sont des consonnes glottalisées (voir Exotiques [langues]) à propos du peul). L'astérisque * indique des formes non attestées, mais reconstituées par les linguistes à partir de comparaisons. Dans la traduction littérale entre parenthèses qui suit les exemples et précède une traduction moins littérale, les termes de grammaire sont notés en lettres majuscules.

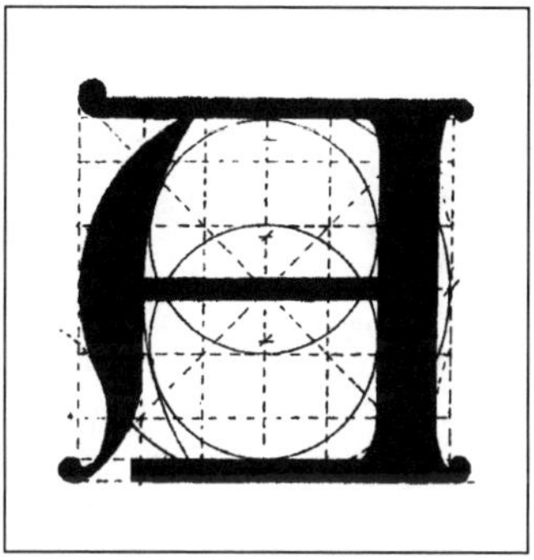

Affects

Ce que suggèrent le bon sens et l'observation sans préjugés, la science paraît bien en voie de l'établir sur des bases plus sûres encore : nos affects ne commandent pas seulement nos réactions aux stupeurs du quotidien, aux impostures d'autrui ou aux événements de liesse. Même les raisonnements humains les plus abstraits, ou qui en ont l'impressionnante apparence, n'ont d'autre terreau nourricier que purement affectif. Ce fondement émotionnel de notre vie mentale, les langues le disent avec autant de grâce que de rigueur. Nous « avons » honte de nos médiocrités, et de même l'espagnol et le portugais disent de ce sentiment qu'il est une chose que l'on « a » (en fait, dans ces langues, quelque chose que l'on « tient »), soulignant, eux aussi, notre étrange nature : nous possédons un affect lors même que nous en sommes possédés.

Mais les langues peuvent prendre un autre parti. Pour exprimer les affects, elles font souvent appel au témoignage des sens. « Entendre », proche de « ressentir » au point que l'italien les exprime par le même verbe *sentire*, se rencontre dans cet emploi, notamment, en haoussa (famille tchadique, Niger, Nigéria, Cameroun), ainsi que dans diverses langues australiennes. Mais c'est surtout « voir » que l'on entend, si je puis ainsi dire : en swahili (famille bantoue, Tanzanie et autres pays d'Afrique australe), on « voit » la honte, et en éwé (famille kwa, Togo et Ghana pour l'essentiel), on « voit » la colère, ce qui n'empêche pas de « voir » aussi le bonheur (manière d'exprimer « être heureux »). Mais en éwé, la honte se « mange », tout comme en chinois mandarin, qui applique cette douloureuse ingestion à d'autres états, puisqu'on y dit « manger aigreur », « manger surprise » et « manger vinaigre »

là où le français dit, respectivement, *souffrir*, *être surpris* et *être jaloux*.

D'autres affects sont dépeints comme des accidents, agréables ou pénibles, dont le théâtre est celui ou celle qui les éprouve. Dans la quasi-totalité des langues de l'Inde, la peur, l'inquiétude, la joie, la déception, la consolation, mais aussi des états physiologiques tels que la soif ou la faim, et même des processus mentaux, par exemple le souvenir et la connaissance, sont traités comme des affects qui viennent frapper un individu.

C'est là ce que nous offrent les somptueuses richesses du hindi, du pendjabi et du bengali (toutes langues indo-aryennes du nord et de l'est de l'Inde), celles, aussi, du tamoul et du kanara (idiomes dravidiens de la vaste péninsule du Deccan, au sud). Les langues celtiques racontent les affects d'une manière aussi crue : l'irlandais dit de la faim (*ocras*) ou de la peur (*eagla*) qu'elles sont « sur moi » (*orm*), redoutable contiguïté. D'autres langues possèdent des suffixes spéciaux, que l'on peut appeler affectifs, pour dire que l'action se dirige vers le sujet, qu'il s'agisse de ce qui lui est favorable, de ce qui l'intéresse, ou de ce qu'il ressent. Tel est le cas du quetchua (Bolivie, Équateur, Pérou, Argentine) (voir Quetchua), où l'on dit :

kusi-ku-nki (être.content-AFFECTIF-tu)
« tu es content ».

Mais ces formulations sont loin d'être les seules attestées. Des langues de contrées et de familles très diverses, comme celles des groupes iranien (notamment le kurde d'Irak et de Turquie, et le pachto d'Afghanistan) ou inuit (voir ce mot), celles du Caucase, des îles de Mélanésie, etc., ont des formes spéciales, associées aux verbes qui signifient « être dégoûté », « être fatigué », « avoir peur », « avoir pitié ». Un cas particulier qui pourra surprendre les Occidentaux est celui des langues dans lesquelles une phrase aussi simple que

mon camarade est malade

ou

cet étudiant est heureux

ne peut pas être proférée sous cette forme directe. Le japonais est une langue de ce type. Pour parler de l'état de santé, ou d'un sentiment, propres à une tierce personne, le japonais, à la suite des mots qui relatent cet état ou ce sentiment, ajoute obligatoirement une formule récusant toute prise en charge. Après une phrase, cette formule est

... *to itte iru* (que disant est)
« il dit que... »

et après un verbe, la formule de l'assignation d'un affect à autrui est

... *gatte iru* (ayant.l'air.de est)
« il a l'air de... ».

Ainsi, en japonais, celui qui parle ne peut pas assumer l'attribution d'un affect à quelqu'un d'autre que lui-même. C'est, certes, une observation de bon sens que de dire que les seuls affects dont on soit sûr sont ceux dont on ressent sur soi-même les effets. Mais en japonais, cette vérité est traitée comme relevant véritablement de la grammaire : si *ego* parle d'un affect survenant chez quelqu'un d'autre, *ego* doit marquer sa distance vis-à-vis de cet affect non directement éprouvé, en disant que celui qui en est le siège déclare qu'il le ressent, ou en donne des signes visibles.

On trouve aussi, dans l'immense et foisonnant univers des langues, beaucoup d'images pour traduire les affects. Certaines sont plaisantes. Je ne mentionnerai qu'un sentiment, mais un des plus odieux, qu'il faut bien appeler de son sinistre nom : l'ennui ! Nous nous ingénions par mille subterfuges à le conjurer. Mais nous n'y parvenons guère, s'il faut en croire les métaphores à travers lesquelles nos langues peinent, avec bravoure, à l'exorciser par la manière même dont elles en dénoncent les ravages. D'une énorme masse de telles expressions, je n'extrais que celles que proposent, pour dire « être ennuyé » ou « être ennuyeux », le néerlandais : « avoir une meule autour du cou », le hongrois : « sortir par le coude », le romani subcarpathique (tzigane de Valachie) : « parler avec ses poux », le yidiche : « sucer la moelle », l'arabe marocain : « chasser des mouches », le berbère du Moyen-Atlas : « étendre ses pieds », le maithili (parent du bengali, Inde) : « se faire déchirer l'anus ». Jusqu'à quels états, même imaginés, la crainte de l'ennui ne peut-elle pas nous conduire (voir Szulmajster 1998) ! Heureusement, les affects positifs, comme l'enjouement, ont des expressions plus lumineuses : beaucoup de langues y font étinceler le soleil, en dilatent le poitrail et bien d'autres effets puissants.

Agent

L'agent, dans les langues, n'est pas une notion indifférente. C'est le nom d'un personnage considérable, qui n'a guère à voir avec l'immobilier ni avec le change bancaire, bien qu'il puisse, en tant que fonction grammaticale, figurer dans une phrase où il exerce une de ces activités. Car l'agent foisonne dès lors que l'on parle d'une action. Une partie importante de la grammaire concerne la manière dont il est exprimé, et les relations entre l'agent et les autres éléments de la phrase constituent un des champs les plus dynamiques de la recherche contemporaine sur les types variés de langues, un domaine qui passionne beaucoup de linguistes, et qui pourrait intéresser les honnêtes gens pour qui les langues sont des objets d'élection. En français, un exemple simple de ce qu'est un agent pourrait être

l'enfant a jeté une pierre,

où *l'enfant* est l'agent et *une pierre* le patient. L'agent est donc celui, animé ou, moins souvent, inanimé, qui accomplit l'action, et le patient celui, souvent inanimé, mais qui peut aussi être animé, sur lequel s'exerce cette action. Dans le vocabulaire technique des linguistes, l'agent et le patient sont appelés ensemble les *actants*, soit ceux qui participent à l'action. L'action d'un agent sur un patient suppose un verbe dit *transitif*, c'est-à-dire, selon l'étymologie latine de ce terme, un verbe qui fait passer l'action de l'un sur l'autre des deux actants, comme *frapper*, *attraper*, *récompenser*, *louer*, *voir*, *entendre*, alors qu'on appelle *intransitifs* les verbes qui n'impliquent qu'un seul actant, comme *chanter*, *parler*, *courir*, *apparaître*, *se produire*, etc. L'agent correspond, dans beaucoup de langues, à ce qu'en termes de grammaire scolaire on appelle le sujet, et le patient au complément d'objet.

Les phrases actives, c'est-à-dire celles où un agent agit sur un patient, peuvent, dans bien des langues, être converties en phrases passives, qui disent ce qui arrive à un patient, l'agent devenant, en français, un complément, justement appelé « d'agent » dans les manuels d'apprentissage. Cela produit, à partir de l'exemple précédent, le suivant :

une pierre a été jetée par l'enfant.

Les langues recourent à une extraordinaire diversité de moyens pour marquer cette relation entre un agent et un patient, alors qu'il s'agit de situations beaucoup moins variées si l'on considère le sens et le déroulement des événements dans le monde extérieur aux langues. On peut représenter l'action d'un agent sur un patient par un schéma simple, qui a vocation d'universalité :

AGENT → PATIENT

Face à cette schématisation uniforme, qui rend compte d'une seule et même relation très générale par-delà l'infinité des modalités d'action d'un agent sur un patient, ce que les langues ont de fascinant, ce sont les trésors d'imagination qu'ont déployés les sociétés humaines pour inscrire, dans le tissu du dicible, des procédés extrêmement nombreux, qui tous correspondent à ce schéma. Quand on parle d'imagination et de procédés, on paraît supposer qu'il s'agit d'une entreprise consciente, résultant de décisions, éventuellement prises après consultations et débats.

Ce cas de construction volontaire de certains aspects de la grammaire n'est pas sans exemples. Mais le plus souvent, les grammaires évoluent sous la pression de forces non maîtrisées, notamment les changements phonétiques, qui érodent les marques de fonction (d'où, par exemple, la disparition des déclinaisons latines dans les langues romanes), ou les emprunts plus ou moins involontaires, toutes forces dont les locuteurs, au moins ceux qui ne font pas profession de réfléchir sur les langues, n'ont qu'une conscience limitée. Cette pression d'évolutions en partie mécaniques n'empêche pas les langues de donner, singulièrement quant à la manière dont leurs grammaires expriment l'action d'un agent dans une phrase, le spectacle de la diversité en même temps que de l'unité.

Une solution simple au problème de l'expression de l'agent est l'utilisation de l'ordre des mots. Pourquoi savons-nous que dans

la fillette voit le loup,

c'est *la fillette* qui représente l'agent et le *le loup* le patient ?

La réponse est simple : les phrases de ce type peuvent être modifiées par permutation des actants autour du verbe transitif, ce qui produit

le loup voit la fillette.

Ce genre de permutation ne se conçoit, bien entendu, que lorsque l'action peut s'opérer dans les deux sens. C'est pourquoi la permutation d'une phrase active comme

le loup mange la fillette

donne, sous la forme

la fillette mange le loup,

un résultat que beaucoup jugeront insolite, ou effrayant, ou d'une haute portée comique. Mais ce résultat n'est pas de nature à faire bondir ni ricaner tous les grammairiens. Certains diront, en effet, que les structures grammaticales sont un cadre rigoureux, qu'un verbe transitif met en relation un agent et un patient, et que ce n'est pas de vraisemblance ou de logique qu'il s'agit ici. Mais cette attitude rigoriste n'est pas toujours justifiée. Car la sémantique, ou contenu des mots et de leur mise en énoncé, et la syntaxe, ou ensemble des règles qui commandent l'organisation de la phrase, ont d'étroits rapports, à commencer par ceux qu'elles nouent au cours de l'histoire de chaque langue : la syntaxe est un figement de la sémantique. C'est ce que montre l'examen des types principaux d'expression de l'agent, que l'on peut tenter de dégager, d'une manière très générale, du pullulement des formules attestées dans les langues.

La permutation de *la fillette* et du *loup* dans l'exemple que je viens de donner prouve qu'en français la position avant le verbe transitif est celle de l'agent et que celle qui suit ce verbe est propre au patient. S'il n'en était pas ainsi,

la fillette voit le loup

pourrait avoir plus d'un sens, et notamment signifier, moyennant, peut-être, une intonation particulière et très marquée, que c'est le loup qui voit la fillette. Or cela paraît impossible en français, du moins quand il est parlé par des francophones de naissance, et même dans les registres oraux les plus libres. Il faut donc considérer que la position a la même valeur en syntaxe que la présence d'une marque particulière. En d'autres termes, la position est indicatrice de fonction, tout comme une telle marque. La meilleure preuve en est précisément que le français a bel et bien possédé, autrefois, une marque du patient. Il l'avait héritée du latin, où l'agent et le patient sont clairement marqués par des suffixes spéciaux appelés désinences de déclinaisons.

Deux de ces suffixes se sont maintenus en français jusqu'au début du XIVe siècle, l'ancien nominatif, appelé cas sujet, et l'ancien accusatif, appelé cas régime. Dès la seconde moitié du XIIIe siècle, le système avait commencé de se désorganiser fortement, reproduisant les désordres des déclinaisons latines elles-mêmes dans les derniers siècles de la latinité. Ce fut le prélude à l'apparition des langues néo-latines, les unes à déclinaison s'amenuisant jusqu'à la disparition, comme le français, l'espagnol, l'italien, l'autre à déclinaison réduite, comme le roumain. Chez deux importants écrivains du XIVe siècle, Eustache Deschamps, qui élabore les premières formes d'une poésie nouvelle, et Nicolas Oresme, dont les traités scientifiques sont une étape marquante de l'histoire du français, la distinction des deux cas est de moins en moins régulière. Cela prépare l'état du français moderne, où des différences seulement sémantiques, et encore assez faibles, distinguent *putain* de *pute* et *seigneur* de *sire*, alors qu'en ancien français les premiers étaient les cas régimes des seconds, cas sujets.

Dans les langues à déclinaisons, au contraire, l'agent est bien marqué comme distinct du patient, non pas seulement par l'ordre des mots, mais par une désinence. L'allemand dit

der Knabe sieht den Wolf
« le garçon voit le loup »

et

der Wolf sieht den Knaben
« le loup voit le garçon »,

où l'article masculin n'a pas la même forme au nominatif et à l'accusatif, de même que certains noms. Le russe dit

d'evuška vidit mal'čika
« la jeune fille voit le petit garçon »

et

mal'čik vidit d'evušku
« le petit garçon voit la jeune fille »,

où *d'evuška* et *mal'čik* sont des agents (au nominatif), tandis que *mal'čika* et *d'evušku* sont des patients (à l'accusatif). Ces exemples montrent que l'agent en russe au masculin, tout comme celui de l'allemand, n'a pas de marque, ou plutôt est au nominatif, considéré, par rapport aux autres cas, comme non marqué. De même, en kanara, langue dravidienne de l'Inde, l'agent n'est pas marqué, et le patient en est distingué par une marque d'accusatif, comme dans

huduga višalakši-annu maduveya:-danu (homme Vichalakchi-ACCUSATIF épouser-il.fit)
« l'homme épousa Vichalakchi ».

Ainsi, les langues comme le russe, l'allemand, le français, le kanara, sont celles qui marquent clairement la différence entre l'agent et le patient, le plus souvent en marquant le patient. Il existe même un cas de restauration, voulue par l'autorité, de l'usage d'une marque du patient : l'hébreu israélien (voir Néologie). Mais on trouve aussi des langues où c'est l'agent qui est marqué, tandis que le patient ne l'est pas. Une langue fort énigmatique, le basque (voir ce mot), traite l'agent par un cas spécial, appelé ergatif (celui qui fait l'*ergon*, c'est-à-dire, en grec, le travail). Une phrase basque caractéristique est la suivante :

aita-k liburu hartu du (père-AGENT livre prendre il.l'a)
« le père a pris un livre ».

Les linguistes, et les esprits curieux qui s'intéressent au basque, ont beaucoup parlé de cette structure, dont le basque est l'unique représentant en Europe, et qui est elle-même appelée ergative, tout comme le cas de déclinaison qu'elle emploie. Car le basque fait le contraire de ce que font les langues d'Europe, et aussi les langues dravidiennes, illustrées plus haut par le kanara : dans l'exemple basque donné, au lieu que le patient soit marqué et que l'agent soit laissé sans marque, *liburu* « un livre » ne reçoit aucune marque de patient, et c'est l'agent, *aita-k*, qui est marqué par la désinence d'ergatif *-k*. Certains ont soutenu que le basque a une structure passive, puisque l'on pourrait traduire littéralement cet exemple en hasardant la phrase

« par le père un livre donné ».

Il existe beaucoup d'autres langues ergatives que le basque, toutes parlées hors d'Europe, comme le géorgien et la plupart des langues du Caucase, le pachto d'Afghanistan, le hindi, de nombreuses langues tibéto-birmanes, ou d'Océanie, de Nouvelle-Guinée, d'Australie, d'Amérique centrale et méridionale. Dans toutes ces langues, comme en basque, le sujet d'un verbe intransitif est traité de la même façon que le patient d'un verbe transitif, c'est-à-dire sans marque, ou avec une marque érodée. On n'a pas, jusqu'ici, établi par des arguments solides l'hypothèse, à relents suspects, qui voit dans ces langues, du fait de leur répartition géographique, celles de sociétés archaïques ou peu évoluées. Il n'existe pas davantage de preuves qui soient de nature à étayer l'idée que les langues ergatives, où le patient n'est pas signalé, sont à l'origine celles de communautés réduites, où chacun se connaît assez pour savoir qui fait quoi et à qui…

Mais pourquoi ne pas marquer à la fois l'agent et le patient ? Le type de structure qui procède de cette façon existe. On le trouve en wangkumara, langue australienne du groupe karnique, au sud-ouest du Queensland, où l'on dit

> *karna-ulu kalkanga thithi-nhanha* (homme-AGENT frapper.PASSÉ chien-FÉMININ.PATIENT)
> « l'homme a frappé la chienne ».

Ce type de structure, en fait, n'est pas fréquent. La grammaire tend à suivre un principe d'économie, sauf durant les périodes d'évolution rapide, au cours desquelles il arrive que plusieurs structures soient en concurrence pour exprimer un même contenu sémantique. L'économie, dans les phrases où un agent est confronté à un patient, consiste à ne marquer que l'un des deux, soit à la manière des langues comme le russe ou l'allemand, qui marquent le patient, soit à la manière du basque, qui marque l'agent.

Peut-on imaginer d'autres structures pour marquer l'agent ? Oui, certainement. On peut le faire sur la base d'un critère sémantique, qui est le sens du verbe. Il existe, en effet, une échelle de transitivité.

En français, où aucune marque ne différencie des types d'activité, on observe la même structure dans

le voleur frappe sa victime

et dans

le joueur ressent de la joie,

mais la différence sémantique entre les deux phrases, à défaut de marquage dans la morphologie, est claire pour tout locuteur. Il existe, en français comme ailleurs, différents degrés de force de l'action, et, d'une manière corollaire, différents degrés d'affectation du patient. *Devenir*, *ressentir* ou *subir* sont parmi les degrés les plus bas de cette échelle, car quand X devient, ressent ou subit Y, cela affecte X lui-même, certainement, mais n'a aucun effet particulier sur Y. En revanche, *tuer* se situe au sommet de l'échelle de transitivité, car l'action que ce verbe exprime affecte si fort le patient qu'elle le… fait disparaître ! On peut en dire autant des verbes traduisant divers procédés d'immolation plus ou moins expéditive du patient, comme *décapiter*, *écarteler*, *fusiller*, ou le plus discret, mais non moins efficace, *exécuter*.

Entre ces deux extrêmes se situent les verbes de perception et d'intellection, comme *voir*, *entendre*, processus qui n'affectent que modérément le patient ; puis les verbes de déclaration, comme *dire*, *exprimer*, qui ne l'affectent guère davantage (qu'est-ce qu'un mot peut avoir à faire du fait d'être prononcé ?) ; puis les verbes d'affect et de relation, comme *aimer*, *détester*, *louer*, *blâmer*, *lire*, qui impliquent un peu plus les patients (mais ces derniers seuls peuvent, dans chaque cas, dire ce que cela leur fait d'être aimés, etc.) ; les verbes de préhension, comme *pren-*

dre, *saisir*, *acheter*, qui les affectent beaucoup plus ; les verbes tels que *frapper*, *attaquer*, *renverser*, ou toutes autres gestuelles qui ne visent pas proprement à préserver l'intégrité physique du patient ; ces verbes sont dits d'action directe (comme celle, sans doute plutôt concrète que purement idéologique, du groupe politique italien de ce nom qui se manifesta dans les années 1970-1980).

Il ne manque pas de langues où l'actant unique d'un verbe intransitif est traité soit comme le patient, soit comme l'agent d'un verbe transitif, selon ses degrés d'activité, qu'implique le sens du verbe. Pour atténuer l'effet d'inquiétude que peut produire cette formulation un peu technique, et montrer qu'il s'agit de faits assez simples, prenons, parmi beaucoup d'exemples qu'offrent des langues amérindiennes, comme le dakota et le guarani, ou caucasiques, comme le laze, un exemple tiré de ce dernier, qui est parlé en Turquie à l'est de Trébizonde. On dit en laze

koči-k qvillups γedži (homme-AGENT tuer cochon)
« l'homme tue un cochon »,

aya koči-k kai ibirs (ce homme-AGENT bien chanter)
« cet homme chante bien »

et

koči γurun (homme mourir)
« l'homme meurt ».

« Tuer » étant une action à effet décisif, l'homme qui tue est marqué comme agent efficace, c'est-à-dire à l'ergatif. À l'opposé, l'homme qui meurt est conçu, au moins dans cette langue, comme un patient, c'est-à-dire comme celui qui ne fait que subir le processus qui l'envoie hors des limites de ce monde. De là l'absence de toute marque avec *γurun* « mourir », bien qu'on puisse spéculer sur la possibilité que la mort soit, en fait, un acte, notamment lorsqu'elle survient au plus fort d'un combat. Quant à *chanter*, il prendra une marque d'agent efficace ou ne prendra pas de marque, selon la manière dont on veut présenter le chant. Ceux qui chantent bien font une bonne action, si l'on peut dire, d'où la marque d'ergatif dans la phrase ci-dessus.

En guarani (famille tupi-guarani, Paraguay, Argentine) (voir Guarani), la distinction est marquée non par la présence ou l'absence de la désinence d'ergatif comme en laze, mais par deux systèmes de pronoms personnels distincts, dont l'emploi dépend du degré de force de l'action (voir Aime [je t']). Un même verbe peut donc prendre deux sens distincts, selon que le pronom qui le précède est, à la troisième personne par exemple, *o* pour le sens actif et *i* pour le sens inactif :

o-karu (il.ACTIF-manger)
« il mange »,

mais

i-karu (il.INACTIF-manger)
« c'est un goinfre »,

ou

o-monda (il.ACTIF-voler)
« il vole (dérobe) »,

mais

i-monda (il.INACTIF-voler)
« c'est un voleur »,

ou encore

o-ka'u (il.ACTIF-être.ivre)
« il est ivre »,

mais

i-ka'u (il.INACTIF-être.ivre)
« c'est un ivrogne ».

Par le biais de cette opposition entre deux ensembles, formellement distincts, de pronoms personnels, le guarani dispose d'une ressource tout à fait originale, du moins à l'aune des langues d'Europe occidentale, pour opposer un agent actif, ou un état passager, à un état permanent. Celui-ci, parce qu'il est une caractéristique intemporelle, est traité comme l'état d'un agent inactif, même si cet état permanent se traduit en une réelle activité, telle que celle du voleur, du goinfre ou de l'ivrogne. Le français ne se sert pas ici de moyens grammaticaux comme les différences de pronoms personnels, puisqu'il n'en a qu'un seul système *je/tu/il-elle/nous/vous/ils-elles*, et non pas deux. Il se sert de moyens lexicaux (voir Lexique) : les oppositions correspondant à celles que fait le guarani entre les pronoms sont celles qui apparaissent dans les traductions ci-dessus.

Encore les oppositions ne sont-elles pas aussi rigoureuses, précisément parce qu'elles sont lexicales et non grammaticales : si un goinfre et un ivrogne semblent bien posséder pour l'éternité ces disgrâces, celui que l'on traite de voleur peut toujours arguer du fait qu'une dure nécessité l'a contraint à quelques menues maraudes, mais qu'il n'est pas un voleur professionnel, et encore moins devant l'Éternel. Cette différence entre le français et le guarani est un exemple de l'immense étendue du clavier des langues, même si cette étendue n'est quasiment rien face à l'infinité des sens à exprimer. Cette différence illustre également la répartition des tâches entre le lexique et la grammaire. Ce n'est pas à la grammaire que le français confie la charge d'exprimer l'opposition entre l'action et l'état. Ce n'est pas au lexique que le guarani confie cette même opposition.

Un dernier type d'expression de l'agent a ceci d'étonnant que la structure n'y est plus commandée par l'opposition entre l'agent et le patient, comme ci-dessus en allemand, en russe, en kanara, en basque, en wangkumara ou en guarani, mais par les positions qu'occupent les participants de l'action, quels qu'ils soient, sur une échelle hiérarchique. Au sommet de cette échelle se trouve *ego*, parce que la pente naturelle des langues est de privilégier la personne qui parle et dit « je ». Elles le font de bien des façons, dont l'ordre des mots. Le français étend cette primauté à « tu », et ainsi les deux personnes du dialogue, qui y sont seules directement en cause, sont distinguées de la troisième personne, située en dehors du dialogue. On peut l'observer si l'on considère

il me l'a dit

ou

il te l'a dit,

où *me* et *te*, destinataires de la chose dite, suivent immédiatement le verbe et précèdent le complément référant à cette chose, et que l'on compare ces deux phrases avec

il le lui a dit,

où *lui*, destinataire, au lieu de précéder, comme *me* et *te*, le complément référant à la chose dite, vient après lui. Dans beaucoup de langues, cette primauté, quasi ontologique, des personnes du dialogue, et souvent d'*ego* seul, sur la troisième personne, qui représente tout ce dont on parle, est marquée par l'ordre des mots. En navajo (langue uto-aztèque de l'Arizona), l'ordre de préséance des agents est commandé par la formule

ego > tu > humain adulte > enfant > grand animal > petit animal > objet inanimé > concept.

Cela signifie qu'aucune phrase ne peut violer cet ordre, en énonçant, par exemple, un actant représentant un humain adulte avant un actant qui représente tu, et ainsi de suite. De même, dans les langues algonquiennes (Québec et Ontario), l'ordre hiérarchique reflétant une ontologie du même ordre ne peut être violé. S'il y a une violation, un morphème spécial doit la marquer. Pour déployer les ailes des grandes nomadisations à travers l'immense univers des langues, j'illustrerai le phénomène au moyen d'un exemple emprunté à une langue qui l'atteste aussi, le nocte (famille sino-tibétaine, groupe tibéto-birman, Assam [nord de l'Inde]). On y trouve des phrases comme les suivantes :

nga-ma ate hetho-ang (je-AGENT lui enseigner-je)

« je (le) lui enseignerai »

ate-ma nga-nang hetho-h-ang (il-AGENT me-PATIENT enseigner-INVERSIF-je)
« il me l'enseignera »

nang-ma nga hetho-h-ang (tu-AGENT moi enseigner-INVERSIF-je)
« tu me l'enseigneras ».

Le petit mot décisif ici est *h*, que les linguistes appellent *inversif*. Il sert à marquer que, lorsque c'est un autre qu'*ego* qui est agent, que ce soit un « il » comme dans la deuxième phrase, ou un « tu » comme dans la troisième, il y a violation de l'ordre qui place *ego* au sommet de la hiérarchie des êtres en langues. À cela s'ajoute le fait qu'*ego* n'est pas marqué comme patient dans le troisième énoncé, où l'agent est une personne du dialogue, mais l'est dans le deuxième, où l'agent est un « il ».

Ainsi, ce nocte, cette petite langue tribale dont quasiment personne ne connaît l'existence, nous révèle, en l'explicitant dans sa grammaire, un phénomène que d'autres langues, de diffusion beaucoup plus grande, tiennent occulté sous les changements accumulés de leur longue et complexe histoire. Elle nous révèle que des faits apparemment aussi techniques et abstraits que des constructions grammaticales de phrases, ou des marques spéciales, ou des ordres de succession des mots, constituent la manière dont les langues humaines reflètent l'univers. Il faut donc aller au-delà des sévères apparences de la grammaire. Il faut essayer de déceler derrière ses contraintes ce qu'elle nous dit du monde.

Ce message, dans le domaine des marques de celui qui fait quelque chose, à savoir l'agent, est très clair. Les sociétés humaines ont construit leurs langues de façons très diverses, mais partout on voit apparaître la primauté de l'individu qui parle. Il est naturel qu'*ego* soit un agent, car il domine la création. Il est moins naturel qu'il soit patient, c'est-à-dire soumis à une force qui peut affecter son intégrité. Par conséquent, quand il est patient, il tend à être assorti d'un outil qui indique cette fonction, c'est-à-dire à recevoir une marque. Bien entendu, les choses ne sont pas partout aussi régulières. Mais il y a ici une pente générale.

Ainsi, certaines langues nous disent, presque directement, que les animés se trouvent au-dessus des inanimés, que les humains figurent au sommet de la hiérarchie des animés, et qu'*ego* surplombe tous les humains. Même des langues qui ne se servent pas de moyens aussi explicites de manifester ces hiérarchies peuvent donner une importance à la distinction entre ce qui est animé et ce qui ne l'est pas dans les phrases. Une divergence singulière s'observe, sur ce point, entre le français et le russe, langues de la même famille, entre lesquelles les différences de cadre culturel, bien qu'importantes, ne le sont pas autant qu'entre l'une d'elles et des langues de Nouvelle-Guinée, par exemple. On dit couramment en français, notamment dans la langue de la presse,

l'article a souligné cette nécessité,

ou bien

le traité reflète ces principes,

ou encore

la fusillade a fait un mort.

Pour ne pas appartenir aux sommets de la littérature, ces types de formulations appartiennent à un français courant à l'écrit ainsi que dans le style oral soutenu. Or si l'on consulte des russophones connaissant bien le français, et qu'on leur demande de les traduire directement en russe, on suscite chez eux un grand embarras. On peut même les entendre déclarer qu'une traduction directe de semblables phrases françaises en russe est non seulement très peu naturelle, mais même impossible. Les seuls équivalents russes qui paraissent acceptables à ces russophones sont, respectivement,

v stat'e podčerkivaetsja eta neobxodimost' (« dans article.LOCATIF est.soulignée cette nécessité »)

v dogovore našli svoe vyraženie eti principi (« dans traité.LOCATIF ont.trouvé leur expression ces principes »)

v rezul'tate obstrela odin čelovek byl ubit (« en résultat.LOCATIF fusillade.GÉNITIF un homme fut tué »).

Les traductions de ces phrases russes dont je viens de donner le mot à mot sont

« dans l'article est soulignée cette nécessité »,

« dans le traité ont trouvé leur expression ces principes »,

« par suite de la fusillade, un homme a été tué ».

On note immédiatement, en examinant ces exemples, que le français peut donner le statut d'agents à des noms représentant des objets ou des notions abstraites, comme un article, un traité ou une fusillade, alors que le russe ne le peut pas. Dans l'usage normal non influencé par le français, le russe doit, de ces noms, faire des compléments, soit de lieu comme dans les deux premiers exemples, soit de cause comme dans le dernier. Le russe respecte donc une hiérarchie, implicite dans cette langue, mais qui est la même que celle que l'on trouve explicitée dans les langues comme le nocte cité plus haut. Il n'est pas normal, dans la grammaire de ces langues, qu'un nom d'objet ou de notion inanimée possède le statut d'agent. C'est pour la même raison que la presse russe évite les raccourcis métonymiques, c'est-à-dire les formules exprimant par un lieu, mis en fonction sujet d'une phrase, ce qui est, en fait, une personne, comme le pratique couramment la presse française, qui écrit, par exemple, « l'Élysée » là où la presse russe écrit « Prezident Respubliki » (« le Président de la République ») (cf. Haudressy 1995).

La conception du monde qui se donne à lire derrière ces contraintes grammaticales est de nouveau que seuls les animés, et, plus encore, au sommet de l'ordre que constituent les animés, seuls les humains peuvent normalement avoir le statut d'agents. On ne peut pas traiter comme des animés les noms d'objets inanimés, c'est-à-dire conférer aux inanimés, sur le plan ontologique et dans la conception des êtres du monde, les propriétés qui sont celles des animés. Or, c'est exactement ce que fait le français, qui donne aux mots *article*, *traité* et *fusillade*, le statut d'agents, et du même coup, la fonction de sujets grammaticaux des phrases ci-dessus. Sur ce point, le français s'oppose résolument aux langues dont la syntaxe reflète une hiérarchie des animés et des inanimés.

Étrange langue, en vérité. Car on peut dire qu'il existe une sorte d'animisme de la syntaxe française. On ne se serait pas attendu, sans doute, à une telle conclusion. Mais c'est apparemment celle que suggèrent ces phrases. D'autres langues romanes s'apparentent au français de ce point de vue. Mais cela réduit-il en rien son exotisme ?

Aime (je t')

À celles et à ceux qui sont curieux de savoir comment « je t'aime » s'exprime en diverses langues, il y a ample matière à répondre. Les langues de l'Occident ont en général, comme le français, un verbe transitif, dont le sujet est l'être aimant, l'être aimé étant à la fois, par une gratifiante harmonie entre la grammaire et le monde, l'objet de ce sentiment, et, plus techniquement, l'objet du verbe. C'est là ce que disent littéralement l'allemand *ich liebe dich* (« j'aime toi ») ou le russe *(ja) tibya lublyu* (« je toi aime »). L'espagnol dit *te quiero*, qui est aussi et à l'origine, littéralement et sans fioritures, « je te veux », ce que l'on pourrait croire aussi du serbe et du croate *volim te.* Mais que les délicats se rassurent : malgré la ressemblance de *volim* avec les verbes des langues romanes : français *vouloir*, italien *volere*, roumain *a vrea* par exemple, il est établi que la commune racine indo-européenne *wel* a pris dans ces langues slaves du Sud le sens d'« aimer ». Cela dit, « vouloir » / « aimer » : on peut débattre sur ce que les langues nous suggèrent ici d'évident…

D'autres langues que celles d'Occident ont une gamme étendue d'expressions amoureuses. L'indonésien dit *aku cinta kamu* (« je aime toi »), mais peut aussi dire, sur un registre plus littéraire, *aku cinta pada mu*, avec une préposition *pada* « vers » (suivie d'une forme abrégée du pronom objet), soulignant la force du sentiment tout entier dardé sur l'aimé. L'indonésien dit aussi *aku sayang kamu*, qui indique un sentiment plus vague, ou plus économe de ses élans furieux : si vous le dites à une belle Indonésienne, elle pourrait croire que vous n'êtes pas follement amoureux. Cela fait penser, au moins pour une part, à l'italien, qui dit *t'amo* pour un sentiment proche de la passion, mais sait aussi user du bémol d'une formulation plus douce pour exprimer un amour tendre : *ti voglio bene*, littéralement « je te veux du bien ». « — Ah oui ? »

Ailleurs, les expressions sont d'une fascinante variété. Le hindi proclame qu'« à-moi venant.de-toi amour est » (*mujhe tum-se pyar hê*), et le géorgien traite aussi celle ou celui qui aime comme bénéficiaire (ou victime ?) de l'amour éprouvé : « à-moi tu m-amour-es » (*me shen mi-kvar-khar*). Le finnois offre des délicatesses d'un autre genre : dans *rakastan sinua*, le deuxième terme est un partitif (forme grammaticale indiquant que seule est concernée une portion d'un tout), de sorte que littéralement, cette phrase veut dire « j'aime (une partie) de toi ». On peut s'égayer à gloser ce sens littéral, en demandant pourquoi l'aimé ne l'est pas tout entier. Invariablement, la réponse sera que c'est ainsi que l'on dit dans cette langue, et qu'il n'y a pas moins d'amour quand on l'exprime en finnois ! Tant il est vrai que les expressions se figent, bien qu'à une étape antérieure de l'histoire des langues, elles aient été motivées : le finnois construit avec un complément au partitif les verbes indiquant une action moins directe que celles de prendre, répéter, mémoriser, par exemple. Et de fait, quand on aime, il n'y a pas en soi d'action, bien qu'un verbe comme celui qui dénote l'action de prendre ait un sens très clair ici en français, à l'actif comme au passif : celle qui aime ne désire-t-elle pas être prise ?

La relation d'amour se dit d'une manière insolite ailleurs. Le tetela, langue bantoue de la République démocatique du Congo, emploie le marqueur d'acte accompli *ámbó* entre *l* « je » et *ko* « te/t' », le verbe « aimer », *lang*, étant suivi d'une voyelle *a* marquant l'affirmation, ce qui donne une déclaration sentimentale résolue : *lámbókolanga.* Tout aussi résolus, sinon davantage, le hongrois, le basque et le quetchua utilisent tous trois une forme où le « je » et le « te » s'amalgament en un seul mot, le *lek* du magyar *szeret-lek*, le *zaitut* du basque souletin (vallée de la Soule) (voir Basque) *maite zaitut*, et le *-yki* du quetchua *munaku-yki* (voir Quetchua), tous trois signifiant « je t'aime ». Les deux personnes forment ainsi un tout non analysable, comme par fusion des amants. J'appelle de telles formes « sagittales » (« de flèche»), pour suggérer que l'élan traverse l'espace, infime mais encore trop vaste, qui sépare les amants, avec la prompte efficacité d'une flèche, bien envoyée puisqu'il s'agit d'un attribut divin d'Éros.

Le guarani a quelque chose de comparable : « je t'aime » s'y dit *xe ro-haihu*, où *ro* est une forme sagittale signifiant « je-te ». Mais de surcroît, l'amant prend une forme particulière, *xe* (prononcé [še]), qui est celle des pronoms personnels non actifs ou statifs. Car cette langue possède deux séries de pronoms personnels, selon que le verbe se réfère à une action ou à un état. « Je » peut donc s'y dire de deux façons : *a* lorsque le verbe est actif, et *xe* quand il ne l'est pas ; on dit, par exemple, *a-guata* « je marche », *a-juhu* « je trouve », mais *xe-poxy* « je suis en colère », *xe-rasy* « je suis malade (le *y* de l'écriture est une voyelle [ə] avec lèvres très étirées). Or, il se trouve que « je l'aime » se dit *a-haihu ixupe* (« je aime lui »), donc avec le pronom personnel de première personne active, alors que « je t'aime » emploie *xe*, la forme stative. Étonnante confirmation apportée par la grammaire de cette langue : la relation d'amour entre un « je » et un « tu » attache plus étroitement que toute autre l'aimant à l'aimé, puisqu'il s'agit des personnes mêmes du dialogue, ainsi rivées l'une à l'autre par la seule déclaration de leur amour. Tant il est vrai aussi qu'au-delà de cette belle langue indienne d'Amérique du Sud (voir Guarani), les grammaires de toutes langues, réputées être de purs systèmes de règles abstraites que l'enfant ou l'étranger doivent apprendre comme on subit une brimade, sont, en réalité, des mines de révélations sur notre nature et les cheminements secrets de nos cœurs et de nos pensées.

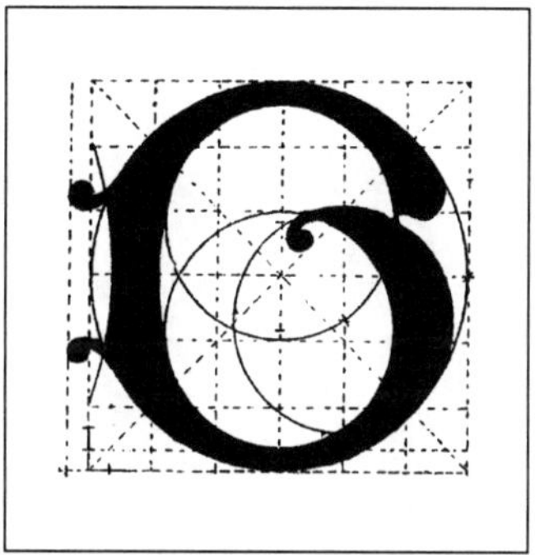

Babel

Y a-t-il encore beaucoup d'honnêtes femmes et d'honnêtes hommes pour croire profondément, comme à un viatique de prêt-à-penser, que Babel soit un châtiment ? Qu'ils veuillent bien concéder à ce *Dictionnaire amoureux* l'impertinence de l'amour, laquelle a le pouvoir, peut-être, de révéler quelques pertinences. Que dit la fin du verset 4, et que disent les versets 6 à 9, du chapitre 11 de la Genèse ? Dans le premier passage s'exprime la crainte suprême des fils de l'Homme : la dispersion. Ils disent donc :

na'asé lanu chem, littéralement « faisons-nous (un) nom »,

puis, aussitôt après,

pén nafuts 'al pnéy kol ha-'arets (pour.que.ne.pas nous.sommes.dispersés sur face toute la-terre)

> « pour que nous ne soyons pas dispersés sur la surface de toute la terre ».

Et que lit-on dans l'autre passage ? Que l'Éternel, descendu pour voir la tour qu'érigeaient les fils de l'Homme, dit, certes :

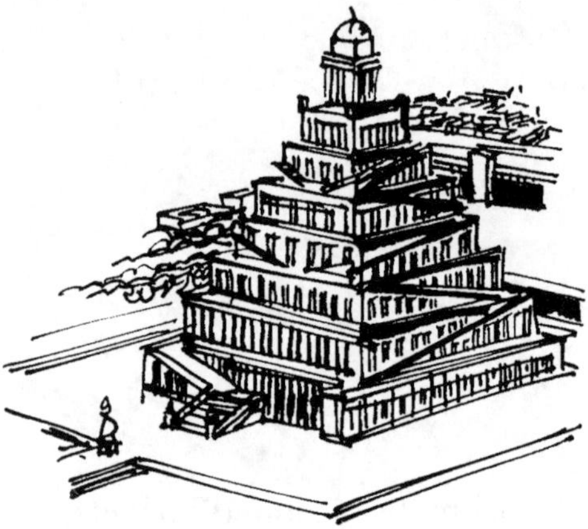

> « désormais donc, il n'est rien qui puisse leur faillir de tout ce qu'ils imagineraient de faire »,

mais qu'ensuite il les disperse sur toute la face de la terre, après avoir confondu

> « leurs langues, en sorte que l'un n'entende pas la langue de l'autre ».

Si l'on n'accorde aucun crédit aux textes qui fondent les croyances, en particulier quant à l'origine de l'espèce et de ses langues, ce passage n'a d'autre intérêt que poétique, dans la lecture la plus indulgente. Si l'on croit à ce que ces textes disent, ou si, même sans y croire nécessairement, on s'interroge sur l'intention exacte des rédacteurs du livre le plus répandu dans le monde, alors il convient de se demander ce que les hommes ont bien pu faire de si coupable. En effet, le texte, étrangement, ne mentionne nulle part leur péché spécifique. C'est là ce qui a conduit de savants rabbins, comme Rachi (Xᵉ-XIᵉ siècle : voir Mots français), à suggérer divers manquements qui seraient imputables aux hommes. En réalité, une chose est claire : la multiplication des langues ainsi que la dispersion sont vues, dans ce texte, comme étroitement solidaires, ne fût-ce qu'en ceci : ce qui traduit la décision prise par l'Éternel de confondre les langues, ce n'est autre chose que la pure et simple dispersion.

Pourquoi ne pas suggérer, alors, que la dispersion puisse être, en réalité, l'accomplissement même du destin de l'espèce ? Une vue mythique peut déplorer les disparités, les distances, les obstacles apparents à la communication. Une autre vue, qui prend cette situation pour ce qu'elle est, à savoir l'histoire même des hommes, devrait, à supposer qu'elle recherche la caution des écrits religieux, en suggérer une lecture à la fois moins servile et plus proche, sans doute, de ce que pourrait bien être l'intention profonde de ce texte : il n'est pas dans la vocation des hommes de se laisser prendre aux mirages de l'unique et aux tentations du repli. Y céder, c'est s'interdire ce qui est la matière même de l'histoire : le foisonnement des cultures, des langues, des entreprises, des types de relations avec notre environnement. Notre destinée, ou Dieu pour ceux qui en préfèrent l'intercession, ne correspond en rien à la tentation de l'unité, qui n'est, précisément, qu'une tentation, dans la mesure où elle prétend abolir ce que nous avons vocation d'être : multiples. Oui, multiples comme nos langues elles-mêmes. Il y a plus : le délire d'unicité, le vertige du semblable ne sont-ils pas de pures violations de ce que décrète explicitement, avant le chapitre de Babel, le verset 28 du premier chapitre de la Genèse :

> « Soyez fertiles, multipliez-vous, et remplissez la terre » ?

Dès lors, comment voir dans la multiplicité des langues un châtiment ? L'unité de la langue n'est autre que l'absence de toute langue. La dispersion n'est autre, face au mythe de l'unicité par lequel l'humain se dissout dans la transcendance du néant, que l'avènement de l'histoire. Elle est le symbole même du somptueux message de l'espèce humaine à l'univers : nous te saturons par notre occupation universelle de tous tes plis, nous te mettons en vocables par l'infinie diversité de nos langues dispersées.

Bambino

« Bambino ! » C'est ainsi que m'apostrophaient, quand j'étais enfant, les voisins italiens de mes parents. La deuxième syllabe est marquée par un fort accent tonique, qui met en relief la suavité très doucement tonitruante de la voyelle *i*. Mais cela n'altère en rien la claire audibilité du *bam* initial : martiale assurance de sa consonne *b*, explosant de l'ouverture des puissants muscles des lèvres, solide sonorité ouverte de son *a*, plénitude nasale de son *m*. De même la syllabe *no* garde sa sonorité mignarde et légèrement provocatrice. C'est ainsi, du moins, que je perçois depuis longtemps ce mot, qui donnait un nom à l'âge premier de ma vie.

Bambino dit l'enfance autant que l'énergique douceur de la langue qui rend possible l'effet de charme de ces syllabes : l'italien. Je suis épris de ce mot, ainsi que de la langue qui le porte, depuis le moment même où je l'entendis proférer par les timbres variés, aigus, graves, chauds, blancs, frémissants, vacillants, vrombissants, des voix qui m'enveloppaient de ses rutilances. *Bambino, bambino !* (voir Beauté des langues).

D'autres mots, dans d'autres langues, ont marqué mon enfance. Très tôt j'entendis l'extraordinaire *kniga*, le nom du livre en russe. J'étais, sans l'analyser encore comme je puis le faire à présent, envahi d'admiration pour ce mélange de deux rudes consonnes initiales, *kn*, dont la brutale contiguïté imposait le mot à mes oreilles conquises, et des douces voyelles féminines *i* et *a*, la première non dépourvue de quelque souriante stridence qui alerte l'attention sans lui permettre de se relâcher, d'autant plus que c'est elle qui porte l'accent tonique, et la seconde, la plus ouverte de toutes, ample et apaisante. L'ensemble des sonorités de ce mot m'exaltait d'autant plus qu'il désigne ce que j'aimais plus que tout, les livres, que très tôt j'eus pour uniques jouets, me plaisant à les faire parler en les lisant à pleine voix.

Je m'épris aussi, dans mon enfance, d'un mot arabe, *Mohammad*, le nom même du prophète de l'islam, un participe passif, en fait, qui signifie « comblé de louanges ». J'ignorais alors ce sens, mais j'aimais la respiration de ce *h* sorti du fond de la gorge et ainsi animé de souffle vital, et j'aimais aussi la prononciation appuyée de ce *m* redoublé, gémination typique de l'arabe, comme je l'appris quand j'eus meilleure connaissance des caractéristiques des langues sémitiques. Au sortir de l'enfance, un autre mot, français celui-ci, aiguisa ma curiosité et ma stupeur déférente : *mansuétude*, dont je sentis d'emblée que les sonorités disaient la douceur, en même temps que la haute vertu du sentiment qu'il exprime. *Mansuétude* contient deux fois une voyelle très tendre, celle de la mère arrondissant fortement ses lèvres en un message de sollicitude à l'enfant : [ü], relativement rare dans les langues ; seuls possèdent cette voyelle, en Europe, le français, l'allemand et les dialectes alémaniques, le néerlandais, le hongrois, le finnois, l'estonien, certains parlers de Scandinavie, en Asie le turc et le mongol. La voyelle nasale de la première syllabe, dans *mansuétude*, celle qui s'écrit « an », est aussi fort rare. Cette voyelle caractéristique du français parle éloquemment à l'imagination.

Parfois, je me demande si le mot *bambino* n'a pas, à l'aurore des tropismes qui tracent nos voies sans nous y engager encore tout à fait, fiché, amarré tout ensemble, dans mon cœur, et l'amour des langues et le désir opiniâtre d'enfance. Car du fait que les langues humaines ne meurent jamais vraiment, c'est un précieux concours qu'elles nous apportent contre ce qui veut anéantir et rendre grotesque le désir d'éternité : l'implacable usure du corps et du cerveau. De cela même je décidai follement, bien qu'encore obscurément, dès cette étincelle d'un mot italien à mes oreilles neuves, de nier la fatalité. *Bambino*, *bambino !*

Basque

Eskualdunak désigne les Basques de naissance, mais aussi ceux qui parlent le basque. N'est-ce pas assez dire que ce peuple se définit avant tout par sa langue ? Une langue extraordinaire, en vérité ! Nous ne savons rien de décisif sur son origine, bien que les hypothèses ne manquent pas. L'une attribue au basque un substrat (langue d'anciens occupants laissant des traces) qui serait eurafricain et plus particulièrement sémitique, ce qu'attesteraient des correspondances lexicales avec le berbère ; une autre hypothèse reconnaît en basque un substrat cantabrique, c'est-à-dire composé de langues utilisées il y a plus de deux mille ans dans le nord-ouest de la péninsule ibérique ; la troisième hypothèse, qui semble rallier le plus de suffrages, assigne au basque une parenté génétique avec les langues du Caucase méridional, en se fondant, notamment, sur l'identité des groupes sanguins, mais aussi sur des correspondances de grammaire (surtout la structure ergative [voir Agent]) et de lexique (voir ce mot). Il ne s'agit, en réalité, que de suppositions, et l'origine du basque demeure, pour l'essentiel, inconnue à ce jour.

En revanche, certaines caractéristiques ne font aucun doute. Le basque, certes, en dépit de la mise au point d'une langue commune, l'*euskara batua*, « basque unifié » (*bat* signifie « un »), qu'enseigne l'école, qu'utilisent, également, les médias et les écrivains, est dispersé en dialectes : du côté français, le souletin de Soule autour de Mauléon-Licharre, le bas-navarrais occidental et oriental dans la région de Saint-Jean-Pied-de-Port, et le labourdin dans le Labourd, dont Bayonne est la capitale ; et du côté espagnol, le haut-navarrais septentrional et méridional sauf Pampelune, le guipuzcoan, région de Saint-Sébastien, et le biscaïen sauf Bilbao. Certes, aussi, une pression très puissante s'exerce depuis des temps très anciens sur le basque de part et d'autre des Pyrénées, provenant de deux grandes langues romanes, d'où les emprunts nombreux qu'il leur a faits, singulièrement à l'espagnol.

Et pourtant, en dépit de toutes ces forces si redoutables, le basque a été capable de demeurer lui-même, sans se fondre ni dans l'une ni dans l'autre, et surtout de conserver sa structure étrange dans un état de véritable pureté. Et cela durant quatorze siècles, à ne compter que la durée écoulée depuis le moment où les ancêtres de l'espagnol et du français étaient déjà en voie d'acquérir des traits différents de ceux du latin. Vingt-quatre siècles, même, si l'on part du Ve siècle avant l'ère chrétienne, date d'expansion de la République romaine, et à supposer, comme on peut en avoir de fortes présomptions, que les Basques fussent déjà présents.

Peut-être le mot *esku*, que l'on peut restituer à la base du nom basque du basque, *euskara* ou *eskuara*, est-il celui qui signifie « main », et, par extension de sens, « pouvoir, puissance ». Les Romains appelaient les Basques *Vascones*, d'où est venu le mot *Basques*, et dont on ignore l'origine : peut-être de *vascus* « transversal », par référence à leur situation vis-à-vis des Pyrénées, ou de *vastus*, avec un changement de consonne, parce que les Basques occupent un vaste espace de montagne ? Mais Vasconia, le nom du pays basque depuis les rois de Navarre du haut Moyen Âge, s'est appliqué aussi aux pays non gaulois et non basques où s'est créée une langue d'origine latine, le gascon, forme locale de l'occitan, de sorte que les mots *basque* et *gascon* ont la même étymologie. Quoi qu'il en soit, la conscience nationale basque est aiguë. Comment ne le serait-elle pas, puisqu'elle a pu maintenir durant si longtemps une si frappante cohésion ?

Beautés des langues

Qui s'effarouche d'éprouver une émotion devant la beauté ? Mais aussi bien, qui, en recherchant des critères pour mesurer la beauté, s'enhardira à donner tout à fait raison à La Bruyère, dont un passage indéfiniment cité dit, à propos du goût pour le beau :

> « Il y a dans l'art un point de perfection, comme de bonté ou de maturité dans la nature : celui qui le sent et qui l'aime a le goût parfait ; celui qui ne le sent pas, et qui aime en deçà ou au-delà, a le goût défectueux. Il y a donc un bon et un mauvais goût, et l'on dispute des goûts avec fondement » (« Des ouvrages de l'esprit », *Caractères*, 1688).

Aucun linguiste professionnel n'osera déclarer, dans une réunion savante de chercheurs éminents, qu'il trouve une langue belle, ou plus belle qu'une autre. La présente tribune me donne bien d'autres libertés, heureusement ! Je dirai donc que certaines langues m'émeuvent particulièrement par leur beauté. La beauté des langues est, certes, une notion bien subjective. Les lecteurs épris d'*À la recherche du temps perdu* ne réagissent peut-être pas tous de la même manière que l'auteur à la partie finale du nom du prince de Faffenheim, un nom dont Marcel Proust écrit :

> « Il gardait, dans la franchise avec laquelle ses premières syllabes étaient – comme on dit en musique – attaquées, et dans la bégayante répétition qui les scandait, l'élan, la naïveté maniérée, les lourdes "délicatesses" germaniques projetées comme des branchages verdâtres sur le "Heim" d'émail bleu sombre qui déployait la mysticité d'un vitrail rhénan derrière les dorures pâles et finement ciselées du XVIIIe siècle allemand » (*Le côté de Guermantes*).

Dans un ouvrage de 1798, les frères Schlegel (voir Typologie [des langues]) mettent en scène des représentants de divers pays dont chacun exalte les qualités de sa langue, la Grammaire et la Poésie participant aussi à l'entretien. En voici un extrait (cité d'après Richard 2009) :

« Le Grec à l'Allemand : [Les finesses du grec] ont même permis à une marchande de légumes de l'Attique de reconnaître que Théophraste, malgré des années d'études, était étranger. [...] Vous mélangez les diphtongues *ai* et *ei* et aussi *oi* et *eu* qui n'ont rien en commun.

L'Allemand (citant les *Grammatische Gespräche* [Entretiens grammaticaux] de Klopstock, 1724-1803, grand inspirateur du nationalisme allemand) : "La multiplication [des diphtongues] est un grand inconvénient pour votre langue [le grec]. Celle-ci dégénère et devient trop dure. La diphtongue *oi* fait très mauvaise impression à l'oreille."

La Grammaire : [...] La guerre que se livrent les langues pour l'euphonie n'est-elle pas vaine et sans fin ? Dis-moi, Poésie, toi qui connais le Beau, y a-t-il là quelques généralités, valables en soi, ou bien tout ne dépend-il que d'organisations, d'habitudes, de conventions différentes ?

[...] L'Italien : [...] Toutes les nations d'Europe sont unes à reconnaître combien notre langue est belle.

Le Français : Pour le chant.

L'Italien : Ce qui se chante bien se parle bien.

[...] La Grammaire : Tout ce que les organes de la parole peuvent produire avec facilité est agréable à entendre.

[...] L'Allemand au Grec (citant encore Klopstock) : "Comme vous, nous terminons habituellement les syllabes avec la lettre 'n', qui est très douce."

Le Grec : Et vous tombez ainsi dans la monotonie, parce que vous ne la faites pas précéder, comme nous, de diverses voyelles, mais toujours de ce *e* insignifiant. [...] Nos syllabes ne se terminent qu'avec *n*, *s* et plus rarement avec *c* et *r*. Quant à vos syllabes, elles se terminent avec ces consonnes-là comme avec toutes les autres. Et pas seulement par une seule, mais par trois, quatre, cinq à la suite : *Furcht* [“peur”], *stürzt* [“(il) s’effondre”], *Herbst* [“printemps”], *stampfst* [“(tu) trépignes”]. [...] Vous croyez, par exemple, que le mot *sanft* [“doux”] est un mot doux à entendre, mais il aurait paru insupportable à un Grec.

La Grammaire : Je ne peux pas te cacher, Allemand, que le soin qu’ont apporté les peuples méridionaux à l’euphonie de leur langue a consisté à éliminer les consonnes finales.

Le Romain : Dans ce domaine, nous avons éprouvé moins de dégoût que les Grecs ; les consonnes *b, c, d, l, m, n, r, s, t* étaient admises à la finale, les deux dernières, *s* et *t*, pouvant même être précédées d’une autre consonne.

L’Italien : Nous n’avons jamais deux consonnes de suite en fin de mot, et seuls le *l*, le *m*, le *n* et le *r* y sont autorisés. Nous avons fait le même choix que les Grecs, et même mieux.

[...] L’Allemand (citant encore Klopstock) : “Vous oubliez que l’euphonie aime la force, laquelle naît de consonnes bien ordonnées. Les mots qui ont une forte signification exigent comme moyen d’expression un son puissant.” [...] Une langue aussi efféminée, aussi molle que la tienne, Italien, doit se taire devant une langue aussi virile que la nôtre.

[...] L’Italien : [...] ma langue exprime bien mieux que la tienne la force qu’ont les choses [...] *rauco* [“rauque”], *forte* [“fort”], *fracasso* [“fracas”], *rimbombo* [“retentissement”], *orrore* [“horreur”], *squarciar* [“lacérer”], *mugghiando* [“mugissant”], *spaventoso* [“affreux”]. Que réponds-tu à cela ?

L’Allemand : *Heiser*, *stark*, *Getöse*, *Widerhall*, *Schauer*, *zerreissen*, *brüllend*, *furchtbar* [mêmes sens].

[...] Le Français : Moi aussi, je peux lui donner des exemples : *écraser*, *s’écrouler*, *gouffre*, *rage*, *flamboyant*, *sanglots*, *foudre*, *tonnerre*.

L'Allemand : *Zerschmettern, einstürzen, Abgrund, Wut, flammend, Gestöhne, Blitz, Donner* [mêmes sens].

[...] Le Français : Les mots les plus expressifs sont en effet ceux qui produisent aussitôt l'effet qu'ils expriment. Et de ces mots-là, ta langue n'en manque pas : *Kopfschmerz* ["mal de tête"] donne mal à la tête aussitôt qu'on le prononce. »

À cet entretien entre hommes de la fin du XVIIIe siècle font écho, durant l'âge romantique, des textes d'inspiration semblable, par exemple celui-ci, de Charles Nodier (1828) :

« Dans le vocabulaire des pays chauds, tous les mots sont vocaux et fluides. Le grec a une emphase majestueuse, comme le bruit des flots du Pénée. L'italien roule dans ses syllabes le murmure des cascatelles et le frémissement des oliviers. Dans celui des pays froids, tous les mots sont rudes et consonants. Leurs sons retentissants et heurtés rappellent la rumeur des torrents, le cri des sapins que l'orage courbe et le fracas des rocs qui s'écroulent. »

Ces textes et leurs idées désuètes rappellent cependant qu'il existe un effet acoustique précis des sons et de leurs combinaisons. Mais la façon dont cet effet est interprété dépend, dans une certaine mesure, de données culturelles. La rudesse de certains mots allemands et la douceur de certains mots italiens ont fondé des idées générales qui reflètent quelque réalité, mais qui doivent être nuancées.

Cela posé, on peut essayer de proposer quelques fondements à l'impression de beauté que produit une langue. Dans le domaine phonétique d'abord. La richesse et la diversité des voyelles sont des phénomènes objectifs. On peut en dire autant de celles des consonnes, avec une réserve : les consonnes produites à l'arrière du palais, c'est-à-dire les pharyngales (pharynx) comme *χ*, les uvulaires (luette) comme *q*, les laryngales, comme *ɦ*, paraissent plus rudes aux usagers de langues dépourvues de telles consonnes ; ils les appellent « gutturales », car elles donnent l'impression d'être produites dans la gorge. Mais pour peu que l'on soit familier de langues à nombreuses consonnes gutturales, on en appréciera, au contraire, la puissance sombre, majestueusement accentuée par le contraste avec la sonorité des voyelles. Cette musique véhémente et caressante tout à la fois est celle que donnent à entendre, notamment, les langues sémitiques, que ce soient l'hébreu dans sa prononciation classique, l'amharique, ou l'arabe. La beauté des vers de grands poètes comme Mutanabbî (Xe siècle), nom qu'il se donnait et qui signifie en arabe « celui qui prophétise », a de quoi séduire, par la subtile harmonie entre les *χ* appuyés, les explosions des *q*, les arrêts glottaux entre voyelles (comparables à celui de l'allemand au début de *beobachten* « observer ») et les courbures de la voix sur des [i], des [e] et des [u] longuement modulés.

C'est un autre ravissement que produisent les voyelles du hongrois. Comme le finnois et le turc, cette langue possède un trait qui semblerait lui avoir été assigné par des poètes lyriques ou des aèdes. On appelle ce trait « harmonie vocalique ». Ainsi, *feleségem* [fɛlɛšégɛm] « mon épouse » et *lakásom* [lɔkášom] « mon appartement » se distinguent non par le genre, car il n'y a pas en hongrois d'opposition entre masculin et féminin, mais par le fait que les voyelles de *feleseg* s'articulent à l'avant du palais (voyelles antérieures) et celles de *lakáš* à l'arrière (voyelles postérieures), de sorte que la voyelle du suffixe possessif de première personne, qui se termine par *-m*, sera, comme le montrent ces deux mots, *-ɛ* dans le premier cas, et *-o* dans le second.

Les humoristes s'égayent parfois de cet étonnant penchant de la langue, en façonnant de longues formules où toutes les voyelles sont les mêmes, soit antérieures, soit postérieures. Quoi qu'il en soit, l'harmonie vocalique du hongrois, ajoutée à la note aiguë des voyelles de la première syllabe, qui, comme en tchèque, portent toujours l'accent tonique, donne aux phrases de cette langue une musique aussi fine qu'élégante. Le hongrois est une langue à la somptueuse beauté. Il suffit, pour s'en convaincre, d'écouter déclamer des vers de Petöfi, ou, pour le XXe siècle, de se faire lire une nouvelle de Kosztolányi.

Pour des raisons différentes, le russe est aussi une langue dont la beauté peut couper le souffle. Le russe ne manque pas de consonnes et de voyelles postérieures, comme [χ] et [ɯ], mais il possède aussi une remarquable variété de timbres vocaliques, et qui plus est, il se caractérise par un trait absent, ou moins développé, dans les autres langues slaves (tchèque, bulgare, serbe, etc.) : la mouillure des consonnes (appelée palatalisation par les phonéticiens), à laquelle s'ajoute une tendance à diphtonguer, c'est-à-dire à prononcer avec un [y] ou un [w] initial, les voyelles qui ne sont pas déjà, comme le sont [ye], [ya], [yu] et [yo], des diphtongues. Les consonnes mouillées du russe donnent aux mots et aux phrases de cette langue une tonalité soyeuse qui, ajoutée aux voyelles diphtonguées, à l'intonation très chantante, et aux consonnes et groupes de consonnes d'articulation postérieure et âpre, accroît encore en éclat la mélodie unique de cette langue, différente de toutes les autres et immédiatement reconnaissable.

On pense, dans un autre registre, à certaines rudesses gutturales que fait entendre, au lieu de la mélopée suédoise, le danois, de surcroît langue aux articulations consonantiques relâchées comme celles du birman, ou à la raucité occasionnelle des [œ] du portugais d'Europe, plus fermés que ceux du français *peur* ou de l'anglais *but*, par opposition aux *a* fluides et étincelants du portugais brésilien. Et puisque je parle des voyelles, et de la symphonie qui les combine avec les consonnes, pourquoi ne pas prolonger les rapprochements insolites ? Je pourrais, par exemple, citer le castillan (d'Espagne plutôt que de Cuba, du Costa Rica, du Chili ou de l'Argentine) et le peul, tous deux aussi heureusement pourvus de consonnes et de voyelles, même si l'on peut trouver quelque étrangeté aux consonnes à résonance éclatante du peul, et quelque nudité aux voyelles toujours claires et jamais diphtonguées du castillan, ainsi que quelque stridence à ses *r* initiaux fortement roulés.

Je pourrais aussi comparer l'italien avec le japonais, qui ne connaît quasiment que des syllabes ouvertes (sans consonne finale), ou avec le grec, le tamoul et l'indonésien pour la richesse vocalique. Mais il y a, évidemment, des différences. L'impression de douceur un peu gracile que font ressentir à certains les voyelles omniprésentes de l'italien est compensée en tamoul par la tonifiante longueur des consonnes et des mots eux-mêmes, en indonésien par les articulations de l'arrière du palais, le *k* et le *ng* notamment, en grec par des consonnes plus variées. André Chénier admirait la langue de sa mère, le grec (moderne),

> « Ce langage sonore aux douceurs souveraines,
> Le plus beau qui soit né sur des lèvres humaines. »

Nous ignorons comment était prononcé le grec antique, mais peut-être la variété des timbres vocaliques le rendait-elle plus sonore encore que le grec moderne, où le phénomène dit d'iotacisme a confondu en [i] bien des timbres sans doute très variés autrefois, dont [ɔy] et [ɛy]. Il reste que les timbres ouverts sont en grec moderne plus nombreux que les timbres fermés par des consonnes, et que les consonnes simples y sont beaucoup plus fréquentes que les groupes de consonnes, ce qui facilite le détachement des syllabes à l'audition. Le champ mélodique est aussi très étendu, pouvant, dans la prononciation normale, dépasser l'octave.

L'indonésien, quant à lui, offre, par la diversité des timbres vocaliques et l'étendue des points d'articulation des consonnes, de subtiles harmonies, comme dans cette phrase :

> *Rona matahari meredup di ujung senja berkilau menghiasi pantai yang sepi.*
> « La lueur pâlissante du soleil décore, des ultimes reflets du crépuscule, la plage silencieuse. »

Certaines articulations donnent une impression de profondeur de la voix, et c'est singulièrement le cas des voyelles nasales, dont sont riches le portugais ainsi que de nombreuses langues arawak, tupi-guarani, iroquoises (comme le sénéca, l'onondaga, le mohawk), et tucano du Brésil, des Guyanes et du sud-est de la Colombie. Le polonais possède aussi des voyelles nasales. Cela dit, cette langue génétiquement proche du russe n'en a que partiellement les beautés, de l'aveu même de certains de ses usagers, peut-être parce que le choc des groupes de consonnes, en particulier ceux, très fréquents, où entrent des chuintantes, comme [pš], [bž], [šw], etc., suspend en quelque mesure la mélodie des voyelles. Une langue riche en voyelles nasales les combine harmonieusement avec d'autres voyelles assez variées, et avec des consonnes surtout articulées à l'avant du palais. Cette langue est le français, que peuvent illustrer des vers de diverses époques :

« Vivez, si m'en croyez, n'attendez à demain,
Cueillez dès aujourd'hui les roses de la vie »
(Ronsard, *Amours d'Hélène*)

« Je demeurai longtemps errant dans Césarée
Lieu charmant où mon cœur vous avait adorée »
(Racine, *Bérénice*)

« Car c'est vraiment, Seigneur, le meilleur témoignage
Que nous puissions donner de notre dignité
Que cet ardent sanglot qui roule d'âge en âge
Et vient mourir au bord de votre éternité »
(Baudelaire, *Les Phares*)

« Tel qu'en Lui-même enfin l'éternité le change,
Le poète suscite avec un glaive nu
Son siècle épouvanté de n'avoir pas connu
Que la mort triomphait dans cette voix étrange »
(Mallarmé, *Tombeau d'Edgar Poe*)

« Déjà la pierre pense où vos noms sont inscrits,
Déjà vous n'êtes plus que mots d'or sur nos places
Déjà le souvenir de vos amours s'efface
Déjà vous n'êtes plus que pour avoir péri »
(Aragon, *Poèmes*)

Ces extraits, dont le dernier est l'hommage d'Aragon, gravé en lettres dorées sur la place centrale de La Courneuve, à des résistants français fusillés à quinze ans par les nazis, donnent peut-être une idée de la beauté d'une langue : richesse et diversité des sonorités, harmonie entre les moyens et le contenu, vigueur des formulations que la mémoire retient. Il ne s'agit pas là d'une exclusivité du français, parmi les langues. Mais l'illustration qu'il en donne est intéressante. Une poésie intimiste ou d'échos et demi-teintes, comme celle de Verlaine, bien qu'elle produise de tout autres impressions, illustre la même adéquation.

Bilingues

Les bilingues existent-ils ? Ceux qui proclament qu'ils le sont trouveront bien insolente une telle question. Je ne doute pas qu'il y ait des enfants aux deux langues, et j'ai même ainsi appelé, en 1996, un livre où je proposais quelques pistes. Le nourrisson est une oreille avide. Tout nourrisson est potentiellement multilingue, et certains le deviennent, si l'on donne à cette avidité les aliments que réclame la précocité auditive des petits humains. Car ils sont déjà doués d'une capacité d'entendre très structurée, à un moment où, en revanche, leur capacité d'élocution ne produit encore que babil : articuler leur est alors impossible, quand ce ne serait que parce que leur larynx, comme celui d'*homo habilis*, ancêtre de l'homme, est en position beaucoup trop haute pour libérer la cavité bucco-pharyngale, dite aussi phonatoire. L'histoire de l'individu reproduit, de la sorte, celle de l'espèce, comme un scintillement fulgurant au regard d'une immense durée. L'évolution sera très lente. Elle s'amorce chez *homo erectus*, mais il faudra les cent soixante-dix mille années qui séparent cet âge de celui d'*homo sapiens,* pour qu'à la descente du larynx, insuffisante à elle seule, s'ajoute une structuration de plus en plus complexe du néo-cortex, et pour que l'homme apprenne à parler, longtemps après avoir commencé d'entendre.

L'éducation bilingue, si elle est bien conduite, exploite évidemment cette situation, qui fait du petit de l'homme un être entendant bien avant qu'il ne soit un être parlant. Les savants n'ignorent pas qu'il y a urgence, cependant. Car une fois qu'est atteint le seuil fatidique de la onzième année, les synapses, terminaisons des neurones qui assurent la communication entre eux, commencent de se scléroser, non au sens pathologique mais au sens où, n'étant plus sollicitées puisque le milieu familial est le plus souvent unilingue, elles tendent à se stabiliser, faute de stimuli. Sur le plan phonétique, cette sclérose est irréversible. Ainsi s'explique qu'au-delà de onze ans, même si l'acquisition de la grammaire et du vocabulaire d'une nouvelle langue demeure largement ouverte, la prononciation ne peut plus être celle des locuteurs naturels de la langue que l'on apprend. On aura donc « un accent », comme celui des Russes en français, des Turcs en allemand, des Arabes ou des Bengalis en anglais.

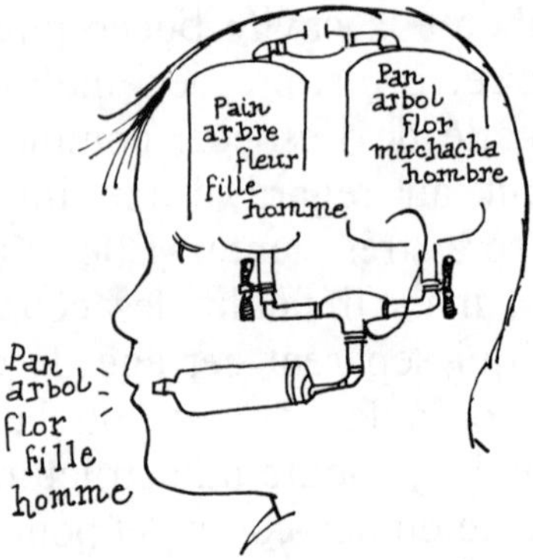

L'oreille, désormais moins accueillante, fonctionne comme un filtre dont les tolérances sont commandées par les pressions du milieu naturel, c'est-à-dire par la réduction imposée aux sons étrangers, et qui les assimile à ce qui est le plus familier, car le plus proche des sonorités autochtones. Heureusement, dira-t-on, il existe des couples mixtes par la langue. Leurs enfants seront-ils plus favorisés ? Même dans les familles que bénit cette divine mixité, il se fait une vicariance : les deux langues se servent mutuellement de vicaire selon le domaine abordé, le vocabulaire des choses de la table, par exemple, paraissant plus naturel dans l'une, tandis que dans l'autre, ce sera celui des choses de l'esprit. Ainsi, même si les circonstances sont plus favorables, même si les deux parents adoptent la sage habitude de n'utiliser, chacun, que sa langue maternelle en s'adressant à l'enfant, les familles mixtes ne produisent pas de parfaits bilingues. Le milieu social, en particulier scolaire, favorise, en outre, la dominance d'une des deux langues, si c'est celle que ce milieu porte le plus volontiers.

Souvent, le bilingue connaît deux niveaux de langues, c'est-à-dire deux formes, l'une orale, l'autre écrite ou de prestige, d'une même langue. Dans ces cas il s'agit d'un type particulier de bilinguisme, qu'on appelle diglossie. Ainsi, les Suisses des cantons alémaniques utilisent dans leur vie quotidienne le dialecte de leur canton, c'est-à-dire le zurichois, le bâlois, le bernois, le valaisan (de l'est), l'appenzellois, etc., mais lisent, écrivent et utilisent dans les circonstances formelles la norme de l'allemand, dite *Bühnensprache* ou « langue de la scène (de théâtre) ». Les habitants des pays arabes du Maghreb et du Proche-Orient se servent tous du dialecte de chacun de ces pays dans les échanges de l'existence courante, mais celles et ceux qui ont fréquenté l'école et l'université comprennent et utilisent l'arabe littéraire à l'écrit ainsi qu'à l'oral savant. Bien que les créoles martiniquais, guadeloupéen et guyanais soient d'autres langues que le français, ils en sont historiquement dérivés, et souvent, on considère également comme un cas de diglossie l'aptitude des habitants éduqués des Antilles à parler le créole autant que le français.

Le bilinguisme est un cas particulier du multilinguisme. Celui-ci est répandu dans le monde entier, et probablement plus fréquent que l'unilinguisme. Il est à distinguer du plurilinguisme, qui s'applique non aux individus, mais aux États. Le kaléidoscope des États plurilingues, où une au moins des langues en présence a statut d'officialité, a de quoi donner le vertige, même à n'en citer qu'une partie : Belgique (néerlandais, français, allemand des villes du Sud-Est), Luxembourg (français, allemand, luxembourgeois), Suisse (allemand, français, italien, romanche), Finlande (finnois et suédois), Irlande (irlandais et anglais), Malte (maltais et anglais), Canada (anglais et français), Afghanistan (persan et son proche parent le pachto), Paraguay (espagnol et guarani), Israël (hébreu, arabe, anglais), Philippines (anglais et tagalog), Singapour (mandarin, anglais, tamoul, malais), Vanuatu (anglais, français et bichelamar), nombreux États d'Afrique, soit que l'anglais et le français soient officiels ensemble, comme au Cameroun, soit qu'une ou plus d'une langue officielle locale s'ajoutent à l'anglais ou au français : l'arabe (tchadien) au Tchad, l'arabe en Mauritanie, le sango en Centrafrique, le kirundi au Burundi, ainsi que son très proche parent le kinyaruanda au Ruanda, l'afrikaans et diverses langues africaines en Afrique du Sud, le tswana au Botswana, le chichewa au Malawi, le sotho au Lesotho.

On pourrait croire le multilinguisme répandu en Europe. Tel n'est pas vraiment le cas. Il y eut, certes, des multilingues durant la Renaissance et l'époque classique dans la société favorisée. Mais l'unilinguisme domine en Europe, et pour deux raisons. D'une part, les polyglottes les plus remarquables d'avant 1939 ont disparu (voir Juives [langues]). D'autre part, les langues nationales européennes ont été les enjeux historiques des affirmations identitaires, et n'ont laissé que peu d'espace aux groupes minoritaires multilingues, comme celui des Hongrois de Transylvanie devenue roumaine en 1919, qui parlent le magyar et le roumain, ou ceux des Turcs et des Tziganes de Macédoine, qui parlent leurs langues respectives en plus du macédonien. Un autre cas connu est celui des Basques, qui ajoutent au basque le français au nord, et au sud l'espagnol, et les Catalans, qui ajoutent l'espagnol, non sans quelque réticence ces derniers temps, au catalan.

En dehors de l'Europe, le multilinguisme, précieux talisman du talent humain, est attesté sur tous les continents. Avant 1990, une grande partie de la population des quinze républiques soviétiques autres que la Russie parlait, en sus de sa langue nationale, le russe, lui-même langue européenne. Aujourd'hui, il semble que le russe, après une période de rejet qu'expliquent les accessions de ces républiques à l'indépendance, redevienne une langue régionale importante sur l'immense territoire de l'ex-URSS, où le bilinguisme est donc généralisé. Les membres éduqués des communautés indiennes d'Amérique latine sont hispanophones ou lusophones en plus d'être usagers de leur langue vernaculaire.

De très nombreux Africains parlent la langue de leur ethnie, mais en outre celle de l'ethnie dominante, et de surcroît une langue européenne d'ancien statut colonial. Par exemple, les Peuls de Dakar parlent le peul, mais aussi, tout comme les Sérères, autre ethnie sénégalaise, le ouolof (voir ce mot) et, très souvent, le français. Les membres de petites ethnies de Tanzanie parlent, à côté de leurs langues vernaculaires, le swahili, langue dominante dans ce pays, et donc menaçante pour elles (voir Danger [langues en]).

L'Inde est un autre exemple de multilinguisme généralisé. Les masses défavorisées des très nombreuses communautés de petite taille parlent souvent, à côté de leur langue tribale, la grande langue régionale de leur État, c'est-à-dire, selon la région, le hindi, le pendjabi, le cachemiri, le gujrati, le marathi, le télugu, le kanara, le malayalam, le tamoul, le bengali, le bihari, l'oriya, l'assamais, etc., cependant que les classes aisées parlent l'anglais en sus de leur langue régionale (une minorité ne parle, ou n'utilise, que l'anglais). Au nord-est de l'Inde, en Assam et dans les petits États récents de Harunachal Pradech et Meghalaya, beaucoup de membres des nombreuses tribus de ces contreforts de l'Himalaya parlent, en plus du népali et de l'assamais, langues indo-aryennes de cette région, une, et parfois deux ou trois langues, soit du groupe mon-khmer comme le khasi, soit tibéto-birmanes : déuri, kokborok, dimasa, tiwa, naga, garo, boro, etc.

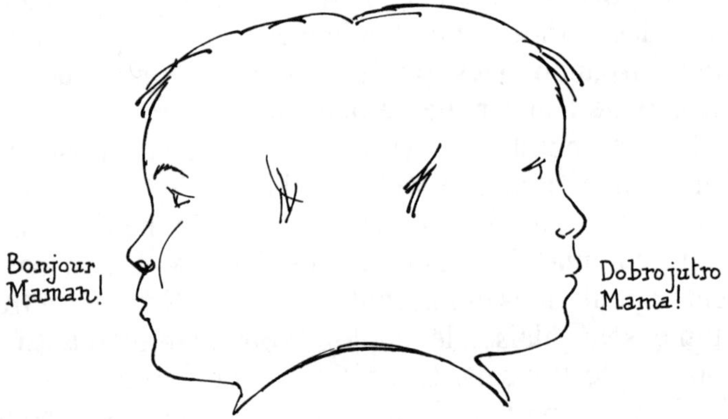

En dépit de la rareté relative du bilinguisme en Europe si on le compare à celui qui s'observe dans tous les lieux que je viens de mentionner, il existe un phénomène favorisé par l'existence, sur ce continent, parallèlement aux langues non indo-européennes que sont le hongrois, le finnois et l'estonien (tous trois finno-ougriens), de langues génétiquement assez proches, et qui se regroupent en trois sous-familles seulement : romane, germanique et slave. Ce phénomène, que j'ai proposé d'appeler la compétence passive, est l'aptitude à comprendre, moyennant quelque effort et quelque habitude, une langue non maternelle mais liée par une parenté, surtout si elle est étroite, avec la langue maternelle. Par l'effet d'une histoire bien connue, qui est celle de l'Europe du Nord, la proximité entre les trois langues germaniques de Scandinavie, danois, suédois et norvégien, est si grande (voir islandais pour un cas différent), qu'au témoignage de leurs usagers, l'habitant de Copenhague peut communiquer avec ceux de Stockholm et d'Oslo sans que chacun des trois parle une autre langue que la sienne propre. On peut concevoir quelques doutes sur cette idéale harmonie. Si le norvégien et le suédois sont mutuellement presque compréhensibles, je crains que le danois ne le soit moins immédiatement à ses voisins, en raison de certains traits phonétiques qui lui ont fait prendre une direction un peu différente. Il reste, néanmoins, que l'importance et la fréquence des liens entre les trois pays scandinaves favorisent une compétence passive des usagers de chacun des trois dans les deux langues autres que la leur.

On ne peut pas en dire autant des langues romanes, dont les chemins ont divergé davantage, au cours de l'histoire, que ceux des langues scandinaves. Cependant, il existe entre un Espagnol et un Français, ou entre un Italien et un Portugais, une possibilité de compétence passive qui devrait faciliter la communication, pourvu qu'on en prenne la peine.

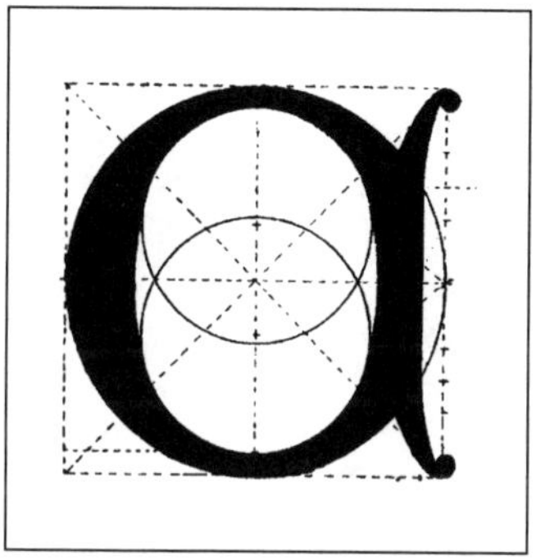

Caucase (langues du)

Les Avars sont généreux… en traits exotiques. Ces trois cent mille habitants des hauteurs du Daghestan, qui se sont fixés depuis plusieurs siècles sur ce qui était autrefois le territoire de l'Empire ottoman, ont conservé, parallèlement à l'islamisation, une culture traditionnelle, et surtout une langue, assez originales. Ils y ont été aidés, sans doute, par la configuration du pays où ils vivent. Il s'agit d'un plateau rude et longuement enneigé du nord-est du Caucase, au relief tourmenté, où de hautes vallées, isolées les unes des autres, abritent des langues si nombreuses que les géographes arabes du Xe siècle appelaient cet ensemble le « mont des langues ». Seuls, parmi ce foisonnement, l'arménien, l'ossète et le tati sont indo-européens, les deux derniers appartenant au groupe indo-iranien, tandis que d'autres langues, voisines, sont turques, comme l'azéri, le balkar, le karatchaï, le koumik. Dans le centre-nord du Caucase se parlent deux langues très proches parentes, le tchétchène et l'ingouche. Dans le nord-ouest vivaient des peuples fortement islamisés au XVIIe siècle, et qui, du fait de la conquête russe dans les années 1864-1865, ont en partie émigré dans l'Empire ottoman. Leurs langues, dont on ne sait quels sont exactement les liens avec les langues du Daghestan, sont intéressantes et très conservatrices : tcherkesse ou circassien, divisé en nombreux dialectes (abzakh, adyghé, kabarde, etc.), abkhaze, et oubykh, langue dont Georges Dumézil, en 1931, recueillit les dernières syllabes balbutiantes sur les lèvres de son informateur, l'ultime locuteur alors vivant, un vieillard égrotant qui ne survécut pas à cette épreuve.

Les noms des nombreuses langues du Daghestan sont rutilants comme les sonorités très riches de leurs consonnes et voyelles : artchi, bats, dargwa, khinaloug, lak, lezguien, routoul, tabassaran. La langue avare est typique de ce groupe, et fort différente de ce que peut imaginer un Occidental. La phrase suivante en donne quelque idée :

> *dir vas v-iχχ-ana* (mon fils CLASSE.MASCULINS-voir-PASSÉ)
> « mon fils a vu » ou « mon fils a été vu ».

Le français, l'allemand, l'italien ou le russe ne nous permettent pas d'imaginer qu'une même phrase puisse avoir un sens aussi bien passif qu'actif, c'est-à-dire mettre en scène un individu qui, en français, peut être un agent, mais pourrait tout aussi bien être un patient (voir Agent). Pour rendre cette phrase moins ambiguë, il suffit, précisément, d'ajouter un agent, ce qui donne, par exemple,

či-yas dir vas v-iχχ-ana (homme-AGENT mon fils CLASSE.MASCULINS-voir-PASSÉ)
« l'homme a vu mon fils ».

L'avar est donc une de ces langues où l'agent de l'action est exprimé par une forme spéciale (on l'appelle « ergatif » [voir Agent]). Cette caractéristique est presque inconnue en Europe, dont les langues marquent non pas l'agent, mais le patient, comme complément d'objet, et à l'accusatif quand il existe une déclinaison. La seule langue d'Europe qui possède cette structure est justement la plus exotique de toutes, et n'appartient à aucune des familles qui se partagent ce continent, à savoir l'indo-européenne et l'ouralienne. Cette langue, évidemment, est le basque (voir ce mot).

Les deux langues anciennes et prestigieuses qui occupent le centre et le sud du Caucase, le géorgien et l'arménien, méritent aussi d'être racontées. Un très ancien royaume situé à l'emplacement de l'actuelle Géorgie, la Colchide, peut-être fondée dès le Xe siècle avant l'ère chrétienne, alimentait les rêves des Anciens par sa réputation de douceur et de richesse, et se trouve être le lieu où un célèbre mythe grec fait aborder Jason et ses compagnons, lors de l'expédition des Argonautes, à la recherche de la Toison d'or des moutons immergés dans les torrents dont leur laine retenait les pépites. La tradition fait remonter au IIIe siècle avant J.-C., et à l'initiative du roi Pharnavaz, l'invention de l'alphabet géorgien, élégant ensemble, cinq signes pour les voyelles et vingt-huit pour les consonnes, de graphismes où dominent les cercles et les crochets.

რა ჰქვია ამას ქართულად?

«Comment s'appelle ceci en géorgien?»

À date historique, la Géorgie est très tôt confrontée à l'hostilité de l'Iran, alors sassanide, contre lequel, au Ier siècle, elle s'allie à Rome. Une autre alliance encore, celle de Byzance, ne suffit pas à assurer la sécurité de ce petit pays, devenu chrétien depuis le début du IVe siècle, et qui, de surcroît, voit surgir, au milieu du VIIe siècle, un nouvel et redoutable adversaire, les conquérants arabes. Mais au Xe siècle, la monarchie géorgienne est restaurée, et les XIIe et XIIIe siècles seront une période d'apogée de la puissance et de la culture géorgiennes, en particulier sous le règne de la reine Thamar, protectrice de Chota Roustaveli, qui écrivit le grand monument de la langue géorgienne, compté parmi les chefs-d'œuvre de toutes les littératures, *Le chevalier à la peau de tigre*.

Cependant, quand, un siècle plus tard, commencent les invasions mongoles et turques, la petite Géorgie, bien qu'elle se défende avec détermination, est bientôt réduite à trois royaumes. Durant les siècles qui suivent, face à ses puissants ennemis, les Empires perse et ottoman, la langue géorgienne est un des piliers sur lesquels se fonde la lutte nationale. La décision, prise à la fin du XVIIIe siècle, de placer la

Géorgie sous la protection de la Russie aura pour effet son annexion de fait par les Russes, dont la langue va commencer d'exercer une forte influence sur le géorgien. Ce n'est qu'en 1917 que la révolution bolchevique donne occasion à la Géorgie de recouvrer son indépendance. Mais en 1922 est créée une République soviétique de Transcaucasie, puis en 1936 une République socialiste soviétique de Géorgie, où le géorgien fait l'objet de nombreux travaux de description scientifique.

Cette langue géorgienne, qui apparaît comme un des ciments de l'unité et de l'identité des Géorgiens, et qui suscite très tôt un puissant patriotisme linguistique, illustré au Xe siècle par l'ouvrage *Gloire et éloge de la langue géorgienne*, de l'écrivain Zocime, contient, sous forme d'emprunts, de nombreux témoignages de langues mortes depuis des temps fort anciens : sumétrien, hittite, hurrite, ourartéen, et d'autres plus tardivement attestées : perse, grec, scythe, sarmate, thrace, arménien, en particulier dans les zones les plus anciennnes du vocabulaire : parties du corps, nombres, termes d'élevage (cf. Assatiani et Malherbe 1997, p. 16). Les emprunts arabes deviennent très nombreux à partir du VIIe siècle. Ils sont moins importants dans les langues qui sont les proches parentes du géorgien : mingrélien, laze (cité sous l'entrée Agent) et svane. Le turc est aussi source d'emprunts. L'est devenu à son tour, à travers les relations, souvent abruptes, avec les tsars puis les bolcheviques, le russe, que les Géorgiens adultes d'aujourd'hui semblent bien parler encore couramment.

On assigne à la périodc classique (début du Ve siècle) l'invention de l'alphabet arménien, œuvre de saint Mesrob Maštoc'. Mais dès cette époque, l'arménien avait reçu de nombreux mots iraniens, et aussi, par le biais de la traduction des textes chrétiens, des mots grecs. Vers la fin du IXe siècle, l'arménien classique avait cessé d'être parlé, mais demeurait en usage dans les œuvres littéraires, sous le nom de *grabar*, « langue livresque ». On appelle arménien moyen la période qui commence autour de l'an 1000 et qui se poursuit, à travers l'histoire du royaume arménien de Cilicie (XIe-XIVe siècles), jusque vers 1600, date à laquelle commence l'arménien pré-moderne. Dès cette période s'amorce la distinction entre deux variantes : une occidentale, en Anatolie de l'Ouest et surtout à Istanbul, et une orientale, dont le centre était le dialecte arménien d'Isfahan. Au XIXe siècle, ces deux variantes donnent naissance, respectivement, à ce qu'on appelle aujourd'hui, d'une part, l'arménien occidental moderne, parlé dans l'ancien Empire ottoman, dans les communautés émigrées à l'Ouest, notamment lors du génocide de 1916, ainsi qu'en Australie, et d'autre part l'arménien oriental moderne, parlé à l'est de la Turquie. Ces deux formes, appelées ensemble *ašχarhabar* « langue mondiale » par opposition au *grabar*, résultent, dans une certaine mesure, d'une activité consciente de réforme linguistique, en particulier la forme orientale, que promut notablement la création de la République socialiste soviétique d'Arménie, où l'arménien devint langue officielle, comme il ne l'avait plus été depuis le royaume de Cilicie.

Un locuteur de l'*ašχarhabar* ne peut pas comprendre le *grabar* sans beaucoup d'efforts et de préparation. La différence pourrait être comparée à celle qui sépare l'italien du latin. L'arménien classique ressemble au sanscrit et au grec ancien en ceci qu'il est nettement plus flexionnel (voir Typologie des langues) que l'arménien moderne, lequel a développé des traits agglutinants. Les verbes de l'arménien classique sont conjugués en formes complexes correspondant à des mots uniques, alors que ceux de la langue moderne ont une forte tendance à se présenter en formes analytiques à composantes séparées. L'ordre des mots dans la phrase, le rôle de l'article, qui est devenu en langue moderne un démonstratif distinguant le proche, le moins proche et le lointain, le développement des postpositions (voir ce mot) sont autant de points sur lesquels les deux variantes se distinguent nettement.

Ch'tis (Bienvenue chez les)

La croustillante pochade de cinéma qui porte ce titre a attiré l'attention, en 2008, sur un parler du nord du pays qui intéresse depuis longtemps les linguistes. Les savants et philologues locaux les plus dignes ou les plus timides ont sans doute été effarouchés d'entendre un énorme éclat de rire tonitruer sur ce que leurs austères recherches recouvrent d'un voile de respectable sérieux. Le *ch'ti*, ou *chti*, abréviation de *chtimi*, est en fait une des formes du picard. Celles-ci, assez nombreuses et diverses bien que ces différences ne fassent pas obstacle à la compréhension, sont attestées de Maubeuge à Boulogne en passant par Saint-Quentin, Beauvais, Amiens, Bruay-en-Artois et Béthune, ainsi que d'Ath à Arras en passant par Mons, Valenciennes, Denain, Cambrai, Tournai, Mouscron, Tourcoing, Roubaix et Lille, avec des indentations au-delà de ces points. Cela recouvre les départements du Nord (sauf la frange de la région de Dunkerque, où se parle une des formes du flamand), du Pas-de-Calais, de la Somme, une grande partie du nord de l'Oise, de l'Aisne, de la Seine-Maritime, et, pour ce qui concerne la Belgique, la plus grande partie de l'ouest du Hainaut, ainsi que de petites zones du Brabant, du Namurois et des Flandres. Enfin, en Allemagne, le picard était encore parlé, au début des années 1980, dans le « hameau picard » de Friedrichsdorf-am-Taunus.

Des formes du picard apparaissent déjà dans les fameux *Serments de Strasbourg* (842), première attestation écrite du français, où le *p* entre deux voyelles est passé à *v* comme dans *savir*, et où le *au* du latin est devenu *o*. On retrouve ce trait un peu plus tard dans un autre des textes considérés comme notant une des formes les plus anciennes du français, la *Cantilène de sainte Eulalie* (880), séquence hagiographique poético-musicale sur une vierge martyre, qui contient aussi, à côté de *cose* « chose », un autre trait picard dans *diaule* « diable », encore vivant aujourd'hui (Dawson 2005, p. 6). Quelques siècles plus tard, au Moyen Âge, la langue écrite franco-picarde, dont se servaient les Arrageois Jean Bodel (début du XIIIe siècle) et Adam de la Halle (seconde moitié du XIIIe siècle), ainsi que le ou les auteurs picards anonymes de la gracieuse chantefable *Aucassin et Nicolette* (première moitié du XIIIe siècle) et le Valenciennois Froissard (1337-1405), jouissait d'un prestige et d'une popularité qui allaient au-delà de ses limites territoriales. Longtemps, le picard est demeuré une des grandes langues néo-latines sur la base desquelles s'est formé ce qui est aujourd'hui le français.

Mais, dès le milieu du XIIe siècle, le français de Paris l'emportait en prestige, et les formes picardes pouvaient être brocardées comme régionales, ainsi que l'attestent, en 1180, les vers pleins d'amertume de Conon de Béthune (Chansons III, vers 8-14) reprochant à la reine et à son fils de l'avoir repris, pour ses dialectalismes picards, à la cour de Champagne, linguistiquement très proche de celle de Paris, avec laquelle elle fusionnera politiquement au début du XIVe siècle par le mariage de Jeanne de Champagne avec Philippe le Bel.

Ainsi, les choix politiques privilégièrent le dialecte d'Île-de-France, dans lequel le franco-picard finit par se fondre, tandis qu'au sud du pays, l'autre grande langue dominante, l'occitan, perdait elle aussi sa primauté, dans le sillage du rattachement du Languedoc à la couronne de France après la croisade contre les Albigeois au XIIIe siècle. Cependant, les parlers picards sont toujours vivants, notamment ceux de Lille, de Douai, de Valenciennes, de Bruay, par exemple, et une originalité du picard est qu'ils ne le sont pas moins dans les villes que dans les campagnes. En outre, le picard est illustré par une littérature écrite, ce qui constitue un autre trait original par rapport aux dialectes et patois en général. Les *Satires picardes* dues à Hector Crinon, homme du Vermandois, illustrent une langue puissamment évocatrice, le *P'tit Quinquin* du Lillois Alexandre Desrousseaux est célèbre dans tout le Nord, et le poète Édouard David chante, entre autres, les lieux pittoresques d'Amiens.

Comme toutes les langues que n'a pas unifiées une normalisation promouvant une forme supradialectale, le picard présente une grande variété de parlers. Ainsi, l'amiénois a *oai* et *oé* au lieu de ce qui s'écrit en français « ai » et « oi », d'où *foaire* « faire », *boére* « boire » ; d'autre part, alors qu'à l'ouest la voyelle finale *-é* tend à s'ouvrir en *-è* comme dans *cantè* « chanté », ou même en *-a*, à l'est d'Amiens, au contraire, elle tend à se fermer en *-i* comme dans *étringi* « étranger » ; et dans divers lieux, dont le quartier Saint-Leu d'Amiens, le « -in » final du français est un *-an*, comme dans *van* « vin ». *Éch jornal picard* (« Le journal picard ») *Ch'Lanchron* (« Le Chardon »), dont le siège est à Adville (Abbeville), présente soit des sujets généraux, soit des chroniques sur les événements privés heureux ou tristes, soit, dans un *liméro éspécial* (« numéro spécial »), les œuvres poétiques de ses lecteurs en picard, souvent dans un des parlers du Vimeu et du Ponthieu qui ont, au lieu du *a* français, soit un *o* comme dans l'Amiénois, soit un *eu*, d'où *cot* ou *keut* pour « chat » ; dans ces parlers, en outre, *eu* se rencontre aussi là où le français présente « -er » et « -ez », notamment dans la conjugaison : *guernieu* « grenier », *os mingeuz* « vous mangez », le *in* qui correspond au « en » du français étant un trait de la plupart des parlers picards : un ami lillois qui m'offrait il y a quelques années un de ses livres me le dédicaçait *amitieusemint.*

Précisément, les parlers du Nord et du Pas-de-Calais regroupés sous le nom de *chtimi* partagent beaucoup de traits aussi bien avec l'amiénois qu'avec le hennuyer dont il est question plus bas. Dans ceux des parlers du Nord qui sont situés plus au sud et surtout plus à l'ouest, c'est-à-dire en Arrageois, Audomarois, Boulonnais, Calaisis, Ternois, on note une tendance à la diphtongaison des voyelles, d'où par exemple *j'eï acateï* « j'ai acheté ». Les parlers des terres accueillantes du Vermandois et de la Thiérache, où sont sertis de magnifiques châteaux et églises, ont quelques traits en commun avec l'amiénois, dont le « -u » qui correspond au « -eu » d'autres régions : l'équivalent de *je veux* y est *èj vu*.

Mais en général, ces parlers ressemblent moins à ceux de l'Amiénois qu'à ceux du Hainaut de Valenciennes et, en Belgique, de Tournai : au *tch* et au *dj* amiénois, que l'on retrouve dans une partie du Nord, notamment Roubaix et Tourcoing, correspondent *k* et *g*, d'où *kère* « tomber », *maguète* « chèvre », au lieu de l'amiénois *tchère* (le français classique avait *choir*) et *madjète* ; d'autre part, au français « o » répond en hennuyer un « ou », d'où *cou* « coq », et au lieu des formes amiénoises *ch'étoét*, *ou coi*, *guernouille*, *minger*, *nuit*, on trouve ici *ch'étot* « c'était », *ou co* « à l'abri », *guernoule* « grenouille », *mingi* « manger », *nut* « nuit ».

Certains appellent *rouchi* l'ensemble du picard. Ce terme, forme écourtée du mot *drouchi*, qui équivaut au français *de droit ici*, est réservé par d'autres comme désignation du seul parler picard de la région de Valenciennes. C'est là le choix de Jean Dauby. La désignation *chtimi* ou *chti* n'a pas l'agrément de ce spécialiste du rouchi, qui écrivait dans son *Livre du « rouchi »*, publié en 1979 (p. 12) :

> « Depuis quelque temps, on a vu apparaître des autocollants marqués CHTI ou CHTIMI. Dans le Pas-de-Calais en particulier, certains affirment parler "chtimi". Voilà un mot à mettre à l'index. Il a, semble-t-il, été inventé pendant la Première Guerre mondiale par des "poilus" qui n'étaient pas de chez nous, et qui désignaient ainsi leurs camarades nordistes, à partir de quelques mots de leur parler : "Ch'est ti, ch'est mi." Ce

mot, dès sa création, était ironique, et fut vite péjoratif : les gars du Nord étaient mal dégrossis, lourds, et baragouinaient un patois sans grâce. Si “rouchi” est sorti d’une confusion, “chtimi” est né d’une dérision. Pour les Parisiens, ce terme accompagne une image de marque à dominante de brouillard, de ciel gris et des pavés de “l’enfer du Nord”. »

Du rouchi, en revanche, Jean Dauby écrit (*ibid.*) :

« Le “rouchi” se trouve être en position avancée, presque à la frontière du wallon. On trouvera, dans une aire restreinte, des phénomènes linguistiques intéressants. De plus, il possède, depuis un siècle, une littérature parfois largement diffusée : les œuvres de Jules Mousseron, en divers recueils et ouvrages, ont été distribuées à plus de 125 000 exemplaires ; Émile Morival, René Ducorron ont eu des dizaines de milliers de lecteurs. Et cela a contribué à conserver ce patois. »

Il est certain que la notion de *rouchi* n’évoque rien de comparable à ce qu’évoque le mot *chti*. *Rouchi*

n'a pas les connotations assez négatives que, pour le public non informé (l'énorme majorité), le mot *chti* possède, ou du moins qu'il possédait, en France, jusqu'à mars 2008. De là, entre autres intentions, le propos du film *Bienvenue chez les Ch'tis*, sorti à cette date : faire connaître et apprécier, par-delà les préjugés têtus, le nord de la France, sa population et sa langue. Le succès phénoménal de ce film, qui a suscité un nombre d'entrées en salle parmi les plus élevés de l'histoire du cinéma, est, dans une large mesure, lié à la langue des dialogues, en particulier aux quiproquos qu'elle produit dans l'échange avec les francophones d'autres régions, qui, souvent, ne la comprennent qu'imparfaitement. Ainsi, au début de ce film, le nouveau directeur du bureau de poste, à peine arrivé de Marseille, est installé par l'employé de la poste dans un appartement vide, et demande à cet employé pourquoi l'ancien directeur est parti avec les meubles :

— l'employé : bé ch'est pt-êt les chiens.

— le directeur : quels chiens ?

— l'employé : les meubles !

— le directeur : pourquoi donner ses meubles à des chiens ?

— l'employé : ben non, les chiens, ch'est pô eux qu'y sont partis avec !

— le directeur : ben pourquoi il les a donnés ?

— l'employé : ch'étot les chiens !

— le directeur : les chiens, vous dites ?

— l'employé : les chiens !

— le directeur : ah ! Les siens, pas les chiens, les siens !

— l'employé : ouais, les chiens, comme chats !

— le directeur : les chiens, les chats, mais putain, tout le monde parle comme vous ici ?

Circularités

Les langues disent le monde, elles disent tout du monde. Mais on ne peut rien dire des langues qui ne soit déjà en langues. La linguistique est la seule science qui ait pour objet le discours même qu'elle en tient ! Cette circularité est une des propriétés singulières de l'espèce humaine qui a inventé les langues. Elle n'a pu inventer aucun système de signes qui sache dépasser les langues en portée sémiotique, c'est-à-dire qui permette de tout exprimer sur l'univers, y compris sur les langues elles-mêmes, sans être enfermé dans leur propre horizon, si vaste soit-il. Circularité du langage, qui ne fournit aucun moyen de se dire lui-même en d'autres termes que les siens. Mais c'est cette contrainte même qui est à l'origine des plus grandes littératures. Car que sont les œuvres littéraires les plus belles, sinon un effort, passionné autant qu'indéfini, pour explorer l'au-delà des langues, en chargeant les mots et les phrases de contenus qui étendent au plus loin leur pouvoir ?

Subvertir ainsi la circularité, c'est-à-dire en tirer les effets qui la magnifient au lieu de demeurer docilement muré dans l'espace clos qu'elle construit, c'est le destin de l'artiste des mots. Il en joue, il les fait exploser, il les manipule et les catapulte de mille façons. Des grands rhétoriqueurs à l'Oulipo, les écrivains n'ont cessé de se jouer de la langue, tout comme elle se joue de ses inventeurs en les contraignant à passer par elle. Mais que peut-elle sur la délectation même qu'elle suscite ? Les exubérances de Shakespeare, les vers délicatement ciselés des poètes du Parnasse, les sonnets symbolistes de Heredia ou hermétiques de Mallarmé, qui tirent leur séduction des contraintes mêmes qu'ils s'imposent, tant de rimes que de structure, les antiproses de Céline, les accumulations baroques de l'*Ulysse* de Joyce, les lipogrammes (œuvre d'où une lettre est absente) de Georges Perec, comme la remarquable *Disparition* (celle de la lettre « e ») (1969), et jusqu'aux proses policées de Goethe, Manzoni, Stendhal, Balzac, Flaubert, Pouchkine, Dostoïevski, Tolstoï, ce sont là les défis que le génie littéraire dresse face à la langue, se riant de ses pièges lors même qu'elle se rit de consigner les écrivains, au gré des inextricables volutes qu'elle dessine, dans sa voluptueuse prison.

Classes

Le thaï possède au moins deux cents classes, de même que diverses langues insulaires d'Austronésie, comme le kilivila (langue austronésienne des îles Trobriand, situées à deux cents kilomètres au nord de la baie de Milnes, en Papouasie-Nouvelle-Guinée). Le chinois mandarin a au moins cent vingt classes, dont une trentaine très usitées, le peul en a vingt-quatre, le swahili dix-huit, comme d'autres langues bantoues et le bantou commun reconstitué, le oulof en a dix, sous forme d'articles définis. De quoi s'agit-il ? En français, on dit *un homme*, ou *ce crayon*, ou encore *deux livres*, *trois tables*, sans que la langue requière que l'on précise la catégorie d'objets ou de notions à laquelle appartiennent l'homme, le crayon, le livre ou la table.

En chinois, il est impossible de dire *yī rén*, *zhèi qiānbǐ*, *liǎng shū*, *sān zhuōzi* qui auraient exactement les mêmes sens, respectivement, que ces quatre expressions françaises, et suivent le même ordre. Entre *yī* « un » et *rén* « homme », entre *zhèi* « ce » et *qiānbǐ* « crayon », entre *liǎng* « deux » et *shū* « livre », entre *sān* « trois » et *zhuōzi* « table », il faut insérer *ge*, *zhī*, *běn* et *zhāng* qui sont, dans l'ordre, les classificateurs, c'est-à-dire les marques de classes nominales, des êtres humains, des crayons, des livres et des tables. De surcroît, certains classificateurs chinois ne se combinent qu'avec un seul nom : c'est le cas de *wèi*, *pǐ*, *dǐng*, *jù* et *shǒu*, respectivement classificateurs des noms de personnes honorées, du cheval, du chapeau, du mot et du vers de poésie. Cette particularité se retrouve dans bien des langues, dont le jacaltec (famille maya, Guatemala), où les noms du chien, du maïs, du sel, de la corde, référant à des êtres et objets essentiels dans la vie de l'ethnie et dans son rapport avec la nature, ont chacun un classificateur spécifique.

Les classes nominales sont donc une particularité singulière de nombreuses langues. Celles d'Europe n'en offrent que de lointains échos, sous la forme de certains emplois de mots pris au sens d'éléments de décompte ou d'évaluation des objets ou des matières, comme en français dans *un camion de marchandises* ou *une espèce de jeu* (on entend souvent, par conversion du mot *espèce* en un véritable classificateur non accordé, ***un*** *espèce de jeu*, formulation condamnée par la norme et répandue dans la langue parlée). Les sociétés humaines ont, depuis des temps fort anciens, conçu le monde comme un ensemble brut qu'il convient d'ordonner, en le considérant comme constitué d'éléments qui s'organisent en classes. Les plus vieilles cultures utilisaient des marques de classes, qui pouvaient n'être que purement graphiques, comme les signes que les scribes égyptiens et mésopotamiens plaçaient au-dessus ou à côté des hiéroglyphes et des caractères cunéiformes, pour indiquer à quelle catégorie sémantique il fallait assigner un mot dans un texte.

Les types de regroupements en classes, très variables selon les cultures, en disent long sur la manière dont sont vues les entités du monde. En yagua, langue isolée du nord-est du Pérou, les noms de la lune, des balais et ventilateurs, des rochers sont marqués, selon une vision animiste sous-jacente, par le classificateur des êtres animés. Certains regroupements en classes semblent défier la logique des linguistes occidentaux, qui ont déployé d'ingénieux artifices pour leur trouver une justification, par exemple en dyirbal, langue australienne du nord du Queensland, ou en peul. Appartiennent à la même classe, dans cette dernière langue, les noms de la vache et du soleil, à une autre ceux de la ville et du visage, à une autre encore ceux de la pintade et du travail ; sont également assignés ensemble à une même classe les noms du métal et du taureau, de la barbe et du quartier.

Il pourrait s'agir des reflets d'antiques assignations, dont les motifs, enfouis dans des cultures dès longtemps inhumées, nous échappent aujourd'hui. Seule pourrait avoir un semblant de cohérence, avec quelque effort d'imagination et quelque sérénité face aux spéculations, la classe du peul où sont regroupés les êtres humains, les noms abstraits empruntés à des langues étrangères, et le nom de Dieu. On peut supputer que tous sont solidairement à part : Dieu, qui est inclassable, l'humain, qui est lui-même source de tout classement, et les emprunts abstraits, qui n'ont pas de place à côté d'autres mots de la langue. Un esprit étranger aura quelques difficultés à interpréter les imputations de classes dans bien d'autres langues. Pour n'en retenir qu'un dernier exemple, en toba (famille guaicuru, Argentine), dans *ha-ra-nogotole*, « la fille », le mot inséré entre l'article *ha* et le nom *nogotole* « fille » est *ra*, classificateur des objets verticaux. Les locuteurs de cette langue, interrogés sur la raison de cet usage, assurent que les humains sont verticaux de manière inhérente. Pourtant, il n'est pas interdit de rappeler qu'à la Belle Époque, en France, on nommait souvent *horizontales* certaines professionnelles. Soutiendra-t-on qu'il s'agissait d'une activité passagère plutôt que d'une nature profonde… ?

Classiques (langues)

Sont réputées classiques les langues que leur ancienneté, leur prestige et leur nature de sources d'emprunts rendent dignes de figurer dans les classes comme matières d'enseignement. Le grec ancien et le latin sont enseignés, bien qu'hélas ! ils le soient de moins en moins, dans les classes littéraires en France, ainsi qu'en Italie, en Espagne, au Portugal, en Roumanie, et même dans des pays dont les langues ne sont pas néo-latines comme celles de ces derniers, mais qui, pour des raisons politiques ou religieuses, ont donné au latin une grande place dans leur histoire et leur culture : Allemagne, Autriche, Grande-Bretagne, Pologne, Hongrie, Croatie.

Le grec ancien, au moins sous sa forme du Ve au IIIe siècle avant l'ère chrétienne, est non seulement la langue classique de la Grèce, et surtout de l'Attique, mais aussi celle face à laquelle le démotique s'est affirmé par la lutte (voir Patriotes des langues). En

Europe, la destinée du grec classique est étrange. On connaît l'apparent paradoxe par l'effet duquel, malgré la domination romaine, devenue totale vers le milieu du IIe siècle avant l'ère chrétienne à la suite des défaites de la Macédoine à Cynoscéphales (–197) et Pydna (–168), la culture attique, que n'avait pas compromise, et encore moins annulée, longtemps même avant la conquête romaine, la fin de l'indépendance des cités grecques après la victoire de Philippe de Macédoine à Chéronée en –338, continua de jouir d'un prestige intact. Cette illustration du grec était telle que les familles patriciennes de Rome élevaient leurs enfants en grec, première langue de César avant le latin. Car c'est en grec, et non en latin, que César s'exprima aux deux moments d'extrême tension émotive de sa vie, à savoir lorsque, violant la loi, il franchit le Rubicon au retour de la conquête de la Gaule, et lors de son assassinat, quand, dans un souffle ultime, tandis qu'il recevait, de la main de son fils adoptif Brutus, le coup mortel, il eut le temps d'exprimer son atterrement, ou peut-être de lui souhaiter le même sort (cf. Hagège 2000).

Cependant, l'histoire n'ouvrit pas plus largement cette voie royale du grec. La formation de l'empire d'Orient et le développement du monde byzantin reléguèrent le grec à l'est de l'Europe, tandis que la christianisation de l'Occident assurait au latin les puissantes assises que devait confirmer ensuite la naissance des langues romanes issues de lui. Il se trouve pourtant que le grec est demeuré langue savante de prestige pour presque tous les pays d'Europe, et bien au-delà : les termes et parties de termes scientifiques, techniques, médicaux, etc., par exemple les suffixes comme ceux dont la forme française est *-logie* ou bien *-graphie,* se sont répandus, à partir de l'anglais, du français, de l'espagnol, de l'italien, du portugais, de l'allemand, du néerlandais, dans les lexiques spécialisés de très nombreuses langues d'Europe et d'Afrique, ainsi que dans certaines langues d'Asie, telles que le tagalog, l'indonésien, etc. C'est pourquoi la connaissance du grec classique, et des grands textes, d'Eschyle à Xénophon, dont il est le support, est considérée, surtout en Occident, comme une composante, de plus en plus rare aujourd'hui, d'une fine culture.

Le vieux-norrois est la langue germanique classique, et l'ancêtre des langues modernes, des trois pays scandinaves et de l'Islande. Un état encore peu modifié du vieux-norrois continua, de 920 à 940, d'être enseigné à Bayeux, où Guillaume Ier Longue Épée, successeur du premier roi viking de Normandie (terre des hommes [*mand*] du nord), Rollon, envoya son fils afin qu'il n'oubliât pas tout à fait l'idiome de ses pères norvégiens sous la pression du franco-normand. Ce dernier, en effet, vite adopté, était devenu la langue des Vikings, installés en 911 par Charles V le Simple, roi des Francs, sur le territoire correspondant à une grande partie de la Normandie actuelle, celui que leurs incursions avaient ravagé, et que délimitent à peu près, à l'ouest, la Manche, et à l'est les vallées de la Bresle, de l'Epte, de l'Eure, de l'Orne et du Couesnon. Là, et en particulier dans la région de Rouen et le pays de Caux, le vieux-norrois n'est pas tout à fait mort, au moins dans la toponymie. C'est de cette langue que viennent des noms comme Dieppe, de *diup* « profond », mot apparenté au *deep* anglais, ou Le Houlme, commune de la banlieue de Rouen, de *holm* « rivage », « île », qui apparaît aussi dans le nom de la capitale de la Suède, Stockholm, et dans celui de la charmante île danoise dite « des enfants » (*børn*), c'est-à-dire Bornholm.

Viennent également du vieux-norrois, apparaissant souvent en combinaison avec des noms propres, un grand nombre de parties de toponymes, comme *thorp* « village » (allemand *Dorf*), modifié en *tours* ou *tourps*, ou comme *toft* « masure », réduit en *tot*, ainsi que *flodh* « baie, crique », réinterprété par francisation en *fleur*, *budh* « cabane », altéré en un *beuf* mieux compris (!), ou *lund* « bois », altéré en *lon*, *dal* « vallée » (comme en néerlandais et comme l'allemand *Tal*) repris en *dalle*, ou encore *bec* « ruisseau » (dont l'origine germanique est la même que celle de l'allemand *Bach*, de même sens). C'est ainsi, en reprenant dans le même ordre toutes ces étymologies, qu'un parfum germanique scandinave de vieux-norrois flotte encore en Normandie, aujourd'hui, dans les noms de Tourp, Clitourps, Hébertot, Yvetot,

Barfleur, Harfleur, Honfleur, Vittefleur (« crique blanche [*vitte*, comme l'allemand *weiss* et l'anglais *white*] »), Criquebeuf (« cabane de l'église [*kirk* déformé, et rappelant le néerlandais *kerk*, l'allemand *Kirche* et l'anglais *church*] »), Elbeuf, Yquelon (« bois de chênes [*yk*, comme l'anglais *oak*] »), Bolbec, Clarbec (« ruisseau clair »), Robec (« ruisseau rouge [comme l'allemand *rot*] »), Becdalle (« vallée du ruisseau »). Peut-on imaginer danse plus débridée et plus joyeuse que celle de ces noms devenus routiniers pour les habitants de ces lieux, et brusquement animés de multiples souvenirs, qui viennent nous parler en vieux-norrois pour nous raconter leur histoire vieille de onze siècles !

Dans la plupart des autres grandes aires culturelles, une langue classique est cultivée et enseignée, quand ce ne serait qu'en tant que fontaine d'emprunts. Tel est, pour l'amharique et les autres langues sémitiques éthiopiennes, le cas du guèze, qui demeure aujourd'hui langue liturgique et savante des chrétiens d'Éthiopie après avoir été la langue prestigieuse d'Axoum, capitale du royaume d'Abyssinie au IVe siècle, lors de l'introduction du christianisme. Tel est aussi le cas du sanscrit pour les langues indo-aryennes, hindi, bengali, marathi, etc., et pour beaucoup d'autres langues d'Asie du Sud-Est. Tel est enfin le cas du pāli, autre langue indo-aryenne, qui était proche du sanscrit, et dont le choix du Bouddha fit la langue du canon bouddhique theravāda, d'où son importance, comme langue prêteuse, pour celles de nombreux pays bouddhistes d'Asie : birman, khmer, thaï et son très proche parent le laotien, etc.

Le chinois archaïque tardif (voir Jérusalem [Pékin et]) est une langue littéraire (*wényán*) assez elliptique, qui constitue, notamment pour les formules de morale politique et de philosophie, la langue classique servant de terreau nourricier au chinois moderne soutenu. Mais le chinois s'est également comporté comme langue classique par rapport à d'autres langues d'Asie, ses voisines, qui lui ont emprunté un nombre de mots considérable (voir Emprunt).

Clic-clac

On ne parle plus guère d'un film sud-africain des années 1980, *Les dieux sont tombés sur la tête*, à l'humour tendre autant que débridé, et dont un des ressorts comiques est l'effet sonore tout à fait insolite des consonnes claquantes ! Ce terme désigne, et ne désigne pas mal, des consonnes au mode de formation articulatoire, et à l'effet acoustique, tout à fait uniques. Le lieu de production de toutes les articulations linguistiques est l'appareil phonateur humain, ingénieuse, et très petite, fabrique de sonorités qui font les langues. Les consonnes autres que claquantes sont produites à partir d'une colonne d'air issue des poumons, et qui subit diverses modifications en parcourant plusieurs sortes d'obstacles sur son trajet dans l'appareil phonateur, depuis le larynx, dont un repli constitue les cordes vocales, jusqu'à l'extrémité des lèvres, en passant par le palais, la langue, les dents. Les consonnes claquantes sont les seuls types de sons au monde à être produits non par un air intérieur exhalé, mais par un air extérieur aspiré. Il se fait une brusque ouverture d'un point d'occlusion au niveau du voile du palais, d'où explosion de l'air ainsi raréfié, en même temps que succion de l'air extérieur passant par les lèvres, les dents, leurs alvéoles ou les deux côtés de la langue.

Les résultats sont divers. On peut réaliser des claquantes labiales, que n'importe qui peut imiter en aspirant l'air avec ses deux lèvres comme pour un baiser. On peut aussi prononcer des consonnes claquantes alvéolaires, qui font penser, elles, au bruit de réprimande, de désapprobation, de dénégation des parents ou de l'entourage à un enfant ou à un adulte que l'on veut doucement morigéner. Ce bruit évoque un son [dz], mais aspiré, et non pas expiré comme quand on prononce la succession [d] + [z]. Il existe aussi des claquantes produites par le bruit de la langue s'animant sur ses deux côtés, comme on peut l'entendre chez les manadiers camarguais, ou les gardiens de troupeaux quand ils poussent ou excitent leurs bêtes.

Les langues dites elles-mêmes claquantes, ou langues à clics, sont ainsi appelées parce qu'elles possèdent ces extraordinaires sonorités qui, ailleurs, sont des bruits. Les langues à clics se rencontrent en République sud-africaine et dans les Bantoustans qui y sont associés. Ces langues sont, notamment, celles de communautés pygmoïdes de cueilleurs-chasseurs dont la plupart ne survivent qu'à travers le métissage avec les descendants d'Européens, et qu'on appelait Bochimans (Bushmen, « hommes de la brousse »). Ces langues sont aussi celles de pasteurs, autrefois nomades, dont le principal groupe est celui des Namas, et auxquels les Boers d'origine néerlandaise donnèrent le nom de Hottentots, onomatopée voulant évoquer l'impression d'inintelligible bégaiement que faisaient à des oreilles bataves les consonnes claquantes de ces langues. Les langues claquantes appartiennent à deux familles. L'une contient le dama, le sandawe et les langues des Bochimans et des Hottentots ; cette famille est appelée khoisan, de *k'oi* « les hommes » en hottentot, et *san*, nom des Bochimans dans cette même langue. L'autre est la famille bantoue, qui contient, notamment, le sotho, le xhosa (langue tribale du grand Nelson Mandela), le zoulou, toutes langues qui pourraient avoir emprunté les clics aux langues de la famille khoisan.

La République d'Afrique du Sud semble bien être le seul lieu du monde, avec le sud de la Namibie et de l'Angola, où se parlent des langues qui possèdent de telles consonnes. En dehors de ces territoires, la seule langue à clics que l'on puisse mentionner est une langue inventée, et de plus éteinte. Il s'agit du damin, langue d'initiation qui existait autrefois parmi les Lardil, communauté habitant l'île de Mornington, dans le Queensland du Nord, en Australie. Le damin était enseigné aux adolescents dès le stade avancé du noviciat, en même temps qu'ils apprenaient les rites animistes de la tribu, et recevaient une éducation sexuelle. C'était plus qu'il n'en fallait, bien entendu, pour faire pousser des rugissements d'horreur aux prêtres de la mission chrétienne qui vinrent coloniser l'île à la fin du XIXe siècle, et qui reçurent en plein cœur, à leur arrivée, cette coutume des Lardil, si peu compatible avec l'Évangile. Le damin fut donc proscrit en même temps que la coutume qui en impliquait l'apprentissage, et c'en fut fait des consonnes claquantes. Là où elles demeurent en vie, elles constituent un précieux monument en péril.

Infinie diversité des gestes culturels qui font les langues, et de leurs contenus ! Ce qui est en Europe le bruit du baiser est dans le sud de l'Afrique une consonne que peut suivre une voyelle pour réaliser une syllabe d'un mot ! Cela ne veut pas dire, bien entendu, que les Hottentots ne se servent pas aussi de leurs lèvres pour distribuer des baisers ! Simplement, le baiser est aussi un son utilisé pour construire la charpente phonique des mots. Les populations parlant des langues à consonnes claquantes ont donc culturalisé en phonèmes, ou sons linguistiques, des gestes buccaux qui sont, chez tous les autres peuples, des gestes non linguistiques. Veut-on d'autres preuves de la diversité des talents humains face à l'urgente pression de la communication ?

Communes (langues)

Dans nombre de grands, et de moins grands, États, soit qu'y coexistent beaucoup de langues différentes, ou beaucoup de dialectes différents d'une même langue, soit que la langue du pouvoir ne s'emploie que dans les sphères de commandement, une décision politique ou la pression d'un état de fait ont abouti à la promotion d'une langue facilitant la communication pour tous, et qu'on appelle, pour cette raison, langue commune. Dans l'Empire assyrien du VIe siècle avant l'ère chrétienne, la langue administrative, l'akkadien, qui avait succédé au sumérien et s'écrivait comme lui en cunéiforme, était en voie d'être supplantée par une langue commune qu'avaient répandue les habiles marchands dont elle était l'idiome maternel : l'araméen. Les masses assyriennes en avaient un maniement naturel. C'est donc cette langue, et non l'akkadien, que les Juifs, exilés à Babylone en –597, rapportèrent en Judée à leur retour, soixante ans plus tard, et qui était donc la langue maternelle de Yehoshoua de Nazareth.

Non loin de là, toujours vers le VIe siècle avant l'ère chrétienne, le vieux-perse, langue de l'Empire achéménide, commençait, dans l'ouest du domaine iranien, à évoluer vers une autre forme du moyen-iranien, le pahlavi ou langue des Parthes, non sans se charger d'emprunts faits aux langues voisines qu'il allait supplanter, comme, au nord, le parthe et, à l'est, le sogdien. À cette absorption d'autres langues génétiquement parentes, qui est typique d'une langue commune, s'ajoute l'absorption de vocabulaire arabe après la conquête arabe qui eut raison de l'Empire sassanide, soit dès le Ier siècle de l'Hégire, tandis que se constitue le persan moderne. La pénétration de mots arabes en persan devint bientôt immense, même s'il est vrai que dans l'œuvre tenue pour la plus illustre de la littérature persane classique, le *Châh Nameh* (*Livre des Rois*) de Firdausi

(Xe siècle), certes à tendance puriste, les éléments parthes et sogdiens l'emportent en nombre sur les éléments arabes. Bien que l'on considère que les produits de la diffusion historique du persan moderne au nord et à l'est, c'est-à-dire le tadjik et le pachto, sont aujourd'hui, à en juger par quelques obstacles de compréhension, d'autres langues que le persan, ce dernier est bien la langue commune de la Perse.

Des exemples contemporains sont ceux de l'indonésien et du chinois mandarin. La promotion d'une langue commune capable de fédérer les efforts de tous les habitants de l'Indonésie fut une des entreprises que les combattants indépendantistes de ce pays conduisirent lors de la guerre de libération qu'ils livrèrent, contre la colonisation néerlandaise, dès avant la Deuxième Guerre mondiale. Le gouvernement du premier président de l'Indonésie indépendante, Sukarno, donna une impulsion décisive à cette promotion d'une langue commune indonésienne, dans un pays où d'autres langues, certes de la même famille austronésienne, mais distinctes, sont parlées par des communautés de cinq à trente millions de locuteurs : javanais, soundanais, madurais, minangkabau notamment. La bahasa indonesia (langue indonésienne), enseignée à l'école, tend aujourd'hui à devenir, sauf sans doute dans des régions isolées en Papouasie indonésienne, langue maternelle de presque tous les Indonésiens, en association avec leurs langues régionales respectives, de sorte que la population de ce vaste pays est majoritairement bilingue.

L'indonésien d'aujourd'hui est l'héritier d'une langue dont le malais est lui-même issu. Pourtant l'indonésien est souvent considéré, en dépit de l'absence de sérieux problèmes de communication entre Indonésiens et Malais, comme une langue distincte du malais. Cette différence ne concerne ni la phonétique, ni la grammaire, mais plutôt certains aspects du vocabulaire : si l'islamisation a apporté une masse d'emprunts arabes dans l'une et l'autre variante, en revanche, l'indonésien contient beaucoup plus de mots néerlandais et beaucoup moins de termes anglais, l'Indonésie ayant été colonisée par les Pays-Bas, et la Malaisie par la Grande-Bretagne.

Dans le sillage des deux congrès d'octobre 1955, l'un sur la Réforme de la langue nationale, l'autre sur le Problème de la standardisation de la langue chinoise moderne, le Conseil d'État de la République populaire publia en février 1956 des *Directives au sujet de la promotion de la langue parlée commune*, à la suite desquelles fut adopté dans la plupart des écoles du pays un *Système provisoire de grammaire pour l'enseignement du chinois.* Le nom de « langue commune » (en chinois *pŭtōnghuà*) existait en fait depuis plus de cinquante ans déjà, les autorités et les intellectuels chinois ayant, depuis le début du XXe siècle, été préoccupés par le souci de donner dans les plus brefs délais à la Chine une langue commune qui se distanciât du chinois classique, inaccessible aux masses, et qui se rapprochât du *báihuà*, parler vivant des Chinois qui est aussi un des éléments nourriciers des œuvres écrites.

La promotion du *báihuà* avait été une des revendications principales des fameuses journées révolutionnaires de mai 1919, tant il est vrai que la modernisation de la langue est vue comme une condition de celle du pays lui-même. Cependant, une langue commune puise nécessairement une partie de ses composantes dans les usages dominants, en l'occurrence ceux de Pékin et plus généralement des parlers septentrionaux de la Chine, qui sont donc, pour la prononciation comme pour les bases de la grammaire, la matrice du *pŭtōnghuà*. Cette langue commune, largement diffusée par la presse et la vie politique, dont les effets se sont ajoutés à ceux de l'enseignement généralisé, est aujourd'hui la forme reconnue du chinois, y compris dans les régions où se parlent d'autres langues de l'ensemble chinois, comme le cantonais, le shanghaïen et les idiomes du nord-est et du sud-ouest de la Chine. Le *pŭtōnghuà*, du fait de la place de l'école, est devenu quasiment la langue maternelle d'une grande partie des Chinois.

L'Europe a longtemps connu une langue commune qui avait, en sus des services qu'elle rendait en tant que telle, l'avantage essentiel de n'être langue nationale d'aucun pays. Il s'agit du latin, pilier de l'Europe occidentale, qui, au tournant décisif des siècles qui précèdent et suivent le début de l'ère chrétienne, s'est substitué à un rythme très rapide, jusque dans l'usage des foyers, aux vernaculaires ligure, osque, messapien, ombrien, étrusque, gaulois, ibère, thrace, illyrien, pannonien et dace (ces quatre dernières langues ayant été celles qui se parlaient dans les régions auxquelles correspondent à peu près aujourd'hui, respectivement, l'Albanie, la Croatie, la Hongrie et la Roumanie). La naissance des langues romanes, dites « vulgaires », c'est-à-dire parlées par les masses, s'amorce dès les Ve-VIe siècles. Ce mouvement, plutôt qu'il ne nuit au latin, a pour effet de renforcer son pouvoir de langue commune, savante et de gouvernement, dans la mesure même où les usagers des langues nationales le pratiquaient de moins en moins.

Le latin est aussi, au moins jusqu'au XVIIe siècle, langue des universités, dans laquelle les savants de Suède ou de Lituanie communiquent avec ceux de France, d'Espagne ou d'Irlande. Mais de ce fait, langue commune de la pensée européenne, le latin devient aussi langue où se conservent les doctrines, de sorte que, gardant de surcroît, dans l'usage qu'en prônent les humanistes de la Renaissance, son idéal de pureté antique et donc une forme figée, il finit par apparaître comme le véhicule des conceptions anciennes. C'est pourquoi le recours aux langues modernes, à partir de la fin de la Renaissance et du début de l'âge classique, revêt toujours davantage la valeur d'un symbole : ce recours implique le désaveu des discours d'autorité à propos des grands sujets, et le souci de forger, pour exprimer l'interrogation du monde, mobile profond des recherches des physiciens, des astronomes, des naturalistes, des chimistes, un ensemble de vocabulaires qui aillent au-delà de celui des vérités révélées de la religion.

Deux dates, séparées par trois cents ans, donnent la mesure du déclin du latin en tant qu'idiome à vocation de langue commune de l'Europe. En 1637, c'est en français, et non en latin, que Descartes publie son *Discours de la méthode.* En août 1939, c'est en latin, et non en allemand, en français, en anglais ou en russe, langues qu'il ignorait, que le président de la République d'Estonie, Konstantin Päts, lança un vibrant appel radiophonique destiné à alerter solennellement la communauté mondiale sur le péril immense qu'encourait la paix. Certes, il était beaucoup trop tard, et les principaux pays européens étaient déjà prêts pour l'affrontement violent de la Deuxième Guerre mondiale, dont l'assourdissant mugissement allait retentir quelques jours plus tard. Mais même si l'orateur avait eu quelques chances de se faire entendre, ou de convaincre les puissances européennes de différer du moins l'explosion, l'emploi du latin lui fit perdre toute audience : il ne fut pas compris !

Dans l'Union européenne d'aujourd'hui, le problème est souvent posé de la nécessité d'une langue commune, et certains sont partisans d'accroître encore la pression de l'anglais, déjà très fortement présent à Bruxelles. Mais on peut se demander si l'anglais a plus de titres que d'autres langues au statut de langue commune de l'Europe. L'histoire de l'anglais n'est en rien celle d'une langue à vocation européenne. Le pouvoir politique de la Grande-Bretagne a eu pour souci constant, durant plusieurs siècles, de favoriser l'équilibre entre les puissances européennes, afin de conjurer le danger de suprématie d'une parmi elles, qui aurait pu menacer les intérêts anglais. Pour le reste, la vocation de l'anglais est maritime plus qu'européenne, d'où l'empire colonial et l'expérience américaine. La pression de l'anglais en Europe est donc aujourd'hui celle des États-Unis, pour lesquels l'Europe est avant tout un vaste et riche marché.

Le paradoxe est éclatant, puisque, précisément, c'est comme puissance économique indépendante que l'Europe veut se construire. Si donc l'anglais était langue européenne commune, cela signifierait que l'Europe s'exprime dans la langue de la puissance face à laquelle elle se construit. Mais est-il même nécessaire que l'Europe ait une langue commune ? L'enseignement multilingue dans toutes les écoles de l'Union européenne paraît la seule voie d'avenir, et devrait promouvoir les langues de l'Europe qui ont une vocation fédératrice, c'est-à-dire l'allemand, l'espagnol et le français, auxquelles pourraient s'ajouter, si un consensus est trouvé, le portugais et le néerlandais. Trois de ces langues au moins, l'espagnol, le français et le portugais, possèdent, de surcroît, une diffusion bien au-delà de l'Europe. On ne voit pas pourquoi l'Union européenne ne devrait pas favoriser par l'enseignement les plus répandues de ses langues.

Composés et dérivés

Les langues se trouvent prises entre une pulsion naturelle et une clôture. La pulsion est celle de toute l'espèce humaine : mettre le monde en mots, ne rien abandonner à la prison de l'inexprimé. Il s'agit de dérober au silence le plus grand nombre possible de *vocables*, c'est-à-dire, selon l'étymologie de ce terme, de segments de l'univers que la *voix* humaine appelle. C'est cela même que font les langues, et il suffit d'en étudier attentivement quelques-unes, et de les comparer, ou de se pencher sur l'activité de traduction (voir Traduire), pour lire partout la pulsion du dicible qui anime nos sociétés : faire tout pour tout dire. Diverses causes peuvent avoir pour effet que le vocabulaire d'une langue soit insuffisant. L'une des principales est l'absence d'un objet ou d'une notion qu'introduit la rencontre d'autres cultures. L'activité néologique (voir Néologie) n'a pas d'autre but que de combler ce manque.

Cependant, cet effort se heurte à une clôture : d'un côté, les moyens dont disposent les sociétés humaines pour mettre l'univers en mots sont très limités ; de l'autre, l'univers est infini. Il n'est pas nécessaire d'insister sur cette nature infinie de l'univers, même si l'on n'en étend pas la notion aux galaxies. La limitation des moyens, quant à elle, tient d'abord à celle du petit appareil, dit phonateur, qui va des lèvres au larynx, et avec lequel on fabrique les sons des langues. Elle tient aussi au nombre restreint des procédés que les langues ont à leur disposition pour construire des phrases. Elle tient, enfin, à la pauvreté des modes de combinaisons des unités disponibles. Le développement de la composition et de la dérivation s'explique précisément par cette implacable et cruelle aporie des langues, par cette contradiction tenace entre l'infinité des choses de l'univers à dire et la finitude des moyens humains pour les dire.

Certains soutiendront que les langues ne sont pas toutes si pauvres. Les possibilités de différenciations de la forme des mots sont d'autant plus vastes que les outils phonétiques sont plus nombreux. Or, certaines langues ont un grand nombre de tels outils. Ainsi, on fera valoir la richesse du margi (famille tchadique, Nigéria), qui possède quatre-vingt-neuf consonnes, de l'oubykh (Caucase du Nord-Ouest), qui en a soixante-dix-huit, du sui (Chine du Sud), où on en trouve soixante-dix. On rappellera aussi que les langues du nord du Laos, du Vietnam et de la Thaïlande ont également un grand nombre de consonnes, notamment les idiomes miao-yao, dont le bunu, qui en compte cinquante-neuf. On soulignera par ailleurs que les dialectes kuy du Cambodge possèdent quarante-huit voyelles, et que l'on trouve jusqu'à trente timbres vocaliques, et plus, dans les dialectes alémaniques de l'est du Valais en Suisse, ainsi que dans certains parlers koryaks (famille tchoukotko-kamtchatkienne, nord-est de la Russie sibérienne).

Ces trésors phonétiques ont certes de quoi susciter la stupeur, voire allumer la flamme de l'amour éperdu, notamment quand on songe, non pour les aimer moins mais pour s'affliger de leur indigence, aux huit consonnes de deux langues polynésiennes, le hawaïen et le tahitien, ou aux cinq voyelles du castillan. Mais tous ces trésors n'ont guère d'efficacité face aux énormes besoins que génère la nécessité de tout exprimer du monde. Et ce qui est vrai des moyens phonétiques l'est aussi des moyens lexicaux. Une langue au vocabulaire exubérant, comme l'arabe, ne peut pourtant pas, dans les ressources que cela devrait lui fournir, trouver les termes techniques susceptibles d'exprimer les objets et procédés que fait indéfiniment éclore la créativité des savants et des ingénieurs.

Il fallait donc résoudre une difficulté redoutable. Les langues l'ont toutes résolue de la façon la plus ingénieuse, et, en même temps, la plus évidente : de leurs moyens limités, elles ont tiré tout ce qu'ils comportaient. Comment s'y sont pris les locuteurs ? Partant du fait que toute langue possède des mots simples, c'est-à-dire non analysables et souvent courts, ils ont construit des mots complexes, à savoir des associations de mots simples, afin de répondre aux immenses besoins des désignations. Ces mots complexes sont les composés et les dérivés. Les composés sont des associations de mots dont chacun peut, en principe, s'employer également à l'état libre en dehors du composé, alors que les dérivés associent des radicaux de mots libres avec divers affixes. Ce terme générique couvre les quatre variétés que sont les préfixes (placés avant le radical), les suffixes (placés après), ces deux types étant de loin les plus fréquents, en troisième lieu les infixes (placés à l'intérieur d'un radical et le fragmentant ainsi) qui sont limités à certaines langues et familles de langues, et enfin, beaucoup plus rares encore, des combinaisons de ces procédés appelées simulfixes.

Ici s'ouvre donc le théâtre des immenses ressources de la composition et de la dérivation. Beaucoup de langues en font un égal usage. Mais certaines autres pratiquent des sélections. Le chinois et le vietnamien ont un grand nombre de composés, mais assez peu de procédés de dérivation. Inversement, les langues sémitiques possèdent de vastes systèmes de dérivation, notamment l'hébreu, et plus encore l'arabe classique, dont la morphologie est dominée par ce que la tradition grammairienne arabe a appelé *al-ištiqâq al-kabîr* « la grande dérivation » ; mais les langues sémitiques se prêtent moins facilement à la composition, bien que les modèles occidentaux aient de plus en plus acclimaté les composés dans les états modernes de l'hébreu et de l'arabe (voir Néologie).

On peut, parmi un grand nombre de dérivés français en *-age*, *-ment*, *-ude, -(i)té, -ion*, *-ier*, mentionner certains de ceux qui sont formés à l'aide du suffixe *-ier* : *pommier*, *chapelier*, *jardinier*, *encrier*, *batelier*, *écolier*, *fermier*, *prisonnier*, *geôlier*. Les langues font de leur mieux. Mais elles ne peuvent conjurer la diversité des sens, non toujours prévisibles, que confère un suffixe à un radical : le pommier porte des pommes, alors que le chapelier fabrique des chapeaux plutôt qu'il n'en porte, le jardinier s'occupe de l'entretien des jardins autant qu'il en « fabrique », l'encrier contient de l'encre sans s'en occuper, le batelier conduit un bateau mais ne le contient pas, l'écolier fréquente une école mais ne la conduit pas, le prisonnier est enfermé dans une prison et fait plus que de la fréquenter, le geôlier la surveille mais n'y est pas (semble-t-il ?) enfermé.

Un autre exemple peut être emprunté au hongrois, où le suffixe *-ó* ou *-ő*, qui marque le nom de la personne accomplissant l'action, comme dans *néző* « celui qui regarde », s'emploie aussi dans *kiadó* qui, bien que formé sur *kiad(ni)* « publier », signifie aussi bien « maison d'édition » qu'« éditeur » ; le hongrois use largement du même procédé, avec des résultats sémantiques qui ne sont pas toujours prévisibles : il forme, sur *boroz(gatni)* « boire du vin », *borozó* « débit de vin », ou sur *altat(ni)* « faire dormir », *altató*, qui veut dire soit « berceuse », soit « somnifère » ! Dans quasiment toutes les langues du monde, les affixes de dérivation, tout comme le *-ier* et le *-ó/-ő* de ces exemples français et hongrois, ont souvent chacun, selon le même principe d'économie qui commande la dérivation et la composition, des sens variés.

Cette propriété est typique de la stratégie par laquelle les langues multiplient les emplois des mêmes outils pour faire face à l'immensité du dicible. C'est là l'économie que permettent la composition et la dérivation. On pourrait croire que des noms élémentaires, comme ceux des parties du corps humain, des membres de la famille ou des animaux les plus couramment présents, sont désignés partout par des mots simples. Pourtant, l'économie s'applique parfois à ces domaines sémantiques eux-mêmes, et certaines langues expriment ces derniers non par des mots originaux, mais par des composés ou des dérivés. Ainsi, on trouve en inuktitut (famille eskaléoute [eskimo + aléoutien], Canada)

niqqi-q (celle qui nourrit =) « dent »,
tumma-t (celui qui creuse des traces de pas =) « pied »,
anni-pi-k (lieu de naissance =) « mère »,
qimmi-q (celui qui tire [le traîneau] =) « chien ».

Beaucoup de dérivés, dans les langues les plus diverses, sont bâtis sur des noms propres, comme en français *vespasienne* (du nom de l'avaricieux empereur romain Vespasien, qui percevait une taxe sur les édicules d'humble nécessité), *silhouette* (nom d'un ministre des Finances vers les années 1760), *poubelle* (nom du préfet de la Seine qui les introduisit en 1884). L'aptitude à faire d'heureuses découvertes est appelée en anglais *serendipity*, mot forgé en 1754 par le romancier Horace Walpole d'après *Les trois princes de Serendip*, conte féerique persan dont les personnages sont doués de cette faculté. Un autre exemple d'origine littéraire est le mot russe *oblomovchtchina* « veulerie », du nom du personnage affligé de cette tare dans le roman *Oblomov*, de Gontcharov (1859). Un exemple plus récent est le mot haïtien *bospent* « supprimer (quelqu'un) », du nom d'un policier du temps de la dictature (maître [*boss*] peintre de son autre métier), qui utilisait contre ses adversaires des méthodes à l'expéditive efficacité.

Les infixes et les simulfixes sont d'habiles moyens de multiplier les possibilités d'expression. Les infixes vont jusqu'à disloquer un mot par l'insertion d'un autre en son sein. On en trouve dans les langues de la famille austronésienne parlées aux Philippines (voir Tagalog), ainsi qu'en khmer (groupe mon-khmer, famille austro-asiatique, Cambodge), où des infixes *-m-* et *-omn-* donnent, respectivement, des noms d'agent, comme *smo:m* « mendiant », sur *so:m* « demander », et de résultat, comme *komnu:* « dessin », sur *ku:* « dessiner ». L'étonnante créativité des langues conjure aussi le défi des innombrables sens à exprimer en recourant à d'autres procédés qui, comme les infixes, sont peu fréquents. Ce sont les simulfixes, combinaisons d'affixes qui emprisonnent un mot par leur position discontinue de part et d'autre du radical. Ce procédé est courant en tchouktche (famille tchoukotko-kamtchatkienne, nord-est de la Sibérie), ainsi qu'en tagalog (voir ce mot pour des exemples). En nêlêmwa (famille austronésienne, Nouvelle-Calédonie), un circumfixe *â...n* est associé à un terme de parenté pour désigner les membres d'un groupe de parenté mis en relation : ainsi *maawa* « épouse » donne dans cette langue un dérivé *â-maawa-n* « les époux », et *pabuu* « petit-fils » un dérivé *â-vabuu-n* « le grand-père et son petit-fils ».

Les composés, quant à eux, sont également de types très divers, par exemple en français *pomme de terre* (nom + *de* + nom), *garde-meuble* (verbe transitif + nom), *peau-rouge*, *rouge-gorge* (nom + adjectif ou adjectif + nom, l'ensemble désignant un individu par une de ses propriétés). Les composés illustrent remarquablement les cultures. En allemand, *Querdenker* désignait, naguère, non pas exactement les athées qu'on appelait en France, au Grand Siècle, les « esprits forts » comme au dernier chapitre des *Caractères* de La Bruyère, mais des gens à la vie et aux idées libres, des non-conformistes. Ce nom peu flatteur de « penseur (*Denker*) en travers (*quer*) » les exposait aux périls de la vindicte publique, alors qu'aujourd'hui, le non-conformisme, voire l'excentricité, en tout cas l'indépendance de pensée sont bien portés en Allemagne : Églises et syndicats en font la matière de cours, et il existe même une *Querdenkerakademie* ! *Vergangenheitsbewältigung*, analytiquement « maîtrise (*Bewältigung*) du passé (*Vergangenheit*) », est un mot qui, pour avoir été inventé par Heinrich Böll dans les années 1950, n'en a pas moins été consacré par une large diffusion dans le vocabulaire courant, tant ce mot correspond bien à une obsession de l'âme allemande contemporaine : regarder en face les crimes du nazisme pour progresser, au-delà de la morose repentance, sur le chemin d'un autre avenir. *Schadenfreude*, construit sur *Schade* « malheur » et *Freude* « joie », littéralement « joie du malheur », se réfère à la joie que certains ressentent face au malheur des autres…

Le grec moderne, pour sa part, dit, depuis le IXe siècle et les *Chants de Digenis*, célèbre épopée byzantine de cette époque, *kharopalévi*, littéralement « il lutte contre Charon », courant au sens d'« agoniser », car au seuil des Enfers, dans la mythologie grecque antique, les morts devaient traverser l'Achéron sur la barque du nocher Charon pour entrer dans le royaume des ténèbres. En russe, « personne hospitalière » se dit *khlebosol* (« pain-sel »), car on donnait ces aliments à l'étranger, et sur ce terme est construit le dérivé *khlebosol'stvo* « hospitalité ». Même si un Allemand, un Grec, un Russe d'aujourd'hui n'analysent guère *Querdenker*, *kharopalevi* ou *khlebosol'stvo*, ces trois mots suffisent à rappeler avec intensité que les langues ne communiquent pas seulement des messages d'un parleur à un autre, mais aussi des messages sur ce qu'elles ont accumulé du passé. Mais en même temps, et selon un mouvement inverse, la force communicative des mots est précisément dans la démotivation qu'y produit l'oubli des sens d'origine, du moins chez les locuteurs de base, c'est-à-dire l'énorme majorité de ceux qui ne sont pas des lettrés, et n'ont nul besoin, quand ils parlent, de savoir qu'ils font voler sur leurs lèvres d'immenses pelletées d'histoire et d'histoires.

Beaucoup de langues font un large emploi des composés pour désigner des objets divers, en particulier des artéfacts, dont certains ont souvent, dans d'autres langues, des noms non analysables. En cachinaua (famille pano, Pérou, Brésil), « radio » se dit « parole de métal », « lunettes » est « œil de métal », « soutien-gorge » s'exprime par « métal du sein » (du côté brésilien de la frontière, car du côté péruvien, on dit « sein plein », ne se servant pas de cette notion de métal utilisée du côté opposé pour se référer à des artéfacts des Blancs). Les parties du corps sont souvent désignées par des composés, tout comme un exemple esquimau nous a montré plus haut qu'elles pouvaient l'être par des dérivés. En rama (famille chibcha, Nicaragua), *kaas* « chair » est ajouté à *kiing* « tête », et *kat* « arbre » à *kwiika* « main », pour donner, respectivement, des composés signifiant « cerveau » (« chair de la tête ») et « bras » (« arbre de la main »).

Ce procédé de composition est aussi très fréquent en Afrique. Ainsi, en mbum (famille adamaoua, Cameroun), les cheveux, la poussière, le toit, la chaussure se disent, respectivement, *hòì-sõã* « herbe (de)-tête », *sôm-njâl* « farine (de)-terre », *sõã-pàk* « tête (de)-case », *sàl-vòk* « corde (de)-pied » et magnétophone se dit *ngàùɓê* « calebasse à paroles ». En sénoufo (famille gur, Côte-d'Ivoire, Mali, Burkina Faso), « porte » se dit *kpá-nyòng* « maison-bouche » (c'est-à-dire « bouche (de la) maison »), en sango (famille oubanguienne, Centrafrique), « puits » se dit *dú-ngú* « trou-eau », en mooré (famille gur, Burkina Faso), « vessie » se dit *dū:d-kīú:gū* « lune-(de l')urine », poisson *kúl-zēō:gó* « sauce-(de) marigot ». Les locuteurs de langues où ces notions s'expriment par des mots simples non décomposables s'étonnent souvent qu'il faille, dans d'autres langues, les exprimer par des descriptions complexes. Voilà bien le précieux enseignement que les langues nous donnent sur la relativité des cultures et le foisonnement des visions du monde !

Les composés peuvent se figer au point qu'à un moment de leur histoire leur caractère de composés ne soit plus perçu. Ainsi, en français, il est peu probable que beaucoup d'usagers reconnaissent dans *bouleverser*, *culbuter*, *sauvegarder*, *saupoudrer*, *maintenir*, respectivement *verser(sur la)-boule(=tête)*, *buter(sur le)-cul*, *garder-sauf*, *poudrer (avec du)-sel*, *tenir(avec la)-main.* Il est sans doute moins difficile d'analyser les mots complexes qui sont, plus explicitement, formés sur des expressions, comme les composés-dérivés *jusqu'au-boutisme*, ou même sur des phrases entières, comme *j'menfoutisme*, *m'as-tu vu* et *m'as-tu-vuisme*. Je ne citerai que deux autres des très nombreuses langues qui possèdent des procédés semblables. En hongrois, on trouve *nagy-ra-vágy-ás* (grand-vers-aspirer.à-SUFFIXE.NOMINAL) « ambition » (fait d'aspirer au grand), *dolg-a-végez-*

etlen (affaires-ses-régler-sans) « sans avoir réglé ses affaires », ou encore *játsz-hat-nék-ja* (jouer-pouvoir-CONDITIONNEL.je-son) « son envie de jouer » (littéralement « son “je-pourrais-jouer” »).

Le mbum, de nouveau, nous propose des composés à forme de phrase complète ou presque, qui parlent à l'imagination : *ɓáng-gûn-ɗùk-mbàm* « Mimosa pudica », littéralement « prendre-enfant-fuir-pluie » parce que cette plante, que sa rétraction au moindre contact fait usuellement appeler « sensitive » en français, est joliment vue, dans la communauté camerounaise des Mbums, comme une mère se recroquevillant pour abriter ses enfants contre l'orage ; ou encore *zì-ndôk-mòkón* « sept », littéralement « avoir.besoin-doigt-trois », car dans la numération gestuelle de l'ancienne tradition mbum, également attestée dans beaucoup de cultures africaines, polynésiennes, mélanésiennes, etc., il manque, pour la figuration manuelle du chiffre sept, les trois doigts d'une des deux mains ouvertes qui représentent dix ; on trouve aussi dans cette langue *pélé-mì-á-njì-mbáp* « annulaire », mot à mot « demain-je-vais-grandir-aussi », ce doigt étant vu, selon la sensibilité de la communauté africaine dont il s'agit, comme celui qui aspire fièrement à égaler le seul qui le dépasse en taille, le majeur, alors qu'inversement, le plus petit des doigts de la main, l'auriculaire, est appelé *àfé-mì-á-nìng-ká-njínà*, soit, en analysant, « quoi-je-vais-faire-avec-grande.taille », fierté de celui qui n'a que faire d'être plus grand !

Ce ne sont là que certaines des créations astucieuses que le talent des langues, et de ceux et celles qui les parlent, ont fait foisonner pour répondre au défi du multiple, par lequel l'univers les met en demeure de dire aussi bien ce qu'il leur est facile de traduire en sonorités douées de sens que ce qu'elles sont mal préparées à faire accéder au dicible. Les langues luttent âprement pour remplir au mieux leur fonction de communication et de reflet, mais, ce faisant, elles déploient largement aussi leur surprenante et subtile aptitude ludique et poétique.

Comptages

Toutes les communautés expriment des chiffres, fussent-ils infimes. Beaucoup en ont qui veulent dire « un grand nombre », *trente-six* en français, « quarante » (*kırk*) en turc, « cent » (*hekaton*) en grec. L'enfant a tôt fait de découvrir que les formes et les êtres qui l'entourent se présentent en groupes, et que s'ils coïncident avec l'unité, ce n'est que dans la mesure où ils se distinguent, comme isolés, de ceux qui ne se donnent à voir et percevoir que comme association de deux ou plusieurs unités. Assez étrangement, les anciens grammairiens grecs et latins, auxquels nous devons les distinctions fondamentales entre noms, verbes, adjectifs, adverbes, prépositions, etc., comme Aristote (IVe siècle avant J.-C.), Varron (116-27 avant J.-C.), Denys de Thrace (Ier siècle avant J.-C.), Apollonios Dyscole (IIe siècle), Donat (IVe siècle), Priscien (Ve siècle), n'ont pas eu l'idée d'inclure les numéraux parmi les types de mots possibles dans les langues. Il se peut qu'une des raisons en soit la forme extérieure que prennent les numéraux, souvent celle de noms ou d'adjectifs ; ils peuvent même prendre, dans certaines langues amérindiennes (dont les Anciens devaient se soucier modérément), la forme de verbes.

Les inventaires sont variables. Certains sollicitent peu la faculté de dénombrer, comme le chiquito de Bolivie et le botocudo du Brésil, qui n'ont aucun autre chiffre que « un », ou « un » et « deux » ! Le warlbiri d'Australie avait en tout, avant le contact avec les Blancs, les marques du singulier, du duel et du triel, qu'on appelle parfois paucal. Ces inventaires sans prétention n'influent guère sur la faculté de compter jusqu'à des nombres très élevés, dès lors que les populations acquièrent des langues qui les possèdent : les Warlbiri n'eurent aucune peine à apprendre et à utiliser les grands nombres de l'anglais. Cela dit, l'acquisition des nombres, au moins dès lors que la langue en possède un peu plus que ceux des Warlbiri à l'origine, pourrait bien être située dans la couche première de l'apprentissage, si l'on en juge par l'expérience consistant à demander rapidement, à quelqu'un qui ne parle plus sa langue maternelle depuis cinq, dix, vingt ans, de donner la somme de deux chiffres : il la donne plutôt dans sa langue première, s'il doit aller vite.

Pour compter, il faut utiliser des bases, c'est-à-dire des nombres à partir desquels on compte les autres. Le français de France est à base décimale jusqu'à 60, mais brusquement, à partir de la dizaine suivante, il se met à ajouter 10, puis, plus étrangement encore, à multiplier 20 par 4, enfin, au comble de l'étrangeté, il ajoute 10 à cette multiplication ! Certains récusent ces facéties, et disent benoîtement *septante*, *octante* et *nonante*, alignant davantage que

Suisses romands et Wallons. On a des raisons de supputer, cependant, que le *vingt* de *quatre-vingts* et *quatre-vingt-dix* est un intéressant vestige d'un substrat celtique, le gaulois ayant possédé une numération vigésimale, archaïque, comme celle d'une autre langue celtique, le breton, qui dit *daou-ugent*, *tri-ugent* et *pewar-ugent*, c'est-à-dire « deux-vingts », « trois-vingts » et « quatre-vingts » respectivement pour 40, 60 et 80, de même qu'une autre langue fort ancienne, le basque, qui a *berrogei* et *hirurogei* (« deux-vingts » et « trois-vingts ») pour 40 et 60. La vieille numération par 20 est liée au comptage gestuel par les doigts, comme dans les langues caraïbes, où « pied » sert pour 10, ou celles de Nouvelle-Calédonie, qui ont « homme » pour 20. Même quand elle ne se fonde pas sur cette exaltation de l'homme au centre de l'univers des objets dénombrables, la base 20 est pratique, et d'autres langues s'en servent, du danois à l'aïnou (Japon), en passant par le mixtec (Mexique). L'éwé (Togo), utilise une base 40, et l'akkadien se servait d'une base 60 (le sousse).

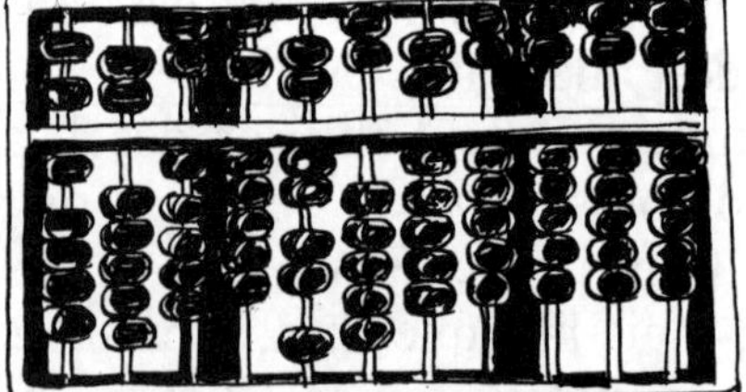

La plupart des sociétés humaines prennent aux opérations de comptage une sorte de délectation qui n'est pas seulement la face ludique de la nécessité de dénombrer. On trouve quasiment partout des opérations, comme l'addition : *vingt et un* en français mais « un et vingt » (*einundzwanzig*) en allemand, et successivement l'un puis l'autre en norvégien, qui est passé par décret (oui, le pouvoir prend soin des nombres !) de *to-og-tjue* « deux-et-vingt » à *tjue-to* « vingt-deux », plus conforme aux modèles anglais et français. Ailleurs (russe, roumain, letton, albanais, par exemple), on préfère, pour ajouter l'unité à la dizaine, dire qu'elles sont l'une « sur » l'autre.

Mais chacun sait qu'on ne se contente pas d'additionner, on soustrait, ou extrait, également, et à ces opérations sont parfois sous-jacents de savants calculs : en yoruba (langue de la famille kwa parlée au Nigéria), 45 se dit « cinq soustrait à (3 × 20 dont sont extraits 10) », et en oriya (Inde), 275 propose à l'imagination arithmétique un ingénieux sentier (à vrai dire promptement assimilé par les locuteurs autochtones) : « un quart (de 100) extrait de 3 × 100 » ! La multiplication est fréquente, mais les langues adorent les jeux sur les variations d'ordres des mots, et il faut prendre garde aux désastres des oublis de permutations : en chinois, l'unité s'additionne quand elle suit, mais multiplie quand elle précède : sur *shí* « dix » et *wŭ* « cinq », cette langue subtile construit *shíwŭ*, qui n'est que 15, mais aussi *wŭshí* qui dit tout autre chose : 50 !

Les langues ont bien d'autres ressources, même à s'en tenir aux opérations. Imaginerait-on que certaines s'avisent même de compter en fonction d'une borne non encore atteinte ? C'est pourtant ce que font le vogoul (famille ouralienne, Sibérie centrale), où 23 se dit « trois (prélevé sur la dizaine qui suit

20) vers 30) » et diverses langues mayas (Amérique centrale), où 41 est « un-trois-vingt », c'est-à-dire « la première unité de la troisième vingtaine » (celle qui va de 40 vers la borne de 60). Cette étrange opération qui tire les chiffres vers l'avant, je l'ai, pour cette raison même, appelée *protraction* (Hagège 1982, p. 93).

Continuités

hê hemetéra parthénos ei... Kai agapoûme tin omorfia sou*

*"tu es notre Athena Parthenos (vierge)... et nous aimons ta beauté."

Le grec d'aujourd'hui a beau différer du grec classique, il n'y a pas de réelle solution de continuité entre eux, et l'un est l'aboutissement contemporain de l'autre. On peut en dire autant de l'hébreu israélien par rapport à l'hébreu biblique. On peut le dire aussi du copte, langue liturgique d'une Église d'Égypte, qui est relié par un fil continu à l'égyptien pharaonique, écrit en hiéroglyphes, de l'empire fondé par Ménès en – 3400, à travers le moyen-égyptien de l'Empire thébain (– 2000), le néo-égyptien de Ramsès

(–1580) et le démotique des dernières dynasties. Quant à l'araméen, c'est une des plus antiques langues encore parlées aujourd'hui, si l'on considère que le copte a totalement cessé de l'être en dehors de l'usage cultuel où il survit. Bien entendu, cela signifie seulement que ces langues continuent de s'appeler du même nom depuis plusieurs millénaires, et que les savants qui en sont spécialistes peuvent démontrer l'existence d'une continuité entre elles, en particulier en morphologie.

Mais cette continuité n'est pas tout à fait directe. Ainsi, on ne peut pas considérer comme issue en ligne droite de l'assyro-babylonien de l'Antiquité, qui appartenait à une branche aujourd'hui éteinte des langues sémitiques, la langue appelée soureth, utilisée par les juifs et les chrétiens du nord de l'Iraq et de l'Azerbaïdjan iranien, et présente en France, où la parlent environ 20 000 personnes en voie d'intégration dans la société française, dont 10 000 établies dans la région parisienne à Sarcelles.

La continuité est bien moindre en phonétique, puisque les prononciations sont sensibles à la pression de nombreux facteurs internes et externes de changement, en particulier celle qu'exercent des langues voisines ou conquérantes. On peut en dire autant, et plus, du vocabulaire, zone indéfiniment ouverte à l'emprunt dans la plupart des langues. La syntaxe, quant à elle, est plus stable, mais elle peut évoluer fortement. C'est pourquoi les langues indo-aryennes de l'Inde moderne sont assez différentes de la langue représentant l'état attesté le plus ancien de cette famille, le sanscrit, dit védique parce qu'il est la langue, prestigieuse, des grands livres de la sagesse brahmanique comme le Rig-Veda, antérieur au Xe siècle avant J.-C. De même, pour citer une autre grande famille de l'Inde, celle des langues dravidiennes qui occupent le Deccan, ce cône échancré posé sur son sommet que l'on voit sur les cartes, le tamoul d'aujourd'hui est le résultat d'une assez forte évolution, si claire que soit la continuité historique qui l'attache au tamoul classique. Ce dernier était déjà consacré par une abondante littérature dans les siècles qui ont précédé et suivi le début de l'ère chrétienne, c'est-à-dire en un âge où nul n'avait entendu dire qu'il existât une langue française ni une langue anglaise, nées toutes les deux beaucoup plus tard !

Précisément, la continuité qui lie l'anglais moderne au vieil-anglais, langue à déclinaisons, à système verbal touffu et à distinction de genres dans le nom, tous traits disparus aujourd'hui, demeure ténue, sans compter que l'anglais moderne est un idiome très hétérogène. Il résulte de l'enchevêtrement d'une base celtique avec trois importants apports germaniques, d'abord lors des incursions des Vikings au IIIe siècle, puis lors de l'invasion des côtes méridionales de l'Angleterre, au Ve siècle, par diverses tribus : Angles (venus de l'actuelle province allemande du Schleswig-Holstein), Jutes (habitants d'une terre aujourd'hui danoise, le Jutland), Saxons de Basse-Allemagne, Frisons, et enfin quand les Vikings font retour aux VIIIe et IXe siècle, apportant à l'anglo-saxon un nouveau vocabulaire nordique. Sur tout cela se sont greffées, de surcroît, trois latinisations : l'une est bien antérieure aux incursions vikings, et consécutive à la conquête romaine par César en 55 avant J.-C., puis à partir de 43 sous l'empereur Claude et au-delà, comme le montre en pierres le Mur d'Hadrien ; l'autre se produit à la fin du VIe siècle lors de la christianisation ; la dernière latinisation intervient lorsque le duc Guillaume de Normandie conquiert l'Angleterre en 1066 ; elle prend la forme d'un des dialectes néo-latins ancêtres du français qu'avaient adoptés les Vikings depuis leur installation en Normandie (voir Classiques [langues]).

Ces trois latinisations d'une langue germanique à base celtique ont évidemment laissé un foisonnement de traces. Chacun connaît, par exemple, les mots de physionomie familière aux francophones, des mots qui abusent tant ces derniers quand ils croient l'anglais « facile ». Ils oublient par là les nombreux autres mots, également de souche latine mais inconnus du français, comme *desultory* (accent tonique sur *dé*) « qui saute d'un sujet à l'autre » (latin *desulto* « sauter fréquemment »), *preposterous* « absurde » (qui met l'avant [latin *prae*] après [latin *post*]) ou *valediction* « fait de dire "adieu" » (latin *valedico* « dire adieu »). Les marques de cette latinisation du vocabulaire se notent clairement si l'on compare le vieil-anglais du *Psautier* de la première moitié du XIe siècle avec les *Canterbury Tales* de Chaucer, qui datent de la seconde moitié du XIVe siècle.

Une trace de latinité assez étonnante est constituée par les noms britanniques des figures de notes en musique. Ces noms sont obtenus par préfixation, à *quaver* « croche », de petits mots, signifiant tous « demi » et de même racine indo-européenne, dont deux issus du latin et même un issu du grec. On les accumule en exploitant la différence entre les premières consonnes, d'où *semiquaver* « double croche », *demisemiquaver* « triple croche », et même *hemidemisemiquaver* « quadruple croche ». L'anglais américain, qui n'utilise guère ces formes complexes, sélectionne plutôt l'autre manière anglaise de désigner ces figures, c'est-à-dire les simples noms de fractions : la blanche, valant la moitié d'une ronde, est donc *half-note*, la noire est *quarter*, la croche *eighth*, la double croche *sixteenth*, la triple croche *thirty-second* et la quadruple croche *sixty-fourth*, le mot *note* étant généralement ajouté à ces chiffres.

Quant à la continuité entre le latin et le français lui-même, qui en est issu pour l'écrasante majorité de ses mots les plus courants, elle n'empêche pas que bien des mots latins soient absents en français, alors que, comme on vient de l'illustrer, ils ont été retenus par l'anglais, langue certes plusieurs fois latinisée, mais qui, contrairement au français, n'est pas issue du latin. Les autres langues romanes ont, elles aussi, un fonds latin très largement majoritaire malgré divers emprunts, comme en français, à l'allemand, à l'arabe, au persan, etc., mais aucune ne peut être considérée comme une étape ultérieure dans la continuité du latin. C'est pourtant ce qu'on a longtemps aimé à croire, notamment dans les cours brillantes de ce qui n'était pas encore l'Italie, ainsi qu'en Espagne. C'était occulter un fait essentiel : les langues romanes sont issues du latin, mais elles sont toutes de nouveaux idiomes, originaux, et non du latin, contrairement aux langues qui, à travers les millénaires, perpétuent une langue très ancienne dont elles représentent l'étape actuelle : hébreu israélien, chinois moderne, araméen, grec d'aujourd'hui, ou copte.

Créoles

On appelle souvent *créoles*, par abréviation, les *langues créoles*. Il existe un grand nombre de créoles. La plupart ont commencé par être des pidgins, langues plus rudimentaires, assurant l'échange immédiat, qui deviennent des créoles quand ils sont transmis aux descendants. Il naît aussi des créoles sur les grands marchés africains résonnant des appels de vendeurs à la criée et de l'immense bigarrure des apostrophes dans les langues les plus diverses, en général langues à ton, ce qui accroît encore la densité de cette puissante symphonie, de Dakar à Abidjan, et jusqu'à Bangui, où la créolisation d'une langue africaine a produit le sango, langue « nationale » et connue de tous en République centrafricaine. Beaucoup de créoles aussi sont parlés en Asie. Le créole espagnol des Philippines, le bichelamar de Vanuatu, le pidgin anglais des côtes septentrionales de l'Australie, le néo-mélanésien de Nouvelle-Guinée sont des moyens d'échange développés par des travailleurs provenant des îles Banks et de nombreuses îles des ex-Nouvelles-Hébrides en des lieux de travail où il s'agit de répondre à l'urgence de communication.

Le développement des exploitations de fertilisants comme le guano, puis, pour satisfaire les besoins croissants de l'Europe dans la seconde moitié du

XIXe siècle, celui, beaucoup plus important, des plantations de coton, canne à sucre, cocotiers, café, chocolat, avaient créé un besoin pressant de main-d'œuvre. Pour y répondre, baleiniers, santaliers et marchands de toutes espèces partaient recruter des insulaires mélanésiens, qui étaient embarqués à la suite d'actes de piraterie, de promesses trompeuses ou de pressions exercées par des chefs de villages désireux d'acquérir des fusils en échange de cette force humaine de production. Mais il y eut également beaucoup d'engagements volontaires, en provenance de territoires exigus, souvent arides et frappés par des cyclones, où des hommes vivant pauvrement étaient à la recherche d'un travail dont ils attendaient beaucoup. Les créoles qui naquirent des contacts entre ces populations et les jargons des employeurs ont une base lexicale anglaise ou espagnole le plus souvent, mais ils conservent les structures des langues autochtones d'origine. Ainsi, en bichelamar, une phrase telle que

> *bambae yu yu-kakae* (FUTUR tu tu-manger)
> « tu mangeras »

est calquée sur les phrases correspondantes en langues mélanésiennes, comme le nasariana ou le vetmbao, puisque, de même que ces dernières, elle comporte en tête une marque de futur (*bambae*, adaptation phonétique de l'anglais *by and by* « tout à l'heure ») et utilise deux fois le pronom personnel, comme forme indépendante et comme indice conjugué avec le verbe.

Il existe même un créole né non pas d'une langue africaine, mais d'une langue européenne. Ce créole, dont le public cultivé se soucie peu et qui, pourtant, recèle assez de mystères pour attirer l'attention, se parle dans le plus riche des États d'Afrique, qui occupe le sud extrême de ce continent. Il s'appelle l'afrikaans. Certes, en Afrique du Sud, aujourd'hui, le statut de langue officielle, qui est celui de l'afrikaans et de l'anglais, n'est pas loin d'être partagé par eux avec neuf langues africaines, dont deux importantes langues bantoues, le zoulou et le xhosa, que parlent respectivement 23 % et 18 % de la population. Néanmoins, l'afrikaans est compris de plus de la moitié des Sud-Africains. Mais des Européens ont quelque mal à admettre que certains de leurs ancêtres aient créolisé, c'est-à-dire « radicalement simplifié », une langue européenne, à la manière dont l'ont fait des esclaves…

C'est pourquoi des savants néerlandais et sud-africains ont assuré que l'afrikaans était tout simplement le produit d'un développement spontané à partir des dialectes néerlandais, flamands et bas-allemands que parlaient au début du XVIIIe siècle les ancêtres des fermiers boers (on trouvait aussi des huguenots français émigrés) qui vivaient sur les terres, réunies plus tard en quatre provinces, du Transvaal, du Cap, de l'Orange et du Natal. On a même cru que les traces portugaises et malaises présentes dans le vocabulaire de l'afrikaans provenaient d'un « malayo-portugais » autrefois attesté dans les colonies hollandaises des Indes orientales. En réalité, c'est bien par créolisation du néerlandais que s'est formé l'afrikaans, émergeant vers 1750 comme une langue nouvelle, non sans une forte influence des langues africaines des Hottentots qui, non asservis mais souvent employés par les Blancs, ont vite appris leur langue européenne, et ont participé à sa transformation.

Le processus de créolisation peut être ici illustré par quelques exemples. Le présent du verbe « être » prend la forme *is* à toutes les personnes, alors qu'en néerlandais, on a *ik ben*, *jij(/je) bent*, *hij is*, *wij(/we) zijn*, *jullie bent*, *zij(ze) zijn* « je suis », « tu es », « il est », « nous sommes », « vous êtes », « ils sont ». L'article défini variable que l'on trouve en néerlandais, par exemple dans *de vrouw* « la femme », *het kind* « l'enfant » a été remplacé par *die* : *die vrou*, *die kind*. On dit en néerlandais

de rok van de mama,

où l'ordre des mots est le même qu'en français : « la jupe de maman », alors que l'afrikaans se sert ici d'une particule de génitif, *se*, provenant d'une réduction du possessif néerlandais *zijn* « son » à travers une étape *z'n*, et employée avec un ordre des mots moins courant en néerlandais :

ma se rok,

littéralement « maman sa jupe » ; cet ordre des mots est exactement celui du hottentot. Le mot de subordination *dat*, correspondant au français *que*, est, comme son équivalent anglais *that*, fréquemment absent en afrikaans, mais non en néerlandais. Autre particularité : la négation est souvent double en afrikaans :

hy stan nie op nie « elle ne se lève pas ».

La négation était aussi double en ancien néerlandais, mais ne l'est plus dans celui d'aujourd'hui.

Les créoles des Antilles, et des régions continentales qui en sont voisines en Amérique du Nord et du Sud, ont une autre histoire. C'est celle, violente et tragique, d'hommes et de femmes dont les ancêtres furent soumis à un régime sans aucune commune mesure avec celui qui régna aux XVIIIe et XIXe siècles dans les colonies comme celles du Cap ou des Indes orientales. Pour ne prendre qu'un exemple français de créolisation, le commerce triangulaire, destiné avant toutes choses à assurer la rentabilité des exploitations des Antilles, que l'on avait préalablement vidées en exterminant ou déportant leurs populations caraïbes et arawaks, contribua, surtout à partir de 1750, à faire de la « ville des négriers », Nantes, importante base de départ assurant plus du tiers de la traite française, une belle cité aux riches demeures coloniales dominant l'estuaire de la Loire. L'on y traitait les produits bruts, surtout le sucre, que le régime de l'exclusif réservait à la France, et l'on y fabriquait les pacotilles, médiocres verroteries et objets divers que l'on offrait aux roitelets et chefs coutumiers du golfe de Guinée en échange d'esclaves fournis par eux, lorsqu'on ne capturait pas tout simplement ces derniers.

Les traversées en navires de haute mer, qui commençaient par la terreur d'être voués à quelque festin cannibale de Blancs et se poursuivaient par les pires sévices infligés à ceux qui refusaient de se nourrir ou n'étaient pas parvenus à sauter dans l'océan pour y trouver une mort souhaitée, s'achevaient souvent dans le pesant silence de la communication abolie, car il n'existait pas d'idiome qui fût partagé par les tribus sciemment enchevêtrées. Certaines langues, néanmoins, se conservaient, mais, au bout d'un temps variable, le renouvellement constant des importations d'esclaves de toutes origines, aggravant les obstacles imposés au dialogue, finit par sommer hommes et femmes de répondre par quelque invention à l'urgence de la pulsion d'échange. Et la voie qu'ils trouvèrent était originale autant qu'évidente : s'approprier, en les détournant, les langues des maîtres blancs. C'est là l'origine des créoles des Antilles.

C'est pourquoi, du fait que les négriers étaient non seulement français, mais aussi anglais, portugais et hollandais, il existe des créoles façonnés sur les bases de ces quatre langues : le martiniquais, le guadeloupéen, le guyanais, le haïtien ont une base française, le jamaïcain est un créole de l'anglais, le capverdien et l'idiome de Guinée-Bissau sont luso-africains, le papiamentu et l'aruba ont une composante néerlandaise. Les créoles ont conservé, sous-jacentes aux vocabulaires adaptés des langues des colons, des caractéristiques proprement africaines. Ainsi, les créoles antillais disent tous à peu près, comme celui de Guyane,

li palé bay to
« il te parle »,

où *bay* est le verbe de français classique *bailler* « donner » ; ce mot a disparu en français, qui n'a plus que *bail*, *bailleur*, le populaire *un bail* et le littéraire *vous me la baillez belle* ; mais il s'est conservé dans les créoles antillais, tel un bloc erratique dérivé de ces anciens rivages, et restitué comme une pépite du passé par une langue où la parole ancienne est demeurée en vie. La source d'une structure comme *li palé bay to*, littéralement « lui parler donner toi », n'est pas difficile à retrouver : on la rencontre dans les langues africaines d'origine, où ce qui est en français une préposition est un verbe, et où l'on dit donc « parler donner » pour « parler à ».

Une autre structure reflète encore ces substrats vivaces et florissants. Le créole guadeloupéen possède, comme le kikongo et d'autres langues bantoues du Nord, une structure d'emphase, illustrée par une phrase comme

> *sé travay an ka travay* (« c'est travail je en.train.de travail »)
> « c'est travailler que je suis en train de travailler », c'est-à-dire « je travaille vraiment ».

Le foisonnement, dans la plupart des créoles, de formulations ressemblant beaucoup, comme celle-ci, à celles des langues africaines, que parlaient les premiers esclaves arrivés aux Antilles, sert d'argument aux partisans de la théorie du substrat des créoles, variant avec les lieux. Selon cette théorie, des langues autochtones ont servi de matrices : dans les créoles des Caraïbes, ce sont des langues africaines ; en bichelamar, ce sont les langues austronésiennes de Vanuatu.

À cette théorie s'oppose celle de la création à partir de rien, laquelle s'appuie à la fois sur l'affirmation, démentie par les faits (voir plus haut), d'une perte totale des langues autochtones antérieures à la traite, et sur l'idée que l'esprit humain invente des catégories universelles, par exemple celles qui figurent les temps ; celles-ci sont attestées dans quasiment tous les créoles, et sont exprimées en créole mauricien par *fin* (du français *finir*) pour le passé plus ou moins lointain, *fék* (du français *[ne]fait que*) rendant le passé immédiat et *pu* (du français *pour*) rendant le futur, et en créole martiniquais par *ka* pour le présent, *té* pour le passé et *ap* pour le futur et le progressif, ces deux derniers ayant pour source *était* et *après* du français classique (voir Cycles). Substratistes et leurs adversaires affûtent, au gré des assises savantes, les instruments de leur controverse. Ce qui demeure certain, c'est que l'intérêt pour les créoles des Antilles n'est autre que l'intérêt pour les origines mêmes de nos langues humaines. Car ces idiomes, qu'ils soient nés d'un insupportable silence imposé ou qu'ils perpétuent certains vestiges en les mêlant à des créations originales, nous racontent notre histoire. Ni plus ni moins.

Croate (et… serbe !)

Avant l'explosion du début des années 1990, qui a provoqué la dislocation de la Yougoslavie, on pouvait entendre un ricanement, ou observer une grimace, lorsque l'on parlait devant un Croate du serbo-croate. Aujourd'hui, il vaut mieux éviter cette expression, non devant un Serbe, qui, probablement, ne la trouvera pas offensante, mais quand on s'adresse à un Croate, qui répliquera, selon qu'il a moins d'humour, ou qu'il en a plus : « Cessez une bonne fois de parler de serbo-croate ! C'est insupportable ! Il s'agit de deux langues totalement différentes ! » ou bien « Peut-être pourriez-vous, au moins, parler de croato-serbe » !

La Convention littéraire de Vienne fut signée en 1850 par cinq écrivains croates, par le linguiste slovène F. von Miklošić, et par les philologues serbes D. Daničić et surtout V. S. Karadžić, figure de proue de l'entreprise d'unification dialectale sous la forme du serbo-croate, qui était l'objet de cette réunion de patriotes, hostiles à l'impérialisme de l'allemand et des Habsbourg. Mais elle ne fut signée ni par les philologues croates V. Babukić, A. Mažuranić et surtout B. Šulek, souvent présenté, du fait de l'importance de ses travaux lexicographiques, comme un des créateurs de la langue littéraire croate au XIXe siècle, ni par L. Gaj, chef de file croate du mouvement dit « illyrien ». Les animateurs de ce mouvement souhaitaient, dans le sillage de l'action de renouveau national inspirée du romantisme de l'époque, unifier les Slaves du Sud. De ce fait, ils accordaient à la langue, évidemment, une place essentielle. Serbes et Croates se rejoignaient sur le choix, comme norme unifiée, du dialecte de plus grand prestige, le štokavien ijékavien, c'est-à-dire la langue dans laquelle « quoi ? » se dit *što ?* et où le [je] du paléoslave s'est maintenu.

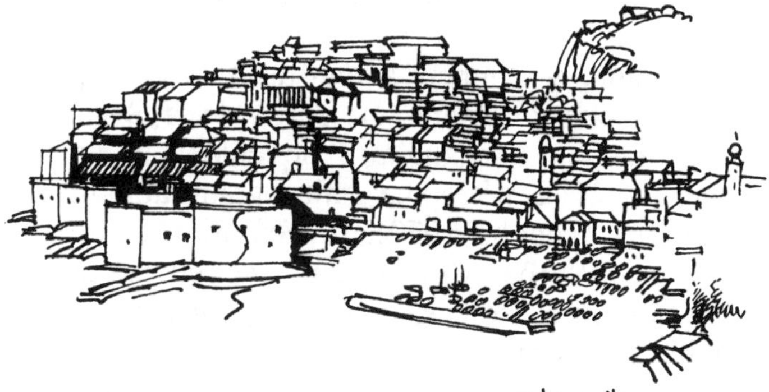

Dubrovnik

Cette forme avait l'intérêt d'être à la fois la langue littéraire prestigieuse de Dalmatie, et notamment de Dubrovnik, celle de la Bosnie et de la plus grande partie de l'Herzégovine, enfin celle du Monténégro et de l'ouest de la Serbie, c'est-à-dire, en somme, la langue de presque tous les Slaves du Sud. On écartait donc le reste du domaine štokavien. Celui-ci contient les parlers des Croates catholiques convertis à l'islam, dits parlers ikaviens parce que le [je] du paléoslave y était devenu *i*. Il contient également les parlers dits ékaviens parce que ce même [je] y était devenu [e], sans appendice palatal [j]. Les parlers ékaviens, utilisés par les Serbes de Voïvodine, de Serbie de l'Est et du Kosovo, formèrent la base du serbe littéraire au XIXe siècle, époque où le centre de la vie culturelle serbe était Novi Sad, en Voïvodine.

Tout en prenant acte de l'exclusion de la variante serbe ékavienne du štokavien, une partie des intellectuels croates reprochaient à Karadžić de ne tenir aucun compte, dans ses travaux et ses projets, de deux autres grands groupes de dialectes proprement croates, et qui étaient depuis plusieurs siècles les supports d'une riche littérature, à savoir celui dans lequel « quoi ? » se dit *ča ?*, le čakavien, parlé au sud de la Croatie, notamment autour des villes de Split et de Zadar, ainsi que dans une partie de la Bosnie, et celui où « quoi ? » se dit *kaj ?*, le kajkavien, dialecte du Nord dont la métropole était Agram, aujourd'hui Zagreb (cf. Franolić 1972). L'accusation de centralisme grand-serbe, dirigée par ces élites croates contre les élites serbes, s'accentua encore au lendemain d'un important événement consécutif à la défaite de l'Autriche-Hongrie lors de la Première Guerre mondiale : la création, que le traité de Trianon approuva en 1920, du royaume des Serbes, des Croates et des Slovènes, lequel répondait aux vœux des patriotes serbes et croates du XIXe siècle. Dès les premières années d'existence de cette nouvelle entité, les Croates dénonçaient la chasse faite, selon eux, aux usages caractéristiques du croate, en raison de la domination politique serbe, facilitée par le rôle de Belgrade en tant que capitale de la fédération qui, à partir de 1931, allait s'appeler Yougoslavie (pays des Slaves du Sud). Les auteurs croates assurent que la prépondérance du serbe officiel conduisit à la condamnation du projet de nouvelle orthographe croate en 1972, ainsi qu'à l'interdiction, sur les territoires de la Croatie et de la Bosnie-Herzégovine d'avant 1990, dans l'usage administratif, les écoles, la presse, la radio et la télévision, des mots croates *povijest* « histoire », *zemlopis* « géographie », *tisuća* « mille », *općina* « commune », *nogomet* « football », *zrak* « air », *kruh* « pain », etc.

Quel peut être le sens de semblables mesures ? Confortés par un sentiment national fort ancien et très vigoureux, fondé sur un prestige historique qu'alimentait le souvenir d'un brillant empire doté de son Église propre dès 1219, et que n'avait pas terni à leurs yeux la longue occupation ottomane, les Serbes n'étaient pourtant pas fermés aux emprunts, et y avaient beaucoup recouru, adoptant, notamment, des mots de grec et de russe, langues d'orthodoxes comme eux. Les Serbes continuèrent donc, au début du XXe siècle comme pendant le XIXe, de recourir à l'emprunt. Au contraire, les Croates, que séparaient fortement des Serbes, comme on y insiste souvent, l'alphabet latin au lieu du cyrillique, la religion catholique au lieu de l'orthodoxe, l'ouverture, politique et culturelle, à l'ouest de l'Europe plutôt qu'à l'est, et les différences qu'avaient creusées entre les deux nations douze siècles de clivage politique et de voisinages différents, étaient aussi moins favorables à certains emprunts.

Les lexicographes croates étaient soucieux de limiter les germanismes, qui leur paraissaient menacer leur langue, du fait de la longue domination des Habsbourg par Hongrie interposée. Les lexicographes croates multiplièrent donc, au lieu des emprunts, les calques, c'est-à-dire les formations autochtones traduisant mot à mot le terme étranger. Nous sommes ainsi en présence de deux normes littéraires distinctes, au moins pour une partie du vocabulaire, notamment technique et savant. Les couples de termes suivants, le premier croate, le second serbe, font bien apparaître la préférence pour le calque dans un cas et pour l'emprunt dans l'autre :

vjerovnik (calque de l'allemand *Gläubiger*, comme le hongrois *hitelező*) / *kreditor* « créancier »
okružnica (calque de l'allemand *Rundschreiben*) / *cirkular* « circulaire »
napadan (calque de l'allemand *auffallend*) / *koi pada u oči* « qui tombe devant les yeux »

Dans le dernier de ces trois cas, la solution serbe n'est pas un emprunt, mais une périphrase descriptive, alors que le croate favorise les néologismes par dérivation et composition. La différence entre le serbe et le croate, quant au vocabulaire, concerne surtout, comme le montrent ces exemples, la langue écrite, essentiellement technique et scientifique, où quelques dizaines de milliers de termes varient d'une norme à l'autre. Mais les différences de vocabulaires ne sont pas toujours probantes. La situation n'est pas toujours claire. Ainsi, s'il est vrai que les Croates utilisent les noms de mois slaves *siječanj* « janvier », *veljača* « février » ou *ožujak* « mars », ils utilisent aussi les mots internationaux *januar*, *februar* et *mart*, seuls employés par les Serbes. D'autre part, ce sont plutôt les Croates qui préfèrent des termes d'origine occidentale comme *advokat*, *muzika*, *sistem*, aux termes slaves de mêmes sens, respectivement *odvjetnik*, *glazba*, *sustav*, mais Croates et Serbes utilisent les uns et les autres.

De plus, les termes occidentaux, dans certains cas, sont non pas spécifiquement serbes ou spécifiquement croates, mais plutôt réservés à un usage technique (comme *duodenum* et *akcidentalan* « accidentel » au lieu de *dvanaesnik* et *slučajan*), ou bien affectés par décision administrative à une réalité distincte (on emploie, par exemple, *institut* ou *zavod* selon que l'institution de recherche dont il s'agit possède ou non un minimum de quinze étudiants docteurs), ou encore admis dans certaines associations de mots, mais non dans d'autres (on dit ainsi *urbani* aussi bien que *gradski dijalekt* pour « dialecte urbain », *urbano* aussi bien que *gradsko stanovništvo* pour « population urbaine », mais seul s'emploie *gradski* dans *gradski promet* « trafic urbain », *gradska općina* « municipalité urbaine »). Enfin, le terme occidental évoque parfois une réalité plus prestigieuse que le terme slave : *gostionica* est moins chic que *restoran*, et une nuance du même ordre distingue deux façons de s'occuper du langage, comme le montre la phrase

> *on nije lingvist nego jezikoslovac* (il n'est.pas linguiste mais spécialiste.de.langues)

« ce n'est pas un linguiste, mais un technicien du langage ».

Il existe aussi des différences phonétiques sur de nombreux points, dont la place de l'accent tonique, mais il ne semble pas que toutes ces divergences aient d'incidence décisive sur la communication orale. En ce qui concerne la grammaire, la différence le plus souvent citée n'est pas elle-même un critère sûr. Il s'agit de l'emploi de l'infinitif : pour dire « j'aime travailler », les Croates de Zagreb, de Dalmatie et d'Istrie préfèrent généralement employer l'infinitif comme en français, d'où *volim raditi*, c'est-à-dire la même structure qu'en français, alors que les Serbes du sud-est de la Serbie emploient plutôt une structure *volim da radim*, ce qui, si elle était possible en français, donnerait *j'aime que je travaille.* Mais il ne semble pas qu'il y ait ici d'obstacle à la compréhension, car l'une et l'autre de ces tournures s'emploient couramment sur le territoire de l'ex-Yougoslavie. L'infinitif est tout à fait présent dans l'ouest de la Serbie, et de même, alors que son extinction est souvent présentée comme un trait balkanique, l'infinitif est attesté en bulgare oriental, en roumain de Transylvanie, de Bucovine et de Moldavie. Cela dit, il est vrai que la réduction, puis la disparition, de l'infinitif est claire dans l'histoire du grec, à partir duquel elle s'est répandue en tosque (albanais du Sud) et en roumain de Valachie. Il est probable que, l'infinitif étant très vivant et largement employé dans les langues de l'ouest de l'Europe, les Croates ressentent sa réduction comme un phénomène propre à une zone culturelle, celle des Balkans, à laquelle ils se considèrent comme plus étrangers que les Serbes.

On peut, certes, imaginer que le serbe et le croate seraient aujourd'hui deux langues distinctes si elles étaient celles de deux États-nations indépendants depuis de nombreux siècles, comme le sont le Danemark et la Suède, dont on sait que les habitants peuvent communiquer entre eux en utilisant chacun sa langue (voir Bilingues), moins facilement, du reste, que Serbes et Croates. En tout état de cause, durant la seconde moitié des années 1990, le gouvernement croate, réagissant à ce qu'il considérait comme une longue oppression du nationalisme serbe, entendait fixer, avec le concours de linguistes professionnels, une norme croate authentique rendant aux usages čakaviens et kajkaviens la place que ces usages possédaient, selon lui, avant les soixante-dix années de domination de Belgrade. J'avais pris moi-même, il y a onze ans, une position favorable aux revendications d'identité linguistique croate (Hagège 1997). Aujourd'hui, les tensions semblent en voie d'apaisement. Un ouvrage savant et de qualité, la *Grammaire de la langue serbo-croate* d'Antoine Meillet et André Vaillant (1952) note (p. 1) que

> « Le serbo-croate est la langue littéraire et la langue commune des sujets qui emploient des parlers du type slave méridional connu sous ce nom. Malgré son double nom, le serbo-croate désigne un type de parlers et une langue littéraire unique, appelée selon les lieux *srpski jèzik* [langue serbe] ou *hrvatski jèzik* [langue croate]. Le terme serbo-croate est une invention de grammairiens. Les grammairiens yougoslaves disent *srpski ili hrvatski jèzik* [langue serbe ou croate]. »

Cet ouvrage précise dans les pages suivantes qu'il existe une certaine diversité de parlers, mais qu'il traite de la langue littéraire commune. La langue qu'on appelait le serbo-croate, et qui fut adoptée par la fédération qui avait pris la suite du royaume formé en 1918, par ces deux nations et les Slovènes, sur une portion de l'Empire austro-hongrois démantelé par la Première Guerre mondiale, résultait du choix opéré en 1850 (voir plus haut). Cependant, entre les deux guerres mondiales, le particularisme croate et son adversaire, le centralisme grand-serbe, ne cessèrent de s'accentuer. Le violent affrontement entre les Serbes et les Croates fut, au début des années 1990, le signal des coups furieux portés contre l'idée d'unité linguistique. Cette guerre a été suivie, les passions identitaires alimentant les passions linguistiques, d'un effort du pouvoir politique croate pour façonner un croate contenant le plus possible de caractéristiques qui l'éloignent du serbe, notamment en puisant dans la composante croate du serbo-croate, surtout les parlers kaïkavien de Zagreb et čakavien de Dalmatie (en particulier Dubrovnik). Les tensions se sont un peu apaisées aujourd'hui, mais l'avènement, en tant que langue nouvelle, d'une langue qui, à l'origine, était à peu près identique à une autre, n'est pas un fait impossible, s'il s'y investit une volonté puissante d'identité distincte qui galvanise, et finit par consacrer, les changements. Il n'est pas encore sûr que cette volonté en vienne à rendre opaques l'une à l'autre ces deux formes encore toutes proches. L'avenir dira si c'est là le destin du croate et du serbe.

Cycles

Un goût des tracés imitant la courbe ascendante d'une parabole, ou quelque quête illusoire d'un progrès toujours figuré comme parcourant des voies royales de plus en plus hautes nous empêchent de voir que les évolutions peuvent décrire des sinusoïdes, ou même des cycles, et non des lignes aspirées par le ciel. Ainsi en est-il de l'histoire des langues, dès lors qu'on les voit changer sur une assez longue tranche de durée. En fait, nous n'observons pas de retour intégral à un état ancien en passant par une étape intermédiaire, mais plutôt une coexistence d'états antérieurs et d'états subséquents, ainsi qu'une ressemblance entre un état nouveau et un autre qui en était séparé par la longue intervention d'un état historiquement moyen.

L'expression du futur offre un exemple frappant de ces méandres de l'évolution par cycles. Une raison pourrait faire que l'évolution des marques du futur ne soit pas toujours linéaire. Ce qui précède le moment du discours est du révolu, qu'il est facile, en tant que tel, d'embrasser du regard. En revanche, nous ne concevons pas aisément le non-avenu, puisque nous n'en avons aucun indice visible ni aucune description qui nous en soit faite par des témoins : on ne revient pas du futur comme on revient du passé. De là notre difficulté à imaginer le futur autrement que par des supputations, ou des hypothèses inspirées de ce que nous savons du passé. Les langues reflètent cette aporie. Elles recourent à divers expédients pour exprimer le futur. Dans de nombreuses langues, on se sert d'auxiliaires, comme le verbe *aller* du français pour l'expression du futur proche (*ils vont arriver*), le verbe *will* « vouloir » de l'anglais (*he will drink up this cup* « il videra cette tasse ») ou le verbe *werden* « devenir » de l'allemand (*sie wird kommen* « elle viendra »). En tchouktche, il faut recourir à la combinaison d'un préfixe *lge-* « fortement » et d'un suffixe *-nno* « commencer ». Le mbili (bantou, Cameroun) apparaît comme une exquise rareté, avec ses quatre futurs, et d'ailleurs aussi ses quatre passés.

C'est dans cet affrontement des langues avec les rébellions du futur qu'on voit apparaître des cycles. L'évolution cyclique se donne à voir non seulement au sein d'une même langue, mais encore à travers la longue aventure qui en parcourt plusieurs successives. Ainsi, le futur du latin classique *cantabo* « je chanterai » combinait le radical du verbe « chanter », *canta(-re)* avec une terminaison *-bo*, dans laquelle, avant la marque *-o* de première personne du singulier, on reconnaissait l'aboutissement latin *-b-* du verbe indo-européen **bhw* « être ». Le futur latin *cantabo* était donc une forme analysable, malgré son apparence non analysable et synthétique. À cette forme d'aspect synthétique succède, dans l'histoire du latin et de la formation des langues néo-latines qui en sont issues (voir Familles de langues), une forme clairement analytique qui n'était pas sans attestation en latin classique, mais qui y demeurait sporadique : *cantare habeo*, littéralement « j'ai à chanter ».

Cette forme se répand de plus en plus largement à partir du IVe et surtout pendant le Ve siècle, c'est-à-dire au moment même où les théologiens de la nouvelle foi portent au plus loin leur prédication, à la faveur de la christianisation de l'Empire romain. La diffusion de cette forme n'est pas fortuite. Le futur latin *cantabo* exprimait surtout l'intention, l'éventualité, la possibilité ou la probabilité d'occurrence d'un événement ou d'un état. On peut faire l'hypothèse que s'il fut supplanté par la périphrase *cantare habeo*, c'est, pour une part, dans la mesure où cette dernière exprimait plus directement que lui une notion essentielle pour les prédicateurs, celle de prédestination. De surcroît, l'emploi d'une périphrase s'inscrivait dans la tendance générale qui conduisait à découper les formes synthétiques du latin en unités plus petites et résultant d'une analyse, cette tendance étant clairement observable dans l'évolution par laquelle les suffixes de déclinaison du nom, dans les langues romanes de l'Ouest, disparaissaient progressivement en faisant place à un emploi accru des prépositions (cf. Hagège à paraître, 2009).

L'étape ultérieure est celle au cours de laquelle, dans cette sorte de roman commun qui précède l'apparition des langues romanes, *cantare habeo* aboutit à une forme que l'on peut restituer comme **cantarávyo*, à fort accent tonique (que je marque ici par un accent aigu) sur le troisième *a.* Cette forme est de nouveau synthétique, car l'accent tonique s'applique à un mot entier, où il s'oppose à toutes les syllabes non accentuées, ce qui crée un tout cohérent. L'évolution subséquente, dans celle des langues romanes qui va devenir le français, est bien décrite par les spécialistes : le *c-* initial devient une consonne chuintante *ch* en langue d'oïl, c'est-à-dire au nord du domaine où le français est en processus de formation, tandis que la syllabe finale **-vyo*, non accentuée et affaiblie par sa position dans le voisinage immédiat de l'accent, se réduit à un *y* ; la syllabe *-áy* ainsi formée finit par produire, au cours d'une lente évolution, les étapes [ɛy], puis [ey], puis [e], dont la graphie « -ai » conserve une image de cette histoire. Cette forme résultante *chanterai* est synthétique, car bien que l'école enseigne qu'une forme en « -rai » est un futur, seuls les plus attentifs voient que la marque n'en est qu'un « -r- », aucun mot indépendant ne matérialisant ici le futur.

Au contraire, un tel mot apparaît à une étape ultérieure, qui n'appartient plus au français, mais qui s'inscrit dans la dynamique de son évolution, l'étape du créole haïtien. Dans cette langue, le futur correspondant à *je chanterai* est *m'ap-chanté*. Il succède, lui-même, à un futur *mo apré chanté* « je chanterai »,

qui est celui du pidgin haïtien, les pidgins étant des langues moins élaborées qui précèdent souvent l'apparition des créoles. Dans *mo apré chanté*, l'élément qui se trouve entre le pronom de première personne du singulier *mo* « je » et le verbe *chanté* est l'adaptation pidgin de la préposition *après* du français classique, qui voulait dire « immédiatement attenant à », comme en français parlé moderne dans

la clé est après la porte.

Ce futur pidgin, exprimé au moyen d'une préposition indiquant l'imminence, est une forme analytique, composée de trois mots, par opposition à la forme synthétique de *je chanterai*. Le futur créole, quant à lui, instaure derechef une forme synthétique, dans laquelle le *o* de *mo* est élidé et *aprés* est réduit à un *ap* qui se combine avec le verbe comme une marque intégrée de futur, d'où le *m'ap-chanté* cité plus haut.

La conclusion de cette longue aventure est simple. Du latin, lui-même considéré par rapport à l'origine indo-européenne, jusqu'au créole haïtien, on voit se déployer les volutes d'une série de deux cycles et demi : l'un va de l'analytique au synthétique, puis du synthétique à l'analytique ; l'autre chemine de l'analytique au synthétique, puis du synthétique à l'analytique ; le dernier amorce le parcours d'un nouvel arc de cercle, de l'analytique au synthétique. Ainsi, lorsque l'on dispose d'une documentation attestée sur une période assez longue d'évolution, on peut faire apparaître le caractère cyclique des changements dans les langues. D'autres exemples illustrent ce caractère, à des profondeurs de temps plus vertigineuses encore. Du vieil-égyptien, langue à morphologie complexe où la conjugaison verbale est à suffixes au sein de formes synthétiques, on passe à l'égyptien tardif, qui possède une conjugaison analytique, puis de ce dernier au verbe synthétique à préfixe du copte, qui clôt la seconde boucle du cycle. Le chinois connaît lui aussi une histoire cyclique. Le chinois archaïque distinguait les fonctions par les formes, notamment dans le domaine des pronoms personnels. Il n'est pas certain qu'il fût monosyllabique. Le chinois classique est au contraire une langue monosyllabique où l'on ne trouve aucune variation de formes des mots. Mais le cycle se referme en chinois contemporain, où l'on note une nette tendance au foisonnement des mots dissyllabiques, dont certaines syllabes ne portent aucun ton distinctif.

Plus généralement, l'histoire des langues humaines, à partir de phases d'économie, où la tendance est à réduire l'effort de production, traverse des phases d'expressivité, où se déploie la tendance opposée, celle qui pousse à chercher de nouvelles formes, non nécessairement économiques, pour répondre aux besoins nouveaux de l'expression. À leur tour, cependant, les formes expressives sont raccourcies ou simplifiées par l'effet d'un mouvement qui, derechef, fait agir les forces réductrices (voir Économie). Éternel retour ? Ou plutôt spirales qui ne déroulent que partiellement les mêmes processus ? Les langues nomadisent d'arc en arc, comme pour tirer le parti le plus profitable de leurs moyens limités, en multipliant les parcours, les agencements, les stratégies. Les langues se jouent des défis du monde, qui les somment de le dire quoi qu'il en coûte. Elles poursuivent, et animent de leur puissance vitale, l'affrontement de la parole et de l'indicible.

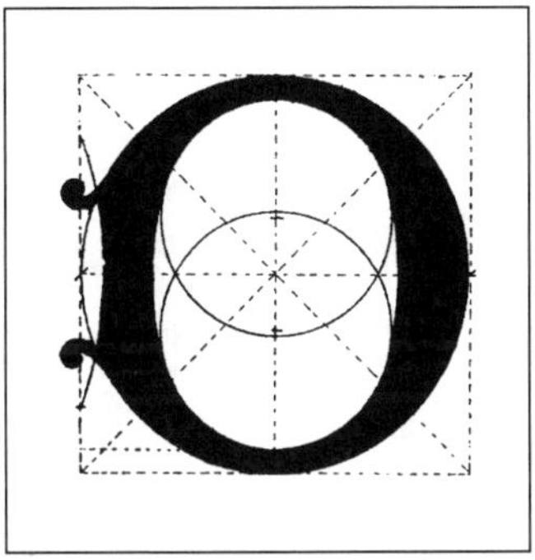

Danger (langues en)

Puissent ceux qui ne sont pas habités d'anxieuse sollicitude pour le sort des langues humaines ne pas s'effaroucher des noms insolites qui vont suivre, ni puiser un insondable ennui dans l'évocation des histoires tragiques de beaucoup d'idiomes malheureux ! Oui, aujourd'hui, un nombre impressionnant de langues sont en danger, c'est-à-dire vouées à une extinction quasiment imminente. Les spécialistes appellent menacées les langues dont tout donne à penser qu'elles rejoindront, dans un délai inférieur à une soixantaine d'années, la triste cohorte des langues en danger. Les langues menacées sont définies, notamment, par le faible nombre de leurs locuteurs ainsi que par la présence d'une langue dominante induisant un bilinguisme généralisé. Les langues en danger, elles, se définissent comme celles qui ne sont plus transmises aux nouvelles générations, et que tendent à ne plus utiliser que les personnes les plus âgées.

Il existe un lien décelable entre langues menacées et sous-développement, ainsi qu'entre langues menacées dans un pays et existence, dans ce même pays, d'un grand nombre de langues. Cela s'applique à l'Indonésie et à la Papouasie, dont la partie occidentale, Irian Jaya, comme la partie méridionale de Bornéo, autre réservoir de langues, sont territoires politiquement indonésiens. Dans l'ouest de l'Indonésie, si, en plus de l'indonésien et des langues d'importantes communautés, comme le javanais, le soundanais ou l'achinais, on comptait toutes celles de ce chapelet d'îles grandes et petites, on arriverait à… 670, soit le deuxième réservoir mondial après la Papouasie. Celle-ci, en effet, abrite… 850 langues, dont on imaginera aisément que, les conditions de vie du monde contemporain étant ce qu'elles sont, un nombre important sont menacées, ou même en voie d'extinction !

Il convient de préciser qu'en Indonésie, 52 langues ont moins de deux cents locuteurs, 121 en ont de deux cents à mille, et 200 en comptent de mille à dix mille. En Papouasie, 130 langues sont parlées par moins de deux cents personnes, 290 le sont par moins de mille, et, parmi celles qui le sont par plus de mille locuteurs, beaucoup ne sont connues que des adultes (cf. Hagège 2000). On note également que la plupart des pays unilingues sont ceux où le revenu national brut par habitant est supérieur à l'indice de sous-développement. Mais d'autres démons s'acharnent à menacer les langues. Ainsi, celles qui sont parlées par de petites communautés sont en général beaucoup moins bien préservées du déclin que celles qu'utilisent un grand nombre de locuteurs. Cela annonce de grands désastres, si l'on songe que 90 % des langues de la planète sont parlées par moins de 5 % de sa population totale !

Les langues indiennes d'Amérique, que les savants appellent amérindiennes, sont presque toutes exposées au péril des petits nombres. Cela est particulièrement vrai en Amérique du Nord. Sur le navajo lui-même pèsent de lourdes menaces (voir Navajo). Mais les langues des Amériques centrale et méridionale ne sont pas beaucoup plus à l'abri. La précarité est à peine moins lourde pour le nahuatl, la langue des Aztèques, pourtant encore pratiquée aujourd'hui par un million quatre cent mille personnes. Au fait que le nahuatl s'éparpille en dialectes, il s'ajoute une pression redoutable, comparable à celle de l'anglais sur les Navajos : une autre langue d'origine européenne au grand pouvoir de nivellement, l'espagnol, est officielle au Mexique, de sorte que la majorité des Aztèques sont bilingues.

Les descendants des grandes familles de l'aristocratie aztèque n'ont sans doute pas oublié les horreurs de la conquête espagnole. Moctezuma, empereur des Aztèques ou *tlatoani*, c'est-à-dire « celui qui parle », pour interpréter en les déchiffrant les oracles annonciateurs de l'arrivée d'êtres surnaturels, avait simplement été trompé par les paroles de paix de Cortés et de ses soudards, petits hobereaux faméliques qui, venus de très loin trouver de l'or sur des terres dont les richesses fabuleuses fantasmées aimantaient leur cupidité, surent profiter des divisions qui lézardaient cet empire, de la supériorité des armes à feu et de la naïve croyance des Indiens prenant pour des dieux ces sinistres soldats étrangers barbus, blancs et cuirassés.

Le successeur de Moctezuma, Cuauhtémoc, démasqua enfin l'exorbitante imposture de ces faux dieux, conquérants sans scrupules venus pour s'emparer de grands empires. Longue fut la résistance conduite par Cuauhtémoc. Elle ne put empêcher la prise, en 1521, après un siège d'une extrême violence, dans des conditions croissantes de dénuement et de famine parmi les assiégés, de Tenochtitlan, aujourd'hui Mexico. Les Espagnols rasèrent cette magnifique cité aztèque après avoir levé le siège, que suivirent massacres et férocités en grand nombre. Ainsi, la diffusion du nahuatl dans les vastes territoires de l'Empire aztèque était brisée net. Le nahuatl devenait un idiome dominé par le castillan et parlé, en dangereuse concurrence avec lui, par une population asservie et paupérisée.

Le contraste était grand avec la situation acquise depuis la première moitié du XVe siècle. À cette époque, en effet, à peine moins de cent ans avant l'irruption des conquistadores andalous, les Aztèques étaient en train de soumettre de vastes territoires, depuis le Pacifique jusqu'à l'isthme de Tehuantepec. Dans leur sillage, ils répandaient partout le nahuatl comme langue de prestige d'un puissant État indien, désignant, du même coup, avec condescendance les langues et peuples réduits à leur loi : *chontal* « étranger », *popoluca* « inintelligible », *totonac* « rustre ». Seul le quetchua (voir ce mot), que parlent une dizaine de millions de Péruviens, Boliviens, Équatoriens, Colombiens, Argentins, est une langue importante en Amérique latine. On peut en dire autant d'une autre langue des hauteurs andines, l'aymara. Mais l'une et l'autre ne possèdent de statut officiel dans aucun de ces pays.

Ce qui est vrai des langues qui eurent leur heure de gloire et d'expansion quand elles étaient les miroirs d'identité de puissants États, aztèque et inca, l'est, à plus forte raison, de celles de communautés plus restreintes. Les langues de la presqu'île du Yucatan au Mexique, appartenant à la grande famille maya, ainsi que celles d'Amérique centrale, la plupart regroupées dans la famille chibcha, sont dans une situation fort précaire. Non seulement leurs vocabulaires sont imprégnés de mots reçus de l'espagnol, mais, en outre, leur usage est en déclin face à la pression de cette langue. Seuls peuvent être tenus pour moins exposés le yucatec, le quiché, le quekchi, le kakchiquel et le mam : le nombre des locuteurs de ces langues du Yucatan et du Guatemala, aux vocabulaires d'une éclatante sonorité comme le sont leurs noms mêmes, varie entre quatre cent mille et un million. Rien n'assure, néanmoins, que cela les préserve de l'extinction à moyenne échéance.

La forêt amazonienne abritait jusque vers les années 1950 un grand nombre de langues tribales aujourd'hui très menacées. L'une d'entre elles est le yanomami, que parlaient en 1994 douze mille personnes au Venezuela et huit mille cinq cents au Brésil, dans une région forestière et montagneuse d'accès difficile où se succèdent chutes d'eau et rivières peu navigables, entre le rio Negro, le rio Branco et le haut cours de l'Orénoque. Les Yanomamis, excellents chasseurs (surtout de tapirs, gros mammifères), mais aussi cultivateurs de bananes et de manioc par essartage, parmi lesquels on trouvait peu de lusophones, avaient échappé à l'extermination ou au refoulement des Arawaks et des Caraïbes de cette région par les Portugais et les Espagnols durant le XVIIIe siècle. Mais aujourd'hui, l'invasion de la société industrielle et la rapacité des orpailleurs, et le saccage de la forêt, qui disloquent la vie de ces Indiens, annoncent, hélas ! un sort tout aussi lugubre aux Yanomamis, dont la langue est menacée d'extinction.

Les langues indiennes sont moins nombreuses dans les parties les plus européennes de l'Amérique latine, Argentine, sud du Brésil, Uruguay (pays sans Indiens, car ils furent exterminés sans états d'âme…). Un cas frappant, cependant, est celui du Chili, où se maintiennent résolument les Mapuches et leur langue, le mapudungun (voir Hispaniques [vocables]). Les territoires où vivent encore de tout petits nombres d'hommes, habitant les dernières extrémités du sud de la planète, se trouvent également au Chili, ainsi qu'en Argentine, c'est-à-dire en Patagonie, et, plus bas encore, au véritable bout du monde, c'est-à-dire la Terre de Feu, dont le nom a inspiré celui de Fuégiens autrefois donné à ces hommes et à leurs langues. Au-dessous d'elle se trouve l'île Navarino, et plus au sud encore les dernières îles, fréquentées plutôt qu'habitées, jusqu'au cap Horn, dont les rochers et les courants ont une réputation telle que les navires les plus puissants eux-mêmes l'évitent, en empruntant plutôt, pour passer du Pacifique à l'Atlantique, le détroit de Magellan, qui borde la partie septentrionale de la Terre de Feu.

Quelques dizaines de personnes parlent encore les langues en voie d'extinction de ces régions désolées : le selknam et le tehuelche, regroupés en une famille chon, et le haush, probablement presque disparu, cependant que d'autres nomades, mais cette fois marins, naviguent sur de pauvres embarcations entre les nombreuses petites îles de la partie occidentale, chilienne ; deux langues peuvent ici être mentionnées : le yagan, sans doute disparu aujourd'hui, non sans laisser une trace sous la forme du nom d'un village, *ushuaya*, c'est-à-dire, dans cette langue, « baie » (*ushu*) « grande » (*aya*), mot familier à la clientèle aisée des marchands de voyages ou de parfums, bien qu'elle n'ait pas la moindre idée de la vie des pêcheurs de ces lieux sauvages et peu hospitaliers ; l'autre langue est le qawasqar, de famille (?) alakaluf, bien étudié par le linguiste Christos Clairis (cf. 1997), à qui je dois ces indications, et qui évaluait à quarante-sept, en 1971, le nombre des locuteurs.

N'y a-t-il donc aucune lueur qui vienne éclairer, si peu que ce soit, le sombre tableau des langues en danger ? On aperçoit en fait, si l'on explore tous les sentiers, quelques rayons, ténus mais étincelants. Ils conduisent à des langues dont nul autre que leurs usagers ou leurs voisins immédiats ne connaît l'existence, comme, au sud de l'Éthiopie, le bayso, dont les usagers, aujourd'hui quatre cent cinquante, résistent depuis… mille ans à la pression des langues plus répandues qui le cernent, ou le hinoukh, parlé au nord-est du Caucase par moins de deux cents personnes que caractérise aussi une forte conscience ethnique. Aux effets délétères d'un aussi petit nombre devraient s'ajouter ceux des unions allogènes, puisque les Hinoukhs, femmes et hommes, épousent, pour la plupart, des habitants des villages où vivent d'autres ethnies, parlant d'autres langues. Pourtant, le hinoukh continue de prospérer, tant il est vrai que l'enracinement dans une identité défie les dangers de dissolution.

Ces vaillants irrédentismes sont, hélas ! l'exception. Les langues que les chercheurs russes appellent paléosibériennes sont toutes en péril. On ne sait combien de temps encore pourront être mentionnés, comme ceux d'idiomes vivants, ces noms qui frappent l'oreille : guiliak, itelmen, két, tchouktche, toutes langues dispersées à travers les immenses étendues froides et rugueuses du Kamtchatka, toutes parlées, par des communautés bilingues, en concurrence avec le russe, ce qui n'est pas une assurance pour leur avenir quand on sait la puissance et le dynamisme de la grande langue slave dans ces lointaines contrées dès longtemps russifiées.

L'Asie du Sud et du Sud-Est ne contient pas moins de langues en danger, étant entendu qu'en Asie du Nord-Est il s'en trouve au moins une, l'aïnou, puisque ce dernier ne fait que tenter de survivre, aujourd'hui, au péril d'extinction et à la très forte pression du japonais, sur l'île de Hokkaïdo dans la partie septentrionale du Japon. Le jarawa et l'onge, langues des îles Andaman, archipel situé entre le nord-ouest de Sumatra et le sud-ouest de la Birmanie, sont, malgré leur isolement relatif, en voie d'extinction rapide sous la poussée du hindi et d'autres langues d'Inde, ainsi que du birman. Sont menacées les langues austro-asiatiques du Vietnam, du Cambodge, du Laos et de Thaïlande : bahnar, khmu, mueong, palaung, pear. Tel est le cas, notamment, du phnong, langue du sous-groupe bahnarique du sud appartenant au groupe mon-khmer de la famille austroasiatique. Les usagers des divers dialectes de cette langue, vivant sur les hauteurs du centre du Vietnam et de la province cambodgienne de Mondulkiri, font partie de ces montagnards du Vietnam, du Cambodge et d'autres pays de cette région que les habitants des plaines considèrent comme des tribus arriérées, et dont les ethnologues mentionnent les beaux vêtements féminins multicolores, ainsi que la musique et la poésie riches et variées. Bien que la plupart des Phnong soient unilingues, leurs dialectes sont menacés par la pression du vietnamien et du khmer (cf. Vogel 2006).

Il y a deux cents ans, il existait en Australie, d'après les évaluations les plus probables, un à deux millions d'aborigènes, parlant environ 250 langues différentes. Outre les 50 qui ont disparu depuis l'arrivée des Européens, 150 sont moribondes et, sur les 50 restantes, plus de la moitié sont inconnues des enfants de moins de quinze ans. Une dizaine de langues australiennes seulement sont parlées par plus de mille personnes, et ces langues se situent surtout dans les zones où la pénétration blanche fut la plus tardive ou reste la plus sporadique, c'est-à-dire dans le Territoire du Nord et dans les parties septentrionales du Queensland, de l'Australie du Sud et de l'Australie occidentale.

Les langues tribales d'Afrique ne sont pas moins en danger que les langues des grands empires et des petites communautés d'Amérique et d'Asie du Nord-Est, ou que celles de l'Asie du Sud et du Sud-Est. La situation est même, à plus d'un titre, paradoxale. Ce qui, dans les pays d'Afrique, menace le plus les langues régionales n'est plus la langue européenne autrefois coloniale, anglais ou français, dont l'usage, en tout état de cause, était, dans les anciennes colonies, limité aux élites économiques et intellectuelles, comme il l'est encore dans ces pays devenus indépendants. La situation est également fort différente de celles de l'Asie du Nord-Est, où domine le russe, ainsi que de l'Amérique centrale et méridionale ou de l'Amérique du Nord et de l'Australie, où dominent, respectivement, l'espagnol ou le portugais et l'anglais. L'exemple de la Tanzanie est instructif ici. Dans ce vaste pays, où sont présentes la plupart des grandes familles de langues de l'Afrique, il se trouve que le swahili, important idiome bantou, est aujourd'hui langue officielle.

Cela crée une situation tout à fait nouvelle. En effet, le maintien en bonne santé des langues régionales et tribales serait tout à fait compatible avec la présence prorogée des langues coloniales, puisque celles-ci ne sont pratiquées que par un faible nombre de locuteurs urbanisés, et qu'elles ne mettent donc pas en danger les idiomes vernaculaires auxquels sont attachées les masses rurales. En revanche, ces idiomes ne peuvent opposer qu'une faible résistance à la forte pression qu'exerce le swahili, véhicule récent d'affirmation anticoloniale et d'identité nationale, de surcroît puissamment promu dans toutes les parties de l'État par l'école, l'administration et les médias. Les idiomes vernaculaires ne sont susceptibles de se maintenir que si une forte conscience communautaire anime leurs locuteurs. Or, c'est fréquemment la situation inverse que l'on observe. Les locuteurs de « petites » langues s'en déprennent parce qu'elles n'ont pas le prestige du swahili.

Des dangers du même ordre menacent d'autres langues régionales dans des pays d'Afrique où domine une langue à vocation fédératrice, même quand elle n'est pas promue au statut de langue officielle. Quel déchirement pour l'amoureux ! Car les langues menaçantes dont il s'agit sont le haoussa et le peul, fiers véhicules de l'islam, qu'elles ont répandu comme un tapis dans de vastes contrées, condamnant à un emploi de plus en plus confidentiel les centaines de langues du nord du Nigéria et du nord du Cameroun, souvent appelées par les Peuls « langues de Kirdis », c'est-à-dire de « païens ». On dénoncera ce mépris, même si l'on aime le peul !

Le danger a le pouvoir de galvaniser les énergies. Les usagers de langues menacées, ou au moins les plus résolus d'entre eux, peuvent réagir par l'exaltation des cultures communautaires au laminage des petits par la voracité des grands. Il n'est pas dit que les langues menacées soient condamnées à disparaître. Mais seule l'union des forces de la vie et la conscience des risques pourraient faire que dans cinquante ans, à la faveur d'une nouvelle édition du présent *Dictionnaire amoureux*, je mentionne encore toutes les langues dont je parle ici, en disant de nouveau qu'elles sont menacées !

Si je puis ajouter un vœu, puissé-je n'avoir pas lieu, alors, de compter au nombre des idiomes en péril une langue que je n'ai pas citée jusqu'ici, et qui, pourtant, n'est pas totalement à l'abri des menaces. Cette langue est officielle dans un grand nombre de pays. Une association internationale de près de soixante-dix États se réunit tous les deux ans pour souligner la nécessité de sa promotion dans le monde et pour en construire les moyens. Elle est ainsi la seule qui, en dépit de l'immense puissance que donne à l'anglais sa diffusion universelle, apparaisse comme un autre choix face à ce monolithisme, et comme une promesse d'énergie investie dans la diversité culturelle et linguistique du monde. Elle est donc la seule dont la promotion soit bénéfique, non seulement pour elle-même, mais encore pour toutes les langues dont les locuteurs les plus lucides ont bien perçu la précarité, et, parmi elles, de vieilles langues de culture, comme l'allemand ou l'italien.

Mais il se trouve que cette langue, que l'on pourrait croire assurée de poursuivre très longtemps encore la longue et éclatante carrière qui l'a distinguée, en vertu de ses propriétés comme de la qualité de la littérature qui l'illustre, est soumise aujourd'hui à une double menace. Le premier péril vient de l'anglais, non de par son expansion « spontanée » dans les nombreux pays où il s'impose comme langue des affaires, du tourisme, des sports, de la mode, des musiques et bruits variés qui sollicitent les oreilles du monde, mais par le fait que les promoteurs de l'anglais, non contents de cette vaste suprématie, s'acharnent à éliminer ouvertement le français des positions qu'il occupe encore ou qu'il conquiert à présent. Ils considèrent, en effet, que ces positions en font un obstacle gênant sur la voie de la domination économique et politique du monde anglophone, qui s'abrite sous l'inoffensive et flatteuse étiquette de « mondialisation ». Et dès lors, ils assortissent leurs promesses de soutien, que ce soit à des universités, à diverses institutions ou à d'autres organes, d'une sommation d'abandon du français.

La seconde menace est plus redoutable encore. Car elle n'est pas celle d'entreprises hostiles au français qui proviendraient de l'extérieur. Elle est interne. Elle provient de France même, mais non, ou moins explicitement, d'autres terres francophones, comme la Suisse romande, la Wallonie ou le Québec, ce qui ne rend que plus confondante l'attitude répandue en France, berceau historique du français. Cette attitude, qui n'est pas celle des élites lucides, ni de la plus grande partie des masses, peu soucieuses de mettre en danger la langue dans laquelle elles expriment leur vie et leur culture, se rencontre parmi les cadres supérieurs des grandes entreprises, multinationales à dominante française, ou même proprement françaises, ainsi que dans le monde des médias en dehors de rares journalistes cultivés, dans une partie de la société « intellectuelle », ou encore chez les marchands, qui croient plus moderne, ou même plus profitable, de vendre en anglais, et chez certains de leurs clients, que le snobisme d'une anglomanie aiguë, pathologie encore mal soignée faute de remèdes disponibles, afflige cruellement depuis quelques décennies.

En attendant que le Molière moderne dont ne cesse de croître l'urgent besoin apparaisse et puise dans ce matériau idéal les sources de l'énorme hilarité dont il est si riche, il faut aujourd'hui réapprendre aux Français l'amour du français, notamment en leur rappelant cette évidence : l'adhésion spontanée des anciennes colonies et celle d'autres pays qui n'ont pas avec la France de liens historiques étroits prouvent, s'il était nécessaire, que le masochisme pourfendant le français pour avoir été langue de domination coloniale s'inspire d'une morale politique aux relents aussi comiques que désuets dans le monde contemporain, et dont on ne trouve qu'en France le pesant ressassement. La prise de conscience de semblables réalités pourrait donner aux médias l'impulsion nécessaire pour tenir sur le français un discours d'énergique certitude, tout en se déprenant des outrances de l'anglomanie, ce qui, bien entendu, ne signifie pas que l'on doive afficher une absurde hostilité à l'anglais.

Il faut, cependant, prendre conscience du fait que le français est loin d'être la seule langue menacée par la diffusion mondiale de l'anglais. Toutes les langues de vieille histoire et de vieille littérature écrite le sont autant, dont l'allemand et l'italien pour ne prendre que des exemples européens. À plus forte raison le sont les langues que ne préserve pas une structure étatique solide ou un long passé écrit. L'anglais est aujourd'hui pour toutes les langues du monde, bien qu'à des degrés variables selon les situations, le symbole de la mort sous les trompeuses et flatteuses apparences de l'aisance à communiquer. Ces apparences séduisent celles et ceux qui oublient la valeur inestimable de la diversité des cultures et des langues pour l'avenir même de l'espèce humaine. Il n'y a d'autre moyen de communiquer avec les peuples dont on ignore la langue que d'apprendre cette dernière. C'est là la marque du respect et de l'amour. Balbutier à deux une langue anglaise qui n'est maternelle pour aucun des interlocuteurs est une solution encore plus inacceptable quand on songe que cette langue est celle des pays les plus riches et les plus puissants du monde. Ainsi se définit l'anglais, et cela paraît assez pour que l'on doive mesurer tous les dangers de son hégémonie.

Il est utile, pour prendre conscience des périls qui peuvent peser sur une langue, de se souvenir d'exemples qui ne sont pas trop anciens. Une action concertée peut mettre des langues en danger, ou même les conduire jusqu'à une éradication programmée. Telle fut l'action du gouvernement australien. Pendant près d'un siècle et demi, à partir de 1814, 30 % des enfants australiens autochtones, ce qui en représente plusieurs dizaines de milliers, furent enlevés de force à leurs familles, et placés soit dans des familles blanches, soit dans des lieux où il était formellement interdit d'utiliser d'autre langue que l'anglais : orphelinats ou internats de type carcéral. On imagine le résultat de cette politique sur les langues australiennes. Mais il y a pis encore. En Amérique du Nord, l'enseignement des maîtres et des missionnaires ou la pression d'une modernité qui impose à la langue ancestrale, dans l'esprit de ses usagers, l'image d'une totale inutilité, et même des traits de nocivité, peuvent conduire ces derniers à l'avilissement de leur propre langue. Des vieillards des ethnies tlingit et haida du sud-est de l'Alaska assuraient, à la fin des années 1990, qu'ils frissonnaient lorsqu'il leur arrivait de prononcer quelques mots conservés de leur langue d'origine.

En effet, l'école américaine et canadienne utilisait une savante mise en scène, personnages effrayants et figurations grimaçantes, afin d'extirper par la terreur toute tentation de recourir aux langues autochtones, langues diaboliques. Dieu, auquel il était enseigné qu'il fallait obéir en tout, n'aime pas ces langues, affirmait-on ! Ceux-là mêmes, parmi les Indiens, qui récusaient cet effort de diabolisation ne pouvaient se sentir très encouragés à transmettre à leurs enfants une langue de rustres ou de demeurés, susceptible de retarder le développement mental et, en maintenant les croyances traditionnelles, de compromettre l'accession à une bonne carrière professionnelle. Ainsi s'enseigne la haine de soi et de sa propre langue, vue non pas comme pourvoyeuse de vie et d'harmonie, sa fonction profonde, mais comme génératrice d'échec et de marginalité. D'une façon semblable, les Rama du Nicaragua et les Nubiens de Haute-Égypte assurent que leur langue « n'est pas une langue », qu'elle est « laide », et que seuls la parlent encore des vieillards arriérés (voir Hagège 2000, p. 149-150).

Le prestige d'une langue dominante peut même conduire les locuteurs d'une langue dominée à décider de l'abandonner, comme le firent les Yaaku (voir Perte et rejet de langue). Heureusement, ces exemples de suicide linguistique sont beaucoup moins nombreux, dans le monde moderne, que les exemples, inverses, d'exaltation et de lutte opiniâtre pour la promotion d'une langue aimée d'amour (voir Patriotes des langues).

Difficiles (langues)

À quoi bon, diront des linguistes professionnels, revenir sur la notion de difficulté d'une langue, lieu chargé de tant d'idées préconçues et d'opinions péremptoires ? Si naïf qu'il y paraisse, j'ai dessein d'y consacrer quelque place dans ce dictionnaire.

Cette notion ne vaudrait pas même une tentative de la définir, si l'on se contentait de considérer qu'elle est foncièrement relative : une langue difficile pour l'un est facile pour un autre, et cela dépend largement de celle qui est la plus familière à chacun, et des liens qu'elle possède ou ne possède pas avec celle qu'on répute facile ou difficile. Les choses, pourtant, ne sont pas si simples. On dit, par exemple, que la proximité génétique entre deux langues rend facile l'acquisition de l'une à l'usager de l'autre. En réalité, plutôt que l'acquisition directe, c'est la capacité de compréhension qui est facilitée par une telle proximité (voir Bilingues).

Précisément, une langue apparentée à une autre n'est pas nécessairement ni toujours plus facile à comprendre pour ceux qui parlent cette autre, car, sur une base commune, elle acquiert souvent des particularités de prononciation qui tendent à la rendre moins transparente. Cela n'est certes pas systématique, et, par exemple, il semble que les Laotiens comprennent aisément les Thaïs, et réciproquement, tant sont proches les prononciations de ces deux langues, en principe distinctes mais génétiquement et typologiquement presque identiques, à quelques usages spécifiques près. De même, les Serbes et les Croates continuent, si chacun utilise sa langue avec l'autre groupe, de pouvoir néanmoins communiquer, malgré les obstacles (dont le détail est donné à l'entrée Croate [et… serbe !]). La communication est plus difficile entre usagers des autres langues slaves. Bien que toutes soient issues d'un tronc commun, dont on n'a pas de trace écrite mais qu'il est facile de restituer, les chemins pris par chacune sont assez divergents pour que, même au sein d'un sous-ensemble, la communication soit difficile : le tchèque et le russe blanc ne sont pas compréhensibles l'un à l'autre, et à plus forte raison cela est-il vrai du russe et du bulgare, ou du slovène et de l'ukrainien.

Cette situation produit bien des quiproquos. Lorsque l'Union soviétique, en 1968, envoya ses chars pour mettre fin, en hâtant le passage des saisons, à un trop long Printemps de Prague, un habitant, communiste enthousiaste, qui avertissait un conducteur de char sur les inégalités des pavés de la Vaclavske Namesti, la grande avenue du centre de la ville, en lui criant *Pozor !*, c'est-à-dire « Attention ! », aurait été abattu d'une rafale de mitrailleuse, car ce même mot signifie « honte » en russe ! La honte est apparentée sémantiquement à l'attention, qui peut conduire à orienter le regard sur soi-même et sur ses manquements à la morale, d'où cette différence de choix sémantique entre deux langues slaves à propos d'un même mot d'origine. Un cas moins tragique est celui du professeur Murko, slaviste serbe, saluant les Russes, à Moscou où il était invité, d'un chaleureux éloge du *russkij život*, par quoi il voulait dire « la vie russe », alors qu'en russe *život* ne signifie pas « vie » comme en serbe, mais « ventre » ! (le ventre compte, dans la vie !). On imagine la stupeur des auditeurs.

Pourtant, ceux d'entre eux qui étaient linguistes savaient que le ventre étant un élément important de la vie d'un être humain, les deux sens ne sont pas sans relations, et que souvent, comme dans le cas précédent, les langues apparentées sélectionnent des acceptions différentes d'un terme qu'elles héritent les unes et les autres d'une source commune. Le hasard des milieux écolinguistiques et culturels peut ajouter des causes de perplexité, comme ce fut le cas pour les savants croates qui avaient, autrefois, fixé pour date d'un congrès, à des collègues de l'Est, un jour du mois de *listopad*, et qui ne comprirent pas immédiatement que si ces collègues se faisaient très longtemps attendre et finalement n'arrivaient pas, c'était parce que *listopad* veut dire « octobre » en croate mais « novembre » en tchèque et en polonais. En effet, la chute des feuilles, sens littéral de ce mot en slave commun, est bien un phénomène naturel propre à l'automne, mais elle n'arrive pas le même mois selon le pays.

Ces divergences d'évolution sémantique de langues apparentées sont encore illustrées par la différence sémantique entre le russe *laskat'* « caresser » et le polonais *łaskołać* « chatouiller », ou par celle que l'on observe entre le « serbo-croate » et le russe à propos des mots *ponos* et *vertep*, qui signifient l'un « orgueil » et l'autre « crèche » dans la première de ces deux langues, alors que dans la seconde ils signifient l'un « diarrhée » et l'autre « repaire de brigands » ! Dans ce cas encore, la pratique des histoires sémantiques, agrémentée d'un peu d'imagination, fournit une clé. Il en va de même dans le cas de mots qui ne sont qu'à peine différents d'une langue à l'autre. Ainsi, au tchèque *hledati* « chercher » correspond le serbo-croate *gledati* « regarder » ; au serbo-croate *vrijedan* « digne, appliqué » s'oppose le russe *vrednyj* « nuisible » ; au polonais *uroda* « beauté » et à l'ukrainien *urodlivyj* s'opposent en russe *urod* « monstre » et *urodlivyj* « difforme, monstrueux », ce dont les plus surpris pourront se remettre en songeant qu'on est toujours, ici, dans le domaine large de l'esthétique, et qu'après tout les contraires s'y intègrent ensemble malgré leur énantiosémie (coprésence de deux sens opposés).

De la même façon, l'arabe est fameux pour ses *'aðda:d*, ou mots à deux sens antonymiques, sortes de têtes de Janus lexicales qui se retrouveraient dans des langues « primitives » selon Freud, lequel, se fiant, pour l'assurer, à un témoignage incontrôlé, pensait y trouver un appui précieux à sa théorie du rêve comme expression d'une pensée archaïque et reflet de l'inconscient (pour plus de précisions, cf. Hagège 1985, chapitre VI). Bien d'autres parentés sémantiques à pièges existent dans les langues slaves. Au russe *čujet* « il flaire » répondent le polonais *czuje* « il sent » et le serbo-croate *čuje* « il entend », ces deux derniers sens n'étant pas sans rapport eux aussi, comme le confirme par ailleurs le rapprochement du *sentir* français avec l'italien *sentire*, qui signifie d'abord « entendre ». Enfin, les hasards de l'homonymie peuvent s'ajouter aux divergences sémantiques de l'évolution, pour produire des situations comme celle du marchand russe de produits de la Caspienne, douloureusement hébété devant la demande d'un client polonais qui souhaitait du caviar en boîte, soit en polonais *kawior w puscze*, qu'une oreille russe entend comme étant *kovjor v puške*, c'est-à-dire proprement « un tapis dans un canon » !

Pour un usager d'une langue romane, l'apprentissage d'une autre dans sa forme écrite ne suscite pas de difficultés considérables. Un francophone cultivé peut comprendre à la lecture beaucoup de passages d'un journal roumain en dépit des emprunts slaves et hongrois. Un lusophone, à condition de n'être pas inculte, peut lire de l'italien. Pour l'espagnol et le portugais, la compréhension est possible même à l'oral, et j'ai souvenir d'avoir entendu les présidents du Brésil et de l'Argentine s'entretenant sans interprètes, à vrai dire dans un espagnol lusitanisé assorti de portugais hispanisé. Mais ici comme avec les langues slaves, il faut prendre garde aux évolutions sémantiques divergentes. Un Espagnol, dans la langue duquel *constiparse* veut dire « s'enrhumer » et *constipado* « rhume », n'est pas toujours, quand il est atterré du sens des mots français très ressemblants, en possession de la clé du lexicologue romaniste, qui sait que l'agglomération indésirable est la base sémantique commune aux mots de ces deux langues, quel que soit le lieu stratégique où la nature la situe.

S'il s'agit des prononciations des langues romanes, elles sont trop spécifiques, dans les cas autres que celui de lusophones s'entretenant avec des hispanophones, pour que la communication orale soit aisée si chacun utilise sa langue. Mais les faits, aussi bien slaves que romans, n'empêchent pas que dès qu'une parenté assez étroite lie deux langues l'une à l'autre, il soit possible, avec un peu d'efforts et d'habitude, de communiquer, chacun pouvant acquérir une compétence passive dans la langue qui ne lui est pas maternelle, mais qui est parente de sa langue maternelle (voir Bilingues).

Puisqu'il apparaît ainsi que les langues génétiquement parentes ne garantissent pas à leurs usagers un passage tout à fait aisé de l'une à l'autre, qu'en est-il de celles que ne lie aucune parenté ? Le degré de difficulté dépend ici du domaine dont il s'agit. Le russe et l'arabe sont des langues difficiles car elles ont l'une et l'autre une morphologie touffue. Les noms russes se déclinent selon six terminaisons différentes, qu'on appelle des cas, et suivent, de surcroît, des types de déclinaisons variables selon qu'ils sont masculins, féminins, neutres, singuliers ou pluriels, et même, pour certains, duels (formes spéciales quand on compte non pas une seule, ni plusieurs, mais deux personnes, choses ou notions). Les verbes de l'arabe, également langue à déclinaison nominale, donnent lieu à un système très complexe de dérivés, selon des règles de formation rigoureuses, auxquelles correspondent des contenus sémantiques très variés, et sujets à toutes sortes de variations non toujours prévisibles. Une langue peut ne pas présenter de trop grandes difficultés dans sa morphologie, et néanmoins être difficile dans d'autres domaines. C'est le cas de celle à laquelle sa large diffusion mondiale confère une aimable physionomie d'évidence ou de transparente familiarité, et qu'il faut bien, pourtant, dès lors qu'on va au-delà de cette apparence, considérer comme difficile, sinon très difficile : … l'anglais !

Cette langue, d'abord, est assez hybride, puisque les vicissitudes de son histoire tourmentée en ont fait la synthèse de trois rameaux de l'indo-européen : celtique, germanique et latin. Du fonds celtique, à vrai dire, il ne reste qu'assez peu de traces, sauf dans la toponymie, riche en formes latinisées ou saxonisées de noms celtiques : London, York, Kent, par exemple ; Avon, Devon, Cornwall, Thames (« Tamise »), Wye sont des noms de tribus celtes ; Cumbria et Cumberland nous parlent des Cymry, aujourd'hui encore nom des Gallois en gallois ; Carlisle procède du celtique *cair* « place fortifiée » ; Dover (« Douvres ») est le mot celtique *dobra* « eau » ; les premières syllabes de Canterbury, Exeter, Gloucester, Lichfield, Salisbury, Winchester, Worcester sont d'origine celte.

Mais le vocabulaire autre que ces toponymes n'est guère celte. La latinisation, à travers ses trois étapes (voir Continuités), a surtout concerné le vocabulaire savant. La base germanique, au contraire, est celle de presque tous les termes de la vie quotidienne : verbes d'action, noms de parenté, de parties du corps, d'animaux familiers, mammifères, poissons, oiseaux, adjectifs de dimensions, de couleur, de propriétés morales, etc. L'anglais est donc, en fait, une langue à très forte dominance de la composante germanique. Il reste que cette triple appartenance celtique, latine et germanique en fait une langue fort composite, et de ce fait assez complexe.

D'autre part, la phonétique de l'anglais est très ardue. Les apprentis savent que l'anglais possède une grande variété de timbres vocaliques et diphtongués, entre lesquels les distinctions ne sont pas toujours tranchées pour une oreille étrangère : par exemple *a bit* « un peu », *bait* « appât », *bad* « mauvais », *bat* « chauve-souris », *bear* « ours », *bee* « abeille », *to bet* « parier », *to bite* « mordre ». D'autre part, selon une tendance générale de cette langue, que l'on prend naïvement pour un trait de facilité, les règles de prononciation sont quasiment toutes sujettes à de multiples exceptions, ce qui rend imprévisibles un grand nombre de mots que l'on croirait pouvoir prononcer sans erreur et sur lesquels les autochtones eux-mêmes trébuchent à l'occasion, pour ne rien dire des étrangers, qui ont à apprendre, par exemple, que *recipe* « recette » se prononce [résipi] alors que *pipe* « tuyau » est prononcé [pajp], tout comme *to revile* « injurier » est prononcé [rivajl]. L'accent tonique présente d'innombrables caprices. Il n'occupe pas la même position dans *dilatory* [dílatɹi] « lent, dilatoire » ou *clerestory* [klí:əstɹi] « claire-voie » que dans *perfunctory* [pəɹfʌ́ŋktɹi] « superficiel, de pure formalité », ni dans *to retáliate* « exercer des représailles » et *to títivate* « se pomponner », *rédolent* « odorant » et *recúmbent* « couché », *gúllible* « crédule » ou *négligible* « négligeable » et *escútcheon* « écusson » (mais *stánchion* « appui, étançon, accore » et *dándelion* « pissenlit »), *míschief* « mauvais coup, méfait » et *misgíving* « méfiance, soupçon », *núrture* « nourriture » et *manúre* « engrais », *persuáde* « persuader » et *pércolate* « s'infiltrer ».

Parfois, des mots de même racine sont différemment accentués : *creation* [kɹi'éišn] « création » mais *creature* [kɹí:tšəɹ] « créature », ou différemment prononcés : *corpse* [kɔ:ɹps] « cadavre » mais *corps* [kɔ:ɹ]

« corps (diplomatique, militaire, etc.) », *to conquer* « conquérir » mais *conquest* « conquête », respectivement [kɔ́ŋkər] et [kɔ́ŋkwəst]. Si l'on voulait creuser encore cet aspect, il y faudrait un livre beaucoup plus volumineux, sur le seul sujet des difficultés de la prononciation anglaise, que le *Dictionnaire amoureux des langues*. Encore ne citerai-je qu'en passant, pour éviter les longs catalogues, quelques exemples de la difficulté supplémentaire constituée par la différence entre la prononciation britannique, assez diversifiée, et l'américaine, beaucoup plus unifiée du fait de la grande mobilité des premiers immigrants et des brassages de populations. Sont américaines, mais importées d'Angleterre, où elles étaient autrefois la norme, les prononciations de *either*, *schedule* et *hot* avec un [ī] long, un groupe de consonnes [sk] et un [ɑ] très ouvert, tendant vers [a], ainsi que la prononciation [I] du « i » de *fertile*, *hostile* ou *sterile*, qui sont prononcés avec une diphtongue [aj] en Angleterre et au Canada ; car la « grande mutation vocalique », qui a diphtongué beaucoup de voyelles anglaises à partir du XVIe siècle, s'y est appliquée aussi à certains mots d'origine latine.

Mais la difficulté de l'anglais est bien loin de se limiter à la phonétique. Certes, la morphologie, du fait de changements importants, n'est pas aussi compliquée qu'entre 450 et 1150, période du vieil-anglais, qui possédait, dans le système du nom, un nominatif, un accusatif, un génitif et un datif tous bien distincts, et, dans celui du verbe, des formes de conjugaisons nombreuses et touffues. Pourtant, différentes caractéristiques de certaines constructions et de certaines particules introduisent de sérieuses difficultés. Je ne vais pas effaroucher par des exposés techniques celles et ceux qui déjà puiseraient quelque ennui dans les considérations de grammaire. Je n'insisterai pas sur les difficultés du pluriel, par exemple sur le fait que *still life* « nature morte » a pour pluriel *still lifes* et non *still lives*. Je ne retiendrai donc ici que la principale difficulté, qui concerne la combinaison de verbes avec des adverbes ou prépositions.

Des exemples simples que l'on peut en produire seraient *to reel out* « sortir en titubant », *to dart away* « partir comme une flèche », *to ram* (ou *to hammer*) *an idea into someone* « faire entrer de force une idée dans la tête de quelqu'un ». Il ne s'agit pas, dans ces expressions, de dévidoir tournoyant (*reel*), ni de javelot (*dart*), ni de bélier (*ram*) ou de marteau (*hammer*). Il s'agit, en fait, d'indiquer la manière dont l'acte se déroule, métaphoriquement évoquée et traitée comme verbe, le mouvement, pour sa part, étant traité par un adverbe (*out*, *away*) ou une préposition suivie de son complément (*into someone* ou *something*) (voir Mouvement).

Ce genre de constructions est, en réalité, un trait germanique, présent en allemand comme en néerlandais et en suédois notamment, mais qui a pris en anglais, au long des siècles, une importance de plus en plus grande, et supérieure à ce qu'on note dans les langues apparentées : ce sont les mots ajoutés au verbe, et ayant formes d'adverbes ou de prépositions, qui expriment l'action principale, et non le verbe lui-même. On objectera que cela n'est pas en soi une difficulté, et qu'il suffit, pour les locuteurs de langues où la construction, de sens identique, est inverse de celle-là, de retenir que c'est ainsi que l'on tourne en anglais. Mais il se trouve que les petits mots adverbiaux, ou à forme de prépositions, qui, tantôt seuls, tantôt en groupes de deux ou même trois, suivent, avec une très haute fréquence, les verbes anglais, orientent très souvent ces derniers jusqu'à produire toutes sortes de sens qui, parfois, transforment complètement le sens d'origine du verbe, sans compter que dans certains cas, les variantes britannique et américaine n'ont pas les mêmes emplois de ces expressions.

Souvent, par exemple, les usagers non autochtones ignorent, évitent, ou ne comprennent pas, des expressions comme *to see through,* que l'on rencontre par exemple dans la phrase

he saw the business through without wincing
« il a mené l'affaire jusqu'au bout sans broncher ».

Il existe beaucoup d'autres expressions semblables. On dit, par exemple, *to bear someone out* « donner raison à quelqu'un (à propos d'un événement ou d'un argument qui va dans le sens que ce quelqu'un a prévu) » ; *to buy someone off* « acheter le silence de quelqu'un » ; *to catch on* « gagner une popularité », à distinguer de *to catch* (ou *cotton*) *on to* « comprendre », et de *to catch oneself on* « prendre conscience d'une erreur qu'on a faite » ; *to hold forth* « faire un discours » ; *to come around* « venir voir », mais aussi « revenir régulièrement », « reprendre connaissance », « retrouver sa bonne humeur », « se réconcilier » ; *to come out* « révéler son homosexualité » (sens américain récent de cette expression, entre autres) ; *to do for* et *to do in* « tuer » ; *to go for someone* « fondre sur (ou « s'en prendre à ») quelqu'un » ; *to have been around* « n'être pas né d'hier » ; *to have it in for someone*

« en vouloir à quelqu'un » ; *to put someone out* « déranger quelqu'un » ; *to put someone up* « héberger quelqu'un » ; *to see someone off* « accompagner (quelqu'un qui part) » ; *to sell out* « être en rupture de stock », mais aussi « se vendre » ou « trahir » ; *to be sent up* « être emprisonné » ; *to sleep off* « cuver son vin en dormant (après une beuverie) » ; *to spell it out* « mettre les points sur les "i" » ; *to take her in* « la berner, séduire (dit, par exemple, d'un beau parleur ayant entrepris quelque innocente) » ; *to take someone up* « contredire » ; *to tell someone off* « remettre quelqu'un à sa place (par quelque semonce) » ; *to turn in* « dénoncer », « remettre (sa copie) », mais aussi « aller se coucher » ; *to work someone over* « passer quelqu'un à tabac » ; *to zero in on them* « les cerner, encercler (par exemple des malfaiteurs) », *to bully or wheedle money out of someone* « obtenir de l'argent de quelqu'un par intimidation ou par cajoleries », etc.

Quant au vocabulaire, je ne citerai que des mots courants pour les autochtones (surtout américains) et opaques à des étrangers dont on ne peut pas dire, pourtant, qu'ils n'aient pas une assez bonne connaissance de l'anglais : *kvetcher* « emm...eur qui n'arrête pas de geindre » (mot d'origine yidiche), *nail-biter* « situation ou action qui produit tension et anxiété » (littéralement « [fait] mordeur d'ongle »), *dumb-bell* « haltère » (parce que les deux extrémités ressemblent à des cloches [*bell*], bien que l'haltère soit muet [*dumb*]). Je ne rappellerai qu'en passant la difficulté supplémentaire, et bien connue, que constitue l'existence de paires de mots, l'un germanique, l'autre latin, en particulier parmi les verbes : *answer* et *respond* n'ont pas les mêmes emplois, et de même *ask* et *demand*, *conceal* et *hide*, *cordial* et *hearty*, *deed* et *exploit*, *enchantment* et *spell*, *main* et *principal*, *weariness* et *lassitude*, *wish* et *desire*, etc. Le membre latin de ces doublets était, vu les circonstances des latinisations successives de l'anglais, ressenti comme plus savant, au point qu'à l'époque de la Renaissance, certains écrivains, qui tiraient des effets rhétoriques ou prosodiques d'associations comme *wepe and cry*, *harte and corage*, *lord and master*, utilisaient aussi ces associations à des fins pédagogiques : *explicating or unfolding*, *education or bringing up of children*, *celerity commonly called speediness* (« célérité communément appelée rapidité »). Le statut plutôt littéraire des mots d'origine latine paraît clairement dû au fait que durant la période normande, un grand nombre de termes furent empruntés qui appartiennent au vocabulaire savant : administratif, comme *government* ou *minister*, religieux, comme *confession* ou *prayer*, etc.

Je m'arrête ici, pour préserver la digestion. Je ne dis pas que d'autres langues, et au sein même de la famille germanique, ne présentent pas elles aussi de difficultés, notamment quant au maniement de ces particules qui orientent le sens des verbes. En allemand, par exemple, *durch* « à travers » et *über* « au-delà de », selon qu'ils sont liés avec le verbe ou qu'ils ne le sont pas (auquel cas le préfixe *ge-* du participe est omis), produisent un sens différent : on dit *durchgelesen* « lu à fond », mais *durchlesen* « lu en parcourant », ou *übergesetzt* « traversé », mais *übersetzt* « traduit », et de surcroît, l'accent tonique ne frappe pas la même syllabe dans chaque mot de ces paires.

Mais l'anglais va plus loin. Non content des subtilités que je viens de rappeler, il abonde en dérivés formés avec ces expressions à petits mots finaux si obstinément attachés à modifier, ou bouleverser, les sens des verbes. Ces dérivés sont formés en nominalisant un verbe, c'est-à-dire en le mettant à la forme en *-ing* des noms d'action ou à la forme en *-er* des noms d'agent, comme on le fait en formant *beach-comber* « batteur de grève », ou *bet-hedging* « évitement d'affirmations péremptoires » (sur *to hedge [one's]bets* « entourer de précautions ses paris »). Ainsi encore, sur *to put off* « reporter à plus tard », mais aussi « déconcerter » et « dissuader », il forme *offputting*, qui se dit, par exemple, d'une personne dont s'éloignent les gens de son entourage, du fait de son caractère rugueux ; et sur *to run up (to someone)* « arriver bon second (après quelqu'un) » et *to hang on* « se cramponner », il forme *runner-up* « celui des finalistes qui arrive en second » et *hanger-on* « parasite, pique-assiette ». Si on ne connaît ni les sens de ces verbes à particules, ni le procédé de formation de ces noms dérivés, on a quelque difficulté à comprendre.

Il faudrait ajouter que ces petits mots ardus entrent dans un grand nombre d'autres expressions verbales, telles que *to be one-up on someone* « dépasser quelqu'un » (langue familière), et sont souvent aussi traités comme des noms, éventuellement au pluriel, ainsi dans *they are on the outs* « ils sont en mauvais termes ». Les verbes eux-mêmes s'emploient aussi comme noms : on dit *to be in the know* « être initié, au courant », *to make a go of something* « mener quelque chose à bien », *to have a bite of a cake* « goûter un gâteau », *to give someone a read of the paper* « laisser quelqu'un jeter un coup d'œil sur le journal », *to fluke a win* « gagner par un coup de chance ». Une distinction stricte entre verbe et nom, comme en français, en géorgien ou en peul, facilite l'effort d'acquisition, bien davantage que cette porosité de la frontière, ingénument assignée par certains à la « souplesse » de l'anglais, tout comme d'autres difficultés. Parmi ces dernières, que l'on prend pour des faits de fluidité de l'anglais, se trouvent les mots composés où rien n'indique l'exacte relation entre le premier terme, à valeur circonstancielle, et le second, que cette relation soit de direction comme dans *west-bound* « qui se dirige vers l'ouest », de tropisme comme dans *context-sensitive* « sensible au contexte », d'instrument, comme dans *magnet-triggered* « mis en mouvement par un aimant », etc.

Ce ne sont là qu'un tout petit nombre des difficultés de l'anglais, le plus souvent ignorées, soit parce qu'on croit le maîtriser dès lors que l'on ânonne quelques formules élémentaires et entendues partout, soit parce qu'on n'a pas vécu assez longtemps parmi ses locuteurs naturels. S'y ajoutent les résultats d'une épreuve qui n'est pas sans portée pour mesurer la difficulté d'une langue : la précocité d'une compétence générale des autochtones. On constate que les locuteurs anglophones maîtrisent l'anglais plus tard que les hispanophones ne maîtrisent l'espagnol et les sinophones le chinois (mandarin). La conclusion de cette épreuve est simple : l'anglais est une langue difficile.

Diminutifs

Obrigadinho [ubrigədínyu] ! Ces cinq syllabes dont la quatrième reçoit, sur le second *i*, un fort accent, de hauteur et d'intensité tout à la fois, qui donne au [nyu] final, presque chuchoté par contraste, une sorte de suavité fragile, veulent tout simplement dire, à Rio de Janeiro, Bahia ou Manaus, « merci ! », ou plutôt « grand merci ! ». Oui, c'est le paradoxe des diminutifs : le suffixe portugais *-inho*, qui est un des outils de leur fabrication, donne ordinairement, au mot qu'il marque, le sens de quelque chose de plus petit, mais il peut s'agir aussi de quelque chose de plus grand, comme dans cet *obrigadinho*, diminutif d'*obrigado* (la version portugaise, avec un *r* au lieu du *l* français, d'*obligé* dans *[je suis votre] obligé*). *Obrigadinho* est plus utilisé au Brésil qu'au Portugal, en Angola, au Mozambique, en Guinée-Bissau, terres officiellement lusophones aussi.

Mais pour d'autres mots que celui-là, ces suffixes, *-inho* ainsi que *-zinho*, s'emploient en langue familière à chaque instant, dans l'ensemble des pays lusophones. Ils produisent des sens dont la valeur diminutive n'est qu'une des composantes, d'autres valeurs s'y ajoutant, notamment de conciliation, d'atténuation complice, ou même légèrement péjorative, comme dans *Aleijadinho* « Petit estropié », surnom sous lequel était plus connu Antonio Francisco Lisboa, le célèbre architecte baroque qui construisit, dans l'État brésilien de Minas Gerais, tant d'églises, au style rococo raffiné, à Congonhas, et surtout à Ouro Preto, une des plus belles villes du monde. *Uma provincianazinha* veut dire « une petite provinciale (naïve) », *sinaizinhos* « des petits signes », *deve-se começar pelo latinzinho* « il faut commencer par le latin » (phrase dite par un curé de campagne pour convaincre un écolier récalcitrant, le diminutif *latinzinho* suggérant un ton doucereux, que le français ne peut rendre de la même façon, sinon en hasardant un « cher et précieux petit latin »...) ; *é bonitinha* « elle est très mignonne ». Et sur *escrever* « écrire », on forme *escrevinhar* « écrire des choses insipides ».

Merveilleux pouvoirs des diminutifs ! D'autres langues romanes possèdent des suffixes de sens variés, comme le *-(t)uccio* que l'on trouve dans l'italien *libertuccio* « méchant petit livre ». Si l'on se meut en dehors des langues d'Europe, on n'aura aucune peine à en trouver d'autres où les diminutifs ont de multiples sens. Ainsi, en palau, de famille austronésienne et parlé dans de petites îles au sud-est des Philippines, le redoublement d'une syllabe initiale, qui sert notamment à former des diminutifs, s'emploie également pour donner des sens intensifs : *beot* « facile », *bebeot* « très facile », approximatifs : *smau* « être habitué », *sesmau* « être plus ou moins habitué ».

Cette possibilité d'un sens non toujours diminutif des formes diminutives est une autre subtilité, comme un pied-de-nez de la langue, que beaucoup exploitent. Un moraliste lucide et caustique du XVIIIe siècle, Georg Christoph Lichtenberg, disait ainsi :

> « Es ist eine ganz bekannte Sache, dass die Viertel-Stündchen länger sind als die Viertelstunden » (« C'est une chose bien connue que les petits quarts d'heure sont plus longs que les quarts d'heure ») !

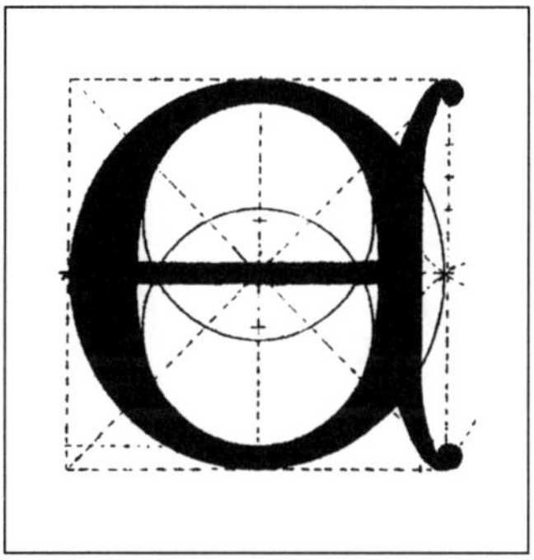

Échos (mots-)

Lors d'un cours de morphologie, naguère, j'entendis pour la première fois le terme *morphème*, appartenant au jargon de la linguistique et désignant un outil grammatical, préfixe, suffixe, préposition, marque de temps ou de personne dans les verbes, terminaison des noms dans les langues à déclinaisons, et tous autres instruments dont se servent les langues pour construire des mots complexes et des phrases. Comme nous sortions de ce cours, un condisciple américain, dont j'avais remarqué la truculence et la verve comique, me dit, d'un air désabusé et souriant à la fois : « *Morphème-chmorphème*, qu'est-ce qu'on va faire avec ça ? » Je ne compris pas tout de suite ce que ce procédé d'adjonction d'un *ch-* devant un mot nouveau et savant impliquait exactement. Je ne percevais que l'implication péjorative et le ricanement étouffé. Mais lisant, à quelque temps de là, l'ouvrage de L. Rosten *The joys of yiddish*, j'y découvris un grand nombre de mots commençant par *shm-*, tous comiquement péjoratifs, et dont une partie est passée du yidiche à l'anglais américain, dont la composante juive (surtout juive new-yorkaise) est justement appelée, non sans quelque dérision, Yinglish, ou parfois Ameridish.

Parmi ces mots à initiale *shm-*, on peut trouver : *s(c)hmaltz*, dit d'une œuvre littéraire, musicale, etc., à la sentimentalité ampoulée, faite de pesantes et théâtrales mièvreries, le mot venant du nom d'une graisse de poulet dont on enduisait le pain dans les familles juives de la côte orientale des États-Unis ; *shmatte* « vêtement élimé, haillons, morceau de rebut » ; *shmegegge*, dit, d'un ton tout à fait méprisant, de quelque balourd sans talent pour quoi que ce soit ; *shmendrick* « individu nul auquel on ne peut confier aucune responsabilité ; en langue d'invective, pénis » ; *s(c)hmooze* « commérage, propos creux » ; *s(c)hmuck* « individu à la tête brûlée ; pénis ».

L'expressivité de cette succession de la consonante chuintante [š] et de la nasale [m] est un facteur décisif de l'effet produit par tous ces mots. Le procédé consiste à proférer, successivement, le mot auquel on n'a pas l'intention de témoigner de spéciale vénération, puis une répétition, déformée, de ce mot, dans lequel on substitue le préfixe *shm-* à la consonne initiale, ou bien le fait précéder de *š-* si le mot à prendre en dérision commence lui-même par *m-*. Il s'agit d'un procédé de dialogue, dont l'intention est d'instaurer une relation de connivence, par la prise de distance humoristique à l'égard d'un terme que quelqu'un a employé, ou qu'une mode veut imposer, ou que l'on a de bonnes raisons de récuser, etc. Les usagers du yidiche s'amusent parfois à transposer dans d'autres langues cette succession d'un mot à brocarder et du même mot préfixé de [šm-]. Ainsi mon condisciple se moquait-il du mot *morphème* au moyen de cette association. Ainsi ai-je aussi entendu, un jour, un participant d'un colloque voulant faire savoir que le niveau n'en était pas, à ses yeux, très élevé, qualifier, ou plutôt disqualifier, la réunion en question de *colloque-chmolloque*, ce qui pourrait se traduire par « colloque à la noix », de même que *morphème-chmorphème* peut-être interprété comme équivalant à « morphème et autres objets bizarres de la même espèce ».

"COLLOQUE-CHMOLLOQUE !"

Le groupe de consonnes [šm-], hérité du vieux haut-allemand, dont le yidiche est un descendant direct, n'avait pas en soi de vertu comique spéciale.

Initialement, il s'agissait d'un préfixe utilisé par les Juifs à des fins de déformation apotropaïque, c'est-à-dire de détournement d'un maléfice, en particulier celui qui s'attachait au nom, tabouisé, et donc à masquer ou voiler, de Marie. Le culte marial des chrétiens, associé par les Juifs aux persécutions, désignait plus encore ce nom à l'exclusion hors du vocabulaire. La Marie des chrétiens était donc appelée *Schmarie* en yidiche de Francfort et de Lituanie, et *Schnerie* en yidiche d'Alsace, où existe même une expression péjorative et moqueuse contenant ce nom : *a ha:ligi Schnerie* (« la sainte Marie ») « une sainte-nitouche ». De même, dans un grand nombre de textes juifs des XIVe et XVe siècles relatifs aux blasphèmes, les noms, notamment ceux de Dieu et du diable, que l'on redoute, en vertu de la superstition du mot, caractéristique des vieilles communautés juives, d'invoquer explicitement se trouvent déformés de cette manière.

Le procédé se répand ensuite, en yidiche, dans la langue courante, probablement favorisé par le fait que l'initiale *schn-* apparaissait dans les noms, également tabouisés, des organes sexuels masculins et féminins dans beaucoup de dialectes allemands autres que le yidiche, et que les Juifs d'Europe connaissaient souvent : alsacien, bavarois, hennebergien, prussien, silésien, souabe, thuringeois, notamment. Finalement, ce procédé en vient à s'utiliser pour séparer le sacré du profane, et plus généralement ce qui est juif de ce qui ne l'est pas. Le sens péjoratif et moqueur est une extension postérieure de ces emplois, et s'applique d'abord à des choses juives, par exemple le *dikduk* « grammaire », brocardée comme vaine subtilité par les religieux hassidim de Pologne, qui parlaient de *dikduk-schmikduk*, comme ils parlaient de *familie-schfamilie* pour tourner en dérision les saintes familles juives, dont le yidiche alsacien, quant à lui, se moque en employant, sur la base de l'hébreu *mišpaḥa* « famille », au lieu de *mišpaχə*, mot de sens neutre, le péjoratif *mišpoχə*, qui joue avec les voyelles !

On peut considérer la deuxième partie de ces binômes ou mots doubles comme un mot-écho de la première. Dès lors, le phénomène concerne, à côté de ses emplois ironiques dans le monde juif et chez ceux qui lui empruntent ce type de formulation, un vaste ensemble d'expressions, que l'on trouve dans beaucoup de langues, et qui n'y ont pas de sens directement péjoratif ou ironique, bien que ces sens ne soient pas exclus. Dans son emploi le plus répandu, ce procédé est une façon de désigner, en même temps qu'un objet ou une notion, tous les objets et notions qui lui sont apparentés, le sens du binôme complet étant donc « X et autres personnes ou choses semblables », avec un soulignement de l'aspect vague ou indéterminé de tout ce qu'on n'énumère pas mais à quoi on fait allusion par cette construction.

De telles formes-échos sont attestées dans la plupart des langues turques. Le turc de Turquie lui-même dit *et-met* « viande et autres », *çocuk-moçuk* « un enfant et autres êtres jeunes », *kalem-malem* « des crayons et autre matériel de ce genre ». Sur le modèle du turc, le bulgare dit *kašti-mašti* « des maisons et autres choses semblables », *riza-mriza* « une chemise ou quelque chose comme cela », *kotleta-motleta* « une côtelette ou autre chose de ce genre ». Le djudesmo (judéo-espagnol) dit *azer* (« faire ») *šakulas-makulas* « des plaisanteries de toutes sortes », qu'on entend parfois traduire pour les hispanophones par les mots espagnols *bromear* ou *chancear*. Le géorgien a *šili-mili* « fruit et autres », le persan *nan-man* « du pain et autres mets », *pul-mul* « de l'argent et autres moyens de ce genre », l'arménien (oriental moderne) *girq-mirq* « livres et autres publications », *ginin-minin* « vin et autres boissons », *šun mun* « chiens et autres animaux », l'udi (Caucase) *kori-mori* « détour, sinuosité » (mes remerciements au linguiste Jack Feuillet pour ces données). La dérision peut évidemment s'appliquer aux noms propres, d'où, par exemple, en turc, *Stassen-Mtassen* (nom allemand ridiculisé), *Ireček-Mireček* (nom d'un Tchèque dont un Bulgare veut se moquer). Certains Juifs d'Orient appliquaient même le procédé à des mots français : *chapeau-mapeau* « un chapeau et autres couvre-chef ». On trouve aussi des verbes conjugués construits avec des mots-échos, par exemple, en persan, sur *goftan* « dire », *goftan moftan* « s'entretenir ».

Que de telles formations se soient ou non répandues dans ces langues orientales sur le modèle du turc, les exemples donnés montrent que la morphologie du procédé n'est pas sans ressemblance avec celle du yidiche, puisque c'est un *m-* qui est soit substitué, soit ajouté au début de la seconde partie du binôme. Les mots-échos sont également répandus dans les langues de l'Inde. Le hindi dit *caay-vaay* « du thé et autres boissons », *kaam-vaam* « travail et autres choses », et le pendjabi *roti-šoti* « pain et autres choses à manger », ce qui est une façon de dire « repas ». En bhojpuri de l'île de Trinidad, dialecte du hindi, on entend les phrases suivantes :

khīsā-oīsā bhulāi gaylī (histoire-histoire oublié aller) « les histoires et ce genre de choses, je les ai oubliées »

kōī tukē gariyāī-oriyāī tū nā janbē (quelqu'un toi-sur insulter-insulter tu ne.pas sauras) « si quelqu'un profère contre toi des insultes ou quoi, tu ne le sauras pas ».

Ces exemples montrent que dans les langues indo-aryennes, le procédé de construction des mots-échos est moins régulier que dans celles du Proche-Orient : des voyelles et des consonnes diverses sont substituées aux sons initiaux du mot repris en écho. En revanche, dans les langues dravidiennes, elles aussi très riches en mots-échos, le procédé formel est assez régulier. On dit, par exemple, en kanara :

sakkare-gikkare sikkida-re bida-be:di (sucre-sucre trouver-si abandonner-ne.pas) « si tu trouves du sucre ou quelque chose de ce genre, ne le refuse pas ! »

avanu hodeda-gideda end-ella he:la-be:di (il frappa-frappa que-tout dire-ne.pas) « ne dis pas qu'il t'a frappé ou quelque chose comme ça ! »

a hosa si:re kempo:-gimpo: nanage gott-illa (son nouveau sari rouge-rouge moi.à connu-ne.pas) « je ne sais pas si son nouveau sari est rouge ou une couleur de ce type »

avanu be:ga-gi:ga ella baralikk-illa (il vite-vite tout venir-ne.pas) « il ne viendra pas vite ni quoi que ce soit de semblable ».

Il apparaît clairement que dans la seconde partie du binôme, un élément *gi-* remplace la première syllabe de sa première partie. Le sens est ici, comme dans les langues indo-aryennes, « X et ce qui lui ressemble ou appartient au même groupe ». Le procédé du mot-écho, même s'il ne répond pas, dans les langues de l'Inde, au même contenu sémantique de critique ou de dérision qu'en yidiche et dans les langues balkaniques et orientales où il est récurrent, est partout guidé par une sorte de connivence qui s'établit entre les interlocuteurs. Il s'agit de rendre manifeste la distance prise à l'égard de la désignation des objets et des notions innombrables du monde, puisque ces derniers sont ressaisis comme membres d'un ensemble dont seul est exprimé un prototype, tandis qu'une marque spéciale évoque tous ces membres en dédouanant le locuteur de l'obligation de les mentionner.

Cela correspond à l'outil d'évitement des énumérations qu'est le *etc.* du français (remplacé aujourd'hui chez beaucoup, à l'écrit, par des points de suspension, qui n'ont nullement ce sens), en anglais *etc.* ou *and so on* ou *and so forth*, en russe *itp*, c'est-à-dire *i tomu podobnoe* « et ce qui est semblable à cela », exactement comme l'arabe classique *wa ma yušbihu-hu* « et ce qui lui ressemble ». Le russe dit aussi *itd*, c'est-à-dire *i tak dalee* « et ainsi plus loin », exactement comme l'allemand *und so weiter* et le suédois *osv* (*og så vidare*). Le grec dit *ktl* à savoir *kai ta loipa* « et les choses qui restent », le chinois *děng děng* « attendez attendez », également utilisé en coréen. Le procédé du mot-écho est plus spécifique que toutes ces formules. Il dit de manière peut-être plus créative l'interruption voulue d'une énumération. Il partage, néanmoins, avec toutes un besoin fondamental du langage, celui d'économie (voir ce mot).

Économie

Une propriété singulière des langues humaines est l'existence de deux mécanismes, en grande partie inconscients, qui sous-tendent l'activité de discours. Ces mécanismes nous apprennent beaucoup sur le mode de formation des mots et des phrases. Le premier est le principe d'économie, en vertu duquel le locuteur réduit son effort de construction des formes linguistiques, s'efforce d'employer des unités courtes, et donc tend à raccourcir les mots longs, même au prix d'un plus grand nombre de mots dans une phrase. Pourquoi cela ? Tout simplement parce que, d'une manière générale, ce qu'une phrase dit au moyen d'un petit nombre de mots longs ne peut être dit, en gardant le même sens, par l'emploi de mots courts, que si ces derniers sont plus nombreux dans la phrase. Mais en outre, ils tendent à être également plus nombreux dans l'usage, et à acquérir des sens plus généraux, ce qui a pour corollaire un nombre de mots plus restreint en termes d'étendue du dictionnaire. De plus, alors que la longueur des mots accroît la possibilité de les distinguer et rend donc inutile un foisonnement de sons, les mots courts, tout à l'inverse, se distinguent entre eux par le parti qu'ils tirent d'une plus grande richesse des sons dont dispose la langue.

Le résultat de cette tendance à l'économie est la construction même du système d'une langue, et donc des contraintes qui le définissent. En effet, les formes auxquelles aboutit une langue à l'étape économique de son évolution constituent ensemble les domaines dans lesquels s'appliquent des règles, et qui sont ceux de toute langue : la sémantique, ou domaine des sens des mots, ainsi que de ceux des phrases qui en sont faites ; la phonologie, ou domaine des sons et de leurs relations ; la morphologie, ou domaine des différents types de mots, ainsi que de la structure des mots, plus ou moins variable selon les contextes de leurs emplois ; la syntaxe, ou domaine de l'agencement des mots dans la phrase, de leur ordre de succession, et des relations qu'ils entretiennent entre eux. Ces dernières sont, essentiellement, celles de sujet, de complément d'objet, de complément circonstanciel, et autres fonctions de base. Elles s'apprennent à l'école, et chacun a été formé à les reconnaître, pour peu qu'il (et plus souvent elle, car les filles sont plus attentives, assure-t-on) ait accordé, aux maîtres et maîtresses s'ingéniant à les enseigner, une écoute non encore disloquée par l'impérieux désir de quitter la classe pour le jeu, ni ensevelie, dès l'adolescence puis l'âge adulte, dans les tombeaux de l'oubli.

Mais les langues n'en demeurent pas là. Au bout d'un temps variable, souvent beaucoup plus long que celui d'une vie humaine, la ressemblance devient trop grande entre les mots courts, qui manquent de matière capable de les distinguer. Les formes figées par l'économie d'effort, et consacrées par les règles de la grammaire, perdent toute motivation dans l'histoire de la langue. Peu à peu se fait jour, alors, une tendance, opposée, vers la remotivation, vers l'accroissement du volume des mots, vers l'effort qui donne plus de place à l'expressivité, et plus d'activité à la forge de mots originaux. Le domaine des contraintes fait place à un champ d'initiatives.

Dès lors le besoin de diversité, lié à celui d'expressivité, a pour effet d'accroître également l'étendue du dictionnaire, par l'avènement d'une floraison de vocables. Ainsi, les langues passent de l'économie qui réduit les efforts à l'expressivité qui les exalte, puis de l'expressivité qui galvanise l'innovation à l'économie qui fige les emplois (voir Cycles). L'arbitraire, résultant lui-même d'une usure de l'expressif, façonne l'expressif, qui va plus tard, derechef, se figer en arbitraire. À l'usage très fréquent d'un mot, d'une tournure ou d'un type de phrase succède l'usure que provoquent la routine et l'affadissement des impressions qui, à l'origine étaient vivaces, et que le temps a émoussées. Inversement, plus l'usure envahit la langue, plus s'aiguise le besoin d'une nouvelle jeunesse, plus s'exaltent les forces de l'expressivité.

En français, par exemple, la tendance récurrente, et peut-être paresseuse, à l'économie d'effort explique beaucoup d'emplois, comme *mouvementé*, *imagé*, *sensationnel*, pour *qui a du mouvement*, *qui contient des images*, *qui fait sensation.* C'est cette tendance aussi qui a multiplié les abréviations telles que *auto*, *photo*, *vélo*, etc., sur le modèle desquelles se sont accrédités *apéro*, *dico*, *mécano*, ainsi que les sigles comme *CGT*, *RMI*, *SDF*, bases de dérivés comme dans beaucoup d'autres langues : *cégétiste*, *èrèmiste*, etc. Le besoin d'économie peut aussi rendre compte de la multiplication des emplois de mots que leur sens très général rend aptes à toutes les combinaisons, comme le verbe *faire* devant *le travail*, *un beau métier*, *l'amour*, *la vaisselle*, *les foires*, *du latin*, *de l'argent*. C'est encore pour réduire l'effort que l'on tend très souvent, en français moderne, à conserver dans l'interrogation l'ordre des mots de l'affirmation, d'où

tu pars quand ?,

il habite où ?,

on est combien ?,

ainsi qu'à bannir un des membres d'une paire, comme pour soulager la mémoire. Ainsi, on entend de moins en moins *rendre*, jugé trop différent de son symétrique *donner*, et donc chassé par *redonner*, qui est calqué sur ce dernier ; *rentrer* s'emploie à la fois pour lui-même et pour *entrer*, ainsi chassé du vocabulaire, comme l'est encore *apporter*, dont *amener* acquiert le sens en sus du sien, s'appliquant désormais à un objet autant qu'à une personne. Bien entendu, ces ostracismes de mots utiles, vieux et vaillants combattants condamnés sans jugement, ne sont pas sans faire gronder les usagers qui s'en servent encore.

L'expressivité s'alimente de l'inattendu. C'est ainsi, par exemple, que le français parlé a multiplié les suffixes masculins de prénoms féminins : *Louison*, *Madelon*, *Maguelon*, *Margot*, et aussi de noms communs référant à des femmes : *grognon*, *laideron*, *souillon*. Dans d'autres langues, le procédé est devenu mécanique, et appartient donc à l'économie de la grammaire plutôt qu'à l'expressivité. Ainsi, en portugais, des suffixes augmentatifs masculins s'ajoutent à des noms féminins, qu'ils rendent masculins, en leur donnant des sens péjoratifs liés aux fortes dimensions : sur *voz* « voix », *palavra* « parole », *mulher* « femme », on forme *vozeirão* « grosse et forte voix », *palavrão* « gros mot », *mulherão* « grosse femme ».

Une autre exploitation de l'inattendu, ou au moins du passage d'un pan figé de la langue à un usage expressif, est le voyage à travers les catégories de la grammaire. Un exemple en est l'usage des noms comme adjectifs, qui était fort à la mode en France dans le style artiste de la fin du XIXe siècle, illustré par les « couleurs esthètes » ou le « siècle épicier et bourgeois » des Goncourt, et aujourd'hui par des formulations telles que « un film culte », « une robe glamour », « une langue monde » ou « un complet dernier cri ». Quant aux adjectifs eux-mêmes, ils sont parfois placés avant le nom dans le style écrit recherché, afin de produire un effet insolite, qui sollicite l'attention : « paternelle assurance », « parlementaire éloquence », alors que « l'éloquence parlementaire » désigne simplement l'éloquence propre aux parlementaires. L'expressivité puise encore dans les allongements flatteurs : *tout à fait* supplante le modeste et précis *oui* d'une seule syllabe, et de même *sur* se substitue, car on le croit plus « élégant », au *à* de la norme classique, comme dans *il travaille sur Paris* ; l'infortuné *merci*, qui ne paraît plus assez explicite, est affublé d'un *à vous* qui lui donne, pense-t-on, quelque dignité. Que ne ferait-on pas aux mots pour les charger d'expressivité ! Ainsi va l'affrontement entre l'économie qui fige et l'affirmation de soi, qui rend à la langue une puissance expressive, avec des effets tantôt heureux, tantôt de nature à faire monter quelque perplexité.

Écrite (langue)

Dans les langues qui disposent d'un système d'écriture (voir Écriture), l'opposition entre langue écrite et langue parlée n'est pas simplement celle qui ressort du fait élémentaire qu'un texte écrit est un objet conservable (y compris lorsqu'il transcrit très fidèlement un discours ou un dialogue oral), alors qu'un texte parlé s'évanouit en tant qu'objet dès lors qu'il a été proféré. Des paroles prononcées sans qu'existe aucun texte écrit autre que des notes éventuellement prises par les destinataires peuvent avoir une remarquable longévité. Le cas est bien connu des mots, des phrases, des formules, des plaisanteries, des aphorismes, que comporte dans toutes les cultures la tradition orale, et dont la transmission continue peut s'étendre sur des siècles ou même des millénaires. On en connaît le puissant effet négatif lorsqu'il s'agit d'absurdités ou de préjugés venus du fond des âges, et auxquels leur permanente réitération confère, lors même qu'ils ne reçoivent le renfort d'aucun support écrit, une force de pression toujours aussi considérable. Il faudrait, dans ce cas, dire que ce sont les paroles qui demeurent, autant et plus que les écrits, en dépit du lieu commun.

Mais c'est en un autre sens, moins évident, que s'opposent langue écrite et langue orale. C'est une expérience commune que le besoin de ne pas s'exprimer identiquement lorsqu'on écrit et lorsque l'on parle. Le moins scolarisé des Français s'efforce d'écrire une langue plus soutenue quand il rédige une lettre, fût-elle hérissée de libertés prises vis-à-vis des normes orthographiques et grammaticales. Certains diront même que le français écrit et les nombreuses formes de français oral sont deux langues distinctes. Ceux qui n'iront pas jusque-là savent peut-être que, dans de nombreuses sociétés, l'écrit et l'oral répondent à deux grammaires différentes. Tel est le cas du tamoul, du sri-lankais, et d'autres langues d'Asie du Sud et du Sud-Est. Mais la notion de langue écrite s'applique aussi à celles qui ne s'emploient pas, ou ne s'emploient plus, dans l'usage oral quotidien, sans avoir disparu pour autant. Il ne s'agit donc pas de langues mortes, mais de langues qui n'apparaissent que dans des textes écrits. Tel est aujourd'hui l'usage du latin, dont sont issues historiquement cinq grandes langues dites néo-latines ou romanes (voir Familles de langues). Après la naissance de ces langues, qui ne sont plus du latin, mais des produits bien individualisés de son évolution historique, le latin continua d'être utilisé comme langue du Saint-Siège, qui succédait directement à l'Empire romain, et dont il est encore aujourd'hui la langue officielle. Ce statut fut également le sien dans la France mérovingienne puis carolingienne, ainsi que, pour la plus grande partie des pays d'Europe, dans les sphères politique, administrative, juridique et scientifique.

L'arabe littéraire, dont la forme la plus achevée, et une des plus anciennes, est celle du Coran, est lui aussi une langue écrite. C'est une particularité du monde arabe que les dialectes arabes, dont chacun est propre à un des pays arabes, ne s'emploient pas comme langues écrites, et sont les seules langues parlées. Néanmoins, l'arabe classique n'est pas tout à fait absent de l'usage oral, où son degré de présence, sous forme d'emprunts savants de mots ou même de phrases au sein d'un discours en arabe dialectal, varie selon le niveau d'éducation des interlocuteurs. D'autre part, l'arabe classique est la langue de l'oral soutenu, en particulier celui des discours politiques, scientifiques, etc., ainsi que des informations officielles à la radio et à la télévision. Enfin, les arabophones éduqués s'expriment souvent entre eux en arabe littéraire quand ils ne sont pas nationaux du même pays et renoncent donc à se servir des dialectes. L'hébreu biblique, auquel succédèrent, à travers les tribulations et tragédies du peuple juif, de nombreuses autres formes (voir Jérusalem [Pékin et]) est la seule langue écrite, parce que langue sacrée, des communautés juives. Il s'oppose donc clairement aux usages oraux, dont la forme dernière est l'hébreu israélien.

ان الشعب لا يتكلم كما يكتب

inn a(l).cha'ba lâ yatakallamu kama yaktubu

"le peuple ne parle pas comme il écrit"

La langue écrite est, dans certains cas, une langue orale assortie de quelques éléments de décoration littéraire, qui sont requis, certes, par le sentiment, commun à tous les écrivains, d'une certaine dignité de l'écrit, mais qui n'empêchent pas la conservation d'une base parlée tout à fait apparente dans les textes. Cette intéressante propriété de certains types de langue écrite plus proche, en réalité, de l'oral que de l'écrit, est illustrée par l'exemple du grec moderne. Si l'on compare un roman écrit en grec classicisant avec un autre rédigé en démotique (voir Patriotes des langues), on est immédiatement frappé par un contraste abrupt : abondance, dans le premier cas, des tournures directement héritées du grec ancien, accumulation des participes, longueur des phrases, marche rigoureuse et savante d'une prose riche en propositions subordonnées, assez parcimonieuse quant aux adjectifs et aux métaphores. Toutes ces caractéristiques sont celles d'un style plus logique que narratif, plus objectif qu'évocateur, plus représentatif qu'expressif. Au contraire, dans le second cas, on voit foisonner des épithètes descriptives, des noms composés rendant les détails des choses, des notations subjectives, de longues métaphores animales, végétales et, plus généralement, naturelles.

Écriture

Beaucoup de langues ne s'écrivent pas, car, par suite de diverses circonstances, elles n'ont jamais fait l'objet d'une entreprise de notation, c'est-à-dire de transcription écrite, des discours oraux que l'on peut y produire comme dans n'importe quelle langue du monde. C'est assez dire que l'écriture n'est pas inhérente aux langues comme le serait une propriété qui puisse les définir. D'autant plus que dans nombre de pays à la population dense et souvent pauvre, l'analphabétisme, même quand il existe une écriture, est endémique. Mais personne ne soutiendra que celles et ceux qui ne savent ni lire ni écrire en soient moins équipés de la parole, seule définitoire de la langue comme moyen de communication.

Il s'ensuit que l'écriture, puisqu'elle n'est pas inhérente aux langues, est une invention. On peut évidemment soutenir que les langues, produits de la faculté de langage inscrite au génome de notre espèce, ont elles-mêmes été inventées par les sociétés humaines. Mais cette invention, que rien ne réfute, remonte à la nuit des temps, alors que l'on peut dater les apparitions des grandes écritures. Ceux qui, à l'inverse, pensent que l'écriture a précédé les langues articulées arguënt du fait que les premiers pictogrammes n'étaient que la figuration graphique des gestes de la main, source, eux-mêmes, de toutes les langues. C'est l'hypothèse que l'on forme pour les lointaines époques où les sociétés humaines n'avaient pas encore appris à produire des mots doués de sens sur la base d'autres gestes, ceux des cordes vocales, de la langue et de tous les organes de la cavité bucco-pharyngale qui produit les sons. Cependant, une raison, au moins, peut conduire à douter de l'antécédence historique de l'écriture par rapport aux langues articulées : les pictogrammes que l'on connaît et identifie comme tels ne se confondent pas avec les mythogrammes de l'art rupestre, qui, à Lascaux ou Altamira par exemple, représentent des scènes de chasse ou des épisodes de la vie sociale. Ces pictogrammes, en effet, notent bel et bien, quoique assez imparfaitement, des langues particulières, et non des thématiques que toute langue puisse reconstituer à partir d'images pariétales incrustées.

La plus ancienne de ces écritures pictographiques est celle qui transcrit le chinois archaïque, et que l'on fait remonter à quatre mille ans, bien que d'aucuns ne lui assignent « que » deux mille ans d'âge. Les premiers caractères chinois ont une origine magique et religieuse. Mais cette origine se dilue au long des temps pour aboutir à un usage proprement scripturaire, favorisé par la stylisation croissante qui gomme peu à peu les ressemblances avec l'objet d'abord dessiné, et bientôt seulement symbolisé, de sorte que la plupart des pictogrammes deviennent des idéogrammes. Il n'empêche que, tels des témoins erratiques rescapés de l'usure des durées, certains caractères chinois d'aujourd'hui ont plusieurs milliers d'années et continuent à dessiner assez exactement l'objet correspondant. Tels sont ceux qui se lisent *rén*, *mǎ*, *yǔ* et *mù*, signifiant respectivement « homme » (un tronc sur deux jambes), « cheval » (une crinière, une queue et des pattes), « pluie » (des gouttes au-dessous de la voûte céleste), « arbre » (des racines sous la terre).

馬 雨 木

Certaines composantes de caractères chinois sont dites clés phonétiques, parce qu'elles ont acquis, du fait de leur usage récurrent, une valeur phonétique. Mais celle-ci ne donne de la prononciation qu'une vague idée, qui ne peut en rien se comparer à l'exactitude des notations de l'alphabet. D'autres composantes, dites clés sémantiques, fournissent un indice sur le sens du caractère, mais ce contenu sémantique est simplement classificatoire et non spécifique.

Ainsi, les clés de l'eau, de la langue ou du cœur apparaissent dans de très nombreux caractères notant des mots dont les sens ont quelque chose à voir, respectivement, avec les liquides, la parole et les pensées ou les affects. Les caractères chinois n'ont donc guère évolué vers une notation vraiment exacte de la parole. C'est ce qu'atteste, indirectement, le fait que dans les langues dont les écritures les ont adoptés : le japonais depuis le milieu du VIe siècle jusqu'à nos jours, le vietnamien et le coréen jusqu'au milieu du XVIIe et le milieu du XIXe siècle, on lit ou lisait les caractères chinois selon les phonétismes propres à chacune, sans qu'il soit nécessaire, pour cela, de connaître le chinois. Néanmoins, beaucoup de caractères chinois sont identifiés par des Japonais instruits comme notant le même sens que dans l'écriture japonaise qui les a empruntés. C'est pourquoi l'on dit souvent que l'écriture chinoise constitue un espéranto graphique en Asie de l'Est. Cela n'est pas exact car, d'une part, c'est le chinois lui-même que note cette écriture, et, d'autre part, les caractères chinois utilisés dans l'écriture japonaise y notent parfois des sens légèrement ou fortement différents de ceux qu'ils notent dans l'écriture chinoise.

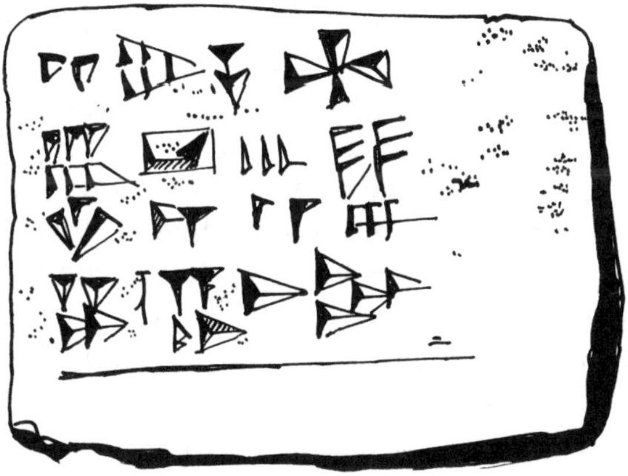

Les écritures de Sumer et de l'Égypte pharaonique ont moins encore évolué que les caractères chinois. Elles remontent à des époques voisines, vers – 3300 pour l'une, vers – 3100 pour l'autre, toutes deux dans ce Proche-Orient que beaucoup considèrent, de même que le bas Indus pour l'Inde ou le cours moyen du fleuve Jaune pour la Chine, comme un des berceaux des cultures humaines. À Sumer, le calame en roseau imprimait par sa pointe et par son corps, sur des pains d'argile fraîche façonnés en tablettes, des têtes de clous en forme de coins (d'où le nom d'écriture cunéiforme) et des lignes droites, cependant qu'au bord du Nil, où foisonnaient les cypéracées dont on faisait, par collage de lamelles, séchage et lissage, les précieux papyrus, c'était une autre technique qu'utilisaient les scribes : leurs pinceaux, en tige de jonc trempés dans de l'encre au noir de fumée, traçaient, en courant sur ce support en papyrus, les hiéroglyphes, littéralement « gravures sacrées ». En dépit de cette différence entre les procédés, un important point commun relie les écritures de Sumer et de l'ancienne Égypte : un signe représentant un mot fréquent dont la prononciation contient un des sons de la langue finit par être utilisé pour noter, comme cela se fait dans un rébus, ce même son dans tout mot où il apparaît. En d'autres termes, dans l'écriture hiéroglyphique comme dans la cunéiforme, une série de pictogrammes ou d'idéogrammes sont utilisés comme phonogrammes, c'est-à-dire pour transcrire non des mots mais des sons.

Mais le fait central est ici que ni l'une ni l'autre de ces deux écritures n'a franchi d'étape ultérieure. Aucune n'est passée, même après de très longues périodes, à l'écriture syllabique, où des signes se spécialisent dans la notation de syllabes et n'ont plus d'autre rôle. Cependant les écritures syllabiques ne vont pas jusqu'à l'analyse des syllabes en sons qui les composent. Elles notent, par exemple, un signe pour *ka* ou *pu* mais non pour *k*, *a*, *p* et *u*. La partie de l'écriture japonaise qui n'est pas faite de caractères chinois est syllabique : parmi les *kana* (signes de syllabes), les uns, dits *hiragana*, notent les mots grammaticaux du japonais qui lient entre eux les caractères chinois, les autres, dits *katakana*, notant les mots empruntés à des langues étrangères, ainsi que les noms propres non japonais.

L'écriture éthiopienne est également syllabique. Les écritures hindie (ainsi, en Inde et au Népal, que celles du pendjabi, de l'assamais, du gujrati, du marathi, du bengali, du népali, etc.), tibétaine, birmane, thaïe et khmère, toutes plus ou moins dérivées, par diverses transformations, de l'ancienne écriture devanagari (« divine ») du sanscrit, sont à la fois syllabiques et alphabétiques : les signes des consonnes impliquent une voyelle inhérente *a* (en birman au premier ton, un ton à mélodie haute), mais les signes des voyelles, suscrits, souscrits ou placés avant, après ou à la fois avant et après, les consonnes, indiquent très précisément les sons vocaliques de chaque langue. L'écriture du thaï contient de nombreux signes qui ne correspondent à rien dans la prononciation, et n'ont plus qu'une valeur historique.

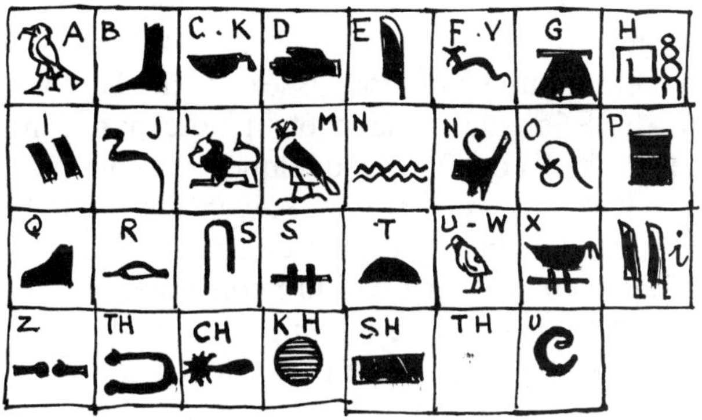

Le cunéiforme et l'hiéroglyphique étaient, selon toute vraisemblance, des écritures hiératiques, privilège scribal des prêtres de Sumer et de l'Égypte. Cela était probablement vrai aussi de la notation pictographique des prêtres aztèques précolombiens, dont les missionnaires ne purent, avec leurs informateurs, reconstituer que des bribes après la destruction massive de la culture aztèque et de ses traces par les Espagnols dès les débuts de la conquête. Ce caractère hiératique et réservé à des privilégiés ne se retrouve pas dans l'écriture alphabétique. Apparue vers le milieu du deuxième millénaire avant l'ère chrétienne, elle a été, en harmonie avec la figure d'Hermès, dieu de la ruse et du commerce dans la mythologie grecque, et, beaucoup moins, avec celle de Thot, dieu des techniques et de l'écriture dans la mythologie égyptienne, une invention de marchands étrangers, soucieux de circulation des marchandises et de simplification des documents qui les accompagnaient, à des fins de large diffusion.

Cette écriture fondée sur un alphabet est la plus répandue. Des signes spécialisés y notent non plus seulement des syllabes au sein des mots, mais purement et simplement les voyelles et les consonnes. Cela permet une notation assez fidèle de tous les sons d'une langue, chacun étant noté par le même signe en tout contexte, à quelques exceptions près. Tel est le cas de trois écritures inventées à date historique : les alphabets géorgien et arménien (voir Caucase [langues du]), et l'écriture coréenne, que mit au point, vers 1446, une équipe dirigée par le roi Sejong. Sont également alphabétiques les écritures cyrillique (russe, serbe, bulgare, macédonien), grecque et latine. L'écriture alphabétique est celle de la plupart des langues européennes, ainsi que de beaucoup d'autres qui l'ont empruntée : vietnamien (voir ce mot), indonésien, malais, tagalog (voir ce mot) (Philippines), swahili, peul (voir ce mot), haoussa, et toutes les langues d'Afrique et d'Océanie qui, jusqu'à une époque récente, étaient de tradition purement orale. L'écriture latine a également été empruntée pour la notation dite romanisée, c'est-à-dire autre qu'en picto- et idéogrammes, du chinois et du japonais, et elle est enseignée, en plus des caractères, dans les pays concernés. C'est à elle qu'on se réfère lorsque l'on parle de la « grande invention de l'écriture ».

Les écritures des langues sémitiques, notamment celles de l'hébreu et de l'arabe, sont intermédiaires entre les notations syllabique et alphabétique : ces langues n'écrivent, en principe, que les consonnes (sauf dans les textes sacrés, Bible et Coran, où l'absence des voyelles est considérée comme sacrilège), mais elles ont largement recours à des lettres qui représentent les consonnes semi-vocaliques, et qui sont utilisées pour noter les voyelles longues *a:*, *i:* et *u:*. Les voyelles brèves, elles, n'étant pas notées, il est en partie vrai que pour apprendre à lire l'hébreu israélien ou l'arabe littéraire moderne, il faut déjà connaître la morphologie de ces langues, qui commande la répartition des voyelles dans les mots. Comme l'apprentissage de cette morphologie est cela même que l'on veut apprendre dans un livre où elle n'est pas représentée dans l'écriture, l'étudiant se trouve ici dans une de ces perplexités du circulaire que multiplient les facéties des écritures des langues.

Emprunt

Rares sont les langues qui ont emprunté peu d'éléments à d'autres. Même celles qui se parlent sur des îles isolées par d'immenses étendues d'eau, comme celles de Micronésie ou de Polynésie, ou dans des vallées encaissées entre de hautes montagnes, comme celles du nord-est du Caucase, connaissent le phénomène fondamental qui conditionne l'emprunt, c'est-à-dire le contact avec d'autres langues. Entrent ainsi d'une langue dans une autre, non seulement des mots, le vocabulaire étant une composante des langues tout à fait ouverte à l'emprunt, mais même des types de relations entre ces mots, en particulier leur ordre de succession. On peut observer cela parmi les marchands, dans un exemple aussi vulgaire que celui des nombreuses enseignes publicitaires et commerciales françaises où un adjectif, à l'imitation de l'anglais, précède un nom au lieu de le suivre comme en français, l'orthographe étrangère étant elle aussi singée comme plus chic aux yeux des incultes qu'elle fascine : Classic Hotel, Modern Meubles, etc.

Les mots calqués sur ceux d'une langue étrangère s'introduisent aussi dans les expressions. Ainsi beaucoup disent en français *je voudrais appeler* (au lieu d'*attirer* et par traduction de *to call*) *votre attention sur ce point*. Les prononciations s'empruntent beaucoup moins, le système phonologique d'une langue étant un ensemble structuré où les cases rendues vides par les évolutions tendent à se remplir par des mouvements internes, sans compter que les prononciations spécifiques d'une langue induisent chez ses locuteurs des habitudes articulatoires qui les préparent mal à la production de sons étrangers : les *h* de *hard*, le *-ing* de *parking* ne sont pas prononçables, ni prononcés, par la plupart des gorges françaises.

D'une manière comparable, le chinois a constitué, du fait de la sinisation de l'est de l'Asie, la source d'emprunts massifs dans un grand nombre de langues, en particulier le japonais, le coréen et le vietnamien. La conséquence de la pression continue du chinois sur le Vietnam, la Corée et le Japon, respectivement depuis le IIIe siècle avant J.-C., le Ier siècle avant J.-C. et le VIe siècle, est que ces langues contiennent, modifiés par adaptation à leurs phonétismes respectifs, entre 50 % et 65 % de mots chinois, constituant, dans chacun de ces lexiques, d'énormes proportions, appelées sino-vietnamien, sino-coréen et sino-japonais par les linguistes. Il s'agit souvent de mots savants relevant du registre écrit, du fait même qu'ils se sont introduits dans le sillage des caractères chinois, qui, importés par ces langues, y firent de longs séjours, avant d'être supplantés par des syllabaires autochtones ou par une écriture alphabétique à signes additionnels.

L'espagnol et le portugais n'ont pas davantage déraciné les très nombreuses langues d'Amérique latine dont ils ont fortement investi le vocabulaire, et même la morphologie. Certes, de très nombreux mots-outils sont d'origine espagnole en aztèque, quiché, yucatec, en otomi, en quetchua, aymara, en guarani, toutes langues où l'on trouve des variantes de *pero* « mais », *como* « comme », *con* « avec », *para* « pour », *si* « si », *cuando* « quand », etc. Mais les bases indiennes du vocabulaire, et surtout de la grammaire, sont demeurées fortement majoritaires dans toutes ces langues indiennes d'Amérique.

Quelles propriétés valent à l'arabe de figurer également ici ? Non pas seulement la rude beauté des sons profonds et doux, tout ensemble, de la langue classique, surgissant aux mille détours des poèmes de l'époque pré-islamique et de celles qui ont suivi l'apparition de l'islam. Mais un autre trait. Il n'est, certes, pas propre à l'arabe seul, puisque beaucoup de langues largement diffusées ont été elles aussi, comme on vient de le voir, sources de vastes emprunts. Mais dans le cas de l'arabe, ce trait étonne et fascine. Par le biais de l'islamisation, des langues et des cultures d'une infinie diversité sont toutes identiquement, encore aujourd'hui, en aboutissement d'un parcours de nombreux siècles, traversées d'emprunts qui leur donnent un air de connivence. Que l'on veuille bien parcourir quelques-unes des langues aux lexiques arabisés : le moyen-iranien occidental ou pehlevi qui succédait à l'avestique des antiques versets du mazdéisme, le turc des cavaliers nomades parcourant les steppes altaïques, l'ourdou initialement issu de la même langue vivante que le hindi, c'est-à-dire d'un des prâkrits (langues parlées) qui coexistaient au IVe siècle avant l'ère chrétienne avec le sanscrit védique, le malais des royaumes hindous de l'Indonésie et de la Malaisie, le peul des sommets arides du Fouta-Djalon ou de l'Adamaoua, le haoussa des tropiques nigérians, le ouolof, le sérère, le songhay, le dioula ou le mandingue des villes et des brousses sénégalaises, ivoiriennes et autres, le swahili des étendues équatoriales et subtropicales d'Afrique centrale et méridionale, pour ne citer que quelques-uns des lexiques arabisés. Peut-on imaginer langues plus dissemblables ? Toutes, pourtant, donnent à entendre, sous des revêtements phonétiques adaptés à chacune de leurs articulations propres, les mêmes mots d'origine arabe.

Cependant, toutes ces langues, si massivement que leur vocabulaire ait été pénétré d'influence arabe, sont demeurées elles-mêmes quant à leurs autres composantes. Des emprunts massifs de vocabulaire, en nombre supérieur, même, au nombre de mots du fonds autochtone, ont, certes, envahi presque tous les recoins de la langue persane ; ils ne l'ont pas, pour autant, fait changer de type, ni n'ont abouti à la moindre fusion avec la langue prêteuse. Le persan est demeuré une langue indo-européenne comme le français, le russe ou le bengali, et cette appartenance commune est démontrée par l'observation scientifique, dont la vocation est de sonder les failles des apparences. Ni la phonétique, ni les structures morphologiques, ni les règles syntaxiques du persan n'ont été sensiblement transformées. Une observation du même ordre établit clairement l'appartenance altaïque du turc. De courtes phrases, issues des types d'entretien les plus courants, le font bien voir. On dit en persan

> *manzél-é to dar markaz-é chahr ast* (« maison-de toi dans centre-de ville est »)
> « ta maison est au centre de la ville »,

où *manzél* « maison » et *markaz* « centre » sont arabes, mais non *chahr* « ville », ni surtout les mots-outils qui sont l'ossature d'une langue : le terme de jonction *é* « de », le pronom personnel *to* « toi », la préposition *dar* « dans » et la troisième personne du verbe être au présent, *ast*, que sa facture clairement indo-européenne apparente étroitement au *est* français, au *ist* allemand, au *is* néerlandais, au *jest* polonais, au *hè* hindi.

On dit en turc

> *saat kaç-ta bir şey-ler almak lazım* (« heure combien-dans un(e) chose-PLURIEL acheter il.faut)

« à quelle heure faut-il acheter quelque chose ? »,

où *saat* « heure », *şey* « chose » [šɛy] et *lazım* « il faut » sont arabes, mais non *kaç* « combien ? », *bir* « un », ni les mots-outils *-ta* « dans » et *-ler* PLURIEL.

Ainsi en va-t-il des langues humaines. Elles possèdent une énorme capacité de digestion des emprunts, qu'elles assimilent sans s'y dissoudre, les coulant, au contraire, dans leurs moules. Ce conubium imposé tout autant que désiré ne trouve sa limite que quand l'emprunt devient absorption totale, c'est-à-dire quand une langue disparaît sous la pression d'une autre, qui finit par s'y substituer. Tel n'est pas le cas des langues qu'ont arabisées les emprunts de termes des vocabulaires culturel, religieux, administratif, politique, induits par l'islamisation.

Entrelacs des codes

« Sometimes, I start a sentence in English, y termino en español » (« parfois, je commence une phrase en anglais » (dit en anglais) « et je (la) termine en espagnol » (dit en espagnol), disait un Chicano, c'est-à-dire un de ces Américains d'origine mexicaine qui sont le plus souvent demeurés bilingues après leur immigration dans les États du sud-ouest des États-Unis et leur accession à la nationalité américaine. On appelle parfois *Spanglish* ce mélange d'espagnol et d'anglais. Un autre mélange est celui de l'espagnol avec les langues indiennes des pays d'Amérique latine. Les habitants de ces pays ne se contentent pas d'introduire dans leurs langues indiennes des mots, aussi bien que des outils grammaticaux, pris à l'espagnol ou au portugais (voir Emprunt), mais en outre, comme l'illustre la phrase ci-dessus, leur discours est entrelacé de mots, d'expressions, ou même de phrases entières, qui sont en espagnol. De même, si l'on tend l'oreille, au Quartier latin ou dans les restaurants universitaires de Paris et d'autres villes françaises, on remarquera que dans beaucoup des entretiens entre Africains, le ouolof, le bambara, le douala, le moré, le mandingue, etc., sont entrelardés d'un grand nombre de mots français. On entendra de même beaucoup de Tunisiens, d'Algériens, de Marocains, de Mauritaniens parlant entre eux dans un arabe où apparaissent des mots et des phrases en français, appartenant soit à la langue littéraire, administrative, politique, etc., s'il s'agit de lettrés, soit aux jargons techniques ou à la vie quotidienne dans les autres cas.

Tous ces exemples sont ceux d'une alternance des codes que l'on peut considérer, quand les deux langues en cause s'interpénètrent fortement, comme un véritable entrelacs. Il peut avoir pour facteur de déclenchement le besoin d'un terme ou d'un degré de précision que l'on trouve plus aisément dans la langue pourvoyeuse. L'entrelacs des codes peut aussi s'expliquer par le souhait d'évoquer le contexte d'une autre langue en en convoquant directement les éléments au sein même de la langue que l'on est en train d'utiliser. Un autre élément d'incitation à l'entrelacs des codes est le souhait de montrer aux autres que l'on est en mesure d'utiliser une langue à laquelle est attribué un prestige. Ce cas est illustré par le comportement linguistique des élites de Malaisie, qui aiment à faire alterner l'anglais avec le malais dans leurs conversations, et le font d'autant plus souvent que le désir, commandé par la fascination des modes et le snobisme, est plus fort de persuader chacun que l'on est bien informé.

L'entrelacs des codes est souvent aussi révélateur du besoin que les locuteurs peuvent ressentir d'emprunter, en fait, des contenus mentaux en même temps que les mots qui en sont les vecteurs. Ainsi, dans les grandes villes de l'État d'Israël, et plus encore dans les agglomérations qui sont peuplées d'un grand nombre d'Arabes, comme Nazareth, Tira ou Iksal, le contact étroit entre l'arabe (dialecte palestinien) et l'hébreu est souvent désigné par le terme *Arabrew*, contraction d'*Arabic* et de *Hebrew* (comme *franglais* est formé sur *français* et *anglais*). La manifestation en est, dans un entretien entre Arabes israéliens, des mots ou des expressions entières en hébreu entendus au milieu d'une phrase en arabe, et souvent même des phrases entières en hébreu venant interrompre le discours en arabe. On cite cette demande d'une fillette de huit ans à un adulte :

> *shuff hunakh, bvakasha, halkit bidi okhel glida, b'seder ?*
>
> « regarde ici (mots arabes), s'il te plaît (mot hébreu), je veux (mots arabes) manger une crème glacée, d'accord ? (mots hébreux) ».

Parmi les expressions et les mots hébreux récurrents se rencontrent surtout ceux qui sont liés à la vie israélienne, et notamment à ce que les Arabes en retiennent de pertinent pour eux, comme *ramzor* « feu rouge », *mahsom* « point de contrôle », *me'anyen* « intéressant », *nekhmada* « désirable (d'une femme) ». Ces derniers termes sont, selon un témoignage que j'ai récemment recueilli, rendus nécessaires par des faits sémantiques et culturels révélateurs des représentations mentales : les notions les plus proches de celle d'« intéressant » sont, en arabe dialectal de nombreux pays, celles d'« important », *muhim* et d'« étrange », *'ajib*, mais aucun adjectif n'y caractérise ce qui n'est ni d'une grande importance ni d'une particulière étrangeté et qui, néanmoins, est assez remarquable pour attirer l'attention d'un individu, comme le fait *me'anyen* ; quant à *nekhmada*, la culture arabe, du moins dans l'état actuel des dialectes et non dans la poésie amoureuse ancienne, n'applique pas aux femmes de catégorie mentale telle que le désirable, et compte plutôt sur les connotations de *hilwa* « douce », le seul mot communément applicable à une femme dont on veut suggérer des aspects troublants.

Être

En français, on peut

être fatigué

être aimable

être couché

être debout

être à vélo

être en France

être sur le sol

Dans beaucoup d'autres langues, il est impossible de dire tout cela de la même façon, car il y existe un certain nombre de verbes « être », dont l'emploi dépend de la façon d'être, du fait qu'il s'agit d'essence ou d'existence, ou encore de situation. Le breton possède trois formes pour « être », ce qui, à la troisième personne, donne

eo quand il s'agit d'un état, comme dans
klañv eo « il est malade »,

vez pour une habitude, par exemple dans
pa vez o labourat « lorsqu'il est en train de labourer »,

et *emañ* pour une situation, ainsi dans
emañ er gêr « il est à la maison ».

Le thaï possède également trois verbes « être » : *pen* s'il s'agit d'« avoir le statut de », ce verbe étant généralement suivi d'un nom, *khuu* quand on présente pour la première fois quelqu'un ou quelque chose, et *yòu* au sens situatif de « se trouver », le verbe « être » du français n'étant pas traduit quand il s'agit d'une qualité, car aux adjectifs du français correspondent en thaï des verbes, dits de qualité, comme *sŏuéy* « être joli(e) ». L'arménien classique avait quatre verbes : *ē* « être », *goy* « exister », *linel* « tendre à être » et *ełani* « tendre à devenir ».

En russe, les rails, la barque, la virgule, le point sont « debout » (*stojat'* « être debout ») et non « couchés » (*ležat'* « être couché »), car ce n'est pas la position qui compte, mais la fonction. La position est, en revanche, le critère pertinent dans les langues du Caucase du Nord-Ouest, comme l'abkhaz, qui ont une certaine variété de formes référant aux différentes situations des personnes et des objets dans l'espace. La diversité est plus grande encore dans de nombreuses langues amérindiennes d'Amérique centrale et du Nord (cf. Grinevald 2006). En teribe, langue chibcha du Panama, il existe huit verbes « être » indiquant des types variés de positions. Quatre d'entre eux indiquent la position seule :

sök	« être assis »
buk	« être couché »
shäng	« être debout »
pang	« être suspendu (dans un hamac) ».

Quatre autres verbes mêlent avec la position, de manière plus complexe, des paramètres de temps, de manière et de nombre :

jong	« être debout en permanence »
teng	« être en possession (de) »
löng	« être (plusieurs personnes) dans un état ou un lieu »
lok	« être dans un lieu (en y étant fermement attaché) ».

En kwakwala, langue wakash de Colombie-Britannique (Canada), on relève quatorze verbes « être » différents selon la position du sujet dont on parle, et d'autres paramètres. J'en citerai quelques-uns pour faire apparaître la diversité des sens :

ƛaxw	« être quelque part »	(d'un humain en position verticale)

kwəl	« être quelque part »	(d'un humain en position horizontale)
ƛa	” ”	(d'un objet vertical long)
kat	” ”	(d'un objet horizontal long)
makw	” ”	(d'un objet volumineux)
hən	” ”	(d'un objet creux dont la partie droite est dirigée vers le haut)
qəp	” ”	(d'un objet creux renversé)
kwaxw	” ”	(d'un trou).

Cette extrême précision dans la spécification des positions, des formes et des statuts est encotre dépassée dans certaines langues de la famille maya, dont le tzotzil, que soixante mille personnes parlent au Guatemala. Pour la seule position assise, cette langue n'offre pas moins de seize termes différents ! J'extrais quelques unités de cette liste :

jetz	« être assis »	(jambes croisées sous soi)
xok'	” ”	(les fesses sur les talons)
len	” ”	(les fesses sur le sol)
tzub	” ”	(pelotonné, prêt à bondir : chat, tigre, etc.)
ju'	” ”	(sur le sol sans pouvoir se lever)
juch'	” ”	(sans vouloir se lever)
lep	” ”	(sur quelque chose qui est au-dessus du sol).

À la question dubitative que pourrait poser un Occidental sur l'utilité de précisions aussi fines et la portée sémantique ou sociale de cette analyse granulaire et quasi clinique, il n'est pas difficile de répondre. Une attention réelle au détail des langues humaines, et de leurs liens avec les communautés qui les ont construites et qu'elles reflètent, fait vite apercevoir les justifications de ce qui peut paraître pure vanité aux membres de communautés étrangères : chaque groupe humain met en mots ce qui correspond à ses besoins. Ce qui paraît, ici, sans aucun intérêt, dépourvu de toute utilité linguistique et sociale, et donc de toute légitimité en tant que candidat au dicible, est au contraire, là, considéré comme hautement digne de recevoir un nom. La sollicitude pour les langues nourrit l'écoute attentive de la diversité des cultures, en même temps qu'elle s'en nourrit.

Étymojolie

L'étymologie des mots produit bien des mirages et suscite bien des propositions d'amateurs. Souvent, elle est assez sûre, car on a des attestations des parcours sémantiques et morphologiques du mot. Souvent aussi, elle inspire des constructions folles ou comiques, dans lesquelles une imagination nourrie d'un peu de science et de beaucoup d'insouciance se déploie dans les champs infinis de l'histoire des termes et des expressions. Il peut suffire, pour qu'une étymologie paraisse convaincante à ceux-là mêmes qui la proposent et à ceux qu'ils veulent séduire, qu'elle ait du charme et parle au cœur. C'est pourquoi on peut l'appeler *étymojolie* autant qu'*étymologie*. L'étymologie d'*étymologie* est elle-même faite des mots grecs *étumos* « véritable » et *lógos* « discours. C'est donc un « discours du véritable » ! D'autres suggèrent un mot grec *etumología*, mais qui semble bien être une innovation tardive, puisqu'on le rencontre chez Denys d'Halicarnasse, rhéteur et historien du Ier siècle avant J.-C., Strabon, géographe des Ier siècle avant-IIe siècle après J.-C., et Apollonios Dyscole, grammairien alexandrin (IIe siècle après J.-C.).

Les vingt livres célèbres d'*Étymologies*, écrits, au début du VIIe siècle, par saint Isidore de Séville, le dernier des Pères de l'Église d'Occident, représentant, glorifié pendant tout le Moyen Âge, de la culture classique dans l'Espagne wisigotique, ont pour autre titre *Origines*. Car, dans la conception de l'époque, rechercher les étymologies était bien davantage qu'un travail de philologue : c'était offrir une véritable somme du savoir religieux et profane de son temps. Pour accomplir cette tâche, Isidore, tout comme ses émules et successeurs, ne se préoccupait ni de méthode, ni de règles sûres, ni de comparaisons. Ne pouvant se fonder que sur les formes apparentes des mots et sur leur sens tels que les suggérait l'intuition, tous étaient nécessairement exposés aux aimables blandices de la spéculation, et donc à des égarements qui n'avaient d'autres bornes que celles, fort étendues, de l'imagination. Un exemple est l'« étymologie » donnée pour le latin *cadaver* (issu de *cadere* « tomber ») « cadavre » par Isidore, qui y « restitue » les premières syllabes de l'expression latine ***ca****ro* ***da****ta* ***ver****mibus* « chair abandonnée aux vers » !...

Isidore est loin d'être l'unique représentant de cette quête obstinée d'une correspondance entre le corps et l'âme des mots. Virgile de Toulouse est, au VIIe siècle également, habité du même délire de motivation. Et la *Grande Étymologie* d'Ibn Ginni, au Xe siècle, si elle établit d'importantes relations entre les racines arabes, livre le lexique de cette langue à des recherches d'anagrammes (inversions d'ordre des sons) et de mises en lumière de multiples permutations, que reprendront pour l'hébreu (voir aussi Lexique) les quêtes magiques des rabbins talmudistes sur le *gilgul* (permutation). Quant à Fabre d'Olivet, illuministe de la fin du XVIIIe siècle, il propose dans son *Histoire philosophique du genre humain* (Paris, 1803), pour le mot *amazone* (du grec *a-* préfixe privatif et *mazos* « sein »), l'« étymologie » *ha* article phénicien + *mâs* « mâle » (de l'italien *maschio*) + *ohne* « sans » (allemand), c'est-à-dire « celle qui est sans homme », en trois langues ensemble !

L'article « Étymologie » de l'*Encycopédie* (1772), que l'on attribue à un esprit universel, Turgot (le grand économiste ami des physiocrates dont Louis XVI ne sut pas, treize ans avant la Révolution, imposer les réformes fiscales salutaires), propose les principes d'une étymologie plus sérieuse, qui seront précisés dans la seconde moitié du XIXe siècle. On insistera en effet, à cette époque, sur une triple nécessité : retrouver les lois de correspondance phonétique et sémantique ; établir la date de première occurrence ; étudier les circonstances historiques et sociales et les limites géographiques du territoire dans lesquelles s'est accrédité l'emploi du mot ou de l'expression, ainsi que les innovations de sens qui ont affecté les mots repris deux ou trois fois à partir d'une source commune. Tout cela signifie que si l'étymologie, du fait de la difficulté d'édicter des lois et de prédire des évolutions souvent étranges, ne peut être considérée comme une science, du moins elle suppose, si on la prend au sérieux, des recherches minutieuses, et ne peut se deviner. C'est assez pour irriter les lettrés peu soucieux du lourd appareil savant des grammairiens, et plus séduits par la richesse suggestive que par l'austère exactitude, comme Georges Duhamel, qui écrivait (*Manuel du protestataire*) :

> « Chaque fois qu'une étymologie m'intéresse, me retient, m'amuse, les spécialistes entrent en transe et me démontrent aussitôt que cette étymologie est fantaisiste. »

Les écrivains que rebute le pesant souci du vrai et qui lui préfèrent le culte de la grâce peuvent pourtant se rassurer. On a toujours vu foisonner les étymologies dites « populaires », c'est-à-dire transformant les mots qui ne sont pas compris, ou qui cessent de l'être avec l'usure du temps, en d'autres mots dont le sens n'a qu'un peu, ou n'a plus rien, à voir avec celui d'origine. Ainsi, *pilules opiacées*, c'est-à-dire à l'opium, devient *pilules à pioncer*. Quant à *courtepointe* « couverture de lit piquée et ouatinée », c'est une déformation de *coute pointe* « couverture piquée », où *coute*, « couverture » et *pointe*, participe passé féminin de *poindre* « piquer », mots d'ancien français, ne sont plus tout à fait compris. Beaucoup de noms de rues des villes sont les enfants d'une étymojolie de même inspiration. Pour désigner une petite rue des bords de Seine toute proche de la place Saint-Michel à Paris, *Gilles-le-Queux*, c'est-à-dire Gilles le cuisinier, qui fut peut-être renommé en son temps et dans ce lieu, devient *Gît-le-cœur*, charmante évocation d'un chagrin de pure invention. D'autres voies reçoivent des noms nouveaux, soit par oubli des gaillardes réalités qu'elles évoquaient, soit par l'intervention voulue de censeurs pudibonds : *Trousse-Nonnains*, *Pute-y-Muse* (« pute s'y ébroue »), *Poil-au-Con* ne sont plus aujourd'hui, afin de garantir les droits de la morale, que *Transnonnains*, *Petit-Musc* (!) et *Pélican*.

Les auteurs du passé, plus proches des sens étymologiques des mots que ceux d'aujourd'hui, les emploient souvent avec ces sens : La Fontaine met en garde contre les loups *ravissants*, c'est-à-dire ravisseurs d'agneaux, et dit *succincte* une fille court-vêtue. La brune *docile* du *Candide* de Voltaire ne demande qu'à se laisser enseigner (*docere* en latin). Chez des auteurs plus modernes, le procédé fournit des jeux étymologiques, comme ceux de Hugo, dont les *sinistres* oiseaux ont le vol gauche (latin *sinister*) et donc de funeste augure, ou de Valéry, qui appelle *scrupuleux* les ruisseaux dont l'eau limpide laisse voir, au fond, des cailloux (latin *scrupulus*).

On croit souvent que l'étymologie d'un mot fournit son « vrai » sens, comme l'indique l'étymologie même d'*étymologie*, donnée plus haut. C'est oublier la richesse des connotations, variant avec chacun de ceux qui profèrent ou hument les mots aux consonances infinies. Cela ne veut pas dire qu'il n'y ait pas d'étymologies sûres. Dans les registres savants des langues européennes et de celles qui, de par le monde, ont reçu d'elles des termes techniques, on trouve beaucoup de racines grecques, mais aussi des racines latines. Elles sont abondantes en biologie et médecine comme en physique ou en chimie : *balano-* « gland », *botryo-* « grappe », *cerco-* et *-oure* « queue » (*anoure* « sans queue »), *chélon-* « tortue », *gomph(o)-* « clou », *hyalo-* « verre », *ichty(o)-* « poisson », *picr(o)-* « amer », *psyll-* « puce », *pyxid-* « boîte », *pyél(o)-* « en cavité », *rhabd(o)-* « baguette », *rhomb-* « losange », *sesqui-* « un demi en plus », *sphén(o)-* « coin », *stégan(o)-* « caché », *strob-* « tourbillon ».

Pour prendre des exemples dans les terres d'un monde qui longtemps fut dit « nouveau », les noms indiens et les noms espagnols dansent une ronde folle où leurs sens étymologiques s'ensevelissent sous leurs chatoiements assourdissants ou raffinés. Les riverains des Grands Lacs savent-ils tous qu'*Ontario* et *Ohio* veulent dire « lac » (*ontar*) et « rivière » (*oh*), que les Indiens qui les ont nommés dans une des langues iroquoises (sénéca) trouvaient beaux (*io*) ? Les langues algonquiennes étaient présentes, autrefois, dans une vaste région du nord-est des États-Unis : *Massachusetts* nous dit, dans la langue algonquienne du même nom, que nous sommes « sur la vaste colline » ; le *Connecticut* est « lieu de la longue rivière » en mohican ; le nom, *Chesapeake*, d'une baie fameuse veut dire « pays sur une grande rivière », *Chicago* est « terre à onions » et *Michigan* « grande étendue d'eau », tous trois en algonkin, également langue algonquienne ; *Mississippi* « grand fleuve » et *Missouri* « personne qui a un canoë» sont tous deux en illinois, autre langue algonquienne, comme l'est aussi, plus au nord, le cree, qui se reconnaît dans *Winnipeg* « étendue d'eau boueuse ». *Utah* veut dire « habitants des collines » en ute, langue uto-aztèque, et *Minnesota* « eau laiteuse » en dakota. *Nebraska* signifie « rivière plate » en omaha, de famille sioux comme le dakota. *Oklahoma* est « peuple rouge » en choctaw, de la famille muskogee.

Les noms d'Amérique dont l'étymologie est espagnole ne chantent pas moins au cœur, à l'oreille et à l'esprit. Le *Texas* est le pays des toits de tuile (*teja*), le *Colorado* un fleuve aux bouillonnements de sang, car le castillan appelle « colorée » la couleur des couleurs, celle, rouge sombre, des roches aux teintes puissantes et sauvages que ce torrent a charriées et profondément creusées, en sculptant dans sa fureur un dantesque canyon, qu'on appelle « grand » et qui est, avec le parc de Yellowstone, le parc Yosemite ou le mont Rainier, une des merveilles naturelles de l'Amérique. Un mot arabe à la vigoureuse sonorité emprunté par le castillan, *Albuquerque*, donne son nom à un grand navigateur portugais, mais aussi au duc espagnol qui fut au XVIIIe siècle vice-roi de la Nouvelle-Espagne, c'est-à-dire du Mexique. Ce nom est donc aussi celui d'une ville du Nouveau-Mexique, État américain depuis qu'en 1848 le Mexique fut contraint par une guerre de le céder aux États-Unis, avides de territoires toujours plus vastes.

De telles étymologies, avérées, ou sans doute moins incertaines que celles que l'imagination et le rêve suggèrent aux amateurs, sont pourtant elles aussi des étymojolies. Elles vibrent d'histoire et d'histoires, elles enchantent, elles font tressaillir et caracoler les noms. Elles rappellent qu'ils ne sont pas tous aussi arbitraires que l'enseigne une linguistique austère, vite effarouchée par le vacarme des mots ivres du désir de raconter.

Exclure, inclure

« On a vu un film génial ! », peut dire un couple à des amis. Ce *on* exclut-il les amis ? On le déclare parfois, suggérant, en revanche, que *nous*, par exemple dans « nous devrions aller à Venise cette fin de semaine », peut soit inclure, soit exclure celui ou ceux à qui on le dit. Mais « nous devrions » peut fort bien être ici remplacé par « on devrait », et quant au film génial, je peux dire, dans les mêmes circonstances que ci-dessus : « nous [l'] avons vu ». Oui, par quelque face que l'on aborde ces mots qui disent quelque chose d'un « nous », le français n'a pas de moyen clair de distinguer ce que beaucoup de langues distinguent. Mais que distinguent-elles donc ? Tout « simplement » un « nous exclusif » et un « nous inclusif ». Écoutons plutôt le guarani dire *ore* « nous » : ce pronom ne peut s'employer que si le locuteur exclut de ce « nous » celui ou ceux à qui il s'adresse, alors qu'il dira *nyandé* s'il les inclut. De manière comparable, en indonésien, *kami* est un « nous » exclusif : il n'implique pas la ou les personnes avec qui l'on parle ; *kita*, au contraire, est un « nous » inclusif : font partie du groupe de « nous » appelé *kita* la ou les personnes auxquelles on s'adresse, de même que, le cas échéant, des tiers. Ainsi, certains peuvent être exclus du groupe constitué par « nous » comme association entre « je » et un autre ou d'autres.

Cette distinction entre un « nous » inclusif et un « nous » exclusif est à peu près inconnue en Europe, mais elle est fréquente dans les langues des autres continents. Elle produit des systèmes assez complexes de pronoms personnels. Car non seulement elle a pour effet de dédoubler la notion de « nous » selon que l'interlocuteur est ou non inclus, mais au surplus ce dédoublement, qui s'opère au pluriel, s'opère aussi dans d'autres nombres, pour peu que la langue les possède : duel (forme signifiant « nous deux »), et le cas échéant triel (forme signifiant « nous trois »), ou même quadriel (forme signifiant « nous quatre ») !

Ainsi, « nous » est une notion dont la fréquence dans l'échange quotidien voile entièrement la complexité. « Nous » est-il une collection de « je » ? Les langues qui, parce que « nous » y est le pluriel de « je », suggéreraient de répondre que oui (sumérien, oriya [famille indo-aryenne] et khasi [famille mon-khmère], tous deux parlés en Inde, ket de Sibérie centrale, chinois mandarin, japonais, birman) constituent une forte minorité, 40 % de l'ensemble. Un cas unique est celui du hottentot, où « nous » se dit « je-je ». Mais « nous » est le plus souvent une notion originale, c'est-à-dire distincte de « je », même si ses liens avec « je » sont souvent attestés. Il existe 36 % des langues où se rencontre la distinction d'un « nous » inclusif et d'un « nous » exclusif, souvent différents par la forme : il peut s'agir, notamment, de deux radicaux sans lien entre eux (tagalog [langue austronésienne des Philippines], samoan, hawaïen), ou de deux mots dont l'un, celui qui marque l'inclusif, contient le pronom signifiant « tu » : tel est le cas en guarani, kanauri, dans les langues algonquiennes de l'Ontario, et dans les pidgins anglo-mélanésiens d'Océanie, où les structures sont transparentes, puisque « nous inclusif » s'y dit *yumi* (« toi-moi »), tandis que « nous exclusif » se dit *mifela* (de *me* [and] *fellows* « moi et camarades [à l'exclusion de toi] »). On a même, en kiowa (langue sioux de l'Oklahoma), une seule et même forme pour dire, selon le contexte, soit « nous inclusif », soit « vous ».

L'usage vivant des langues trompe fréquemment les attentes en subvertissant les règles. La dialectique de l'inclusif et de l'exclusif en offre de nombreux exemples. Ainsi, en minangkabau, langue austronésienne de Sumatra proche de l'indonésien, un usage inconnu de ce dernier est d'employer la forme de « nous » exclusif, c'est-à-dire *kami* comme en indonésien, pour dire « je ». Par cet usage, celui qui parle se restitue à soi en excluant l'interlocuteur, même, ou surtout, si, par là, il confère à *ego* l'étrangeté, mais en fait l'altière dignité, d'une pluralisation :

> *pai uni kasitu ? – indak ! kami banyak karajo*
> (aller tu(féminin) là-bas) ? – non (nous.EXCLUSIF =) je beaucoup travail)
> « est-ce que tu vas là-bas ? – non, j'ai beaucoup de travail ».

Exotiques (langues)

La notion d'exotisme prend un contenu bien différent selon qu'elle est utilisée par un Suédois à propos d'un Papou des hauts-plateaux de Nouvelle-Guinée, ou par un paysan pendjabi voulant caractériser un agriculteur de l'Alberta au Canada. Si l'on adopte, pour des raisons de vraisemblance bien que tout à fait arbitrairement, le point de vue des locuteurs occidentaux, on appellera exotiques les langues qui ont pour eux le visage de l'étrangeté, c'est-à-dire qui présentent des phénomènes sans rapport avec leurs habitudes.

Mais la situation est moins simple qu'il n'y paraît. Car au sein même de l'ensemble linguistique occidental, et plus spécifiquement européen, l'expérience montre que certaines propriétés paraissent évidentes aux uns et étrangères aux autres. Si, en considérant ces disparités internes à l'Europe, on s'interroge sur les caractéristiques phonétiques, il ne manque pas de traits que seules possèdent certaines langues européennes, et qui sont inconnus dans les autres. Ainsi, un *l* faisant entendre non le son clair et bref du *l* de la plupart des langues européennes, ni le son [w] du polonais ou bien, à la finale après voyelle, du portugais, mais un son de frottement prolongé, s'entend en suédois, ainsi qu'en gallois, où il est noté dans l'écriture par un double « l » : cette graphie « ll » frappe ceux qui se rendent au pays de Galles la première fois qu'ils l'aperçoivent dans les noms géographiques.

Le castillan possède un *s* légèrement chuinté (bien que distinct du son [š] de *chanter*), qui est inconnu dans les autres langues européennes, et d'ailleurs aussi en espagnol d'Amérique latine, où, au contraire le *s*, surtout en position finale après voyelle, est remplacé par une légère aspiration, ou même amuï. Pour ne pas quitter l'Espagne, le galicien paraît seul en Europe à posséder, par exemple dans l'article indéfini féminin *una* « une », prononcé à peu près [uŋa], un son fort répandu, au contraire, en Afrique : une consonne nasale vélaire (articulée par pression de la langue contre le voile du palais). Un autre cas est la remarquable diversité des timbres vocaliques et des diphtongues (associations de deux ou plusieurs timbres en une seule voyelle), caractéristique frappante de nombreux dialectes alémaniques de Suisse.

L'exotisme se loge, il faudrait dire se love, absolument partout. En dehors des faits phonétiques que je viens de noter, il en existe un grand nombre qui relèvent de la morphologie ou de la syntaxe, et que l'on peut considérer comme exotiques du point de vue défini plus haut. Par exemple, on dit en français *la théorie* et en allemand *der Mann* (« l'homme »), l'article étant toujours et uniquement placé avant le nom. Voilà pourquoi, pour un francophone ou un germanophone, la position de l'article après le nom est un trait exotique. C'est pourtant ce que l'on trouve couramment dans les langues scandinaves ou dans celles des Balkans : le danois dit *teorien* (où *-en* est l'article), et de même, pour dire « l'homme » en roumain et « la reine » en bulgare, on dit *omul* (homme-le) et *tsaritsata* (reine-la).

Il y a plus. Même une langue que l'on croit « facile » parce qu'elle est omniprésente, l'anglais, contient des traits fort exotiques. Ainsi, on ne rencontre nulle part ailleurs en Europe (sauf, épisodiquement, dans certains dialectes de Suisse alémanique) de verbe « faire » employé pour poser une question et pour nier :

> *why did they bowdlerize this novel ?* « pourquoi ont-ils expurgé ce roman ? »
>
> et
>
> *he doesn't grovel to anyone* « il ne s'aplatit devant personne ».

Si l'on cherche d'autres cas de cet emploi de « faire », on les rencontre... dans diverses langues papoues de Nouvelle-Guinée !

En outre, une singulière particularité syntaxique distingue radicalement l'anglais du français. Alors qu'en français le mouvement d'un point à un autre s'exprime par un verbe et son moyen par une expression adverbiale, en anglais, tout à l'inverse, le verbe exprime le moyen et c'est l'expression adverbiale qui exprime le mouvement lui-même (voir Difficiles, langues). La syntaxe du basque présente aussi des traits fort exotiques pour les locuteurs de deux autres langues avec lesquelles il voisine depuis des temps immémoriaux : le français et l'espagnol. Le plus frappant de ces traits est l'existence d'un suffixe que les linguistes appellent « marque d'ergatif », et qui est ajouté à l'agent d'un verbe exprimant une action (voir Agent).

On peut encore, lorsque l'on parle une langue comme le français, où le verbe est conjugué selon la personne du sujet (*je prends*, *nous prenons*, *ils prennent*, etc.), s'étonner de voir le hongrois conjuguer aussi le verbe selon la personne du complément d'objet : cette langue dit *várom*, *várod*, *várja* quand c'est une personne ou une chose définie qui est attendue, les sens étant donc « je l'attends », « tu l'attends », « il l'attend », mais *várok*, *vársz*, *vár* pour « j'attends », « tu attends », « il attend » tout court quand cette attente concerne une personne ou un objet indéfini. Cet exotisme est un des nombreux charmes de la langue des Magyars, une de ses difficultés, diront ceux et celles qui voudraient que toute langue répondît au modèle qui leur est le plus familier !

J'ai, jusqu'ici, souligné certaines des propriétés par lesquelles diverses langues autres qu'européennes peuvent paraître exotiques aux Européens. Mais peut-on s'en tenir à cette vision européocentriste ? Pourquoi ne pas tenter, à présent, d'adopter la vision des usagers de langues parlées loin de celles d'Europe, et très différentes d'elles ? Le résultat ne décevra pas : c'est ici que la relativité des jugements va se déployer dans toute son étendue. Car à l'aune de ces langues, celles de l'Europe pourraient apparaître comme fort exotiques ! Oui, exotiques, les langues européennes le sont certainement, et à plus d'un titre ! Beaucoup de leurs caractéristiques sont peu répandues dans les autres langues.

Ainsi, les langues européennes ont, pour la plupart (une grande langue, le russe, figure parmi les exceptions) des articles, aussi bien définis, comme *le*, *la*, *les*, qu'indéfinis, comme *un*, *une*, *des*, bien que ceux-ci y soient moins fréquents que ceux-là. Ces articles sont beaucoup plus rares en dehors de l'Europe. Les langues européennes possèdent en outre, du moins dans leurs versions écrites, des propositions relatives introduites par des pronoms spéciaux, comme dans

j'ai lu le livre **qui *est sur la table***

ou

elle apprécie le journal **que *Pierre lui a donné*.**

La plupart des autres langues ignorent cette structure. Beaucoup se servent de participes, notamment les langues mongoles et turques, ainsi que, dans une certaine mesure, les langues finno-ougriennes, ou inversent simplement les propositions, comme le japonais, qui dit

hito wa kita (homme THÈME.DU.DISCOURS est.venu)
« l'homme est venu »,

mais

kita hito « l'homme qui est venu ».

Beaucoup de langues européennes ont aussi, contrairement à la plupart des autres, un passé composé à verbe auxiliaire « avoir », du type

français *j'ai écrit*,
portugais *tem estudado* « j'ai étudié » (où *tem* est la première personne du singulier du verbe *ter* « avoir »),
suédois *jag har skrivit* « j'ai écrit ».

Pour marquer la personne éprouvant un affect, les langues européennes se servent en majorité d'un mot fonctionnant comme sujet, par exemple dans *il a soif*.

Seules les langues de l'est de l'Europe, comme le roumain, le finnois ou le russe, et celles de l'ouest, comme l'islandais, se servent, pour exprimer ce sens, non d'un sujet, mais d'un complément au datif. Or cette tournure est fort répandue en dehors de l'Europe, notamment dans toutes les langues de l'Inde, et dans un grand nombre des langues autochtones d'Amérique (voir Affects). Une autre propriété concerne le mode d'expression du complément d'un comparatif. Dans la plupart des langues du monde, on dit soit « Y est plus grand de (ou "à" ou "par rapport à") X », comme le font aussi certaines langues romanes autres que le français, dont l'italien, soit « Y est grand à surpasser X » (tournure fréquente en Afrique). Dans les langues d'Europe, on se sert souvent d'un mot spécial de même racine qu'un pronom relatif : *que* en français, *than* en anglais par exemple.

Par tous les traits que je viens de rappeler, les langues de l'Europe apparaissent, si l'on adopte une perspective mondiale et se déprend de la vision qui met l'Europe au centre de tout, comme fort aberrantes, au sens, littéral, où elles errent loin des récurrences attestées presque partout ailleurs. Faudra-t-il, dès lors, les réputer exotiques ? Les Européens hésiteront à trouver ce parti raisonnable. Mais quoi qu'il en soit, il apparaît clairement que l'exotisme n'est pas une notion que l'on puisse définir dans l'absolu.

Innombrables sont, au surplus, les particularités qui ont de quoi étonner, ravir ou, qui sait ?, inquiéter les Européens s'ils observent les langues autres qu'européennes. Tenons-nous-en à la phonétique, domaine suffisamment probant à lui seul. Beaucoup de langues africaines possèdent une consonne pour la production de laquelle la brève rencontre des dents supérieures et de la lèvre inférieure réalise une occlusion totale, c'est-à-dire ne laisse passer aucun filet d'air, contrairement au *v* du français. L'œil est aussi surpris que l'oreille face à de telles productions sonores, mais la surprise ne s'arrête pas là. Car d'autres langues, comme le peul, ont des *b*, des *d*, des *g* et des *y* prononcés avec fermeture et réouverture préalables de la glotte, ce qui produit une impression acoustique d'étrange, bien que légère, explosion. La fermeture-réouverture de la glotte peut aussi se produire non plus avant mais après l'émission de la consonne, d'où les *p*, *t*, *k*, etc. glottalisés du haoussa, du géorgien ou des langues amérindiennes de la famille salish.

On ne regrettera pas ces immenses nomadisations phonétiques et ethno-culturelles si l'on songe que les mêmes langues salish ont d'autres trésors à offrir aux oreilles européennes : par exemple, deux consonnes produites au niveau de la luette pour l'une ou du pharynx pour l'autre, comme le [q] et le [ʕ] de l'arabe, mais en outre suivies d'une occlusion-réouverture de la glotte. Mais avant de terminer, fort arbitrairement et plus tristement encore, ces randonnées folles à travers la galaxie des sons, comment ne pas rappeler aussi le phénomène peut-être le plus étonnant que certaines langues humaines jettent en pâture à nos oreilles étourdies : les consonnes claquantes ? Elles sont mentionnées ici à l'entrée intitulée, d'un bruit qui les évoque, Clic-clac.

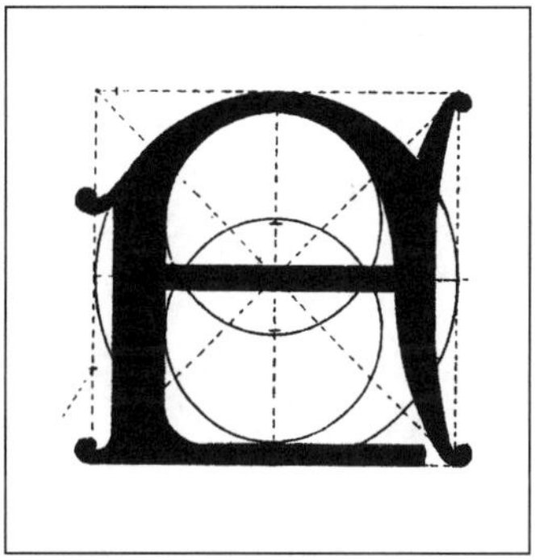

Familles (de langues)

C'est par une métaphore, empruntée aux sciences du vivant, que l'on a pris l'habitude, au moins depuis la fin du XVIIIe siècle, de parler de « familles de langues ». Certaines ont été posées dès cette époque, comme celle des langues aujourd'hui appelées « ouraliennes », dont font partie, en Europe, le hongrois, le finnois et l'estonien, et que parlent aussi, en Russie, de nombreuses populations, autrefois nomades, des bords de l'Ob, comme le vogoul et l'ostiak, ou habitant le bassin de la basse Volga, comme le mordve et le votiak. Les langues les plus familières aux Européens recouvrent la plus grande partie de l'Europe, mais aussi de l'Inde, et c'est pourquoi on les a appelées « indo-européennes ». Même si l'on ne s'intéresse guère à ces affinités génétiques, on ne peut manquer d'être frappé par la ressemblance, au moins sous la forme écrite (car les prononciations varient beaucoup, comme on sait), entre les vocabulaires de l'italien, du français, de l'espagnol, du portugais, du roumain, du catalan, de l'occitan, toutes langues qui constituent, au sein de l'ensemble indo-européen, une branche appelée, du fait de leur commune origine, « néo-latine » ou « romane ».

Mais si l'on est attentif, ne sera-t-on pas tout aussi sensible, même à l'oral, aux ressemblances entre l'allemand, le néerlandais, l'anglais, les quatre langues scandinaves (danois, norvégien, suédois, mais aussi islandais), et le yidiche, encore vivant malgré le génocide perpétré par les nazis ? N'a-t-on pas de bonnes raisons d'avoir appelé « germanique » tout cet ensemble ? Un des plus illustres spécialistes des langues « germaniques », qui établit les relations phonétiques entre elles et les branches sanscrite et latine de l'indo-européen, fut Jacob Grimm, qui découvrit aussi, cette fois à l'intérieur de l'ensemble germanique, les fameuses mutations consonantiques expliquant les correspondances entre elles, d'où la « loi de Grimm » (1822) (aux bases en fait entrevues en 1817 par le génial linguiste danois Rasmus Rask).

C'est la première loi des études indo-européennes, qui établit le principe même fondant la grammaire comparée, celui de la régularité des lois phonétiques. Ici surgit soudain une interrogation : Grimm, Grimm ? Mais ne serait-ce pas celui qui, avec son frère Wilhelm, avait commencé d'éditer, en 1812, les *Contes d'enfants et du foyer*, puis avait fait paraître en 1816-1818 les *Légendes allemandes* ? Il n'y a pas le moindre doute : il s'agit bien du même homme ! Et qui donc refuserait de croire que lorsque l'on s'aventure dans l'infinie forêt des langues, et qu'on ne cesse d'y progresser en défiant certaines de leurs énigmes, on se trouve de plain-pied dans un univers où les instruments les plus rationnels d'investigation et de rigueur savantes n'excluent pas le sens des mythes et de la magie, ainsi que le penchant pour les contes merveilleux qui enchantent l'enfance ?

Une oreille exercée perçoit aussi, surtout si on la sollicite en soulignant les parentés, combien la proximité est grande entre russe, russe blanc, ukrainien, polonais, tchèque, slovaque, bulgare, macédonien, serbe, croate, slovène. On ne s'étonnera pas que cette autre branche de l'indo-européen soit appelée « slave ». Les savants sont partagés quant à l'appartenance slave des langues dites baltiques : lituanien et letton, qui ne sont pas seules à régner dans deux petits pays du nord-est de l'Europe, puisque le russe y est aussi largement présent.

Mais comment oublier le grec, qui fonde la culture occidentale, l'arménien, vieille langue de culture, et l'albanais du pays des aigles ? Ce sont là des isolats de l'indo-européen, c'est-à-dire des langues qui sont les seuls membres de chacun des groupes qu'elles constituent en son sein. On ne peut pas davantage omettre une branche qui, avant que ne s'imposât vers le IVe siècle de l'ère chrétienne la puissance romaine, connut une large diffusion : le groupe celtique. Refoulé dans les derniers confins terrestres, disons les « finisterres », de l'Europe par une série d'invasions, le celtique ne survit, en état assez précaire, que dans ces sanctuaires d'avant l'océan où continuent, mais pour combien de temps encore ?, à se parler l'irlandais, le gaélique écossais, le gallois et le breton, ainsi que le manx de l'île de Man en Grande-Bretagne. Le cornique de Cornouailles s'est éteint vers 1800, ce qui n'empêche pas un groupe, restreint mais croissant, de vaillants combattants de la personnalité celtique, depuis le début du XXe siècle, de tout faire pour le remettre en vie. Quant au gaulois, il a disparu sous les coups de boutoir du latin depuis le IIe siècle après J.-C. au plus tard, mais non sans laisser, pour parler de lui à ceux qui savent les reconnaître, de nombreux toponymes, hydronymes, oronymes dont la France est couverte, ainsi que des mots, tout à fait minoritaires par rapport à l'énorme masse des mots d'origine latine, mais qui sont aussi d'authentique souche gauloise, noms de végétaux : *bruyère*, *chêne*, *if*, *sapin*, d'animaux : *alouette*, *bouc*, *cervoise*, *lotte*, *mouton*, *suie*, de parties du corps : *bec*, *orteil*, de repères géographiques : *chemin*, *dune*, *quai*, *talus*, d'actions et sentiments : *bercer*, *briser*, *changer*, *craindre*, *glaner*, de relations : *valet*, *vassal*, etc.

Les langues de la Perse et de l'Inde du Nord appartiennent aussi à l'indo-européen. Les plus connues des premières, dites « iraniennes », ont de grands textes anciens à offrir à ceux qui ont appris à lire le persan, le pachto, le tadjik. Et quant aux secondes, dites « indo-aryennes », la plus vieille d'entre elles, le sanscrit, que certains déclarent encore présent dans les doctes débats des plus vénérables brahmanes, est une source d'emprunts savants et religieux pour elles toutes, sans compter les emprunts qu'elles se font mutuellement, de sorte qu'un air de famille, par-delà les différences qui bloquent la communication, rapproche entre eux le hindi, le pendjabi, le goujrati, le marathi, le bengali, l'oriya, l'assamais, le bihari, le népali et le cachemiri ; sur ce dernier se sont exercées, du fait de la position géographique et de l'islamisation, des influences iraniennes. Mais la famille indo-aryenne n'est pas absente d'Europe (voir Romani). Les langues du sud de l'Inde, quant à elles, sont étrangères à l'indo-européen, malgré les nombreux emprunts au sanscrit et aux langues indo-aryennes. Ce sont de vieilles langues de culture, surtout le tamoul, mais aussi le kanara, le telugu et le malayalam. Est également étrangère à l'indo-européen une autre famille, celle des langues mounda, qui occupe le rebord septentrional du plateau de l'Inde centrale, du Gange à la rivière Narbada ; seules quelques langues de cette famille, autrefois florissante et aujourd'hui menacée, sont parlées par des populations avoisinant ou dépassant un ou deux millions de locuteurs : le moundari et le santali notamment. Enfin, les langues onge, jarawa et autres, des animistes nomades des îles Andaman, archipel du golfe du Bengale, constituent sans doute une famille à part, encore mal connue.

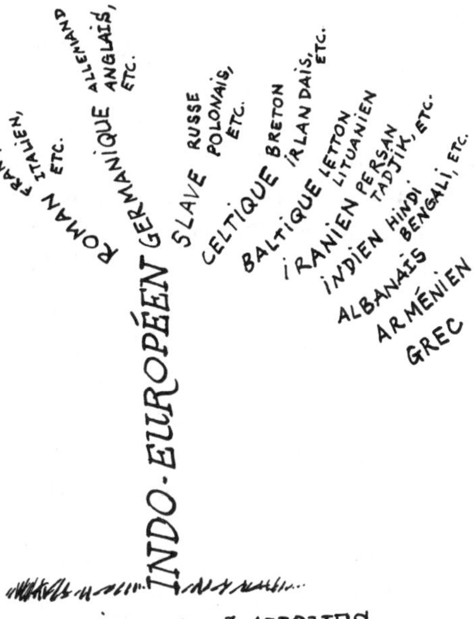

FAMILLES de LANGUES

Cette famille indo-européenne, qui s'étend jusqu'au voisinage immédiat des langues dravidiennes et munda, est d'une considérable diversité. Au sein même de l'indo-européen, des langues que leur parenté génétique rattache ensemble à cette famille paraissent bien étrangères les unes aux autres. Qui songerait, sans connaître cette parenté, que des langues apparemment aussi différentes que le gallois et le bengali sont toutes deux indo-européennes, comme le sont aussi le tchèque et le pachto ? Telles sont les étranges destinées qui peuvent rendre si fascinant l'univers des langues humaines !

La famille sémitique était déjà connue et étudiée au temps de Renan. Elle couvre tout le Proche-Orient, de l'arabe à l'hébreu en passant par l'amharique, l'araméen et le sud-arabique. Sont proches des langues sémitiques celles que l'on appelle couchitiques, somali, afar notamment, qui se parlent en Éthiopie, en Somalie et sur le bord occidental de la mer Rouge, ainsi, suppose-t-on, que les langues dites chamitiques, comme le copte, dernier descendant (aujourd'hui restreint dans l'usage à la liturgie) de l'égyptien pharaonique puis démotique, les langues berbères (dont le kabyle, le chleuh, le rifain) et la branche tchadique (haoussa et nombreux idiomes du nord du Nigéria et du Cameroun). Les parentés conduisent à poser l'existence d'une famille dite chamito-sémitique, qui regrouperait toutes ces composantes.

Si l'on se déplace vers l'est de cette fabuleuse empyrée des langues, on y trouve d'abord celles du Caucase, mystérieux microcosme où les obstacles d'un relief tourmenté sont peut-être parmi les causes du maintien d'une forte diversité et d'une non moins forte complexité. Le géorgien est, en fait, assez différent des langues du nord-ouest et du nord-est du Caucase. Mais toutes les langues de cette région présentent des structures phonologiques et grammaticales assez originales. Au centre de la Russie vivent, dans la vallée de l'Iénisséi, des populations dont certaines langues se conservent aujourd'hui, comme le két. On rencontre à l'ouest et à l'est de cette zone trois groupes de langues de la famille dite altaïque, du nom de la haute chaîne qui domine certains de leurs territoires : langues turques, qui, si l'on excepte deux langues de Russie, le tchouvache parlé entre la Volga et le Don, et le yakoute du bassin de la Léna, ont entre elles de nombreux points de ressemblance (turc de Turquie, azéri, kazakh, turkmène, ouzbek, kirghiz, ouïgour, etc.), langues mongoles (notamment kalkha de Mongolie, bouriate de Sibérie orientale) et langues toungouzes (mandchou, evenki de la région de Krasnoïarsk, lamout ou evenk de Sibérie du Nord, etc.). Sur les rudes terres glaciales de l'extrême nord-est de l'Asie et de l'ouest de l'Alaska se parlent des langues eskimos, aléoutes, regroupées en une famille eskimo-aléoute ou eskaléoute, ainsi que des langues tchouktches, kamtchatkiennes, regroupées en une famille tchoukotko-kamtchatkienne, que l'on a parfois rapprochées du japonais, du coréen et de l'aïnou.

Au-delà des immensités sibériennes, si propices à l'imagination avide de vastes espaces, se situe la famille sino-tibétaine, dont la plupart des membres présentent la double particularité, elle aussi propre à fouetter la curiosité, d'être monosyllabiques et de posséder des tons (voir ce terme). Comme l'indique le nom de cette famille, le chinois y voisine avec la branche tibéto-birmane, qui englobe elle-même, en sus du tibétain et du birman, une langue de basse Birmanie, le karen, et un grand nombre de langues des hauteurs himalayennes, dont certaines, parlées par des tribus encore partiellement nomades, ont conservé le polysyllabisme, ailleurs disparu le plus souvent : bodo, kachin, naga, langues kiranti du Népal oriental. Mais l'Asie du Sud-Est est aussi le domaine de quatre autres groupes : d'une part les langues miao-yao, parlées au sud-est de la Chine et au nord-ouest du Vietnam, d'autre part trois groupes présentant une parenté : les langues taï-kadaï, dont la plus connue et la plus étudiée est le thaï de Bangkok, les langues viet-muong, en particulier le vietnamien, enfin les langues mon-khmer, notamment le cambodgien, la plus célèbre. Les deux derniers groupes sont souvent réunis en une famille appelée austro-asiatique.

Depuis Madagascar à l'extrême occident jusqu'à Hawaii à l'extrême est, la famille dite « austronésienne », c'est-à-dire des langues d'Austronésie ([ensemble des] « îles du sud »), couvre l'étendue géographique la plus vaste de toutes les familles linguistiques, avec cette particularité que la proportion de terres émergées sur cette aire immense est bien inférieure à celle des eaux, et que ladite famille est faite de langues séparées les unes des autres par les mers, de l'océan Indien au Pacifique sud et au Pacifique nord. Les seules langues de cette famille parlées sur des zones terrestres importantes sont le malgache, les langues des Philippines dont celle de Manille (le tagalog, voir ce mot), et l'indonésien sous ses deux variantes de Malaisie et d'Indonésie, ainsi que les langues apparentées, à Sumatra, à Java, aux Célèbes, à Bornéo et sur d'autres îles : balinais, batak, dayak, javanais, minangkabau, soundanais.

Une île est à considérer comme très importante, celle de Taiwan (Formose) : en effet, l'hypothèse d'une origine taiwanaise du peuplement de toute cette partie du Pacifique par les Austronésiens, qui était proposée depuis une vingtaine d'années par les linguistes, sur la base, notamment, du caractère archaïque des langues qui se parlent à Taiwan, semble confortée par la découverte récente d'un fait socio-biologique : l'ancêtre de toutes les souches de l'*Helicobacter pylori* (bactérie responsable de l'ulcère gastrique) trouvées en Océanie provient de Taiwan, d'où est partie la dispersion des peuples austronésiens.

Les autres langues austronésiennes sont dites « océaniennes » du fait que les îles où elles se parlent sont dispersées au milieu de l'océan Pacifique. Ces langues sont souvent distinguées en trois branches polynésienne (« îles nombreuses »), mélanésienne (« îles des communautés [les plus] noires ») et micronésienne (« petites îles ») ; l'on trouve parmi elles le fidjien, le futunien, le marquisien, le tahitien, le marshallais, le port-sandwitch et autres langues de Vanuatu, le rotumien, le samoan, le tongien, le houaïlou (adjié) et autres langues de Nouvelle-Calédonie, et enfin ce qui reste du hawaïen, presque entièrement supplanté par l'anglais dans le cinquante et unième État des États-Unis. Certaines langues de type indonésien sont isolées au nord, notamment le chamorro, langue de Guam, et le palau des petites îles du même nom, encore très vivant (cf. Hagège 1986). Les langues australiennes, qui sont encore environ deux cents, pourraient constituer une famille génétique, dont on ne sait s'il faut la rattacher à celles qui se parlaient en Tasmanie avant l'extermination des habitants de cette île au début du XIXe siècle. Il en est de même des langues papoues de Nouvelle-Guinée, premier réservoir de langues au monde.

C'est aussi pour des raisons géographiques, plutôt que de véritable unité génétique démontrée, que l'on parle de « langues africaines » et de « langues amérindiennes ». On distingue trois branches au sein de l'ensemble africain, étant entendu que certaines langues africaines, celles du groupe tchadique, peuvent être rattachées à la famille sémitique. La plus importante de ces trois branches occupe les vallées du Niger et du Congo, grands fleuves d'Afrique. Elle comprend les langues du Sénégal, de Guinée, de Sierra Leone, de Côte-d'Ivoire, du Niger, du Burkina Faso, du Ghana, du Nigéria, du Bénin et du Togo, toutes langues rangées dans les familles atlantique (peul, ouolof, serer notamment), mandé (bambara, dyoula, soninké, etc., langues vernaculaires dans lesquelles on peut entendre s'entretenir de nombreux émigrés dans les villes de France), voltaïque (moré, dogon, senoufo, etc.), kwa (dont baoulé, igbo, yoruba), adamaoua (du nom d'un plateau du Nigéria et du Cameroun, sur lequel se parlent de nombreuses langues dont le mbum (cf. Hagège 1970), le gbaya, le banda).

Mais surtout, cette première branche comprend les langues africaines dont la parenté a été établie le plus tôt, et qui couvrent, du Cameroun à l'Afrique du Sud, la plus vaste étendue : les langues bantoues. Le swahili est sans doute la plus citée, du fait de son importance comme langue officielle de la Tanzanie, où elle a même supplanté l'anglais, contrairement aux autres langues des pays africains autrefois colonisés par la Grande-Bretagne et par la France. Mais d'autres langues bantoues sont elles aussi parlées par plus, ou beaucoup plus, de deux millions de locuteurs, fait rare en Afrique, où dominent les langues tribales limitées à de petits territoires, sinon à des villages (au Nigéria, il existe 410 langues, au Cameroun 270, en République démocratique du Congo 210, et le Soudan, la Tanzanie et le Tchad en possèdent entre 100 et 160 chacun !). Parmi ces langues figurent le luganda (en Ouganda, évidemment !), le rundi, cas unique en Afrique de langue couvrant la totalité d'un pays et même de deux (Burundi et Rwanda), celles de la république du Congo, notamment le kikongo et le lingala, ainsi que celles de l'extrême sud du continent, comme le zoulou ou le xhosa.

Une deuxième branche des langues africaines est celle que, du fait de son emplacement géographique, l'on appelle « nilo-saharienne », et qui comprend, dans sa sous-branche saharienne, des langues du Niger, du Mali, du Tchad, du Cameroun, du Soudan comme le songhaï et le kanouri, et, dans sa sous-branche nilotique, des langues parlées au Soudan, comme le nubien, d'autres encore attestées dans les régions du centre et du sud du Soudan et de l'Éthiopie ainsi que du nord du Kénya, comme le masai, le shilluk, le nuer, et d'autre part le moru, le madi, le mangbetu. La troisième branche des langues africaines est celle des langues khoïn, toutes caractérisées par la présence de consonnes claquantes et parlées en Afrique du Sud, en Namibie et dans le désert de

Kalahari au Botswana. (Voir l'entrée Clic-clac, où sont citées les langues de cette famille.)

Où ranger, parmi ces familles si nombreuses et si complexes, une langue qui, à travers la diversité de ses dialectes en France et en Espagne, demeure opaque pour les linguistes quant à ses origines : le basque ? Les vertes collines et les villas chargées de géraniums des Pyrénées-Atlantiques et de l'Espagne du Nord-Ouest abritent des Français et des Espagnols à la langue atypique et fascinante par ses mystères (voir Basque).

Un continent en trois morceaux, dont le plus petit, au centre, relie d'un fil ténu deux masses géantes, a pour langues officielles ou provinciales des langues européennes : anglais, français, espagnol, portugais. Mais la conquête coloniale qui a introduit ces langues dans les trois Amériques n'est pas parvenue, en dépit de ses violences, des massacres, des acculturations et déracinements brutaux, à exterminer complètement les langues des premiers occupants indiens, que l'on appelle amérindiennes. Du moins a-t-elle réussi à faire qu'un grand nombre de ces langues soient en situation précaire. Quelles sont les langues ainsi dominées par l'espagnol ? D'une part, celles de la famille tupi-guarani, à laquelle appartient le guarani (voir ce mot). D'autre part, celles des autres familles sud-américaines : le chibcha, importante famille s'étendant du sud du Nicaragua, à travers presque toute l'Amérique centrale, puis les hauts plateaux colombiens et les furieux reliefs creusés par les hauts affluents de l'Amazone et de l'Orénoque, jusqu'à Guayaquil en Équateur ; le quetchua (voir ce mot), langue autrefois prestigieuse de l'Empire inca, ou encore l'aymara des âpres sommets boliviens.

L'arawak et le caraïbe sont présents, à côté du tupi-guarani, au Brésil, pays de deux cents langues au moins, toutes en danger (voir ce mot). Appartiennent à ce qu'on appelle « langues de France », puisqu'elles sont parlées, notamment, en Guyane française, une langue de la famille arawak, le palikur, et une autre de la famille caraïbe, le wayana, l'une et l'autre intéressantes et complexes, par leur morphologie touffue et leur syntaxe de type rare, comme l'est l'apalaï, autre langue caraïbe de Guyane française, qui n'était plus parlée en 2008 que par une cinquantaine de locuteurs. Une autre langue arawak doit être mentionnée, le chipaya, encore parlé dans un village de Bolivie après l'avoir été sur un territoire plus vaste des hauts plateaux andins, et aujourd'hui soumis à la pression de l'aymara. D'autres langues sont dans une situation très précaire : au Brésil et au Venezuela le yanomami, en Argentine et au Chili le selknam, le tehuelche, le haush, le yagan, le qawasqar. Seul, le mapuche (mapudungun), langue araucane, semble résister aux menaces d'extinction (voir Danger [langues en]).

Dans la partie méridionale de l'Amérique du Nord, les deux cent quarante langues que compte peut-être encore le Mexique incluent de nombreuses familles, aux noms rutilants : cuitlatec, mixe-zoque, otomi, tarasque (également appelé purépecha et étudié dès le milieu du XVIe siècle par les missionnaires espagnols), tequistlatec, totonac. Les seules langues indiennes de ce pays à être encore parlées par des communautés d'autres dimensions que tribales appartiennent à deux cultures brillantes : celle des

Aztèques sur le plateau mexicain, et celle, dans le Yucatan, d'une civilisation raffinée qui, protégée par la forêt tropicale, résista aux Espagnols jusqu'en 1546 au moins : les Mayas. Ces derniers, qui s'étendent, au-delà des frontières mexicaines, jusqu'au Guatemala, sont deux millions à parler une trentaine de langues assez proches, aux noms tout aussi éclatants, dont le quiché et le yucatec.

Qui ne rêve de mille images à l'évocation du nom des Aztèques ? La principale langue de ce groupe fut appelée le nahuatl, dont la forme classique était en usage à l'arrivée des Espagnols. Les différentes formes de l'aztèque sont une transition vers le reste de l'Amérique du Nord, car la famille uto-aztèque, dont il fait partie, contient aussi, aux États-Unis, le comanche, le hopi, le cahuilla et d'autres idiomes. Ces langues sont en état fort précaire, n'étant plus transmises, et n'ayant donc d'autre usage que restreint aux derniers vieillards qui les connaissent encore, tout comme celles d'une autre famille, dite na-déné, dont les branches sont au Canada le haida (archipel de la Reine-Charlotte et île du Prince-de-Galles), l'eyak et le tlingit du territoire au sud de l'Alaska. Dans les États qui bordent les Grands Lacs américains et canadiens se maintiennent les vestiges de deux familles linguistiques autrefois florissantes, l'algonquienne et l'iroquoise. Deux membres de la première, le cree et l'ojibwa, sont encore parlés par plus de dix mille locuteurs, comme l'est le navajo (soixante mille usagers), lui-même membre d'une autre famille, l'athapaske, où sont aussi rangés l'apache, le chasta et la langue de ceux que des trappeurs français appelèrent Loucheux.

Semblent également préservés, pour l'heure, le cherokee et le dakota, membres d'une famille, celle des Sioux, dont d'autres langues sont éteintes : l'alabama, l'appalachien et la langue du peuple raffiné auquel Chateaubriand consacra son livre *Les Natchez*. Quant à la branche iroquoise de la famille sioux, la plupart de ses membres, comme l'onondaga, le sénéca ou le mohawk, sont moribonds, comme ceux de presque toutes les autres familles indiennes d'Amérique, mais non tout à fait morts. Seule des langues iroquoises a vraiment disparu le wyendat, langue de la grande nation que les Français avaient appelée les Hurons, d'un mot attesté dès le XIVe siècle au sens d'« homme à la tête hérissée », par référence à la coiffure de plumes des Indiens. Ce nom est aussi celui du deuxième, en dimension, des Grands Lacs séparant le Canada des États-Unis, les rives de son bras oriental, dit Baie de Géorgie, étant le territoire d'origine de cette nation. Les Hurons suscitèrent la curiosité du beau monde parisien quand un membre de cette ethnie fut montré dans les salons, aventure mortelle pour l'infortuné, trop heureux, pensa-t-on, d'avoir inspiré à Voltaire son conte *L'ingénu*, où la fraîcheur spontanée d'un sauvage des Amériques, atterré par les mille impostures de la société européenne du XVIIIe siècle, est prétexte à fustiger ces dernières.

Quant aux langues de la grande famille pénutia, autrefois bien représentée en Orégon, dans le nord de la Californie du Nord, et dans le sud des États de Washington et d'Idaho, elles sont moribondes ou éteintes, sauf, peut-être, le chinook, dont une forme simplifiée fut longtemps utilisée comme idiome véhiculaire sur la côte Pacifique. On peut en dire autant de la plupart des langues salish, langues de pêcheurs et navigateurs expérimentés, dont ne subsistent, en Colombie-Britannique pour le Canada et, pour les États-Unis, dans l'État de Washington, et, plus sporadiquement, en Oregon, Idaho et Montana, que quelques membres en situation précaire, notamment le comox, langue salish de l'île de Vancouver et de la côte continentale qui lui fait face (cf. Hagège 1981).

Tout cela donne un grand nombre de familles de langues. Certains linguistes ont tenté de subsumer quelques regroupements sous ce foisonnement. Un savant soviétique mort à trente-deux ans mais dont les matériaux furent publiés plus tard (Illitch-Svitytch 1971-1984) a proposé d'assigner les familles indo-européenne, chamito-sémitique, dravidienne, ouralienne, altaïque, avec le géorgien et le coréen, à un vaste phylum dit « nostratique », c'est-à-dire propre, en majorité, à « notre » (latin *noster*) univers. Un autre regroupement a été proposé (Greenberg 2000), selon lequel figurent dans une même super-famille, appelée eurasiatique, les langues eskaléoutes, tchoukotko-kamtchatkiennes, le japonais et l'aïnou, le coréen n'étant pas inclus. Un autre phylum, dit déné-caucasien, regrouperait les langues amérindiennes d'Amérique du Nord (celles du Sud étant considérées comme un groupe séparé), la famille sino-tibétaine, les langues du nord du Caucase, l'yénisséien, le basque, le prestigieux étrusque du Latium pré-romain, et d'anciennes langues d'Anatolie disparues dès avant le début de l'ère chrétienne, hourrite, hatti, ourartéen. Précédemment, le même auteur avait proposé (Greenberg 1971) un phylum dit « indo-pacifique », où les langues papoues sont regroupées avec celles des îles Andaman et le tasmanien. D'autre part, les familles austronésienne, thaïe, khmère, vietnamienne, munda et miao-yao constitueraient un phylum « austrique ». Tout cela laisse hors de classement les langues africaines et australiennes. C'est dire que les tentatives de regroupements en grandes familles demeurent partielles, et ne constituent pas encore de progrès décisif dans l'entreprise de démonstration d'une unité d'origine de toutes les langues. Il pourrait s'agir d'un rêve qui, s'il répond à la tentation bien naturelle de dompter le multiple sous les mirages de l'unique, ne fait rien perdre de sa force, encore, au mystère qui étreint tout observateur : l'infinie (et irréductible ?) diversité des langues humaines.

Femmes (langues-)

L'amour des langues détourne-t-il sur des êtres qui ne sont pas humains celui qui s'adresse à la beauté des femmes ? Ou plutôt, les beautés des langues suscitent-elles un amour aussi passionné que les beautés des femmes ? Si la plus qu'humaine beauté d'un visage de jolie femme, ou un corps de femme aussi gracieux que parfait, produisent une intense et presque douloureuse vibration, alors l'émotion que procure l'amour des langues est parente de ce scintillement. Les langues sont femmes.

Elles le sont, déjà, en un sens tout à fait simple, grammatical en quelque sorte. Le féminin, dans celles où il est distingué du masculin (ce qui n'est certes pas le cas de toutes les langues), est souvent investi d'une étrange primauté. Je ne veux pas exactement parler ici de l'implication sexiste qui lui est attachée dans les langues de certaines sociétés et qui se reflète, par exemple, dans la dérivation féminine de noms masculins en kabyle : dans cette langue berbère, si l'on applique à *argaz* « homme » la marque du féminin, consistant en un *t-* initial + un *-t* final, on obtient *targazt* « femme du genre hommasse », et tout aussi bien, en appliquant l'opération inverse à *tamTut* « femme », on obtient *amTu* « femmelette » ! Il ne s'agit pas non plus des interprétations féminines qui surgissent dans une langue pour des raisons fortuites, comme le mot roumain *debara*, qui n'est féminin que parce qu'il se termine en *-a*, lors même que le mot français *débarras*, dont il procède, est masculin !

Il s'agit, plutôt, des accords grammaticaux, comme celui de l'adjectif attribut en roumain, qui est au féminin lorsque les sujets sont inanimés, même si ces derniers sont masculins. Je pense aussi à l'arabe dialectal mauritanien, où c'est au féminin que l'on reprend une proposition, comme si, en français, l'on disait *sais-tu qu'il est parti ? – oui, je* ***la*** *sais*. Fort intéressant est aussi le cas de l'arabe littéraire, dans lequel le verbe, autant que l'adjectif, est accordé au féminin avec certaines catégories de noms au pluriel, et où, au surplus, comme dans l'exemple ci-dessous, un nom extérieur à un groupe, *-ʕažu:z* dans cet exemple, peut imposer son accord en genre à ce groupe, structure très particulière appelée *na't sababi :* par les grammairiens arabes, et qui donne, avec un nom féminin,

> *tadahraža 'ila: l-ku:χ-i l-muqi:m-atu fi:-hi l-ʕažu:z-u* (trébucher-PASSÉ.MASCULIN vers ARTICLE-réduit-DATIF ARTICLE-se.trouvant-[FÉMININ].NOMINATIF dans-cela ARTICLE-vieille[FÉMININ]-NOMINATIF)
> « il arriva en trébuchant au réduit où se trouvait la vieille femme », littéralement « il arriva en trébuchant au réduit se trouvante dedans la vieille femme ».

Mais il y a plus étonnant. On disait autrefois *vous me **la** baillez belle* et on dit encore *il l'a échappé **belle***. On dit aussi en langue expéditive *faut pas m'**la** faire, hein !* Le français est loin d'être seul à employer le féminin dans ces contextes. Pour ne citer qu'une autre langue romane, l'espagnol dit *a mis anchas* « à mon aise », *a sabiendas* « sciemment », *a tuertas o a derechas* « à tort ou à raison », tous féminins pluriels qui ne réfèrent à rien de grammaticalement féminin dans la phrase, ni de sexuellement féminin dans le monde. De manière analogue, on emploie en arabe tunisien, dans certaines expressions, un sujet ou un complément féminin qui ne réfère, dans le monde, à aucun être qui soit de ce sexe. On dit ainsi *ta:rit-lu* « elle s'est envolée pour lui » au sens d'« il s'est fâché », ou *šra:-ha:-lu* « il la lui a achetée » au sens d'« il l'a provoqué ».

Dire que l'amour des langues a quelque chose qui s'apparente à l'émotion devant la beauté des femmes, ce n'est pas oublier que les formulations de bien des langues font souvent gronder les féministes, qui les jugent peu équitables pour les femmes. Les féminins français sont souvent péjoratifs, alors que les masculins ne le sont pas : *homme léger / femme légère*, *homme galant* / *femme galante*, *mondain* / *mondaine*, etc. Mais est-ce à la langue qu'il faut s'en prendre en la dénonçant comme sexiste ? En Occident, ce sont les sociétés, longtemps guidées par une suprématie des hommes, et les idéologies qu'elles impriment dans les langues, plutôt que des idéologies inhérentes aux langues, qui peuvent susciter le débat. Les langues sont innocentes des péchés qu'on leur impute. Quant à la mise au féminin de *Monsieur le Ministre*, *Monsieur le Secrétaire*, etc., les plus classiques, en France, se contentent de remplacer *Monsieur* par *Madame*, souvent en remplaçant *le* par *la*, et les Québécois disent *auteure*, *facteure*, *écrivaine*, etc. La langue est adaptée aux besoins et aux désirs de chacun. Elle n'est pas en soi plus favorable à un sexe qu'à l'autre, et du reste, comment pourrait-elle l'être, elle qui est notre talisman de dialogue, et non un mécanisme d'affrontement ?

Francique

Lorsque l'on a le privilège d'être assez curieux pour s'intéresser aux langues régionales de France, et que l'on songe à l'Est, dans sa partie frontalière de l'Allemagne, on ne peut manquer de rencontrer l'alsacien. Or, il existe en France une autre langue régionale qui, comme l'alsacien, appartient à la sous-famille germanique de l'indo-européen, mais qui, située dans une région voisine de l'Alsace, est distincte de l'alsacien. Ce dernier, en effet, appartient aux dialectes du haut-allemand, qui, séparés au

VIIe siècle des dialectes bas-allemands, base du néerlandais, du flamand, du frison et de divers parlers encore en usage aujourd'hui au nord de l'Allemagne, comprenaient nombre de variantes. Celles-ci donneront les dialectes du moyen-allemand : autrichien, bavarois, souabe, saxon, alémanique, ancêtre de l'alsacien, du yidiche et des dialectes suisses allemands d'aujourd'hui. Mais le dialecte du moyen-allemand qui allait plus tard aboutir au francique s'était séparé assez tôt des autres, et donc, notamment, de celui qui produira l'alsacien.

Les Lorrains connaissent l'existence du francique, du moins ceux d'entre eux qui ont entendu parler, s'ils sont de Metz ou de Nancy, d'une Lorraine autre que la francophone où se trouvent ces deux villes, à savoir la Lorraine dite germanophone. Certains ont même entendu dire, et répètent pour ce que l'information a de spectaculaire, que c'est la première langue de la monarchie française, car c'était celle de Clovis, fondateur de la première dynastie, celle des Mérovingiens, et que c'est de cette langue que procède, historiquement, le francique d'aujourd'hui. Ce qui semble conforter ces affirmations est un fait non moins spectaculaire, quoique assez bien connu : la France, qui, au cours de l'Histoire, s'est si souvent et si violemment heurtée à l'Allemagne, ne porte ce nom de France que parce qu'un rôle important a été joué dans sa genèse par les Francs, c'est-à-dire une population germanique.

La situation est plus nuancée que les bruits qu'on colporte. À la fin du Ve siècle, Clovis étend sa domination sur la Gaule du Nord, puis devient maître, à la suite de sa victoire à Vouillé sur les Wisigots en 507, d'un territoire s'étendant entre Loire et Pyrénées.

Mais est-ce assez pour considérer qu'il ait fondé la monarchie française, sachant qu'à sa mort, en 511, se forment les trois royaumes ennemis d'Austrasie, de Neustrie et de Bourgogne ? Laissant ce débat aux historiens, on doit également souligner que Clovis et les siens parlaient bien une langue germanique, mais que le francique actuel, que ses défenseurs les moins informés peuvent juger flatteur de rattacher par une filiation directe à la langue de Clovis, ne descend pas exactement d'elle. D'une part, en effet, la langue de Clovis était une forme de francique plus septentrionale, proche du francique ripuaire des bords du Rhin, et parlée dans la région située entre Cologne et Tournai, berceau des Francs Saliens ; elle n'était pas éloignée, même, du bas-allemand, ancêtre du néerlandais. D'autre part, cette langue a disparu, apparemment sans laisser de trace directe, et probablement dès le VIIe siècle, ou plus exactement, elle s'est fondue dans le latin des Gallo-Romains, qui était en train de se transformer en une langue romane ancêtre du français. On peut donc émettre l'hypothèse que l'origine du francique, qui ne serait pas le descendant de la langue des Francs Saliens de Clovis, est beaucoup plus ancienne, et qu'il s'agirait, en fait, d'une langue germanique présente avant même la conquête romaine sur le territoire de la Lorraine actuelle, notamment celui qui était autrefois occupé par les Médiomatrices, de Forbach à Sarrebourg.

Il reste que le francique se répartit aujourd'hui, en France, en trois variétés correspondant à autant de zones historiques distinctes. La plus septentrionale est le francique luxembourgeois, à peu près identique à la langue du Luxembourg, et parlée en France au nord de Thionville, à Volmerange-les-Mines, Sierck-les-Bains,

Cattenom et les campagnes environnantes. La branche centrale est appelée francique mosellan, et se parle dans les régions de Bouzonville, Boulay-Moselle et Faulquemont. La branche méridionale, dite francique rhénan, est limitée à l'ouest par Forbach, Petite-Rosselle, Farébersviller et Saint-Avold, à l'est par Bitche, Phalsbourg et Sarrebourg, et comprend en son centre les régions de Sarreguemines, Sarralbe, Rohrbach, Sarre-Union, Albestroff et Fénétrange. Toutes ces régions ne constituent qu'une partie du département de la Moselle, qui n'est elle-même qu'une partie de la Lorraine, les autres départements qui composent cette dernière étant la Meuse, la Meurthe-et-Moselle et les Vosges. Cela dit assez que le francique occupe un espace fort restreint, ce qui est un des facteurs pesant sur son avenir.

Un autre facteur, dont le francique partage les effets négatifs avec toutes les langues régionales qui n'ont pas bénéficié d'une unification dégageant une norme supradialectale, est la dispersion en variantes, ici au nombre de trois, bien que la communication entre leurs usagers respectifs ne pose aucune difficulté. L'année, *Jahr* en allemand et en francique rhénan, est *Johr*, prononcé [joha], en francique mosellan. « Femme », *Fraa* en francique mosellan et luxembourgeois, est *Frau* en francique rhénan, comme en allemand. *Keih*, « vache » en mosellan comme en luxembourgeois, est *Kiih* en rhénan. Le vin blanc, *Weisswein*, est soit [vajsvajn] comme en allemand, soit [véisvéjn], soit [vi:svi:n] ! Au chapitre des particularités de la morphologie, notamment du verbe, on note que le pluriel d'« avoir » est en francique rhénan *mir hon*, *ihr hon*, *sie hon*, « nous avons », « vous avez », « ils ont », au lieu de la forme *haben*, comme en allemand, dans les autres variétés de francique.

Ces différences, auxquelles s'ajoutent d'autres, d'ordre phonologique, sont bien perçues par les usagers du francique rhénan, qui préfèrent souvent désigner ce dernier comme *platt*, bien qu'il ne coïncide pas avec le *platt deutsch* d'Allemagne, qui n'est que son voisin géographique. Ces usagers, qui récusent aussi l'appellation *ditsch*, employée en Alsace bossue pour référer à leur langue, ajoutent que traditionnellement, leurs parents et eux-mêmes disent *mir redde platt* « nous parlons le platt », et non *mir redde fränkisch* « nous parlons francique », c'est-à-dire mosellan (cf. Nicklaus 2008). Un choix est à faire, ici, entre deux stratégies : d'un côté, un esprit de solidarité embrassant ensemble toutes les formes de francique, attitude indispensable pour la survie de cette langue encore plus menacée de disparaître, aujourd'hui, que l'alsacien, à cause des doutes de ses usagers sur son utilité, et donc du défaut de transmission ; du côté opposé, une insistance sur les différences, qui est scientifiquement fondée, mais peu propice à la prise en compte globale du francique comme cause à défendre, de même que celle de toutes les langues régionales, dont la situation est précaire en France.

OFFICE DE TOURISME SARREGUEMINES

Le francique, surtout mosellan a, d'autre part, conservé des traces du fonds gaulois auquel les

Francs ont mêlé l'apport germanique, comme semblent le montrer quelques mots ressemblant à ceux du breton (finistérien), c'est-à-dire de la langue celtique introduite dès le IVe siècle en Armorique, pointe occidentale de la Gaule, par les tribus celtes fuyant l'avance saxonne en Bretagne insulaire (Grande-Bretagne) et se réfugiant sur le continent : *krom* « courbé », *poul* « mare, mardelle ». Le substrat latin s'est même maintenu dans certains mots, comme *mollich* « mou », qui rappelle *mollis*, ou *Steip* « appui », qui prolonge peut-être *stipes* (cf. Kieffer 2006, p. 15). D'autre part, le francique a fait des emprunts au néerlandais, peut-être par le biais du francique salien de Clovis, qui, s'il n'est pas la source du francique de Moselle, a pu lui apporter des mots. Tel est le cas, apparemment, d'un certain nombre de termes, comme *sprewe* « étourneau », qui ont à peu près la même forme, encore aujourd'hui, en néerlandais. Des emprunts ont également été faits, plus tard, au yidiche, langue germanique de même origine et compréhensible aux habitants de la Moselle germanique, sans compter que la communauté juive était active dans les bourgs de Moselle, où elle pratiquait le commerce des animaux. On dit ainsi en francique rhénan

> *dat és nét kauscher* (cela n'est pas cacher)
> « ce n'est pas correct, pas régulier »,

ou encore

> *alles nur Kalaumes* (tout seulement rêves)
> « tout cela n'est que bêtises »,

emprunt qui provient de l'hébreu *halom* « rêve », yidichisé et pluralisé en *chlomès*.

Enfin, le français est, évidemment, une source importante d'emprunts, et, par exemple, les locuteurs du francique, comme ceux de l'alsacien, ne sont pas muselés par les scrupules quant aux verbes français, très naturellement germanisés, avec des résultats tels que *derangieren*, *eschtimieren*, *sich trompieren*, *sich schenieren*, successivement « déranger », « estimer », « se tromper », « se gêner ». Un discours en français peut aussi être émaillé de mots franciques auxquels on donne une forme française tout extérieure, comme l'illustre le passage suivant (Kieffer, *ibid.*, p. 18-19) :

> « Le *boumleur* était *chtrak*, tellement il avait bu de *chlouks* de *chnaps*. [...] il avait plu, et [...] ça *chpritsait* de partout. Quand le *boumleur* s'est levé, il a *routché*, et il est tombé dans la *boulimatche*. Après il *chmaquait* pas bon, même il *chtinksait* carrément, et il faisait une drôle de *chnesse*. Il avait une *beuille* sur le front, un vrai *knal*. Comme [...] j'avais acheté une *paire* de *chnèques* pour mon *frichtique*, je lui en ai donné un *chtuque*. Il m'a remercié, a *chnoupfé* un peu, et m'a demandé si je n'avais pas encore un peu de *tringuelt*. »

Les mots franciques ici insérés dans un discours en français sont, en orthographe inspirée de celle de l'allemand, *Bommler* « mendiant », *strack* « soûl », *Schluck* « coup », *spritzen* « gicler », *rutschen* « glisser », *Bulimatsch* « boue », *schmacken* « sentir », *stenken* « puer », *Schness* « gueule », *Bels* « bosse », *Knal* « grosse bosse », *paar* « une paire de, quelques », *Schneck* « pain aux raisins », *Fristick* « petit déjeuner, *Stück* « morceau », *schnupfen* « renifler », *Trinkgeld* « pourboire ».

Certains de ces mots sont employés dans d'autres zones de langue germanique, comme *Schneck*, répandu, notamment, en Autriche, peut-être son lieu d'origine. D'autre part, ce passage est un exemple d'entrelacs (voir ce mot) des codes, phénomène que l'on trouve dans beaucoup de régions du monde où la population est largement bilingue. Le symétrique existe aussi, à savoir des phrases en français dont la forme est calquée sur le francique, par exemple

si tu ne veux pas venir avec, laisse-le debout !,

traduction littérale en français, évidemment assez insolite, sinon incompréhensible, du francique

wenn de nét wéllscht métkommen, los et stehn !,

dont une traduction plus « française » serait

si tu ne veux pas m'accompagner, laisse tomber !

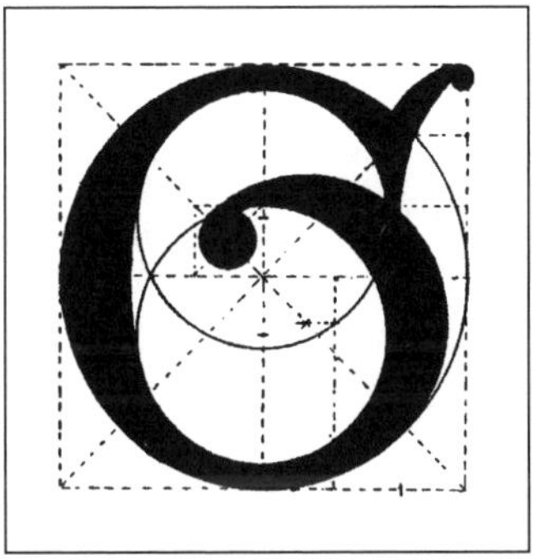

Guarani

Comment ne pas consacrer une entrée à la seule langue indienne d'Amérique qui possède le statut de langue officielle, le guarani, que parlent aujourd'hui, au Paraguay surtout, ainsi qu'en Argentine, en Bolivie et au Brésil, près de quatre millions de personnes ? Elle est fort loin, pourtant, d'avoir obtenu ce statut sans combat ! Les locuteurs de langues tupi-guaranis, famille dont fait partie le guarani, voisinaient à l'origine avec les Arawaks et les Caraïbes dans les forêts tropicales et subtropicales d'Amérique du Sud, de l'Atlantique aux premiers contreforts des Andes, vaste zone où ils s'étaient installés en quittant, il y a environ cinq mille ans, l'Amérique centrale (cf. Villagra-Batoux 1996). L'agriculture néolithique de la société patriarcale guaranie, qui cependant, loin d'être sédentaire, nomadisait sur de larges espaces, venait enrichir les activités de chasse, de pêche et de cueillette, à quoi s'ajoutaient poterie, vannerie et tissage. Ils croyaient à une « Terre sans mal » *(yvy marãe'ỹ)*, sorte de paradis auquel une vie exemplaire permet d'accéder après la mort.

Le guarani préhispanique était un ensemble d'idiomes peu différenciés, utilisés par des populations généralement multilingues. On peut parler d'une civilisation de la parole, ayant le culte du langage oral comme création divine, en tant qu'il servait de support à une cosmogonie, ainsi qu'à toute une série de récits et de cultes traditionnels dans lesquels l'ethnie vivant au centre, c'est-à-dire sur le territoire du Paraguay d'aujourd'hui, reflétait son identité. Cette conception a fortement intéressé les anthropologues et ethnologues modernes, parmi eux L. Cadogan, auteur d'une synthèse des textes mythiques intitulée *Ayvu Rapyta*, « Fondement du langage humain », où une place centrale est accordée au langage dans le processus de la création.

Le grand estuaire où Sebastian Gaboto arriva en 1526, après d'autres expéditions infructueuses qui toutes répondaient à l'irrépressible pulsion de découvrir les fabuleux trésors de l'Ouest, ne fut pas par hasard nommé par lui Rio de la Plata « Rivière de l'argent ». En 1535, Charles Quint confie la même mission à Pedro de Mendoza, qui établit comme lieu de départ des expéditions vers l'ouest la bourgade de Puerto de Santa Maria del Buen Aire, future Buenos Aires. De là part Espinosa, qui fonde sur son chemin la ville de Nuestra Señora Santa María de la Asunción, future Asunción. L'existence d'une langue, le guarani, largement répandue dans cette région faisait des

Carios, premiers locuteurs de cette langue, des partenaires précieux pour les Espagnols.

Mais en outre, cette société indienne traversait, depuis le début du XVIe siècle, une crise, due au passage du nomadisme à l'état sédentaire, et qui, paradoxalement, poussait un grand nombre de ses membres à fuir le pouvoir de plus en plus pesant des chefferies. De là l'accueil favorable que firent la plupart des Indiens aux étrangers : les montagnes de Potosí et du Pérou, si elles étaient pour les Espagnols celles de l'argent et de l'or, étaient pour les Guaranis celles de l'immortalité… Cependant, cet accord ne survécut pas à la décision que prit Irala, successeur de Mendoza, de consolider Asunción en en faisant non plus une ville-étape, mais le centre de la conquête et de la colonisation. Il inaugura donc le régime des *Encomiendas*, distribution des terres des Indiens, et des Indiens eux-mêmes, aux colons, appelés *encomenderos*, et multiplia les fondations de villes pour assurer l'expansion de la colonisation. Le concubinage des Espagnols avec les femmes guaranis devint une pratique courante. L'étendue du territoire rendit nécessaire sa division administrative en provinces du Guaira et du Río de la Plata, avec Asunción et Buenos Aires pour capitales respectives.

Les Espagnols, loin de tenter, comme cela était fait dans d'autres terres coloniales d'Amérique, d'imposer le castillan aux dépens de la langue indienne locale, furent nombreux, au contraire, à apprendre le guarani, tout comme les Guaranis, habitués au multilinguisme, apprirent aisément le castillan, ceux d'entre eux qui, enfants de femmes guaranis, étaient métis, ayant le guarani pour langue maternelle au sens strict. Les missionnaires chrétiens, très vite convaincus de l'importance du guarani pour l'évangélisation, apportèrent une contribution essentielle à son affermissement. Cependant, les excès de pouvoir des *encomenderos* réduisant les Indiens à une forme d'esclavage, et l'impatience de ces derniers, aboutirent à des révoltes et à une crise qui atteignit son point culminant dans les années 1575.

Il fut donc décidé de remplacer le régime des *Encomiendas* par celui des *Reducciónes*, ou système d'exploitation des terres par le regroupement, ou « réduction » territoriale, des Indiens autour d'un centre urbanisé, et sous l'autorité des missionnaires. Ce furent d'abord les Franciscains, dont un membre, Luis de Bolaños, laissa à la postérité la première traduction du catéchisme en guarani. C'était d'une certaine manière, en même temps que le régime même imposé aux Indiens, une « réduction » pour le guarani, que l'on forçait dans le moule procrustéen de la grammaire latine, et où entraient nombre de latinismes et d'hispanismes ! Pourtant, c'était aussi une consécration. Car par le passage à l'écriture, sans aucun précédent dans la tradition guaranie, cette langue, si elle amorçait une évolution vers une forme moins fidèle à l'oralité spontanée et un peu calquée sur des langues étrangères, pénétrait néanmoins dans l'ère prestigieuse du scripturaire, qui en faisait l'égale du castillan et du latin !

Ce fut en 1605 que l'on créa la Provincia Jesuítica del Paraguay, qui dura un siècle et demi, et dont la célébrité laisse des traces dans l'œuvre même de Voltaire. Car on admirait en Europe, à l'époque des despotismes « éclairés », cet art de la « colonisation douce », confiée à des missionnaires d'élite appartenant aux plus grandes familles, et qui organisèrent la vie religieuse, professionnelle, et même militaire, des Indiens, instaurant une discipline stricte, des horaires contraignants, les constituant en une sorte d'État autonome, qui fondait même ses propres armes ! Sur le plan linguistique, les Jésuites, dont les positions en Europe dans le débat entre Anciens et Modernes étaient résolument celles de la modernité, et en particulier de la promotion des langues vernaculaires, ne pouvaient qu'être très favorables au guarani.

On peut dire, même, que certains nouèrent avec cette langue une véritable relation passionnelle, admirant notamment ses propriétés morphologiques et syntaxiques (voir Agent, Aime [je t'], Exclure, inclure) ! La totalité de la vie dans les Réductions se déroulait en guarani. Tout cela aboutit à certaines des plus célèbres grammaires d'une langue amérindienne, dues à un amant de la langue guarani, le père Antonio Ruíz de Montoya, auteur du *Tesoro de la lengua guaraní*, de l'*Arte y vocabulario de la lengua guaraní* et du *Catecismo de la lengua guaraní*, tous trois édités à Madrid en 1639-1640. Ce fut le résultat de sérieuses recherches sur les différences dialectales, que le père résolvait au bénéfice du guarani du Guaira, sans pour autant imposer de norme forte et en n'oubliant pas que le guarani était une langue vivante, de sorte qu'on ne peut pas vraiment soutenir que les Jésuites aient fait de cette langue un guarani « jesuítico » ou « misionero » éloigné des usages naturels. Montoya s'adressait toujours à des locuteurs natifs.

L'expulsion de la Compagnie de Jésus en 1768 donna aux autorités coloniales l'occasion de faire revivre le vieux rêve de castillanisation. Néanmoins, la proclamation de l'indépendance en 1811 ne put qu'entériner la position dominante que toute son histoire avait valu au guarani. Mais dans la seconde moitié du XIXe siècle, le mercantilisme libéral qui conduisit le Paraguay à une industrialisation de plus en plus considérable pour satisfaire le commerce international, l'importation d'ingénieurs étrangers, l'effort énergique de développement, eurent pour conséquence une adhésion à l'idéologie occidentale de progrès, qui s'assortit d'une promotion du castillan comme seul susceptible d'accompagner la modernisation du pays. Dès lors, le guarani fut interdit dans les écoles, le castillan seul fut accepté dans toutes les publications, et les Indiens durent remplacer leurs anciens noms guaranis par des noms espagnols. Cependant, la paysannerie paraguayenne continua de vivre dans la culture et la langue guaranies, ce qui accentua la dichotomie entre langue officielle minoritaire, le castillan, et langue majoritaire dominée, le guarani.

Pourtant, le guarani fut paradoxalement stimulé par un épisode dramatique, qui interrompit le développement économique du Paraguay. En effet, inspirée par l'Angleterre, qui voyait dans le dynamisme nationaliste et intransigeant de la république paraguayenne un obstacle à son expansion dans cette région, une coalition de l'Argentine, du Brésil et de l'Uruguay lança contre le Paraguay, en 1865, la terrible guerre dite de la Triple Alliance. Son but était, en fait, l'extermination des Paraguayens, qui, au bout de cinq ans de combats sanglants, étaient passés de 1 300 000 habitants à… 200 000 ! Pis encore, les ennemis du Paraguay visaient explicitement l'extinction du guarani. Tant il est vrai que la définition de l'identité paraguayenne passait par le guarani. Dès lors, les libéraux eux-mêmes, qui pourtant lui avaient été hostiles au début, puisèrent dans ce moment tragique pour le pays la conviction qu'il fallait reconnaître le poids du guarani dans la conscience de tous leurs compatriotes (Villagra-Batoux, *ibid.*, p. 276-277).

Dès 1866, le guarani revint donc au devant de la scène, dans les instructions et réunions officielles comme dans la presse. Cependant, les vainqueurs étrangers, non contents d'aliéner le pays sur le plan économique en le pliant aux lois des propriétaires terriens, s'efforcèrent d'extirper le guarani, dénoncé comme langue « diabolique » et langue de sauvages. Mais ce qui devait arriver arriva : le guarani, seul patrimoine non détruit par la guerre, et non destructible, devint le symbole de l'unité nationale face au désastre. Il continua d'affronter l'idéologie moderniste qui le voyait comme un facteur d'arriérisme, et apporta la preuve de sa vitalité en servant de véhicule à une littérature abondante, en particulier poétique et théâtrale, non sans dérives mythologiques, comme celle de l'indigéniste Rosicrán dans les années 1930. La dictature militaire, qui succéda à une guerre menée dans le Chaco contre la Bolivie pour trouver du pétrole, eut une attitude ambiguë, provoquant d'une part l'exil des élites favorables au guarani, mais recherchant d'autre part l'appui des masses en exaltant le guarani parlé comme facteur d'identité, par une action démagogique de façade, qui ne retenait en fait que le castillan comme langue officielle. La chute de la dictature en 1989 fut suivie d'une politique de promotion forte du guarani, qu'avaient préparée de nombreux travaux lexicographiques, grammaticaux et de recherche scientifique, et qui se concrétisa par un programme d'éducation bilingue, confié dès 1989 à un Conseil consultatif pour la réforme de l'éducation.

Mais le point culminant fut, en 1992, la publication des articles 77 et 140 de la Constitution, donnant au guarani statut officiel au Paraguay, et stipulant l'obligation de l'éducation bilingue. Ces articles sont entrés en application dès 1994. Par cette étape décisive de son histoire, le guarani a acquis une position unique parmi toutes les langues indiennes des Amériques, et voit apparaître enfin un épisode ultime, souhaité et rendu évident depuis plusieurs siècles, de son étonnante et dramatique destinée.

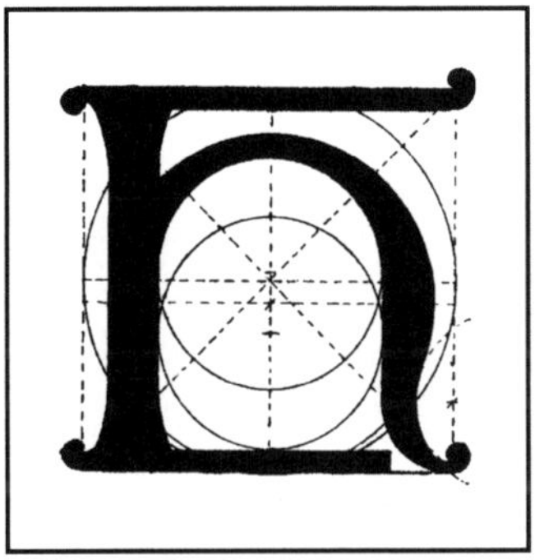

Hispaniques (vocables)

Depuis le débarquement de Scipion l'Africain sur les côtes ibériques en – 218, le latin qu'apportaient avec eux les légionnaires et administrateurs romains s'est transformé en une des grandes langues romanes, l'espagnol, non sans s'imprégner de quelques mots, dont des noms propres, de langues antérieures : *Hispania* vient sans doute du punique, langue de Carthage, que la furie romaine allait détruire sauvagement en – 146 (voir Lieux), où il signifierait « terre de lapins » ; *izquierda* « gauche » est une hispanisation du mot basque *ezker* « main gauche », *chatarra* « ferraille » et *pizarra* « ardoise » sont des mots d'origine basque, *aran* quant à lui signifiant « vallée » en basque, d'où la redondance de l'appellation *Val d'Aran* (cf. Thibault 1992) ! Beaucoup de mots grecs empruntés par le latin du fait du prestige du grec, pourtant langue de vaincus (voir Classiques [langues]), passèrent aussi, à travers lui, à l'espagnol, notamment, outre les termes savants communs à toutes les langues romanes (*filosofía*, *teología*, etc.), des mots plus hispanisés, comme *bodega* « cave, cale », issu de *apotheka*. Il reste que le latin qui, ainsi, servit aussi de véhicule, était vite devenu en Hispanie une langue reconnaissable à son accent provincial assez rugueux, comme l'atteste la réaction sarcastique des sénateurs de Rome au discours prononcé devant eux, en 108, par le consul Hadrien, futur empereur, qui était né en Bétique (Andalousie moderne).

La présence des Wisigots, qui, chassés de Gaule en 507 (voir Francique), s'installent pour deux siècles en Espagne, apporte des mots germaniques comme *falda* « jupe », *ganso* « oie », *guerra* « guerre », *robar* « voler », ainsi que des noms propres de même source, comme *Fernando* ou *Rodrigo*. Mais surtout, à partir de 711, les huit siècles, ou presque, d'Espagne musulmane au sud sont l'occasion d'une entrée massive de mots arabes, dont ceux qui commencent par l'article arabe absorbé, comme *algarabía* « charabia (discours d'étrangers, *γuraba'* en arabe »), ou *algodón* « coton », et les noms propres comme *Guadalquivir* « grand fleuve » (*oued el-kabir*), pour ne citer que les plus connus.

Bien avant l'achèvement de la Reconquista sur les Arabes par la reddition de Grenade et la victoire des Rois Catholiques, le castillan avait commencé de dominer les autres dialectes, asturien-léonais, galicien-portugais, navarro-aragonais, cependant que le catalan amorçait une brillante affirmation à l'est de la péninsule. Langue du plus puissant des royaumes chrétiens en lutte contre l'Espagne musulmane, le castillan devint donc peu à peu, du XIIe au XVe siècle, l'idiome prépondérant des points de vue politique et littéraire. 1492, année phare de l'histoire du monde, est celle où s'achève la Reconquista, mais aussi celle où les Juifs, qui avaient tant contribué, notamment par leurs élites, au lustre de l'Espagne musulmane, sont contraints soit à la conversion, que la plupart refusent (du moins dans l'intimité des foyers qui parviennent à tromper l'Inquisition), soit à l'exil, où sera cultivé le judéo-espagnol ou djudesmo, le plus vieux témoignage encore vivant, bien que très menacé, du castillan d'avant le XVIe siècle (voir Juives [langues]).

1492 est aussi l'année où Isabelle de Castille accorde enfin des caravelles, peut-être pour se débarrasser de lui, à un vieux fou de marin génois qui les réclame à cor et à cri, et qui partira découvrir les Indes, croyait-il, mais en fait une tout autre terre, et un tout autre destin pour l'univers. Enfin, 1492 est l'année où un brillant professeur de Salamanque, Antonio de Nebrija, écrit sa *Gramática de la lengua castillana*, dans l'introduction de laquelle il note ces mots célèbres applicables à toutes les situations d'affermissement d'un pouvoir politique restauré, et par conséquent de codification de sa langue, en fait ici un dialecte qui reçoit la dignité suprême de langue définitive de la monarchie espagnole : « La langue chemine toujours avec le pouvoir. » Il faudrait ajouter que dans les décennies qui suivent 1492, cette langue castillane est exportée dans d'immenses territoires du Nouveau-Monde, où l'évangélisation, sur les pas mêmes des sanglantes victoires et des énormes massacres perpétrés par les conquistadores, la substitue quasiment, en un temps très bref, à un grand nombre de langues indiennes du Mexique, du

Pérou et d'autres parties de l'Amérique. Cette dernière fut nommée latine, peut-être parce que certaines des élites religieuses espagnoles la croyaient une continuation directe du latin, sinon le latin lui-même, qu'elles pensaient répandre à travers la langue castillane et l'Évangile étroitement associés. Et c'est comme *castellano* plutôt que comme *español*, qu'au Mexique, en Colombie, au Pérou, au Chili, etc., on préfère souvent la désigner, du fait des connotations coloniales et de l'adéquation avec l'Espagne, toutes deux récusées, qui sont contenues dans ce dernier terme.

Ce sont donc surtout les mots du castillan qui se sont imposés en espagnol, avec leurs particularités phonétiques absentes des autres dialectes, comme le *h-* initial remplaçant le *f-* du latin, dans *hijo* « fils », par exemple. Dès le XIe siècle, sur les traces du pèlerinage de Saint-Jacques-de-Compostelle, cette langue s'enrichira de nombreux mots français et occitans, comme *manjar* « mets », *jardín* « jardin », *mensaje* « message », etc. En revanche, à l'époque classique du *Siglo de Oro* « Siècle d'Or » espagnol, du XVe au XVIIe siècle, l'espagnol deviendra prêteur, d'où les emprunts français comme *grandiose*, *guitare*, *hâbler*, et même, provenant des langues indiennes d'Amérique par l'entremise de l'espagnol, beaucoup d'autres mots, comme *hamac*, *maïs*, *patate*, *tabac*, *cacahuète, chocolat, tomate* : les trois derniers sont des mots nahuatl qui, de l'espagnol emprunteur, se sont répandus dans le monde entier. Cela n'empêche pas qu'apparaissent à la même époque, comme souvent lorsque les relations entre deux cultures sont étroites, des emprunts espagnols de mots français, notamment du vocabulaire militaire, par exemple *batallón*, *bayo-*

neta. Ce mouvement de mots français en direction de l'Espagne redoublera d'intensité lorsque la France rayonnera à son tour, c'est-à-dire au XVIIIe siècle, qui apporte à l'espagnol *coqueta*, *favorito*, *galante*, *interesante*, *tisú*, *sofá*, et autres mots contant les libertés et privautés de l'âge des Lumières. Derechef, pourtant, le français reçoit des mots de l'espagnol : de nouveaux américanismes comme *maté* ou *lama*, et des termes politiques ou folkloriques, comme *banderille*, *boléro*, *gitane*, *guérilla*, *intransigeant*.

Il est intéressant de noter que cette ouverture de l'espagnol, par sa propre évolution comme par son contact avec tant de langues d'un autre continent, l'éloigne de plus en plus de son origine latine, en ce sens qu'il s'alimente de moins en moins au latin. Ce trait apparaît clairement si on compare l'espagnol avec une autre langue romane, l'italien, qui n'a guère connu ces contacts multiples, et qui a, même après la diffusion de la langue vulgaire (celle que les gens parlaient et qui n'était plus du latin) dans les domaines les plus divers, continué de s'abreuver au latin. De là les paires de mots issus d'une même racine latine, mais dont l'un résulte de l'évolution naturelle, tandis que l'autre est un emprunt savant direct au latin, et les différences de sens entre les membres de ces paires : *chiusura* « fermeture » / *clausura* « clôture, isolement », *netto* « propre, net » / *nitido* « limpide », *spalla* « épaule » / *spàtola* « spatule », *vezzo* « habitude, câlinerie », et au pluriel *vezzi* « charme, grâce » / *vizio* « vice ».

Le castillan d'Amérique, d'autre part, a acquis des caractéristiques, dont celles, phonétiques, qui disent l'origine andalouse de beaucoup des immigrants d'Espagne. En particulier, les *-s* des noms au pluriel et des verbes à la deuxième personne du singulier du présent disparaissent ou sont remplacés par une aspiration : [lohindioh] *los Indios* « les Indiens », [puedeh] *puedes* « tu peux », en particulier dans l'espagnol de Cuba ; la jota, un *h* dur râclé au fond de la gorge, fait place à un son beauoup plus doux, surtout devant la voyelle *i*, comme dans *Mexico*. Des particularités de vocabulaire sont américaines, notamment *cachimba* « pipe », *lindo* « beau », *limosnero* « mendiant », *enyucar* « escroquer » (« rouler dans le manioc [*yuca*] » ?), l'emploi fréquent de *coger* au sens de « faire l'amour avec », de *platicar* « converser », de *mande* littéralement « ordonnez ! » (étymologiquement de *mande sus ordenes* « donnez vos ordres », parole d'homme asservi adressée à ses maîtres ?), au lieu de *perdón* pour prier de répéter, ces trois derniers mots étant surtout des mexicanismes.

L'espagnol uruguayen offre, notamment, *grébano* « rustre », *pichicatero* « drogué », *malevaje* « fanfaron bagarreur des faubourgs » : à ce dernier mot équivaudraient en Espagne les mots *arrabalero*, *pendenciero* ou *valentón*. L'espagnol chilien nous propose *palqui*, mot désignant un arbre de la famille des solanacées, très répandu au Chili, d'où les expressions courantes *más conocido que el palqui* (plus connu que le palqui) « très bien connu », *casarse con el cura palqui* (se marier en ayant le palqui pour curé) « consommer le "mariage" à l'air libre (sous les branches du palqui) ». *Palqui* est un mot du mapudungun, ou langue (*dungu*) mapu, c'est-à-dire des Mapuches (*mapu* « terre » + *che* « personne » = « les hommes de la terre »). Il s'agit d'une importante communauté indienne d'Araukans, vivant dans l'ouest et le centre de l'Argentine entre Mendoza et

Córdoba, et surtout au Chili central (de Valparaíso à l'archipel de Chiloé en passant par Temuco et Valdivia), où ils affirment énergiquement leur identité face au gouvernement de Santiago. L'espagnol chilien utilise aussi couramment le mot *charquí* « viande séchée et salée », mot quetchua emprunté et transmis par les Mapuches, et bien introduit au Chili.

D'autres formes américaines du castillan sont d'origine européenne, notamment les mots italiens du lunfardo, parler argotique de Buenos Aires, et du cocoliche, jargon populaire d'Argentine et d'Uruguay, ou sont, depuis peu, venues des États-Unis, surtout au Mexique : *cancelar* « annuler » (*to cancel*), *checar* « vérifier » (*to check*), *cloche* « embrayeur » (*to clutch*).

Hybridation

Un trait frappant des langues est leur forte ressemblance avec les espèces vivantes. Comme ces dernières, elles naissent, vivent et meurent (voir Vie [les langues et la]). Et, comme les espèces vivantes encore, les langues connaissent les mystères de l'hybridation, surtout exaltée lorsque des contacts profonds et durables aboutissent à une longue symbiose.

Le roumain offre d'intéressants exemples d'hybridation. Il s'agit d'une langue romane dont le fonds latin a été enrichi, au cours de l'histoire, par des emprunts massifs au slavon, au vieux-bulgare et aux autres langues slaves, ainsi qu'au hongrois, au turc, au grec, au français et à l'anglais. La séduisante bigarrure de cette langue, qui succéda à celle des Daces, habitants, avant la conquête romaine, de la Dacie, devenue plus tard la Roumanie, est ainsi caractérisée par l'auteur de la plus importante histoire de la littérature roumaine (Călinescu 1985, p. 8-9, le plus colossal des in-quarto de ma bibliothèque, un livre dont je dois l'amical hommage à G. Thouroude, traducteur professionnel comme d'autres amoureux des langues) :

> « Que la langue, dans sa structure et le fonds de son lexique, soit latine, c'est là un fait aveuglant. L'influence slave, cependant, peut égarer l'étranger parlant une langue néo-latine s'il n'a pas de connaissances philologiques […]. Le hongrois a apporté un enrichissement lié à l'attitude vitaliste particulière au peuple magyar, pourvoyeur de mots peignant le grand, le sublime, la hauteur de la pensée […]. Parmi les turquismes se trouvent des notions reliées aux intérieurs orientaux, aux objets de bazar, qui donnent à la phrase un aspect multicolore […]. Les hellénismes […], à l'effet toujours subtil et humoristique, reflètent la finesse affective, l'aspiration à la culture, la préciosité […]. Ce mélange de mots aux origines les plus diverses confère à la langue roumaine une extraordinaire richesse de coloris. »

L'hybridation du vocabulaire étant un phénomène courant dans la plupart des langues, et dont je ne donne ici que quelques exemples, ce que cet auteur dit du roumain pourrait, avec des variations dépendant de chaque langue, être dit de bien d'autres. Du moins cet émerveillement d'un lettré devant sa propre langue, qu'il croit unique, offre-t-il une des images saisissantes de l'amour des langues. Des langues situées aux confins de l'Europe sont, elles aussi, les lieux de nombreux emprunts, qui content merveilleusement leur histoire. Le Caucase contient un de ces joyaux : le géorgien (voir Caucase [langues du]).

La réforme radicale du turc par Mustafa Kemal à partir de 1928 (voir Patriotes des langues) réduisit fortement son hybridation par les innombrables emprunts arabes. Aux anciens termes arabes furent substitués de nombreux mots et expressions écrits en alphabet latin, comme *kamuoyu,* littéralement « tous (*kamu*) opinion d'eux (*oy-u*) » « opinion publique ». De même furent introduits, pour exprimer des réalités que les emprunts arabes, du fait de l'époque de leur entrée dans le lexique turc, ne pouvaient exprimer, des mots composés, notamment ceux où un complément d'objet, antéposé au verbe selon l'ordre des mots caractéristique du turc, précède un participe verbal, comme *buzkıran* (*buz* « glace » + *kır* « casser ») « brise-glace », *gökdelen* (*gök* « ciel » + *del* « percer ») « gratte-ciel », ou ceux où deux noms se succèdent, comme *toplumbilim* (*toplum* « société » + *bilim* « science ») « sociologie ».

Certains des mots nouveaux résultent d'un camouflage d'emprunts arabes. Un petit détour en dehors du turc peut ici éclairer. L'emploi de *faire* avec un nom d'emprunt n'est guère un procédé du français, bien que certains styles, écrits comme oraux, combinent librement *faire* avec divers éléments, notamment des onomatopées, comme dans *faire boum*, ou des noms divers, comme celui d'une fleur, le catleya, dont Marcel Proust se sert pour évoquer les tendres privautés d'Odette et de Swann. Mais ce modèle n'inspire pas de créations comme *faire boost*, par exemple, qui souffrirait, déjà, d'une insolite disgrâce. Car beaucoup se contentent, dans la quête avide de la laideur, d'affubler *boost* d'une marque française d'infinitif, d'où l'affligeant *booster*, auquel sont bien préférables, avec le même sens ou un sens voisin, *pousser*, *inciter, survolter*, *exalter*, *galvaniser*.

Le turc montre davantage d'invention. L'élargissement non autochtone du vocabulaire par emploi de *faire* avec un nom emprunté y est un procédé aussi courant qu'en persan, en japonais, en coréen ou en grec démotique, et s'observe dans les nombreuses associations d'un nom arabe avec le verbe turc *etmek* « faire », lequel est aussi combiné, sans cérémonie, avec des mots français, d'où *abone etmek* « abonner », ou *integre etmek* « intégrer ». Mais parfois, ce procédé produit une turquisation roublarde de termes arabes. Un seul exemple l'attestera, celui du remplacement de l'expression *tesbit etmek* « établir, fixer » (littéralement « établissement (arabe *teθbi:t*) + faire ») par *sapta(mak)* : ce mot reprend les consonnes *θ* (remplacé par *s*), *b* (remplacé par *p*) et *t* du mot arabe (sans le préfixe arabe *te-*, qui sert à former des noms) ; en outre, les voyelles *a* généralisées dans ce mot en harmonie avec celle du suffixe *-mak* d'infinitif turc lui donnent un « air turc ».

L'hybridation peut également prendre en turc la forme d'astucieuses et légères modifications de mots turcs qu'un heureux hasard fait ressembler à des mots étrangers dont le sens est voisin du leur (voir Ludiques [conduites]). Enfin, l'hybridation n'est pas exempte de quelques périls, comme la distorsion sémantique. Le turc, encore lui, en offre d'édifiantes illustrations, notamment quant au sort qui attend le sens des mots français, dont le turc est si friand qu'il les emprunte tels quels, sans adaptation phonétique. Ainsi mis en confiance, des francophones seront certains qu'*atlet* et *tablodot* ont en turc le même sens qu'en français. Las ! L'un peut vouloir dire « gilet de corps », et l'autre « menu ». Et quand on entend *konsomatris*, il faut le plus souvent comprendre « entraîneuse ».

Il arrive que le vocabulaire d'une langue soit pénétré de marques grammaticales étrangères qui s'introduisent dans le sillage des mots empruntés. Le mbugu, langue couchitique de Tanzanie, a emprunté aux langues bantoues voisines, du fait d'une longue période de contact et d'un bilinguisme généralisé, leur système de préfixes de classes (voir ce mot) nominales et d'accord entre eux, l'étendant même à une partie du vocabulaire couchitique originel. L'indonésien, pour sa part, n'a pas profondément modifié par contact ses structures, qui demeurent, en commun avec l'achinais, le soundanais, le balinais ou le madurais, celles de la branche sondique (îles de la Sonde) des langues malayo-polynésiennes occidentales. Pourtant, son lexique est si intimement pénétré d'emprunts qu'on a pu dire que neuf mots indonésiens sur dix sont d'origine étrangère : chinoise (attaque de l'empereur mongol et immigration chinoise dès le XIIIe siècle), arabe (introduction de l'islam, par des marchands du Proche-Orient et d'Inde, à Sumatra au XIIIe siècle et à Java au XVe), néerlandaise (présence coloniale du début du XVIIe siècle à 1945), portugaise, française, anglaise, espagnole, sanscrite, tamoule, sans compter les autres langues de l'Indonésie, dont le javanais surtout, mais aussi le soundanais, le minangkabau, le batak, le bugis.

Il existe des cas d'hybridation plus frappants encore, car ils concernent les structures morphologiques. Le maltais, langue de l'île de Malte, partage avec la langue de la région de Kormakiti, au nord-ouest d'une autre île, Chypre, et avec l'arabe d'une partie des populations libanaise et syrienne, un trait rare : ce sont les seuls dialectes arabes à être parlés par des communautés chrétiennes (beaucoup des habitants de Malte s'évertuant à nier la base arabe, qui évoque trop l'islam aux yeux d'une population profondément catholique…). Le maltais, seul dialecte arabe, proche des anciens parlers citadins de Tunisie, à être langue officielle (conjointement, il est vrai, avec l'anglais), a, du fait de ses liens étroits avec le monde chrétien, greffé, sur son substrat grammatical et lexical arabe, tout un superstrat, c'est-à-dire de nombreux emprunts à deux dialectes italiens : d'abord le sicilien, puis, à partir du XVIIe siècle, le toscan, ensuite à l'italien moderne (lui-même langue officielle à Malte jusqu'à 1934 et à la montée du fascisme), et, depuis le milieu du XXe siècle, à l'anglais, dont l'influence demeure sans commune mesure avec celle des éléments siculo-italiens.

Le résultat est que le maltais donne l'étonnante impression d'être une langue sémitique fortement métissée d'éléments indo-européens. Des arabophones attentifs reconnaîtraient aisément des formations arabes dans les pluriels *sla:vadj* et *twa:pɛt* de *sɛlvadj* « sauvage » et *tapi:t* « tapis », mots d'origine sicilienne, et de même, le mot *skru:n* « tournevis », emprunté à l'anglais *screw*, donne un pluriel de forme arabe *skrɛyyɛn* (cf. Vanhove 1994, p. 173-174). Cette créativité dans l'hybridation s'étend même à des mots de plusieurs syllabes dont la fin seule est soumise à la morphologie des pluriels sémitiques alors que le début ne l'est pas, comme le montre le rapprochement entre *pɛrsya:na* « persienne » (emprunt italien) et son pluriel *pɛrsyayyɛn*. Des radicaux arabes, à l'inverse, reçoivent des suffixes italiens, comme *hbib* « amis » donnant *hbibɛriyya* « amitié », sur le modèle de prid-*junɛriyya* « emprisonnement », lui-même formé sur l'italien *prigione* « prison ». Même imagination hybridante dans la conjugaison, où des marques arabes de personne viennent, comme en arabe, se suffixer (au passé), se préfixer (présent singulier) ou se préfixer et se suffixer à la fois, à des radicaux non pas arabes mais siculo-italiens : *sɛrviət* « elle a servi », *sɛrvɛw* « ils sont servis », *nsɛrvi* « je sers », *issɛrvu* « vous servez ».

Certaines langues adoptent une morphologie étrangère jusque dans les marques personnelles de la conjugaison. Le dialecte romani d'Ajia Varvara, en Grèce, importe les désinences turques de personnes du singulier et du pluriel en même temps que les verbes turcs eux-mêmes. Sur l'île Mednyj, située, dans la mer de Béring, près de la presqu'île russe du Kamtchatka, les racines verbales aléoutiennes reçoivent des désinences personnelles russes.

Il n'y a presque pas de limites à l'hybridation des langues les unes avec les autres.

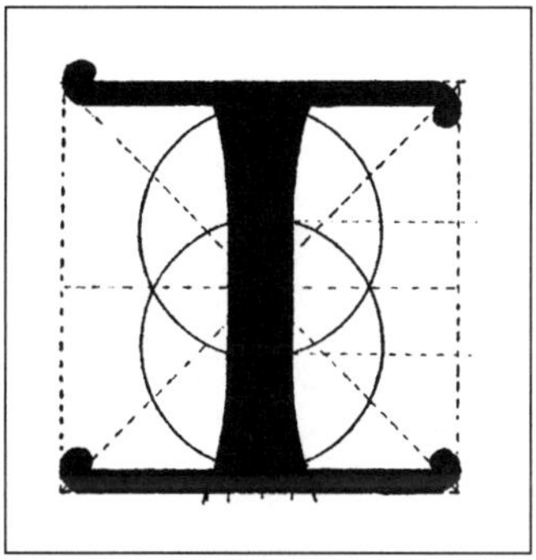

Icône

Comme une icône est, ou veut être, une image d'un objet ou d'une notion, de même certains aspects de la morphologie ou de la syntaxe des langues suggèrent une interprétation en termes iconiques. Il s'agit, par exemple, des cas où l'interposition d'un mot entre deux autres correspond à une distance entre eux du point de vue du sens. En effet, cette différence semble directement peinte en langue, puisque du matériel linguistique est lui-même également interposé, comme par imitation, iconique ou photographique, de cette distance entre les sens. L'anglais

he shot him
signifie « il l'a tué (d'une arme à feu) »,

tandis que si l'on interpose un *at* entre le verbe et le pronom, cette distance entre eux que marque le *at* paraît refléter la distance même entre leurs sens, puisque

he shot at him

veut dire « il a tiré sur lui », et n'implique pas que le projectile ait tué son destinataire. En français, distinguer, comme le font certains locuteurs, entre

il lisait ses notes

et

il lisait dans ses notes

signale que l'exposé peut être fait sans que les yeux se détachent des notes, ou au contraire en s'en inspirant librement, d'un regard jeté sur elles de temps en temps.

La succession de verbes peut aussi dépeindre, comme par effet d'icône, celle des actions. En khmer, une phrase,

Koat daœ tøv rô:k tɨk mô:k aoj phœk (il marcher vers chercher eau venir donner boire),

peut être traduite, d'une manière fidèle aux habitudes du khmer, par

il est parti à pied à la recherche de l'eau et est revenu pour en donner aux gens qui, ensuite, l'ont bue.

Cette traduction suit à dessein le déroulement des actions rapportées dans la phrase khmère, afin de faire apparaître que l'ordre de succession des mots décalque en khmer l'ordre chronologique des étapes dans la réalité. Une traduction plus conforme aux habitudes du français, où l'exposé des faits est moins analytique, serait

il a apporté de l'eau à boire.

Le goût des langues pour les mimétismes iconiques apparaît même dans l'ordre des phonèmes (sons minimaux) au sein des racines. L'arabe *zalla* signifie « glisser, se décoller », alors que *lazza* signifie « s'agglutiner, être en adhérence » ; de même, *lahha* veut dire « être mis en contact, exercer une pression par contact », tandis que *halla* veut dire « détacher, détendre », et donc aussi « résoudre ». Jeux aussi savants qu'espiègles avec l'ordre des sons : en le permutant, l'arabe obtient des significations opposées !

Certains aiment à associer les sons des langues à des sens particuliers, du fait des évocations que suggèrent, d'une manière iconique, la forme ou la position des organes d'articulation. Ainsi, on dit volontiers que la voyelle *i* évoque la petitesse, ou l'intimité ou la clarté, tandis que les voyelles *u* et *a* évoqueraient ce qui est grand, peu intime, sombre. On croit en trouver une confirmation dans le *i* de *petit*, *minuscule*, de l'italien *piccolo*, de l'anglais *little*, du hongrois *kicsi* « petit », de l'indonésien *kecil* « petit » et *sedikit* « un peu », et dans le *a* de *large*, *vaste*, ou du chinois *da* « grand ». Mais l'anglais a *big* « grand », le hongrois *apró* « tout petit », le japonais *o:ki:* « grand » et *chi:sai* « petit », le français *nuit* et *jour* ; le russe a *bolšoj* « grand », où le premier *o* est prononcé [a], et *malenkij* « petit » ; l'arabe a *kabi:r* « grand » et *saghi:r* « petit », qui contiennent tous deux aussi bien *i* que *a*. Ce petit nombre de langues suffit à prouver que les associations impressionnistes faites entre certains sens et certain sons n'ont pas de fondement solide quant à l'ensemble des langues. Mais il demeure vrai que, dans certaines langues particulières, ces associations peuvent trouver quelque justification (voir un exemple haoussa dans l'entrée Répéter).

Idéophones

Les langues possèdent toutes des onomatopées, c'est-à-dire des mots qui imitent, ou prétendent imiter, par les sons linguistiques, un bruit, qu'il soit humain, animal, naturel ou propre à un artefact. Le *cocorico* du français peint la manière dont l'oreille française d'autrefois percevait le cri du coq. Un seul et même phénomène naturel, sans doute, pour tous les humains (si les coqs ont partout les mêmes cordes vocales, et ne sont pas affectés d'endémiques extinctions de voix). Et pourtant, un phénomène fortement diffracté par le prisme des cultures. Car les oreilles de notre espèce, alors qu'elles sont partout équipées du même nerf auditif, entendent, quels que soient en réalité les bruits naturels, des bruits qui varient grandement entre eux : *kirikiki* en allemand ou, dans la langue de Wordsworth, une onomatopée plus vraie que tout ce qu'on imaginerait des bruits anglais : *cockadoodledoo* ! Ces exemples européens donnent quelque aperçu du phénomène, mais il est beaucoup plus répandu dans les langues des populations, nombreuses en Afrique, en Asie, en Océanie, dans l'Amérique indienne, qui sont, ou ont longtemps été, alertées, par un contact étroit, aux bruissements du monde. On trouve beaucoup d'onomatopées, notamment, en boulou, en shona et en zoulou (langues bantoues).

Beaucoup de langues, mais non toutes, possèdent aussi des idéophones, ou mots qui, comme le dit ce terme, offrent une peinture sonore d'une idée, pour symboliser un état, une impression sensorielle, une manière d'être ou de se mouvoir, une action qui n'est pas nécessairement elle-même productrice d'un bruit. Le haoussa, par exemple, ajoute des idéophones à des adjectifs qualifiant les individus : à *tsofo* « vieux » il ajoute, pour dire « très vieux », *kutuf*, dont les sonorités condensent une impression d'accablement ; après *fadi* « tomber », il emploie, pour dire « la tête la première », un terme mimétique de la sèche brutalité de la chute : *sharap*. Mais d'autres idéophones ne paraîtront pas tout à fait aussi motivés à des oreilles étrangères. Ainsi, l'idée de dureté d'une pierre et celle de largeur d'une étoffe ne sont pas celles qu'évoquent pour moi les idéophones *kwakəɗak* et *gətəpəng* du tera. Les langues d'Inde sont riches en idéophones, le plus souvent à redoublement. Le hindi-ourdou, par exemple, propose *cam-cam* « clignotement », *jham-jham* « étincelant », *dam-dam*, bruit du roulement de tambour, *gic-gic* « collant », *kal-kal* « glouglou de l'eau », *khây-khây* « sifflement du vent dans les arbres ».

Le japonais possède lui aussi un nombre considérable d'idéophones à redoublement. On en trouve, par exemple, qui sont dits « onomatopées d'émotion », comme *uki-uki*, qui réfère à un état de joie ou de gaieté, *ira-ira*, qui indique un état d'irritation ou d'énervement, bien que les usagers qui, à des degrés divers de conscience, bâtirent le japonais au cours des millénaires n'aient pas, que l'on sache, passé d'accord explicite avec ceux qui bâtirent une autre langue où il se trouve que « colère » se dit *ira*, à savoir… le latin ! Le coréen est remarquable par l'existence d'idéophones appartenant à des ensembles strictement codés d'associations entre les sens et les sons : *golong golong* se dit du comportement d'une personne hésitante, ou du bruit d'un liquide dans un récipient qui n'est pas plein, tandis que *kolong kolong* évoque un bruit plus intense, résonnant dans un espace plus restreint, et *kholong kholong* celui d'un liquide dans un récipient presque vide. Ces associations, dont l'exemple donné montre quelles subtiles distinctions elles peuvent porter, sont purement conventionnelles, car on ne voit pas de raison universellement acceptable pour qu'une consonne sourde (*k*) s'oppose à une sonore (*g*) et à une aspirée (*kh*) pour marquer des différences aussi spécifiques que celles qui séparent les degrés d'intensité du bruit d'un liquide selon les dimensions du récipient qui le contient !

Les formations idéophoniques, pourtant, ne sont pas toujours aussi nettement codées. Elles sont souvent expressives, et peuvent donc être ouvertes, à l'inverse des catégories de la stricte grammaire, à la créativité des parleurs les plus doués. Ainsi, en mooré, on peut entendre, sur le verbe *lug* « dépasser », un dérivé de trois syllabes *lugluglugi*, et même de quatre syllabes *luglugluglugi,* indiquant que l'objet qui dépasse, par exemple un attribut viril, gravit fièrement de majestueux sommets.

Idiomatismes

Toutes les langues du monde possèdent des expressions dites idiomatiques, non qu'elles évoquent un demeuré, mais plutôt parce qu'elles sont spéciales (grec *idiotès* « individu, particulier »), en ce que leur sens ne peut être toujours déduit de l'addition des sens des mots qui les constituent. Il y a des degrés variables d'idiomaticité. Certaines expressions laissent quelque indice du sens, d'autres sont opaques. Souvent, les langues d'une même zone culturelle ont les mêmes idiomatismes, car les expressions voyagent volontiers, et plus facilement encore lorsque la route n'est pas longue. Souvent aussi, il n'y a pas d'adéquation. Ce sont les pots cassés que l'on paie en français, mais en portugais, ce sont les fèves (*pagar as favas*). Le français dit

jeter le manche après la cognée,

l'espagnol

echar la soga tras el caldero (« jeter la corde après le chaudron »),

et l'italien

piantare baracca e burattini (« planter là baraque et marionnettes »).

Le français met

la main à la pâte

et

marche sur des œufs,

alors qu'en anglais, on met « l'épaule à la roue » (*to put one's shoulder to the wheel*) et « patine sur de la glace mince » (*to skate on thin ice*). On trouve en français, à propos d'un phénomène dont les chances d'occurrence sont jugées nulles,

quand les poules auront des dents,

en italien

quando gli asini voleranno (« quand les ânes voleront »),

et en espagnol

cuando las ranas crien pelos (« quand les grenouilles auront des poils »),

tandis que le néerlandais et l'anglais proposent d'autres espèces animales encore, soit, respectivement,

wanneer de kalveren op het ijs dansen (« quand les veaux danseront sur la glace »),

et

pigs might fly (« les cochons pourraient voler »).

En espagnol encore, on est

en misa y repicando (« à la messe et en train de sonner les cloches »), alors que le français, moins ecclésial, parle d'être

> *au four et au moulin.*

De même, en espagnol, on va jusqu'à dire

> *remover Roma con Santiago* (« remuer Rome et Saint-Jacques-de-Compostelle »),

le français remuant, pour sa part, *ciel et terre*, ce qui, certes, est une lourde tâche, mais reste très général, bien que, dans la même généralité cosmique, on puisse affronter des tâches encore plus titanesques, comme le hindi-ourdou, qui dit

> *a:ka:š pa:ta:l ek kərna:* mot à mot « ciel (et) monde-souterrain (en) un (seul élément) réduire » !

Le français est aussi, lorsque, au contraire, il cultive le concret, comme dans

> *ménager la chèvre et le chou*,

moins soucieux de respecter prudemment l'équilibre entre les puissances du bien et celles du mal que l'espagnol, qui

> *encende una vela a Dios y otra al diablo* (« brûle un cierge à Dieu et un autre au diable »).

Cela n'empêchera pas certains de trouver moins de tension à l'espagnol, où l'on dort la jambe relâchée (*a pierna suelta*), qu'au français, où le même état suppose que l'on soit *à poings fermés.* Les amateurs d'interprétations culturelles hâtives jugeront peut-être aussi qu'il est sans doute plus insolite, mais moins cruel, de passer le hibou à quelqu'un (*largar a otro el mochuelo*) que de lui *passer le bébé.*

Les mêmes auront dans bien d'autres idiomatismes une ample matière pour disserter sur les psychologies sous-jacentes aux langues. Ils pourraient dire, par exemple, que l'issue d'une situation difficile est traitée d'une manière plus expéditive en français, où l'on *voit le bout du tunnel*, et plus encore en anglais, où l'on est *out of the wood* « en dehors du bois », qu'en allemand, où l'on est *über den Berg*, c'est-à-dire « (passé) de l'autre côté de la montagne », ce qui suppose qu'on ait pris le parti d'en faire d'abord l'ascension au lieu de passer au-dessous.

Par ailleurs, si l'espagnol prend les cheveux de quelqu'un (*tomar el pelo a alguien*), ou s'il grimpe à la treille (*subirse a la parra*), c'est pour faire ce que le français appelle, respectivement,

> *mettre quelqu'un en boîte* (en anglais *to pull somebody's leg*, littéralement « tirer la jambe de quelqu'un »)
>
> et
>
> *monter sur ses grands chevaux.*

À noter que le portugais, pour ce dernier sens, se contente d'aller aux fils de fer : *ir aos arames*. Dans d'autres cas encore, le portugais utilise des instruments plus traitables que ceux du français, puisque, par exemple, il dit « danser sur la corde lâche » là où le français exige, tout à l'inverse, de *marcher sur la corde raide.* Mais il est vrai qu'il y a lieu de débattre pour décider lequel de ces deux parcours est le plus redoutable. De même, celui que l'on envoie sur les roses est-il mieux ou moins bien traité en portugais, où on l'envoie « peigner des singes » (*pentear macacos*) ?

Les langues déploient aussi beaucoup d'imagination pour désigner comme une action ce qui est, en fait, le plus définitif de tous les états, mais qui, il est vrai, suppose quelque action conduisant à cet état, hélas, irréversible. Et chaque langue possède souvent pour cela bien plus d'une seule expression. Le français dit

passer l'arme à gauche,

mais il dit aussi

casser sa pipe,

auquel correspond le néerlandais

de pijp aan Maarten geven (« donner la pipe à Martin »),

tandis que ces deux langues n'ont pas d'expression comparable à celles des deux idiomes ibériques : espagnol,

estirar la pata (« étirer la patte »),

et portugais,

esticar o pernil (« tendre le jarret »).

Le français dit encore

manger les pissenlits par la racine,

auquel répondent, quasi identiques, l'allemand

sich die Radieschen von unten ansehen (« (se) regarder les radis par en dessous »),

le néerlandais

onder de groene zoden liggen (« être couché sous les mottes vertes »), et l'anglais

to push up (the) daisies (« pousser les marguerites vers le haut »),

ou, plus lointain, l'espagnol

estar criando malvas (« être en train de faire pousser des mauves »).

Mais on trouve aussi, en portugais (européen),

estar a fazer tijolo (« être en train de faire une brique »),

et en anglais

to kick the bucket (littéralement « donner un coup de pied au seau »).

Les expressions de l'aliénation, de ses formes innocentes à ses éclats furieux, sont aussi le lieu de nombreuses formules idiomatiques. L'équivalent portugais d'

avoir une araignée dans le plafond

parle aussi d'un animal et de son lieu d'élection, mais ils sont différents :

ter macaquinhos no sotão (« avoir de petits singes dans le grenier »),

le néerlandais, quant à lui, introduisant un ingrédient familier des paysages bataves :

een klap van de molen gehad hebben (« avoir reçu un coup de moulin »).

On peut, sans surinterpréter les faits de langue, imputer également au rapport tout particulier que les

Hollandais ont avec la nature, en l'occurrence avec la mer et ses flux ou reflux, l'équivalent du français

chercher la petite bête,

à savoir

spijkers op laag water zoeken (« chercher des clous à marée basse »).

On dira, de même, qu'il y a quelque raison culturelle pour qu'un événement mineur dont la gravité est surestimée soit certes, en français comme en anglais, une *tempête*, *a storm*, mais avec une différence qui fait tout : là *dans un verre d'eau*, et ici *in a tea cup.*

Les langues de l'ouest de l'Europe où j'ai puisé ci-dessus des expressions idiomatiques ont entre elles des affinités culturelles forgées par une longue histoire de voisinage. Cela ne signifie pas, bien entendu, qu'on ne puisse trouver des formules comparables dans des langues d'autres zones de civilisation, soit assez proche comme celle du russe, soit beaucoup plus éloignée, comme celle de l'indonésien.

Le russe dit

streljat' iz puški po vorob'jam (« tirer du canon contre les moineaux »),

exactement comme l'allemand

mit Kanonen auf Spatzen schiessen (« tirer avec des canons sur des moineaux »),

là où le français propose « seulement » d'

écraser une mouche avec un marteau,

et où l'anglais, choisissant une cible plus rude, dit

to take a hammer to crack a nut (« prendre un marteau pour casser une noisette »).

Le russe exploite, en outre, les implications mêmes de sa grammaire. Celle-ci, riche de six cas de déclinaison nominale, lui donne, en quelque sorte, l'idée de dire

sklonjat' kogo-libo vo vsex padežax « décliner quelqu'un à tous les cas »,

ce qui, dans les langues d'Europe occidentale, même l'allemand, qui a conservé trois cas, et d'ailleurs aussi dans les langues moins occidentales, comme le grec moderne, qui en a également conservé trois, est intraduisible littéralement, et signifie « parler souvent et négativement de quelqu'un ». Si

zolotaja seredina « le milieu doré »

dit la même chose, dans les mêmes termes, que l'*aurea mediocritas* (« le juste milieu en or ») du poète lyrique et satirique latin ami de Virgile, Horace (Ier siècle avant J.-C.), et si

kogda rak svistnet « quand le crabe sifflera »

est la manière russe d'accabler d'innocentes bêtes d'attributs ou de conduites insolites pour dire la même chose que *quand les poules auront des dents*, dont j'ai cité plus haut des équivalents en diverses langues, en revanche,

iz-za etogo syr-bor zagorelsja (« c'est à cause de cela que la pinède humide a pris feu »),

au sens de « c'est ce qui a mis le feu aux poudres », nous transporte dans des décors propres aux espaces sibériens.

L'indonésien possède bien des idiomatismes au parfum exotique pour un Européen. Pour un état illustré plus haut par divers exemples en langues européennes, il dit

hidungnya sudah berkapas
« son nez a été cotonné », c'est-à-dire « il est mort », en vertu d'une coutume consistant à boucher de coton les narines d'un mort.

Dans d'autres domaines, l'indonésien dit encore

bertelinga tebal (mot à mot « avoir.des.oreilles épais »)
« ne pas écouter (les conseils, etc. »),

pagar makan tanaman
« une barrière mange une plante »

pour suggérer un acte de trahison entre deux amis, ou

seperti katak dalam tempurung
« (être) comme une grenouille (coincée) à l'intérieur d'une noix de coco »

à propos d'une personne qui ne bouge jamais d'un lieu, ou d'une personne qui n'écoute pas les conseils prodigués pour la faire sortir d'une situation fâcheuse, ou enfin

telur di ujung tanduk
« œuf à (la) pointe (d'une) corne »

au sujet d'un individu confronté à une situation urgente ou sans issue.

Restons en Asie, mais en bondissant vers le nord, à partir de l'est de la grande île de Sumatra, presque en ligne droite sur le continent, au-delà de la Malaisie, qui parle à peu près la même langue que l'Indonésie. Nous arrivons ainsi au Cambodge. Le raffinement tout végétal des Khmers se reflète, par exemple, dans une expression comme

dak phlae dak phka (mot à mot « mettre fruit mettre fleur »)
« se moquer indirectement ».

Il y aurait tant d'autres exemples, encore !

Imaginaires (langues)

Sur les marges des langues dites naturelles, c'est-à-dire transmises comme des biens héréditaires, et dont la plupart des usagers ne se demandent guère d'où elles viennent, il existe des langues imaginaires. Il s'agit de langues inventées, à un certain moment de l'histoire, par des individus que hantent le rêve d'une langue idéale ou la passion d'un moyen de communiquer au-delà des mots, ternis par l'usage, qu'offrent toutes les langues naturelles, et peut-être avec des partenaires qui, eux-mêmes, n'appartiennent pas nécessairement au monde humain. Le rêve d'une langue imaginaire n'est pas sans lien avec celui d'une langue universelle. Certains, confondant cette dernière avec l'aptitude à parler toutes les langues, accordent une grande importance aux cas, pourtant très rares, de glossolalie, ou phénomène par lequel une personne fait entendre des langues étrangères sans pourtant les avoir jamais apprises. Tel serait, selon les *Actes*, 2, le cas des apôtres sur qui descend le Saint-Esprit le jour de la Pentecôte (d'où le nom de « miracle de la Pentecôte » donné à cette subite aptitude polyglotte). Tel serait, encore, le cas des fidèles évoqués par Paul dans la première *Épître* aux Corinthiens, ou enfin le cas de la spirite Hélène Smith, communiquant en langue de Mars et dans un idiome supposé proche du sanscrit avec les esprits qui demeurent sur les planètes (cf. Flournoy 1983).

D'autres, confondant les langues avec leur notation graphique, ont rêvé non d'une langue universelle, mais d'une écriture qui le soit, une pasigraphie ou système graphique capable de représenter toutes les langues du monde. On dispose aujourd'hui, en fait, d'un tel système, non pas conçu par le cerveau égaré d'un individu, mais élaboré par la communauté des linguistes, des traducteurs, des auteurs de manuels d'apprentissage des langues. C'est l'API (Alphabet Phonétique International), grâce auquel tout lecteur d'un texte écrit dans une langue qu'il ignore peut avoir une idée précise de la prononciation, à défaut de pouvoir toujours la reproduire comme il y serait aidé s'il entendait des locuteurs de naissance. C'est en API que sont notés dans le présent livre les exemples empruntés à diverses langues.

Il se trouve que bien des esprits, philosophes et autres, ont été habités par la quête d'une langue universelle, notamment Descartes, dont la fameuse lettre de 1629 au père Mersenne, lui-même auteur, en 1627, d'un *Traité de l'harmonie universelle*, déclare qu'une langue réellement philosophique, où les mots soient les symboles directs des choses, peut théoriquement être façonnée. Mais Descartes et son correspondant notent tous deux que, dans son exercice pratique, une telle langue deviendrait vite opaque, en suivant le chemin de toutes les langues, dans lesquelles se relâchent les liens de motivation. Ce résultat inévitable de l'usure finit par faire régner l'arbitraire, ce que pensent aussi d'autres philosophes pourtant épris d'une langue universelle et transparente, comme Leibniz. Moins avisés, de très nombreux auteurs ont consacré leur temps, leur énergie et souvent leurs ressources, soit à la recherche d'une transparence adamique dans les langues attestées, soit à l'effort de diffusion d'une langue inventée à vocation universelle, supposée n'être autre que la première langue de l'humanité, et possédant toutes les vertus que les langues naturelles ont perdues, du fait de leur évolution, qui les voue nécessairement à l'imperfection.

La liste complète de ces fous de l'idiome idéal, parfois fous tout court comme on l'a dit d'A. de Vertus, inventeur d'une langue fondée sur l'idéographie lunaire (1868) ou de Jean-Pierre Brisset (1904), serait longue et fastidieuse (cf. Yaguello 1984). Elle est jalonnée de noms connus, depuis Aristophane jusqu'à Anthony Burgess, en passant par Rabelais (langages utopien [à fondement roman], antipodique [à sonorités sémitiques], lanternois [à sonorités germaniques]), Swift, Fontenelle, Carroll, Nodier et bien d'autres, parmi lesquels on peut encore citer le prophète Zéfania au VIIe siècle avant l'ère chrétienne, Galien, médecin du Ier siècle, sainte Hildegarde au XIIe siècle, Comenius, Ampère, Poincaré. Tous ces esprits ont connu les tourments et l'exaltation de l'invention d'une langue que sa totale transparence fît paraître évidente à tout le genre humain. On notera qu'à la langue idéale rendant fluide et heureuse toute communication succèdent, au XXe siècle, les inventions de langues tyranniques, comme la novlangue d'Orwell (1949), qui, présupposant que la pensée dépend des mots, impose à ceux-ci une forme immuable et déductible (*good* et *cold*, par exemple, ont pour antonymes *ungood* et *uncold*), ainsi qu'un contenu rigoureux et permanent, afin de rendre impossible toute pensée qui s'écarte des principes imposés par le pouvoir politique.

On pénètre plus avant dans le domaine de la linguistique fantastique avec les langues imaginaires qui, plutôt qu'elles n'ont pour propos la transparence, l'adéquation avec le monde, l'universalité et l'étroite parenté avec ce que l'on croit être la langue primitive des hommes, sont au centre d'œuvres de fiction romanesque. Tel est le cas des langues assignées aux terres australes, sujet de rêves fous depuis qu'en 1642 des navigateurs hollandais avaient exploré la côte occidentale de ce qui se révélera être l'Australie. Ainsi, *Les aventures de Jacques Sadeur dans la découverte et le voyage de la terre australe* sont une utopie publiée en 1676 par Gabriel de Foigny. Il y invente une langue qu'il attribue à des Australiens hermaphrodites. Cette langue, fondée sur des bases qui se veulent totalement différentes de celles des langues naturelles, est telle, que selon cet auteur, « on devient philosophe en apprenant les premiers mots qu'on prononce, et qu'on ne peut nommer aucune chose en ce pays qu'on n'explique sa nature en même temps ; ce qui passerait pour miraculeux si on ne savait pas le secret de leur alphabet et de la composition de leurs mots ». Dans cette langue, les cinq voyelles désignent les « simples principaux », à savoir le feu (voyelle *a*), l'air (*e*), le sel (*o*), l'eau (*i*), et la terre (*u*). Quant aux consonnes, elles renvoient aux sensations, comme le chaud (*c*), le clair (*b*), le désagréable (*d*). Le verbe « aimer », dont le radical est *a* le feu, se conjugue, au présent, *la*, *pa*, *ma* au singulier, *lla*, *ppa*, *mma* au pluriel, *lga*, *pga*, *mga* au passé et *lda*, *pda*, *mda* au futur, sans que l'on trouve d'explication aussi claire pour le choix des trois consonnes qui marquent la conjugaison que pour le *g* et le *d*, respectivement signes de la nostalgie et du manque.

Un contemporain de Foigny, Denis Vairasse d'Allais, publie à Paris, en 1677, l'*Histoire des Sévarambes, qui habitent une partie du troisième continent, communément appelé Terre australe*. Les Sévarambes parlent une langue à déclinaison comme le sont le grec ou le russe. Ces formes nominales variant selon la fonction sont complexes, et cette complexité est encore accrue par le grand nombre des suffixes servant à exprimer la taille, les qualités morales, les sentiments qu'on inspire, etc. La complexité des verbes est, quant à elle, liée à la différence des formes selon que c'est un homme ou une femme qui parle. Les modes sont régulièrement formés : un préfixe *ex-*, par exemple, donne le passif de tout verbe transitif. En tout le reste, la langue tend à une imitation aussi fidèle que possible des bruits de la nature et à une évocation systématiquement raisonnée des sens. Tout y est poussé à l'extrême de la rationalité. Il n'y manque que la marque la plus profonde des langues naturelles : l'irrégularité, les désordres et les exceptions, résultats de l'histoire et de l'imprévu.

Le champ magique des langues imaginaires nous donne même à entendre des pasilogies musicales, où les mots sont des notes de musique, comme celle de *The man on the moon* (1638), de l'évêque anglais

Godwin, celle de *Mercury or the Secret and Swift Messenger* (1641), de Wilkins, derechef évêque anglais, celle de Cyrano de Bergerac (1649). Plus récemment, celle de Sudre (1866) faisait coïncider certaines combinaisons sonores avec certaines significations, et jouait des possibilités offertes par les inversions d'intervalles, la succession ascendante qui donne en harmonie un accord parfait majeur, à savoir *do-mi-sol*, signifiant « Dieu », alors que son inversion mélodique de l'aigu au grave, *sol-mi-do*, donne le sens « Satan » ! Au-dessous des combinaisons ternaires de ce type, on trouve les combinaisons binaires (deux notes), donnant « je », « tu », « bonjour », « bonsoir », « monsieur », « madame », et à l'échelon inférieur, celui des notes individuelles, on trouve les petits mots « oui », « non », « et », « ou », « à », « si », « le », etc.

Un dernier type de langues imaginaires est à mettre à part, dans la mesure où ce sont des créations explicitement destinées à servir de moyen de communication international. Il s'agit de langues artificielles dont une, au moins, peut être considérée comme un succès, même relatif : l'espéranto (voir Internationales [langues]).

Inaliénable

Pour un hispanophone ou un francophone, l'opposition de l'inclusif et de l'exclusif (voir Exclure, inclure) est un phénomène exotique, mais une autre opposition l'est tout autant : celle qui distingue l'aliénable et l'inaliénable. En français, il n'existe aucune opposition morphologique de ce type. Cela signifie que le français se sert exactement du même adjectif possessif *ma* dans

le médecin a examiné ma jambe

et dans

le plombier a examiné mon lavabo.

Une raison pour qu'il ne paraisse pas absurde de distinguer ici deux adjectifs possessifs, ce que ne fait pourtant aucune langue européenne, est que le type de possession qui me relie à ma jambe ne peut être le même que celui qui me relie à mon lavabo. La première est une possession naturelle, ou inaliénable, tandis que la seconde est non naturelle, ou aliénable. La possession dite inaliénable est celle des objets qui font partie intégrante du possesseur, ou de son champ de personnalité, soit qu'il s'agisse des parties du corps humain, soit que le possédé soit un membre de la parenté inhérente du possesseur, comme le père, la mère, les descendants directs, soit que le possédé soit une partie d'un objet, concret ou abstrait, ou une portion de l'espace. La possession aliénable, au contraire, est celle de personnes ou d'objets acquis par contrat ou par relations sociales, comme l'époux, l'épouse, ou tout objet qui appartient au possesseur mais ne fait pas partie de son être physique ou moral.

Cette différence entre deux types de possession est loin d'être universellement ignorée comme elle l'est dans les langues d'Europe. Beaucoup de langues austronésiennes disposent de moyens d'expression distincts selon qu'il s'agit de l'un ou de l'autre type. Par exemple, en palau, *obəkúk* « mon frère aîné » et *rsel*

« son extrémité » illustrent la possession inaliénable, celle d'un frère aîné d'*ego* ou de l'extrémité d'un objet, alors que *blil a rubák* « la maison du vieillard » illustre la possession aliénable : dans cette structure, on a aussi un suffixe possessif en *-l* pour la troisième personne comme dans *rsel*, mais ce suffixe reçoit une adjonction qui représente le possesseur, et il faut donc dire, littéralement, « la maison de lui, le vieillard ». Souvent, dans ces langues, la possession inaliénable est exprimée par la contiguïté immédiate entre les deux noms du possesseur et du possédé, alors que la possession aliénable est marquée par un mot grammatical spécifique, un connecteur. Ainsi, en mandingue (langue de la famille mandé parlée au Sénégal, en Guinée-Bissau et en Gambie), « ma tête » se dit *n kùngo* alors que « mon argent » se dit *n na kodoo* : *n* « je », qui représente le possesseur, est relié à l'objet possédé soit sans aucun intermédiaire, comme dans la possession de ma tête, qui est évidemment inaliénable, soit par l'intermédiaire d'un connecteur *na*.

« Sa femme », étant donné cette distinction, peut se dire de deux façons différentes selon la manière dont est envisagé le rapport conjugal : cela donne, en bambara, proche parent du mandingue, avec *à* « il » et *mùsu:* « femme », soit *à la mùsoo*, soit *à mùsu:* ; dans la première expression, l'emploi du connecteur (qui prend ici la forme *la*) indique un simple rapport contractuel de mariage, et le suffixe *-oo*, correspondant à l'article du français, indique que la femme est identifiée comme personne indépendante ; dans la seconde expression, au contraire, où aucun connecteur n'apparaît, il s'agit d'une relation plus étroite, qui est assimilée à une véritable parenté, puisque l'absence de connecteur signale une possession inaliénable, encore soulignée par le fait que l'on peut ajouter un suffixe *-maa,* propre à ce type de relation, d'où *à mùsumaa.* Cette distinction est assez exotique si l'on prend pour point de référence le français, qui ne la marque pas, sauf à se servir d'une opposition qui ne serait pas grammaticale comme en bambara, mais purement lexicale, c'est-à-dire rendue par la différence entre mots du vocabulaire. Dans ces conditions, *à la mùsoo* serait traduit par « son épouse » et *à mùsu(maa)* (ou *-oo* est remplacé par *-u*) par « sa femme », à supposer qu'on admette que *sa femme* réfère à une relation plus étroite que *son épouse.*

L'exotisme de cette distinction entre l'aliénable et l'inaliénable est encore accentué par le fait qu'elle s'emploie également pour indiquer la différence entre deux emplois d'un nom associé à un adjectif possessif, l'un où ce nom réfère à une action accomplie par quelqu'un, l'autre à une action accomplie non pas **par**, mais **sur** quelqu'un. Le mandingue oppose, en effet, *i la kiliiroo* et *i kilio*. En français, on ne peut faire autrement que de traduire l'une et l'autre expression par « ton appel ». Or cette traduction est ambiguë, car « ton appel » peut être aussi bien l'appel que tu as lancé, ce que signifie la première expression, que l'appel lancé vers toi, ce que signifie la seconde.

Même des parties du corps peuvent être marquées comme possession inaliénable ou non, selon qu'elles appartiennent intrinsèquement ou non à l'individu qui les possède. En fidjien, *ulu* « tête » ne réfère pas au même objet selon la place que ce mot occupe, au milieu ou à la fin d'une expression possessive : *na-ulu-qu* (article-tête-moi) et *na-ke-qu-ulu* veulent tous deux dire « ma tête », mais alors que la première expression désigne la tête de la personne qui parle, la seconde, où *ke* est un classificateur (voir Classes) se rapportant aux aliments, ne peut désigner qu'une tête d'animal que l'on mange, ou dont on a fait un trophée de chasse !

Cela dit, l'opposition de l'aliénable et de l'inaliénable, même si elle est absente de la morphologie d'une langue comme le français, n'est pas tout à fait absente de certaines de ses structures si on les étudie de près. La jambe et le lavabo sont tous deux accompagnés du même possessif *ma* dans les deux exemples donnés plus haut, et rien ne permet donc, apparemment, de distinguer ma jambe et mon lavabo. Pourtant, si l'on peut dire

je me suis cassé la jambe,

les francophones autres que ceux qui vivent en Provence ou en Gascogne auront quelque réticence à dire

je me suis cassé le lavabo.

Cela signifie que si l'on emploie une structure prenant pour modèle *je me suis* et contenant un article défini, on ne peut pas, en français autre que méridional, traiter un objet de possession aliénable de la même façon qu'un objet inaliénable, possédé de manière inhérente et naturelle, comme une partie du corps, ou tout autre objet appartenant à l'univers intime du sujet : la voix, la parole, la vie elle-même, par exemple. On peut dire, en effet,

elle s'est abîmé la voix à force de chanter au-dessus de son registre aussi bien que

elle a abîmé sa voix à force de chanter au-dessus de son registre,

ou

ça va vous gâcher la vie

aussi bien que

ça va gâcher votre vie,

et l'on dit même plus volontiers

on lui coupe difficilement la parole

que

? on coupe difficilement sa parole.

Au contraire,

elle s'est nettoyé la maison

est bizarre, et de même

ils en avaient ras l'assiette,

car il n'existe pas, entre une assiette et des individus, de relation de possession intime comparable à celle qui lie par nature un individu et son… cul, comme l'illustrent les expressions de français un peu leste *en avoir plein le cul* ou *en avoir ras le cul*. La tête, autre objet intime, est aussi métaphoriquement désignée comme un bol en argot de la fin du XIXe siècle, et par suite dans l'expression de français familier

ils en avaient ras le bol.

Un exotisme particulier du français et des langues romanes est ici que l'article défini suffit, quand il n'y a dans la phrase ni verbe *être* et pronom réfléchi, ni verbe *avoir*, à marquer la possession inhérente, puisqu'on dit

il a fermé les yeux.

Il reste que l'intérêt principal de cette construction française est de montrer que, dans les langues humaines, l'exotisme est d'abord, le cas échéant, celui des formes : le français a des *tournures* suggérant la possession inaliénable, mais il n'a aucune *forme* qui puisse la marquer.

Internationales (langues)

Les vieux rêves de l'humanité ne sont pas tous des égarements de l'âme que rien ne concrétise jamais. À la charnière entre les XIXe et XXe siècles, Clément Ader et les frères Wright ont donné un début de réalisation à l'antique fantasme des philosophes grecs, de Lucien de Samosate au IIe siècle, de Léonard de Vinci, de Cyrano de Bergerac : dompter l'attraction terrestre en s'élevant aux cieux. Au rêve d'une langue universelle il est, étrangement, moins facile de donner corps. On prend l'avion de Paris à Nouméa et de Durban à Arkhangelsk (peut-être pas un seul et même avion dans ce second cas !), et le génie humain est allé bien au-delà de l'antique rêve de l'homme-oiseau. Mais il n'existe toujours pas de code mondial pour dire absolument tout, pas de langue universelle. Si fait, piafferont les uns, il en existe une, l'anglais, ou du moins, l'anglais est manifestement en voie d'acquérir ce trait ! Et que faites-vous donc de l'espéranto, gronderont les autres ! Anglais, espéranto, aucun des deux n'est véritablement universel, même si c'est à quoi le premier prétend, et ce que le second se donne pour projet.

Quand Lejzer Ludwik Zamenhof, quittant son cabinet d'ophtalmologue, rentrait dans le ghetto de Bialystok, il méditait sur les tentatives nombreuses qui jalonnent l'histoire des inventions de langues (voir Imaginaires [langues]). Mais Zamenhof prêta surtout attention à la création de son prédécesseur immédiat, l'abbé de Constance Schleyer, c'est-à-dire le volapük, langue artificielle dont il expliquait la vogue trop brève par le caractère totalement arbitraire de son vocabulaire, aux mots étranges et imprononçables, au moins pour les Européens. Tirant la leçon de cet échec, le *Manifeste* de 1887 proposait, sous le nom d'espéranto, une langue dont Zamenhof empruntait le matériau principal au latin, aux langues romanes, à l'allemand, au grec.

Cependant, l'espéranto, tout comme les autres langues artificielles, bannissait les exceptions, inconnues des fameuses seize règles qui résument l'essentiel de son système. Cette propriété, par quoi l'espéranto est radicalement différent des langues naturelles, ne fut pas remise en cause lors des consultations de 1894 et de 1907, que sépare le congrès de Boulogne-sur-Mer en 1905, moment d'apogée de l'espéranto. Ce dernier gagne progressivement l'approbation d'une partie du monde savant, notamment, en France, les membres de l'Académie des sciences, comme Branly, Charcot ou Painlevé, admirateurs de la logique et de la simplicité de cette langue.

Ils recommanderont même son utilisation dans les classes de sciences et les échanges scientifiques.

On peut s'expliquer l'engouement des personnalités scientifiques, pour qui la langue est un outil pratique, et remplit mieux ce rôle lorsque ses règles sont simples, en petit nombre et sans exceptions. L'espéranto fut approuvé par des linguistes de la fin du XIXe et du XXe siècle, comme Baudouin de Courtenay, Meillet, Martinet. L'espéranto leur parut un meilleur outil que les nombreuses langues internationales artificielles qui pullulaient au même moment : spokil de Nicolas, Weltsprache de Volk, mundolingue de Lott, lingua komun de Kürschner, et les créations ultérieures : ido, europeo, interlingua, mundial, etc., toutes langues inventées qui n'ont pas supplanté l'espéranto. Cette approbation des linguistes n'est pas facile à justifier si l'on croit que les linguistes aiment les langues, et se délectent, par exemple, des irrégularités qu'une histoire longue et complexe y accumule. Mais justement, il ne suffit pas d'être un linguiste pour aimer les langues, et les trois noms éminents cités plus haut sont ceux d'hommes plus intéressés par la vocation d'outils que par les tropismes poétiques des langues humaines.

Tout est là ! L'amour ne pose pas de conditions. Il étreint l'être aimé tel qu'il est, dans tous ses aspects, et, bien plutôt qu'il ne prétend le modifier ou le corriger en lui inventant un masque, il puise une jouissance aiguë dans ses boursouflures et ses aspérités mêmes, les magnifiant comme autant d'œuvres d'art. En regard de cela, qu'offre l'espéranto ? – Facilité d'acquisition bien connue, qui le rend certainement pratique, brièveté d'une histoire où l'on observe non pas l'épais mystère des enfances de toutes les autres langues, mais l'aveuglante clarté d'une création à un moment précis du temps, par un individu précis, en un lieu précis. Ce sont certainement là des propriétés très positives, et elles désignent adéquatement l'espéranto comme langue artificielle. Mais ces propriétés ne produisent pas d'émotion. Il est difficile de voir comment on peut s'éprendre d'un si parfait outil comme on s'éprend des somptueuses diphtongues et de l'inextricable conjugaison du russe, de l'obsédante harmonie du hongrois, du chant rude et envoûtant du castillan, des taillis infinis de la synonymie arabe.

Néanmoins, et même s'il n'a pas la vocation, ni, du reste, le propos, d'être une langue capable d'allumer des passions, l'espéranto méritait de se répandre assez pour remplir pleinement son rôle de langue internationale. Pourquoi n'a-t-il pas tout à fait connu cette destinée, dont les succès du début du XXe siècle paraissaient être des signes ? Il existe une explication simple de ce demi-échec : l'intervention des États-Unis dans les deux conflits sanglants qui, en cours de la première moitié du XXe siècle, en moins de cinquante ans, déchirèrent l'Europe et s'étendirent au monde entier. Ce fut sur la demande de Clemenceau, et par une étrange aberration de cet homme, pourtant si bien inspiré par ailleurs dans la conduite de la guerre, que l'anglais fut ajouté au français comme langue du traité de Versailles, ce que ni Wilson ni Lloyd George n'avaient expressément exigé. Alors commencèrent, au surplus, de prendre un vif essor les achats de produits américains, déjà importants en volume. Enfin, à la Société des Nations au milieu des années 1920, la France, forte de la diffusion de sa langue, notamment dans l'empire colonial qu'elle était en train de se constituer, et revendiquant le statut de langue mondiale du français, mit son veto à la proposition du secrétaire général adjoint, Inazo Nitobe, d'introduire partout l'espéranto dans l'enseignement scolaire. Ceux pour qui une langue internationale est une nécessité n'eurent alors d'autre choix que de laisser l'anglais continuer d'établir sa domination.

Mais le renfort le plus puissant lui vint, à l'issue de la Deuxième Guerre mondiale où les forces armées américaines avaient, sur les théâtres d'opérations militaires du sud-ouest du Pacifique aussi bien que d'Europe, joué un rôle dominant, d'un autre phénomène capital : le déferlement sans précédent, explicitement imposé aux Occidentaux par le plan Marshall en contrepartie du concours de guerre apporté par les États-Unis, de produits et de schémas de pensée américains dans les sports, la mode, la musique de masse, le cinéma, les techniques industrielles, la structuration des marchés, la recherche scientifique, etc. Ce phénomène, en fait, est loin d'être particulier à l'Europe. Il est mondial. Et comme les mots s'engouffrent toujours dans le sillage des objets et des idées qu'ils désignent, l'anglo-américain est purement et simplement devenu l'espéranto *de facto* du monde d'aujourd'hui, ravissant par là à l'espéranto le rôle de langue internationale dont ce dernier avait la vocation naturelle. Cela ne signifie pas, pourtant, que l'espéranto n'ait pas conservé certaines positions. Les congrès espérantistes continuent de se tenir à intervalles réguliers, et d'être fréquentés par un grand nombre de membres appartenant aux langues et aux pays les plus divers, certains fournissant d'importants contingents, comme le Japon, la Pologne, les pays Baltes, tous lieux, on le notera, dont la langue n'est connue que des autochtones. On compte aussi, il est vrai, nombre d'espérantistes chinois, bien que le chinois ait une importante diffusion régionale.

Quoi qu'il en soit, le mouvement en faveur de l'espéranto est actif et dynamique, particulièrement en Europe. En 2004, 43 % des parlementaires européens ont voté en faveur de l'adoption de l'espéranto pour langue de l'Europe. Il existe, à côté d'une importante activité de traduction des plus grandes œuvres de la littérature universelle, des auteurs de diverses nations qui écrivent en espéranto romans, poèmes ou pièces de théâtre. Il s'agit d'un fait que l'on accueillera comme tel, même si l'on préfère la littérature inspirée par des langues naturelles, dont les difficultés, les irrégularités, les mystères sont l'enjeu même du combat obstiné de l'écrivain contre la rébellion des mots, les apories du sens et les douloureuses dérobades du dicible. À condition que l'on comprenne qu'il s'agit d'une langue internationale auxiliaire, qui est un outil bien davantage qu'une fin en soi ou un objet de culte artistique, et qui n'a pas la prétention ni ne comporte le risque, contrairement à l'anglais, de supplanter un jour toutes les langues nationales, l'espéranto pourrait retrouver, dans les limites que lui assignait son inventeur, le rôle utile dont l'anglais s'est emparé.

De plus, même s'il est vrai que les deux guerres mondiales ont non seulement conforté le règne de l'anglais dans ses anciennes colonies, mais en outre répandu partout sa variante américaine, dans le sillage de l'expansion commerciale, technique et politique des États-Unis, bien des langues nationales continuent d'avoir pour elles l'avenir en tant qu'idiomes de communication régionale, parfois sur de très vastes étendues : allemand dans une grande partie de l'Europe centrale, arabe et ses variantes d'Agadir à Mogadiscio, peul et haoussa de Dakar à Bangui, swahili de Nairobi à Johannesburg, hindi comme « langue de l'Union » en Inde malgré les revendications bengalie, tamoule et autres, chinois mandarin de Dalian à Phnom Penh et d'Urumqi à Taibei, russe dans quasiment tout le territoire de l'ex-Union soviétique si l'on considère qu'il est, en dehors de la Russie d'Europe et de l'immense Sibérie, encore largement utilisé et compris en Ukraine, Russie blanche, Moldavie, Géorgie, dans les pays Baltes et dans les six républiques musulmanes du Caucase et d'Asie centrale, etc.

Quant aux langues internationales autres que l'anglais, loin que leur domaine se rétrécisse, il s'étendrait plutôt. Le nombre de pays adhérant à l'Organisation internationale de la francophonie, comme membres ou observateurs, approche de soixante-dix et augmente régulièrement (cf. Hagège 2006a, seconde partie). La sinophonie, que Pékin semble vouloir étendre au monde, pourrait avoir de beaux jours devant elle. L'hispanophonie se porte fort bien et, en plus des ressortissants de l'Espagne et de l'Amérique latine, un nombre considérable de personnes se servent du castillan pour communiquer. La lusophonie est moins importante en nombre, mais elle est bien implantée en Europe, en Afrique et en Amérique : pourquoi un Capverdien se servirait-il de l'anglais pour s'entretenir avec un Brésilien, un Mozambiquien avec un Portugais, un Angolais avec un Timorais ?

Le rôle de l'anglo-américain comme *espéranto de facto* du monde d'aujourd'hui est une trahison du contenu même de la notion de langue internationale. Car l'anglo-américain est la langue nationale de pays riches et industrialisés, comme la Grande-Bretagne, la plus grande partie du Canada, l'Australie, et du plus puissant d'entre eux, les États-Unis. Cette situation est sans précédent. Le latin avait déjà disparu de l'usage oral quotidien lorsqu'il a commencé d'être pour de nombreux siècles, dans la continuité de la Rome antique devenue le siège de l'Église catholique, non seulement la langue de cette Église, mais aussi la langue administrative, juridique et scientifique de nombreux pays d'Europe, y compris ceux du centre et de l'est, comme la Hongrie et la Pologne, dont les langues ont une autre origine que latine. Le latin n'a donc jamais constitué une menace, en tant que langue internationale de l'Europe, pour les langues nationales, en particulier celles-là mêmes qui en étaient historiquement issues, et qui s'étaient affirmées en supplantant le latin, ainsi disparu de l'usage des masses.

Ce pourrait être la raison pour laquelle il n'est pas aberrant de préconiser le latin comme langue (retrouvée) de l'Europe, ainsi que le font divers milieux humanistes, tels que les adhérents de l'Union latine. Et ce qui est vrai du latin l'est aussi des langues classiques du bouddhisme, sanscrit et pâli, langues prestigieuses et pourvoyeuses de mots pour le birman, le thaï, le khmer, et langues qui eurent une vocation politique et culturelle internationale durant de longues périodes. À l'anglais s'attache, seulement, une connotation de puissance d'une partie du monde, dont il est la langue maternelle, ou d'alliance recherchée avec cette puissance dans beaucoup d'autres pays, qui l'ont choisi pour langue officielle. Il s'agit d'une menace redoutable contre la diversité des langues et des cultures. Elle pourrait être conjurée par l'évolution même de l'histoire et des rapports des forces, les empires ayant toujours une fin. Elle pourrait l'être aussi par une prise de conscience générale de sa gravité.

Interrogatifs (verbes)

Les verbes de langues diverses peuvent présenter des particularités bien étranges pour des oreilles européennes. En français, on dit

qu'est-ce qu'il a fait ?,

en anglais

where did he go ? « où est-il allé » ?,

en espagnol

como vino ? « comment est-il venu ? »,

en allemand

was hat sie gesagt ? « qu'a-t-elle dit ? »,

et nul n'imaginerait que ces sens puissent être exprimés par un verbe unique signifiant « faire quoi ? », « aller où ? », « venir comment ? » ou « dire quoi ? ». C'est pourtant ce que l'on observe dans certaines langues, en petit nombre il est vrai, mais répandues à travers le monde, et notamment le chinois mandarin, le mongol (moderne aussi bien que classique), des langues insulaires austronésiennes comme le palau, le futunien, le lavukaleve, le tinrin (langue océanique de Nouvelle-Calédonie), des langues salish, dont le comox, les langues inuits (eskimo), et un certain nombre de langues australiennes, dont le dyirbal du nord du Queensland et le yankunytjatjara, parlé dans le désert de l'Ouest australien (cf. Hagège 2008). Cette rareté mérite quelques illustrations :

comox : *tətm-čep ?* (faire.quoi ?-vous)
« que faites-vous ? »

tinrin : *ke tro ?* (tu avoir.quoi ?)
« qu'est-ce que tu as ? »

yankunytjatjara : *wati yaal-tji-nu ?* (homme quoi ?-INTRANSITIF-PASSÉ)
« qu'est-ce que l'homme a fait ? »

dyirbal : *nginda bayi yara wiyama-n balga-n ?* (tu.ERGATIF CLASSE homme faire.quoi ?-TRANSITIF.PASSÉ frapper-TRANSITIF.PASSÉ)
« pourquoi as-tu frappé l'homme ? »

Le *tətm* « faire.quoi ? » du comox, le *tro* « avoir.quoi ? » du tinrin, le *wiyama* « faire.quoi ? » du dyirbal sont des verbes interrogatifs véritables : ils sont indécomposables, et ne peuvent être traduits, dans la plupart des langues dont le français, que par un verbe « faire » ou « avoir » ou « être » ou, pour certains, « dire » + un mot interrogatif. En dyirbal, le verbe interrogatif *wiyama* « faire quoi ? » peut s'employer comme premier verbe d'une série de deux, afin d'interroger sur la raison pour laquelle a été faite l'action indiquée par le verbe suivant. Dans ce cas, le français, qui n'a pas de verbe interrogatif, se sert d'une expression qui y équivaut : *pour quoi faire ?* On peut donc traduire ce verbe en français, dans le dernier exemple ci-dessus, soit par « pourquoi ? », soit par « pour quoi faire ? ».

Tels sont les phénomènes étranges que l'amoureux des langues peut trouver lorsqu'il va les chercher sur le terrain et s'enquiert auprès de ceux des spécialistes qui en ont observé de semblables en d'autres lieux du globe. Quête enivrante ! À quoi tend-elle ? Au désir de satisfaire une curiosité qui certes n'est pas tout à fait gratuite, puisqu'elle permet, si elle est fructueuse, d'apporter une petite contribution à notre connaissance des mille moyens et expédients que les langues utilisent pour répondre à l'immense défi de la mise en mots du monde. Mais au-delà de cette motivation, en quelque sorte professionnelle, la curiosité qui pousse le linguiste de terrain vers ces gemmes enfouies dans des terres lointaines, c'est un amour, qui ne s'explique par rien, et ne se soucie guère de se justifier en rien.

Intonation

Toute phrase, en toute langue, fait entendre une courbe mélodique. Même l'exposé rigoureux du professeur de mathématiques, ou du conférencier traitant de physique de la matière condensée, n'est pas exempt, pour être moins subjectif qu'un dialogue amoureux, ou qu'un échange spontané dans la vie quotidienne, de diverses inflexions de voix. Celles-ci caractérisent la parole naturelle, et l'opposent à la parole synthétique, telle qu'elle résulterait de l'abrasion des écarts de hauteur, opérée en laboratoire de phonétique par bombardement de la ligne mélodique humaine préalablement enregistrée sur magnétophone. Cette manipulation peut aboutir à un tracé *recto tono*, c'est-à-dire quasiment sans aucun des écarts qui font le profil de la voix vivante. Si c'est cette voix, celle de la vie réelle, qui dit

qu'y a-t-il à dîner ce soir, maman ?

chacun comprend qu'on attend une réponse donnant le menu du dîner. Les signes de ponctuation, une virgule et un point d'interrogation, le marquent à peu près. Ces signes sont pourtant un bien pauvre système de notation de la parole, si l'on songe qu'une telle question peut, selon les circonstances, le type de voix, l'humeur de celle ou de celui qui la pose, et bien d'autres facteurs, être articulée selon des intonations très variées. Dans la question ci-dessus, *maman* est proféré sur une mélodie plus basse que *qu'y a-t-il à dîner ce soir*, car c'est cette première partie de la phrase qui est importante, puisqu'elle donne le contenu central de ce message, consistant en une question, alors que *maman* est simplement une adresse. Mais on peut aussi arrêter la question à *ce soir*, marquer une brève pause, et finir par *maman* prononcé avec une note haute sur la première syllabe et basse sur la seconde. En représentation écrite, cela donnerait

qu'y a-t-il à dîner ce soir ? – maman !

Tous les francophones de naissance avec qui j'ai fait l'expérience, et ils étaient nombreux, ne comprennent qu'une chose, s'esclaffant ou ouvrant un regard d'épouvante : celle ou celui qui pose la question et celle ou celui qui y apporte cette réponse appartiennent à une société d'anthropophages. Pour rassurer, on peut toujours suggérer que la question et la réponse ne sont peut-être qu'une pure provocation, ou une plaisanterie dont on jugera diversement le goût. Toujours est-il qu'un tel dialogue est très clair, et qu'une certaine intonation lui donne son sens, différent de celui qu'il aurait avec une autre intonation.

Les intonations sont ce qu'on entend le plus distinctement, notamment parce qu'il peut arriver que les consonnes et les voyelles ne soient pas clairement articulées, alors que l'oreille perçoit toute courbe mélodique. C'est pourquoi nous pouvons, si nous entendons un entretien dans n'importe quelle langue, même si nous ne la connaissons pas du tout, comprendre au moins qu'un des interlocuteurs insiste sur un point, lorsque notre oreille est frappée par un mouvement mélodique semblable à celui de

il est pas là, papa !

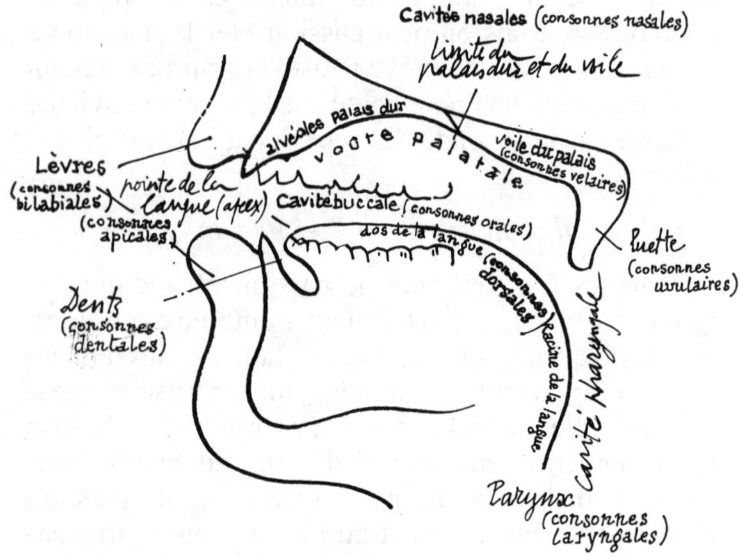

Tout francophone, quels que soient son sexe et le registre moyen de sa voix, fait entendre sur *là* une chute mélodique de l'aigu vers le grave, et prononce *papa* sur un ton plus grave encore que la note ultime de cette chute. Il s'agit d'un profil mélodique universel : l'information principale, ici *il est pas là*, est, de même que la première partie de la première phrase ci-dessus sur ce que la mère a préparé pour le dîner, instinctivement prononcée sur un registre plus marqué, c'est-à-dire moins grave, ce qui, en termes d'intensité vibratoire, correspond au moins à 200 hertz. Que marque cette différence de hauteur ? Elle marque, très clairement, la différence hiérarchique, en termes de quantité d'informations, entre une information principale et une information secondaire, celle que porte ici le mot *papa* rappelant de qui l'on parle.

L'intonation répartit judicieusement ses outils. Un d'entre eux, l'accent d'intensité, peut, selon la partie d'une phrase à laquelle il s'applique, produire de fortes différences sémantiques. Cette position différente de l'accent d'intensité fait qu'on ne saurait confondre, même si l'un et l'autre sont d'un âge avancé, les êtres dont il est question dans

il est sorti de chez lui comme un vieillard en sort

et dans

il est sorti de chez lui comme un vieil hareng saur.

Il s'agit ici d'une différence entre deux positions de l'accent d'intensité, et non d'une autre sorte d'ambiguïté, produite par les divergences de coupures entre les mots et qu'illustrent d'innombrables exemples dans toutes les langues. C'est sur une de ces douloureuses ambiguïtés, résultant de l'homonymie universelle, que l'on bute lorsque, par exemple, on veut faire l'éloge d'une

tête de l'art (*une tête de lard* ?)

ou d'une

grande d'Inde (*une grande dinde* ?).

Je ne m'appesantirai pas ici sur cet aspect, dont il est un peu question dans l'entrée Ludiques (conduites).

Inuit

Inuits est le nom donné à l'ensemble des populations qui sont traditionnellement appelées *Esquimaux* ou *Eskimos*, ce nom lui-même étant probablement celui que les Indiens du nord de l'Amérique donnaient aux habitants des terres arctiques du continent. L'ethnonyme moderne, pluriel de *inuk* « être humain », désigne aussi la langue. Les formes de l'inuit sont parlées par les 120 000 personnes dispersées à travers un immense territoire de côtes s'étendant sur quinze mille kilomètres. Sur l'ensemble, 50 000 vivent au Groenland, 40 000 en Alaska, 30 000 au Canada et 1 200 en Sibérie. L'inuit appartient à une famille de langues appelée eskimo-aléoute ou eskaléoute. Les langues de la branche aléoute, la moins importante en nombre de locuteurs, sont parlées sur les îles Aléoutiennes et du Commandeur, appartenant à la Russie (sud-est du Kamtchatka). Les langues aléoutes sont assez proches de celles du groupe sibérien dit tchoukotko-kamtchatkien, qui comprend le tchouktche, l'itelmen, le kerek, l'alutor et le koriak. Les langues de la branche esquimaude sont divisées en un groupe yupik, dont le sirenikski, le naukanski et le yupik sibérien de la pointe extrême de la Sibérie, et le yupik central parlé sur la côte occidentale de l'Alaska, et d'autre part un groupe inuit proprement dit. Celui-ci contient l'inupiak des côtes septentrionales du détroit de Béring, l'inuktun du Canada central, l'inuktitut du Canada oriental dont la terre de Baffin et le Labrador, enfin le kalaallisut du Groenland de l'Ouest, de l'Est (tunumiisut) et du Nord.

Les langues inuits reflètent bien la culture de ce peuple isolé dans d'énormes espaces de glace, où il a façonné une vision du monde certainement unique. Ainsi, la langue exprime, souvent par de légères variations de voyelles, un grand nombre de nuances raffinées de la pensée, comme les étapes successives d'une action, du début absolu à l'achèvement total, les changements graduels d'état, le nombre de fois, la différence entre la première fois et les suivantes. Une caractéristique essentielle des langues inuits est d'être polysynthétiques, c'est-à-dire d'accumuler dans des mots très longs, de part et d'autre d'une même racine, un grand nombre de mots grammaticaux, exprimant des notions aussi diverses que celles de « vouloir », « devoir », « pouvoir », « essayer de », « se mettre à », « changer », « faire faire », « faillir », « hypothèse », « ressemblance », « témoignage direct ou indirect », « temps », « localisation », « mouvement », et beaucoup d'autres. Un exemple tunumiisut pourrait être (Mennecier et autres 1996, p. 126)

> *aattarsinnaanngorpoq* (*aattaq* « partir » + *sinnaa* « pouvoir » + *nngoq* « devenir » [dont le *-q*, comme celui de *aattaq*, devient *–r* devant une consonne] + *pu* INDICATIF + *q* 3e.PERSONNE)
> « il lui devint possible de partir ».

D'autre part, toutes les langues de cette famille expriment la possession de la même manière que l'action, d'où l'identité de structure entre

> *arn-ara* (mère-mienne)
> « c'est ma mère »

et

tusarp-ara (entendre-je.le)
« je l'entends ».

Ce rapprochement révèle que « je l'entends » s'exprime comme une possession, ce qui donnerait, si le français avait la même structure que l'inuit, « il est mon entendre ». Une autre étrangeté de l'inuit est la possibilité d'extraire un adjectif d'un groupe où il qualifie un nom et de le traiter comme s'il était tout à fait indépendant. On peut dire, par exemple,

kusanartu-nik sapangar-sivoq (beau-INSTRUMENTAL.PLURIEL perle-il.a.acheté)
« il a acheté de belles perles ».

La traduction exacte de cette étonnante phrase donnerait en français, si c'était possible,

il a acheté-perle au moyen de belles,

ce qui veut dire que l'on a ici trois phénomènes très rares : d'une part, le nom désignant l'objet acheté est incorporé dans le verbe, ce qui est inusité en français, où on ne peut pas dire *perle-acheter* ; d'autre part, l'adjectif se rapportant à ce nom, ici *kusanartu* « beau/belle » qui qualifie *sapangaq* « perle », est détaché du groupe de cohésion qu'il constitue avec ce nom ; enfin, cet adjectif ainsi extrait prend une marque d'instrumental pluriel, qui donne son sens pluriel à *sapanga*, alors même que ce dernier mot est incorporé au singulier !

Les structures de ce genre sont rares dans les langues humaines. Les Inuits vivent dans des conditions dont on peut se représenter la rudesse, par un climat qui atteint couramment – 45 °C, sur une calotte glaciaire qui n'offre aucune végétation. L'absence de repères, les incessantes variations de lumière, les forces oppressives de la nature contre lesquelles ces hommes sont en lutte constante, tel est l'ordinaire de leur existence. De là des efforts permanents pour défendre et maintenir la vie, au milieu d'une faune dont ils ne tirent assistance, mais aussi subsistance, que moyennant un travail opiniâtre de chaque jour. Les Inuits ont donc déployé des merveilles d'imagination et de raffinement pour investir l'immense poésie dont ils sont capables dans le bien le plus précieux qu'ils possèdent : leur langue.

Islandais

L'islandais décline presque tout, c'est-à-dire impose des terminaisons, indicatrices de fonction dans la phrase, à tous les mots : noms, adjectifs, pronoms, noms de personnes. De surcroît, les chiffres islandais de « un » à « quatre » ont chacun trois genres, et donc trois suffixes différents, masculin, féminin et neutre (cf. Glacken 1973). On imagine le désarroi d'un étranger s'attablant dans un restaurant vers neuf heures (quand le temps laisse assez de clarté pour que l'on puisse reconnaître l'heure), et espérant qu'un café, des tartines chaudes et un jus d'orange l'aideront à se réconforter, tandis qu'au-dehors, la nature violente de cette île inachevée, terre de glace (traduction de son nom) grondante de périls variés, accumule neige, bourrasques et geysers furieux.

L'étranger ne sait s'il faut dire *einn* [eitn] (masculin), *ein* (féminin) ou *eitt* (neutre) pour « un » café, ni que choisir, de *tveir*, *tvær* [tvayr] ou *tvö* pour « deux » sucres, et de *þrír* [θrir], *þrjár* [θriaor] ou *þrjú* [θrju] pour trois toasts. « Quatre » est tout aussi consternant : *fjórir* [fjiorér] pour le masculin, *fjórar* pour le féminin et *fjögur* pour le neutre !

Alors, l'étranger s'abandonne à l'instinct d'agrippement, il se cramponne comme un naufragé luttant contre la fureur du vent pour conjurer l'immersion mortifère dans les tourbillons de l'ignorance ridicule. Il prend une décision folle mais salutaire. Il se souvient d'avoir appris que *fimm* [fɛm] « cinq », qu'il croit pouvoir à peu près prononcer sans erreur trop grotesque, est le premier chiffre islandais qui ne change pas de forme selon le genre. Il commande donc cinq de tout. Oui, cinq cafés, cinq sucres, cinq toasts et cinq jus d'orange ! Le serveur, après un instant de doute sur le bon fonctionnement de son ouïe, prie l'étranger de répéter, sur quoi s'inclinant dans un gloussement qu'il étouffe, il part, et revient dignement peu après, avec cinq cafés, cinq sucres, cinq toasts et cinq jus d'orange. L'étranger doit s'exécuter.

Quelle est donc cette langue où les difficultés semblent s'accumuler ? Car elle en recèle d'autres, comme les transformations multiples des voyelles dans les mots auxquels sont ajoutés des suffixes contenant un *u* ou un *i*, comme encore la dizaine de verbes très usuels et très irréguliers (deux traits logiquement liés !) formant leurs temps selon deux modèles différents, dont ceux qui signifient « avoir », « devoir », « vouloir », « pouvoir », « savoir », ou enfin la distinction entre un possessif réfléchi, c'est-à-dire renvoyant à un possesseur qui est le sujet de la phrase, et un possessif non réfléchi, par exemple dans

Katrín lítur á barn-ið og penn-ann sinn/þess
(Catherine regarde à enfant-le et stylo-le sien(=d'elle)/sien(=de lui))
« Catherine regarde l'enfant et son stylo ».

Le français ne distinguant pas entre deux formes du possessif selon qu'il renvoie ou non à un possesseur sujet de la phrase, la distinction illustrée par cette phrase islandaise peut paraître difficile, mais l'est-elle plus que celle de l'anglais, également absente en français, entre un possesseur masculin (*his*), un féminin (*her*) et même un neutre (*its*) ?

Bien des caractéristiques apparemment étonnantes de l'islandais s'expliquent par le long isolement insulaire qui l'a maintenu beaucoup plus archaïque que d'autres langues scandinaves considérablement usées et simplifiées : le danois, le norvégien et le suédois, comme lui héritiers du vieux-norrois des Vikings (voir Classiques [langues]). Ces derniers, venus de Norvège, introduisirent, en 874, le vieux-norrois en Islande, provoquant la fuite des ermites irlandais qui, ayant abordé vers 650 sur ces rivages peu souriants, y avaient situé, tout simplement, la porte de l'enfer, et n'opposèrent guère de résistance pour partir vers des terres plus amènes. Une seule langue scandinave est aussi conservatrice que l'islandais, et quasiment aussi proche que lui du vieux-norrois. Non sans cause, car il s'agit du féroïen, langue des îles Féroé, qui ne peuplent pas actuellement la conversation de tout un chacun, en attendant que des touristes hardis en lancent la mode. Avant que Leif Erikson, fils, comme son nom l'indique, d'Erik le Rouge, ancêtre mythique d'un irascible personnage des *Aventures de Tintin* d'Hergé, ne partît découvrir le Groenland en 985 et l'Amérique en 1000, avant même que le christianisme ne devînt, en 999, la religion officielle, le premier Parlement d'une Europe encore peu propice à une telle institution avait été installé, l'Alþing, qui se tenait tous les ans à þingvellir, vaste cirque mugissant et rocailleux.

La grammaire de l'islandais n'est pas seule à présenter d'insolites et superbes particularités. Son vocabulaire n'est pas moins étrange, surtout sur un point, qui concerne l'adoption de mots nouveaux. Certes, durant les longs siècles de domination politique danoise (1380-1943), un grand nombre de mots danois furent introduits en islandais, et la langue est longtemps restée assez réceptive aux danicismes. Mais depuis une cinquantaine d'années, la néologie islandaise se distingue comme étant une de celles où se pratique le plus largement la transparence nationaliste, opposée à l'opacité internationaliste (voir Néologie). Une commission, beaucoup plus déterminée dans ses choix que les organismes équivalents s'occupant, dans les autres pays, de l'enrichissement et de la modernisation du vocabulaire, bannit avec la dernière rigueur tout mot étranger qui esquisserait, même avec timidité ou sournoisement, un mouvement de pénétration. La mission de cette commission est, comme on peut s'y attendre, de proposer, pour exprimer les réalités nouvelles, des mots à la fois aussi proches que possible de ce qu'il faut dire pour les décrire, et aussi fidèles que possible aux racines anciennes de l'islandais. La commission propose plusieurs mots. C'est le Parlement lui-même, fonctionnant sur ce point à la manière de l'Académie française, qui décide lequel des mots suggérés sera officiellement adopté. Ainsi,

là où le français dit	**l'islandais dit**
camping (!)	*tjaldstæði* (tente-lieu)
géologie	*jarðfræði* (terre-science)
microscope	*smásjá* (petite-vue)
moteur	*hryfill* (mouvement-marque d'agent)
ordinateur	*tölva* (*tala* « chiffre » + *völva* « prophétesse » !)
police	*lögregla* (loi-règle)
taxi	*leigubíll* (location-voiture)
téléphone	*sími* (« fil » en langue ancienne, ou abréviation de *símtal* : fil-conversation).

Cette intervention directe des autorités politiques sur le destin de l'islandais, objet d'un soin d'amour et de préservation contre tout élément corrupteur, est loin de ne s'appliquer qu'à la néologie. Elle concerne aussi un domaine que l'on pourrait pourtant, puisque c'est un champ de spontanéités incontrôlées, croire hors de portée de toute intervention artificielle : la prononciation. Les voyelles [I] et [ʊ] avaient amorcé vers 1945 une évolution dont l'aboutissement allait être la confusion avec [e] et [ö] respectivement, ce qui aurait entraîné l'homophonie entre *viður* « bois » et *veður* « temps (climat) », ou entre *flugur* « mouches » et *flögur* « flocons ». Or, si l'on compare ce qu'était la prononciation en Islande vers la fin de la Deuxième Guerre mondiale et ce qu'elle était à la fin des années 1980, on constate un déclin spectaculaire de la confusion qui était imminente vers 1945.

Et de fait, on sait (cf. Jahr 1989) qu'entre ces deux dates, une action intensive a été conduite contre la confusion qui s'annonçait. Parmi les arguments développés, l'un déclare explicitement qu'il est hors de question de laisser s'installer en islandais ce que les autorités appellent *flámæli* « prononciation relâchée », et que l'on trouvait il y a soixante ans parmi les pêcheurs qui, en prolongeant un type d'articulation considéré comme de basse valeur sociale, mettaient en péril le *réttmæli* « articulation correcte » ! En d'autres termes, une véritable campagne officielle d'éradication a fini par avoir raison d'un changement naturel qui était en train de s'installer dans la phonologie de l'islandais !

Ainsi, dans le domaine phonologique comme dans celui de la néologie, l'islandais est traité comme un bien précieux dont on ne doit altérer ni l'unité historique ni l'aisance de compréhension pour les autochtones, argument présenté par les autorités comme inspiré par un souci de démocratie. L'homogénéité de la population, l'exiguïté du territoire et l'isolement peuvent expliquer que l'islandais n'ait ni évolué radicalement, puisque l'œuvre descriptive de l'anonyme que l'on appelle le « Premier Grammairien » (XIIe siècle !) est encore à peu près lisible aujourd'hui, ni développé de diversités dialectales. Sur ce point, la différence est grande avec le norvégien, où l'effort pour s'affranchir du danois (la Norvège, terre d'origine des Islandais, fut elle aussi durant une longue période une possession danoise) a eu des résultats contrastés (voir Patriotes des langues).

Isma

« ELLE, excitée : Isma. Isma. Ma... Capitalisma. Syndicalisma. Structuralisma. Cette façon qu'il a de prononcer isma... Le bout se relève... ça s'insinue... Plus loin. Toujours plus loin. Jusqu'au cœur... Comme un venin... Isma... Isma [...]

H(omme) 2 : Cette façon de prononcer les mots en isme, ça vous frappe, n'est-ce pas ? [...]

LUI : [...] Isma. C'est le *ma* qui compte. Obscurantis*ma*. Romantis*ma*. Dubuit a une façon de prononcer ça...

H.2 : Moi, à votre place, j'aurais pris le taureau par les cornes, rien que pour voir : je lui aurais dit : is*me* et pas is*ma*, mon cher ami. Is*ma*, ça me choque [...]

Elle : Oui. Is*ma*... is*ma*... comme le petit bouton qui révèle la peste...

F(emme) 3 : Comme l'unique petit manquement aux bienséances qui permet à lui seul de déceler l'absence d'éducation... »

Ainsi s'expriment les personnages d'une pièce de théâtre (1972) que Nathalie Sarraute intitule précisément *Isma*, et où, grâce à l'art tout sarrautien de suggérer les choses par des touches d'apparence anodine, par des sensations au bord de l'inexprimable, par des notations de riens ou d'infimes détails, la satire de la prononciation *-isma* du suffixe *-isme* de nombreux mots savants se trouve hissée au niveau d'une dénonciation subreptice et radicale de tous les vices. Car les mystérieux Dubuit, personnages toujours nommés et jamais présents de cette pièce, qui ont cette prononciation, sont, de surcroît, soupçonnés d'être de dangereux criminels !

La phonétique de chaque langue est un système de contraintes, et les corrections familiales comme l'enseignement scolaire inculquent à tout enfant les prononciations de la norme, dont la transgression lui apparaît vite comme la condamnation à l'isolement, à l'impossibilité de communiquer, au bannissement. On peut, devenu adulte, trouver de la séduction aux prononciations de sa langue maternelle, en s'identifiant à cela même qui a d'abord fait figure d'obstacle. On trouve alors aux sonorités de sa langue des beautés dont on s'éprend. Mais parmi les locuteurs de toutes les langues du monde, il en est dont la prononciation s'écarte de la norme, soit parce qu'elle est celle d'une communauté dialectale à l'histoire distincte de celle du dialecte dominant qui est devenu la langue nationale, soit pour des raisons d'habitudes phonétiques particulières, parfois liées à des défauts d'articulation, soit encore parce que l'on appartient à un groupe qui se singularise par certains choix phonétiques, lesquels, s'ils durent et se transmettent, cessent d'être conscients.

De ce dernier cas relève la prononciation qui, dès 1972, était brocardée par Nathalie Sarraute dans sa pièce *Isma*. Aujourd'hui, l'accentuation du *-e* final du suffixe *-isme* qui aboutit à la prononciation *-isma* apparaîtrait comme une toute petite illustration ponctuelle d'un phénomène beaucoup plus vaste. Tout le monde peut entendre, en France, des étudiants, des caissières de magasin, des commerçants, des employés des postes, des banques et d'autres services publics et privés, prononcer *musique*, *splendide*, *faire*, *prendre*, *il écoute*, *elle l'aime* en ouvrant le *-e* final, écrit mais non prononcé dans la norme classique, d'où la désignation d'« e muet ». Le résultat de cette prononciation est un *-a* ou même un *-eu*, ce qui donne, à l'audition, *musiqua*, *splendida*, *faira*, ou, dans des phrases,

j'peux pas le prendra,

quand on parla, tu crois qu'elle écouta ? !,

Radio-classiqua, qu'est-ce que j'aima !, etc.

Cette prononciation, à la mode dans une partie de la société française d'aujourd'hui, s'étend même aux mots qui ne se terminent pas par un *e* muet, mais par une consonne, d'où les prononciations

bonjoura, *au revoira*,

pas mala !,

le rapa, *c'est coola !*, etc.

Plus encore, on entend fréquemment de telles prononciations pour des mots qui n'offrent au *-a* final l'appui d'aucune consonne, car ils se terminent par une voyelle. Cela donne *oui a*, *non a*, *merci a*, et même parfois *a* tout seul, à la fin d'un mot ou d'une phrase, sinon au début.

Celles et ceux qui cultivent, ou pratiquent inconsciemment, ce mode de prononciation s'en sont épris comme d'une marque d'appartenance à un groupe, et se soucient peu, sans doute, de la réaction étonnée, ou de l'hilarité, de ceux qui la considèrent comme propre à des locuteurs de culture modeste. Ceux qu'agace le goût pour le *-a* final des mots adoptent plutôt la prononciation enseignée comme la norme, au moins par les instituteurs et institutrices qui ne se délectent pas à cultiver eux-mêmes, et donc à transmettre aux enfants, une langue où l'on dit

demain, amenez (*sic* : voir Économie) *vos livre(s) a*,

i faut obéir à la maîtraissa,

C'est bien a, c'est bientôt Noëla !

Ainsi vont, dans l'immense et fascinant domaine des sons, les investissements amoureux divergents.

Jérusalem (Pékin et)

Qui songe à rapprocher ces deux antiquités, pour leurs similitudes et pour leurs différences ? Les sinologues ne s'en soucient guère, et quant aux hébraïsants, l'idée leur en paraîtrait sans doute bien étrange. Il y faut, peut-être, un intérêt puissant, sinon passionné, à la fois pour l'hébreu et pour le chinois, qui ont en commun de s'appeler de ces mêmes noms depuis des temps vertigineux. Certes, c'est aussi le cas de l'araméen et du grec, le copte, descendant lointain de l'égyptien pharaonique à ses étapes successives, ne s'appelant plus de ce nom. Mais l'araméen est depuis des temps immémoriaux une langue sans État, aux usagers dispersés, puisque Sargon II, roi d'Assyrie, détruisit dès la... fin du VIIIe siècle avant l'ère chrétienne les royaumes araméens en même temps qu'il conquit, de l'Euphrate au Taurus, un vaste territoire. Quant au grec, il est, certes, attesté depuis plus de quatre mille ans, mais la Grèce d'aujourd'hui n'a presque plus rien de commun, sauf précisément la langue, avec celle des temps archaïques.

Au contraire, l'hébreu et le chinois ont cette étonnante particularité en commun, d'être non seulement parmi les langues les plus antiques du monde, mais d'être en outre celles de populations qui, au long d'une immense période continue d'existence, s'identifient encore pour ce qu'elles sont, et conservent en même temps, avec les états les plus anciens de leurs langues, des liens étroits. Le chinois, au moins dans sa forme littéraire, continue aujourd'hui à emprunter beaucoup d'expressions à la langue de Confucius, qui remonte au début du Ve siècle avant l'ère chrétienne ; et quant à l'hébreu, son état actuel est dans la continuité directe de l'hébreu biblique, c'est-à-dire de la langue d'un livre dont la composition commence probablement au début du Ier millénaire avant J.-C. : un enfant israélien de huit ans, aujourd'hui, peut lire les livres bibliques d'Esther et de Jonas, dont la langue est plus évoluée que celle d'autres livres de la Bible, sans avoir besoin de recourir à un dictionnaire ou de presser de questions son entourage.

Il se passe quelques millénaires avant l'avènement, en Chine, de la dynastie Xia, qui durera environ du XXIe siècle au XVIIIe siècle avant le début de l'ère chrétienne. Vers la fin du XVIIIe siècle, les Xia sont remplacés par les Chang, qui sont eux-mêmes supplantés, vers 1120 avant J.-C., par les Zhou de l'Ouest, dynastie qui prendra fin vers 770 avant J.-C. Mais sous les Chang étaient déjà apparus les plus anciens témoignages écrits de la langue chinoise, gravés sur des carapaces de tortue, sous la forme de caractères qui sont les premiers historiquement attestés, et dont certains sont presque semblables à ceux d'aujourd'hui ; d'autres sont des dessins stylisés, qui ne sont pas encore stabilisés en traits récurrents et réguliers comme ceux des caractères chinois modernes. La langue notée par ces *Jiăgŭwén* (« textes sur os de tortues »), bien qu'elle appartienne encore à ce que les historiens du chinois appellent proto-chinois, ne diffère pas radicalement de celle qu'on appelle le chinois archaïque tardif, c'est-à-dire celle qui, après l'étape historique des Zhou de l'Ouest, puis, de 770 à 476 avant J.-C., celle de Chunqiu (« Printemps et Automnes »), sera utilisée à l'époque dite des « Royaumes combattants » (Zhanguo) : – 475 à – 221 avant J.-C. Cette époque, comme si les rivalités diplomatiques et guerrières étaient propices à une remarquable effervescence intellectuelle, est l'âge d'or de la littérature classique chinoise. Bien qu'elle appartienne à l'âge dit archaïque (XIe au IIe siècle avant J.-C.), elle fait partie de la période par excellence du chinois classique, qui va du – Ve siècle au – IIe siècle.

Le foisonnement littéraire de la Chine à la grande époque des Royaumes combattants est illustré par les œuvres écrites en *wényán*, la langue classique chinoise, ferment de la continuité, non sans pression immobiliste, d'une très haute culture. Il s'agit, d'une part, des Cinq Classiques : *Shijing* « Classique de la Poésie » (recueil de chansons et d'hymnes), *Yijing* « Livre des Mutations » (manuel de divination), *Liji* « Mémoires sur les Rites » (recueil des rites qui fondent la civilisation chinoise), *Chunjiu* « Annales des

Printemps et Automnes » (première chronique historique, consacrée à l'époque antérieure), *Shujing* « Livre des discours et édits ». Cet âge d'or est, d'autre part et surtout, illustré par les célèbres Quatre Livres : d'abord le *Lunyu* (sentences de Kongfuzi (Confucius), qui, probablement, collationna aussi lui-même le *Shijing*), ensuite deux recueils de Confucius, le *Zhongyong* (« Invariable Milieu ») et le *Daxue* (« Grande Étude »), qui traitent de la vertu de l'homme supérieur, faite de discipline, de piété familiale et d'équilibre, enfin le *Mengzi*, œuvre du philosophe Mencius développant les théories confucéennes. S'y ajoutera, au IIIe siècle avant J.-C., le *Zhuangzi*, œuvre philosophique d'inspiration taoïste, faite d'édifiants récits allégoriques, écrits en une prose qui atteint le sommet de la perfection classique chinoise.

Par une extraordinaire rencontre de l'histoire des civilisations, qu'expliquent, sans doute, des circonstances comparables malgré leur apparente différence, cette période de grand éclat de l'esprit chinois est presque contemporaine du « Miracle grec » ! Oui, l'âge d'or de la culture chinoise coïncide à peu près, dans le temps, avec celui de la culture grecque. Je rappelle brièvement qu'il s'agit de l'Athènes des Ve et IVe siècles, avant, pendant et après l'établissement de la primauté de l'Attique par Isidore, et surtout par Périclès (de – 446 à – 431). C'est, comme on sait, l'époque de floraison d'œuvres de génie qui ont fécondé pour jamais la culture de l'Occident dans tous les domaines : poésie lyrique, tragédie, comédie, histoire, éloquence, philosophie, de Pindare à Platon et Aristote, en passant par Euripide, Aristophane, Hérodote, Thucydide, Xénophon, Démosthène pour ne citer que quelques noms. C'est aussi, comme on ne l'a pas assez souligné, l'époque même de la construction, à la gloire d'Athéna, déesse tutélaire d'Athènes, et comme symbole de la victoire d'Athènes sur les Perses à Salamine en – 480 (deuxième guerre médique), suivie de la création défensive de la Ligue de Délos (– 478), le moment même (de – 447 à – 432) de la construction d'un monument que Philon de Byzance, beaucoup plus tard, ne comptera pas au nombre des sept merveilles du monde, et qui, pourtant, plus qu'aucune, coupe le souffle : le Parthénon (cf. Queyrel 2008). Ici comme en Chine et chez les Hébreux, la langue et son culte sont un élément primordial, car c'est une forme de grec classique, façonné par le génie d'écrivains d'exception, qui est le véhicule, quasiment impérissable dans des textes écrits, de la culture attique.

Certes, les Classiques (terme recouvrant les neuf livres), qu'apprenaient par cœur, comme textes canoniques, les lettrés candidats aux fonctions administratives mandarinales, non seulement en Chine, mais ensuite au Vietnam, en Corée, etc., et qui constituaient aussi une mine presque inépuisable de citations et d'allusions réinvesties dans la création littéraire, furent pour la liberté de la pensée, et sont restés, sous une forme ou sous une autre, jusque dans les temps modernes, un carcan enserrant les esprits dans le moule édifiant des modèles historiques de vertu et de respect. Mais en même temps, cette littérature et cette langue de la Chine classique permirent, par leur présence permanente dans une culture qui pourtant ne pouvait être entièrement figée, d'assurer une remarquable continuité, non seulement de la langue chinoise, mais, à travers elle, de la Chine elle-même. Les Classiques survivront à l'incendie des livres ordonné en 213 avant J.-C. par Qinshi Huangdi, fondateur de la dynastie des Qin et avec elle, de l'empire de Chine lui-même, organisateur de la prospérité chinoise, mais ennemi des lettrés. Les Classiques et la langue dans laquelle ils sont écrits continueront, après lui, d'assurer la stabilité de la civilisation chinoise à travers les épisodes de dislocations et de déchirements que sont les Trois Royaumes et les Six Dynasties, situés entre la grande dynastie stable des Han (206 avant à 220 après J.-C.) et celles des Sui (581-618) et surtout des Tang, nouvel âge d'or (618-907). De même, à partir de 907, les Classiques demeureront un pilier au milieu des soubresauts d'un État chinois de nouveau partagé entre chefs d'armées, avant qu'en 960 les grandes dynasties des Song du Nord puis du Sud ne rétablissent l'unité du pays.

C'est une étonnante analogie que l'on relève, si on les compare, entre l'histoire des Juifs et celle de la Chine. Pour Jérusalem comme pour Pékin, un livre (ou des livres) et une langue assurent, en défiant les pires menaces de dislocation et de disparition, la continuité et la fidélité. Tout comme le monde chinois, le monde juif est âgé de plusieurs milliers d'années. Les Juifs s'identifiaient comme tels depuis beaucoup plus longtemps que la Bible, c'est-à-dire depuis une époque largement antérieure à celle de la révélation de Moïse, qui va faire d'eux des gens du Livre, *Ahl'ul-kitâb*, appellation déférente dont les gratifiera, beaucoup plus tard, le prophète Muhammad. Pour se convaincre de cette antiquité, il suffit de penser qu'à la fin de septembre 2008, c'est-à-dire autour de la période où j'écris ces lignes, les Juifs ont célébré *Roch Ha Chanah* (« tête de l'année »), leur jour de l'an, et qu'ils sont entrés ce jour-là dans l'année… 5768 !

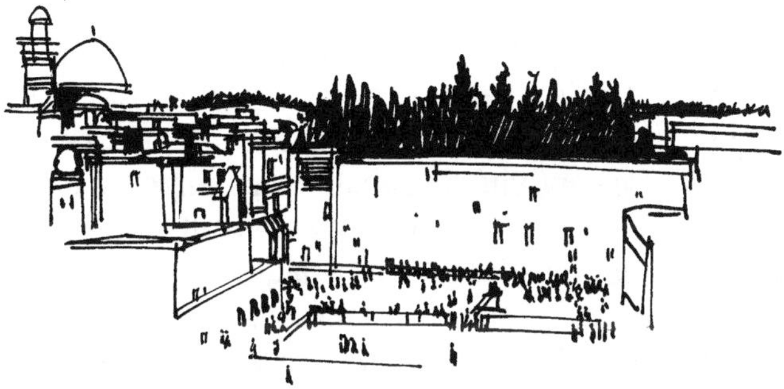

Cette antiquité est aussi une continuité. Pour les périodes attestées par des textes écrits, il n'existe aucune interruption. Les gloses en cananéen, ancêtre de l'hébreu, que l'on trouve dans les lettres de Tell el-Amarna en marge du texte en akkadien, langue diplomatique de l'époque, au XIIe siècle avant l'ère chrétienne, contiennent des traits déjà prototypiques des formes hébraïques. La déclinaison cananéenne (perdue par l'hébreu) à trois cas *-u*, *-a* et *-i* (nominatif, accusatif, datif) exactement semblables à ceux d'une autre grande langue sémitique qui les possède encore, l'arabe, se découvre dans les textes poétiques des tablettes d'Ougarit vers le XVe siècle avant J.-C., et même encore dans le Calendrier de Gezer (– Xe siècle), qui énumère les travaux des mois. C'est entre le – VIIIe et le – VIe siècle que se situe l'âge d'or de la langue et de la littérature bibliques, époque que l'on appelle préexilique. L'hébreu d'alors est homogène, et ne possède pas un lexique aussi riche que celui d'autres langues sémitiques, bien que les Hébreux, peuple de pasteurs et d'agriculteurs semi-nomades, aient beaucoup de mots pour le désert, les épineux, les pluies, l'opprobre, la joie, les relations avec le divin.

Les livres d'Esdras et de Néhémie marquent une étape nouvelle de l'hébreu, qu'on appelle post-exilique, puisque ce sont ceux de la restauration après l'exil de Babylone. La captivité de soixante ans imposée aux élites juives, de – 597 à – 538, ne pouvait que produire une imprégnation d'araméen, à laquelle n'échappaient pas non plus les masses demeurées en Judée, entourées de territoires où l'araméen était en pleine expansion. Ce fait se poursuivit après la restauration. Il en résulte que malgré l'effort d'imitation de l'hébreu biblique, la période post-exilique est celle d'une influence de plus en plus forte de l'araméen. C'est pourquoi, dès le IIIe siècle avant l'ère chrétienne, une forme nouvelle d'hébreu, partiellement araméisé bien que l'hébreu continue aussi d'évoluer sur ses propres bases, succède à la forme post-exilique : l'hébreu michnique, du nom de la Michna (IIe siècle), recueil de commentaires et prescriptions sur les applications de la Loi écrite. Suivra, plus tard, une forme rabbinique et talmudique de l'hébreu, où l'influence de l'araméen est également forte, d'autant plus que le bilinguisme hébreu-araméen domine chez les Juifs des siècles qui précèdent et suivent immédiatement le début de l'ère chrétienne, sans compter l'importance des emprunts au grec et au latin.

Sous l'impulsion de la Haskala (voir Ludiques [conduites]) et à partir de la fin du XVIIIe siècle, une forme modernisée de l'hébreu biblique et michnique fut employée dans la littérature (romans, poésie, théâtre, etc.). Dans l'usage quotidien, chez les communautés juives dites diasporiques, c'est-à-dire contraintes à la dispersion après la destruction du second Temple sous les coups des troupes de Titus en l'an 70, l'hébreu biblique et l'hébreu michnique lui-même avaient été presque totalement supplantés par les langues diasporiques des Juifs, souvent appelées langues juives : judéo-allemand (yidiche), judéo-espagnol (djudesmo), judéo-arabe, judéo-berbère, judéo-persan, etc. L'hébreu biblique n'était, et n'est encore, utilisé que dans la liturgie et les prières. Mais l'hébreu fut ressuscité dans les années 1920, cas unique, dans l'histoire, d'un vouloir collectif alimenté par l'attachement opiniâtre à une tradition qui, à travers plusieurs millénaires de transmission dans les familles exilées, nourrit l'idéal de la langue et du retour (voir Vie [les langues et la]).

C'est sur ce point précis qu'apparaît une différence fondamentale entre Pékin et Jérusalem, si étonnamment liés par un destin riche en similitudes. La Chine est un très vaste empire terrien, dont les façades maritimes n'ont pris que tardivement quelque importance. Dans la vieille Chine impériale, le ciel est conçu comme organisant et contrôlant les espaces, et l'empereur, Fils du Ciel, comme ayant mandat de veiller à l'harmonie du monde et à l'équilibre des relations entre les régions cardinales. Il n'est pas jusqu'à l'emplacement des demeures et des tombes qui, en suivant les requêtes de la géomancie dite *fēngshui* (« vent et eaux ») dans la tradition chinoise, ne doive faire l'objet d'un soin particulier, afin de s'assurer que leur orientation est conforme à l'harmonie du monde et à l'ordre céleste. D'autre part, cette vaste Chine du fleuve Jaune, du fleuve Bleu, des déserts, des sommets de neige vertigineux, est un espace d'ingestion et d'assimilation. Deux des plus longues dynasties qui règnent sur l'empire ne sont pas chinoises, mais fondées par des conquérants étrangers : les Yuan, empereurs de Chine durant près d'un siècle (1271-1368), sont des Mongols, et les Qing, Fils du Ciel pendant plus de deux siècles et demi (1644-1911), sont des Mandchous.

Mais dès le début de ces règnes d'allogènes, et de plus en plus au long du temps, puissant et bienveillant ami de la Chine, les étrangers sont sinisés, et tellement sinisés qu'ils en deviennent quasiment plus chinois que les Chinois. L'instrument de cette sinisation n'est autre que la langue, en laquelle se concentre l'expression de l'identité chinoise. Cela est si vrai que si les Mongols, empereurs de Chine dont le plus fastueux, Kubilay, reçut et retint longtemps Marco Polo à la fin du XIIIe siècle, gardèrent quelque temps l'usage de leur langue, les Mandchous perdirent rapidement la leur, et furent profondément sinisés, au point que l'on dit, parfois, que le meilleur chinois qu'on puisse entendre à Pékin est celui des descendants de Mandchous. La capacité d'absorption par sinisation s'étend au-delà de la langue : Mao Zedong disait volontiers que le communisme chinois est une version sinisée du marxisme !

Face à cette terre sans limites et avide, à cette langue qui dévore les autres langues, à cette civilisation installée puissamment sur son sol immuable, qu'est-ce que le monde juif ? Presque exactement le contraire : un peuple sans terre depuis le début de la Diaspora, un peuple qui, loin de se soucier, ou d'avoir les moyens, d'immerger les autres dans un chaudron de langue et de culture, avait pour unique anxiété celle de survivre à l'exil, et cela de quelle manière ? En continuant de porter sur tous ses chemins de fuite son Livre et la langue de ce Livre. Pérennité d'une langue et d'une tradition, l'hébreu ici, le chinois là, mais, dans le cas des Juifs, une pérennité assurée par un destin unique au monde : celui d'une communauté capable d'exil, au sens latin de *capax*, c'est-à-dire ayant la force d'embrasser l'exil, de l'absorber sans s'y dissoudre totalement.

L'hébreu des prières répétées dans les familles au cours des cérémonies religieuses pendant des millénaires a permis, en même temps qu'il l'a exprimée, une telle espérance, alimentée par le vœu fameux : « l'an prochain à Jérusalem ! », phrase de l'exil récusé quoique subi, alors que la Chine ignore l'exil, puisqu'elle est terre permanente et absorbante, comme l'exprimait Paul Claudel : « Au plus terre de la terre, je vis jaune ! » La langue chinoise a eu le pouvoir de fonder la vertigineuse continuité de la Chine installée et rivée sur son immense espace. La langue hébraïque a eu le pouvoir de maintenir la survie du peuple juif dispersé sur de multiples espaces. Ce sont là les points de ressemblance très forte, et de dissemblance aussi forte, entre Pékin et Jérusalem. Est-il besoin d'ajouter que l'identité juive ne s'est pas seulement maintenue à travers la dispersion, mais aussi face à un monde où, transportant obstinément la Torah et l'hébreu, elle a rencontré, d'Amalec, personnage biblique, à Hitler, en passant par beaucoup d'autres, non la sollicitude, ni l'indifférence, ni de simples antagonismes, mais des tentatives répétées, furieuses et opiniâtres, de génocide soigneusement organisé ?

C'est à la lumière de cette relation unique et méconnue qu'il faut considérer un fait largement ignoré, et assez extraordinaire. Un jour de juin 1605, le père jésuite Matteo Ricci, évangélisateur mais quasiment phagocyté par une forme de sinisation (voir Traduire), reçut la visite d'un habitant de Kaifeng, ancienne et brillante capitale de la dynastie des Song du Nord. Cet homme, ayant appris la présence du Père, était venu le voir en pensant qu'il s'agissait d'un coreligionnaire. Il fut, certes, déçu d'apprendre que les images, que le père lui montra sur un autel, d'une femme, d'un enfant et d'un homme les vénérant, ainsi que celle de quatre hommes sur les côtés de l'autel, n'étaient ni celle de Rébecca et de ses deux fils Jacob et Esaü, ni celle de quatre des fils de Jacob, mais celles de la Madone, de Jésus et de saint Jean-Baptiste, ainsi que celle des quatre évangélistes. Mais il noua une relation de confiance avec Ricci, qui finir par comprendre qu'il s'agissait d'un Juif, nommé Ai et venu à Pékin pour se présenter aux examens triennaux de doctorat, préalables à l'entrée dans la carrière de fonctionnaire. Ai déclara, en outre, que beaucoup d'habitants de Kaifeng savaient l'hébreu et pratiquaient le judaïsme. Il ajouta que leurs ancêtres étaient venus en Chine depuis des temps fort reculés.

Cet épisode nous est connu par les *Commentaires* du père Ricci, publiés en latin en 1615. Mais trois siècles plus tard, le grand sinologue français Paul Pelliot, qui fit de Paris, au début du XXe siècle, le centre mondial des recherches sur la Chine, et qui révolutionna la sinologie en découvrant en 1908 les grottes de Tunhuang, trouva dans celles-ci, entre autres vestiges extraordinaires et de grand prix, un manuscrit en hébreu. Il publia en 1921, dans la revue *T'oung Pao* qui était alors le périodique de référence pour tous en sinologie, un article contenant des données nouvelles sur les Juifs de Kaifeng, dont Ai, dans son entretien avec le père Ricci, avait, au début du XVIIe siècle, révélé l'existence à l'Occident.

Comment des Juifs et leur Torah en hébreu ont-ils pu se retrouver en Chine longtemps avant le XVIIe siècle ? Dans la Rome du Ier siècle, les élégantes de la société aisée étaient très friandes des objets exotiques de luxe, et tout particulièrement des étoffes de soie, dont l'origine unique était le lieu appelé par les Romains pays des Sères, c'est-à-dire la Chine. Les routes que suivaient les caravanes pour transporter, de Chine à Rome, les étoffes de soie tant convoitées passaient par le bord septentrional de la chaîne des Nanchang à travers ce qui est aujourd'hui la province du Gansu, arrivaient jusqu'à Kachgar en évitant le désert de Taklamakan, puis, empruntant l'un ou l'autre des deux axes où se situent à présent Samarkand et Balkh, parvenaient à Séleucie sur le Tigre, non loin de la Bagdad moderne, d'où elles arrivaient à Antioche. De là, les étoffes de soie étaient transportées en divers points du monde romain, dont Rome. Cependant, il s'agissait de soie brute non effilée et non tissée, que les femmes de l'aristocratie romaine, selon Pline le Jeune, n'avaient pas le moyen de transformer elles-mêmes en gaze fine et transparente. Parallèlement au transport par la route de la soie, une activité s'était donc développée, qui consistait, dans des ateliers installés en Séleucie, à traiter les ballots de soie brute pour les rendre vendables, c'est-à-dire adaptés aux goûts de la clientèle de l'empire.

Parmi les personnels qui se livraient à cette activité, comme parmi les caravaniers eux-mêmes qui se rendaient en Chine, il y avait un nombre relativement important de Juifs exilés depuis 70, qui étaient à la recherche de moyens de subsister : les chroniques de la dynastie des Han et les découvertes de Pelliot, dont deux inscriptions sur des stèles, datant l'une de 1489 et l'autre de 1679, laissent apparaître un culte synagogal sur la Route de la soie, des relations régulières de commerçants juifs avec les producteurs de soie chinois, et une probable installation de familles juives en Chine dès le milieu de la dynastie des Han de l'Est. Beaucoup plus tard, de nouvelles vagues d'immigration eurent très probablement lieu, quand la route terrestre de la soie fut doublée par celle des mers, itinéraire des marchands et navigateurs perses et arabes qui commerçaient avec la Chine des Tang et des Song du Nord, entre les VIIe et XIIe siècles, et sur les navires desquels embarquaient des Juifs, qui alors vivaient dans certains ports du golfe Persique.

Il est donc tout à fait probable que l'installation des Juifs en Chine, ou du moins leur seconde vague d'immigration, se situe autour du début du XIIe siècle, d'où leur présence déjà très ancienne à Kaifeng au moment où le père Ricci reçoit le Juif Ai dans la ville qui l'a supplantée comme capitale, c'est-à-dire à Pékin. C'est ici qu'apparaît l'étonnant destin des

Juifs chinois : ils devinrent chinois, notamment parce que leurs règles autorisaient le mariage des hommes juifs avec des femmes chinoises (mais non celui de femmes juives avec des Chinois), ils adoptèrent le chinois pour langue de communication, leurs traits devinrent, par métissage, ceux d'Asiatiques, comme le montrent les représentations qu'on en a (cf. White 1966) ; mais ils n'abandonnèrent jamais ni le judaïsme ni ce qui en est le support inaltérable, c'est-à-dire l'hébreu. Beaucoup plus tard, des lettres adressées par des notables juifs de Kaifeng au consul de Grande-Bretagne font état de la destruction (en 1850) de la belle et ancienne synagogue de Kaifeng, que les familles n'ont pas les moyens de reconstruire, et de la déréliction de la communauté juive chinoise dont une partie, dans les années 1950, devait émigrer en Israël. Mais une autre partie, selon ce qu'on en sait, demeure attachée au judaïsme et à la Bible en hébreu. Telle est l'histoire des Juifs chinois.

La sinisation, qui a enseveli les identités mongole et mandchoue, n'a pas enseveli l'identité juive.

Juives (langues)

Les langues dites juives, qu'on appelle aussi judéo-langues, sont celles que les communautés juives diasporiques ont façonnées par combinaison des langues des pays où elles ont immigré, ou des langues qu'elles ont apportées avec elles en exil, avec des mots empruntés à l'hébreu ou à l'araméen, qui appartiennent à l'histoire de ces communautés. Il existe un judéo-arabe, possédant des variantes selon les pays arabes où les Juifs ont vécu durant de nombreux siècles : judéo-arabes marocain, algérien, tunisien, égyptien, syrien, iraquien, etc., toutes langues suffisamment proches de l'arabe pour permettre la communication, toutes langues, également, en voie d'extinction, du fait du départ des Juifs de la plupart des pays arabes où ils vivaient, souvent (comme dans le cas du Maroc) depuis plus de mille ans.

Les deux langues juives les plus étudiées sont le judéo-allemand ou yidiche et le judéo-espagnol ou djudesmo. L'une et l'autre sont en situation précaire, n'étant pas ou étant peu transmises dans les familles, et surtout à cause des événements tragiques de la Deuxième Guerre mondiale : l'extermination des Juifs d'Europe, qui parlaient en yidiche dans toute l'Europe centrale et orientale, et en djudesmo en Grèce et dans d'autres pays des Balkans.

Une conséquence oubliée de ces massacres du point de vue de l'amour des langues doit être soulignée : la destruction des Juifs d'Europe est aussi celle de plusieurs millions de polyglottes, qui, du fait de la situation et des professions des Juifs, ajoutaient à la pratique des langues juives celle des langues des pays d'« accueil » et de plusieurs autres, où ils se déplaçaient, surtout au centre, à l'est et au nord-est de l'Europe. Le yidiche, non totalement éteint aux États-Unis, en Israël, en France, en Argentine et en Grande-Bretagne, était divisé en deux branches, occidentale et orientale, cette dernière étant elle-même répartie en yidiche du nord (avec ses variantes estonienne, lettone, lituanienne et biélorusse) et yidiche du sud. Celui-ci comprenait, à l'est, les variantes roumaine (Bessarabie, Bucovine, Moldavie) et ukrainienne, au centre les variantes hongroise (Transylvanie et nord-est), polonaise (Galicie) et slovaque.

Les yidichophones d'aujourd'hui continuent d'exercer une activité néologique que ne tempère pas l'état précaire de la langue, et qu'avait amorcée en 1908 la Conférence sur la normalisation du yidiche, tenue dans la capitale de la Bucovine, Czernowitz, ville qu'animait alors une intense activité culturelle, développée notamment, sur le modèle de Vienne (dont dépendait la Bucovine), par les élites intellectuelles juives, artistes, écrivains, parmi lesquels Paul Celan. Les créations néologiques yidiches, dues parfois à des écrivains qui leur assurent une diffusion par leurs œuvres, sont souvent marquées au sceau de l'humour. Car le yidiche est typiquement une langue dans le tissu même de laquelle s'inscrit la pulsion d'humour, comme distanciation salutaire face au tragique de la destinée juive. On trouve par exemple, parmi les créations néologiques : *bal-fantazyé* « personne qui a (hébreu *bal* "possesseur de") une trop riche imagination », *shábesdikeyt* « (mauvaise) humeur du (jour du) sabat » (où viennent se greffer, sur la forme yidiche du mot hébraïque *šabat*, le suffixe slave *-ik* et le suffixe allemand *-(h)eit*), *méydlerish* « typique d'une fille (allemand *Mädchen*) », *shraybmashinke* « brave machine à écrire (le suffixe *-ke*, féminin, est appliqué à des objets qui suscitent une tendresse amusée) ».

Les Juifs qui préférèrent quitter l'Espagne lorsque les Rois Catholiques, au lendemain de la Reconquista (voir Hispanique [vocables]), les contraignirent à choisir entre la conversion et l'exil, emportèrent avec eux un précieux témoignage de l'état du castillan à la fin du XVe siècle : une langue archaïque que n'avaient pas encore atteinte les changements importants comme l'apparition de la jota [χ] ou celle de [θ], consonne castillane prononcée en plaçant la langue entre les dents, et dont l'équivalent conservateur sud-américain et yidiche est simplement un [s].

Mais on ne trouve pas seulement ce judéo-espagnol vernaculaire, ou djudesmo, qui devint la langue commune des Juifs espagnols partis d'Espagne pour s'installer au sud-est de la France, en Toscane (surtout à Livourne), à Sarajevo, à Salonique, à Istanbul, etc. En effet, les rabbins, soucieux de compenser l'oubli progressif de l'hébreu, construisirent, pour faciliter la lecture des livres saints, une étonnante langue-calque, le ladino, dont le vocabulaire était castillan, mais la morphologie et la syntaxe aussi proches que possible de l'original hébraïque de la Bible. Ainsi, l'hébreu *bethulim* « virginité » est traduit, dans le Deutéronome de Ferrare (1553), par *virginidades*, c'est-à-dire par un pluriel, alors que le castillan ne met pas ce mot au pluriel (cf. Sephiha 1973, p. 65) !

Le judéo-espagnol n'est pas moins étonnant que la langue-calque inventée pour traduire la Bible en

« espagnol » hébraïsé. Sa morphologie contient des traits tout à fait particuliers : ainsi, le suffixe *-mos* de la première personne du pluriel des verbes est étendu à *nos* et *nosotros* « nous », qui deviennent *mos* et *mozotros*. Les archaïsmes, également, abondent en djudesmo, tels que *so*, *esto*, *vo*, *do* pour *soy*, *estoy*, *voy*, *doy* du castillan moderne, ou *merkar*, *trokar*, *yantar*, au lieu de *comprar* « acheter », *cambiar* « changer », *cenar* « dîner ». Les expressions juives conjurant les implications chrétiennes des expressions espagnoles y sont remarquables aussi : le mot espagnol pour « dimanche », *domingo*, est une allusion directe à Yeoshua de Nazareth (« jour du Seigneur ») ; il est donc remplacé par *alhad* (« le premier jour »), emprunt à la langue de prestige, l'arabe, au contact duquel les Juifs, avant leur exil, étaient restés durant huit siècles dans l'Espagne musulmane ; de même, Dieu ne saurait être au pluriel comme semble le dire *Dios* (bien que dans la Bible, un pluriel désignant dieu, *Elohim*, soit récurrent), d'où *el Dio*, où l'origine arabe de l'article *el* est sans doute l'article *al* dans *Allah* (littéralement « le Dieu »).

Un autre exemple, frappant, est l'emprunt que le djudesmo fait au ladino, à savoir le mot espagnol *vida* étrangement mis au pluriel dans la formule de salutation *vidas largas que tengas* (littéralement « vies longues que tu aies ») « puisses-tu avoir une longue vie ! », tout simplement parce que le ladino calque l'hébreu, où *haïm* « la vie » est un pluriel ! Mais le djudesmo porte aussi la trace des contacts multiples des Juifs avec diverses langues d'Europe après leur exil d'Espagne : le nom de la fourchette, *piruni*, est grec, et celui de la boue en turc, *batak*, est hispanisé par adjonction d'affixes en un mot djudesmo *enbatakar*

« embourber, salir de boue », tandis que le turc *tütün içmek* (tabac boire) « fumer » est calqué en *bever tutun* (boire tabac), à ceci près que l'ordre des mots propre au turc ne peut pas être reproduit dans une langue latine, où l'ordre est inverse. Quant aux emprunts français, ils sont si nombreux, en particulier dans le djudesmo des Juifs d'Istanbul, que l'on parle de judéo-fragnol, et même de judéo-turco-fragnol !

Tels sont quelques-uns des aspects de l'inventivité des locuteurs humains mis par leur destin dans la situation de façonner, pour communiquer, des langues au moyen des éléments dont ils disposent. De ce point de vue, les langues juives peuvent être rapprochées des langues créoles (voir ce mot), bien qu'elles en soient très différentes par leurs conditions de naissance.

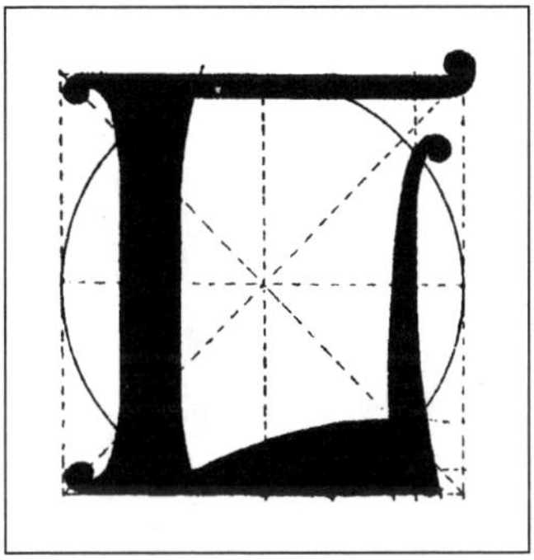

Lexique

D'autres diront « vocabulaire », d'une manière moins technique. La réalité que ces termes recouvrent est, si l'on met à part la phonétique, une des deux composantes essentielles des langues, l'autre étant la grammaire. Le lexique, dont les unités sont appelées en langage technique des lexèmes, est un champ ouvert, tandis que la grammaire est le domaine des règles appliquées à des catégories de mots en inventaire limité, que les linguistes appellent des morphèmes.

La différence entre grammaire et lexique apparaît clairement si on la replace dans l'inventaire des catégories, dites aussi parties du discours. C'est aux anciens Grecs, et plus particulièrement aux grammairiens de l'école d'Alexandrie, dont Denys de Thrace (–170 à –90), inspiré dans une certaine mesure d'Aristote et des stoïciens, et repris au IIe siècle par Apollonios Dyscole, que l'on doit la première grammaire grecque proprement dite, et, du même coup, la première classification des parties du discours. Les catégories qui relèvent du lexique y apparaissent clairement comme distinctes des autres. Denys distingue huit parties du discours : l'article, le nom, le pronom, le verbe, le participe, l'adverbe, la préposition, la conjonction. Ces huit catégories reflètent le système du grec ancien, et n'ont donc de valeur, quand on les applique aux autres langues que si l'on tient compte des particularités de chacune, puisque, par exemple, beaucoup de langues, contrairement au grec d'hier et d'aujourd'hui, ainsi qu'au français, n'ont pas d'article.

Parmi cet ensemble, les catégories lexicales sont le nom, le verbe et l'adverbe (le participe étant, en fait, une forme nominale du verbe). Le nom et le verbe sont des types de lexèmes à vocation universelle. Les langues salish du sud de la Colombie-Britannique, ainsi que le nootka et le kwakiutl, autres langues indiennes de cette même région, sont réputées ne faire aucune distinction entre noms et verbes. De fait, en comox, *qaymexw* peut signifier aussi bien « les gens » que « être en vie », et *qwəl'təs* aussi bien « il arrive » que « celui qui arrive ». Mais en réalité, les deux emplois de chacun de ces mots les mettent en relation avec des formes qui ne sont pas les mêmes. Dans leur emploi nominal, ils se combinent avec l'article ou le possessif, alors que dans leur emploi verbal, ils ont une affinité avec des morphèmes de temps ou de personnes. En outre, dans une partie des langues salish, les noms sont marqués par un préfixe *s*-. Il semble donc bien que toutes les langues possèdent une opposition entre noms et verbes, même lorsque, du point de vue de leur forme, rien ne les distingue aussi clairement que cela se fait en arabe classique, où seuls les noms peuvent être marqués des suffixes *-un* (nominatif), *-an* (accusatif), *-in* (génitif-datif).

Une autre catégorie lexicale, celle des adjectifs, non retenue par la classification de Denys de Thrace parce qu'il y voyait une sous-classe du nom, ce qu'elles sont en grec, a la particularité de n'être pas universelle. Ou du moins, ce que l'on traduit par un adjectif français est souvent, en réalité, un verbe, que l'on dira verbe de qualité. Tel est le cas en mandarin, en japonais, et dans de nombreuses langues mélanésiennes, où l'« adjectif » qualifiant un nom constitue, plutôt, une proposition relative, une « jolie femme » étant littéralement « une femme qui est jolie ». L'adverbe est plus répandu que l'adjectif. La plupart des langues en possèdent. Les adverbes de quantité ne sont pas appréciés par leur destinataire dans tous les contextes, et par exemple, en français,

je t'aime beaucoup

ou

je t'aime bien

expriment un sentiment soumis à quelque contrôle, ce qui rend ces formules odieuses aux amants délirants, car, ennemis de l'adverbe, ils entendent bien être aimés sans lui (voir Aime [je t']), c'est-à-dire… entièrement, passionnément, follement (félonie de l'adverbe, qui impose sa nécessité là même où on voudrait l'abolir !).

Quand on songe à la récurrence, dans le discours, des trois catégories d'adverbes que sont, outre ceux de quantité, ceux de manière et ceux de temps, illustrés en français, respectivement, par *facilement* et *aujourd'hui*, on a lieu de s'étonner que certaines langues n'aient pas, ou aient peu, d'adverbes. Mais il existe des moyens de suppléer cette « lacune ». Le palau (austronésien) (voir Diminutifs) exprime « aujourd'hui » par « dans le jour présent », « facilement » par « d'une manière facile » et « très » par un verbe « être (ou faire) intensément » ; « encore », « déjà », « aussi », « à peine », « ensemble », « toujours » y sont également exprimés par des verbes. D'autre part, dans les langues, majoritaires, qui possèdent des adverbes, un même adverbe peut avoir des emplois et des sens, ainsi que des emplacements, tout à fait différents. On dit en français

ce conflit est ridicule, comme on l'a souligné si justement,
elle est normalement constituée,
il parle simplement,
il travaille toujours.

Mais on peut aussi dire

il est indigné, justement !
normalement, on ferme le lundi
il parle, simplement !
il travaille, toujours !

Les quatre premières phrases contiennent des « adverbes de verbe », ce qui signifie que les adverbes portent sur les verbes de ces phrases et que, par conséquent, les sens de *justement*, *normalement*, *simplement* et *toujours* sont respectivement « avec raison », « d'une manière normale », « avec simplicité », « sans interruption », alors que dans les quatre dernières phrases, les adverbes, dits « adverbes de phrase », portent sur la phrase entière ; les sens sont alors « précisément », « dans les circonstances normales », « sans plus » et « en tout cas ». L'avant-dernière phrase pourrait être une réponse à une question comme celle-ci, posée à propos d'un individu doué pour convaincre :

comment fait-il pour obtenir tout ce qu'il veut ?

La dernière phrase peut s'employer en repartie après une remarque du genre

il n'a pas un métier très passionnant.

Ces exemples montrent que les adverbes de phrase, contrairement aux adverbes de verbe, traduisent une position de celui qui parle, ou un jugement qu'il porte sur la chose même qu'il dit. Cette particularité est marquée en phonétique par une intonation très différente sur les quatre dernières phrases si on les compare aux quatre premières, ainsi que, dans l'écriture, par une ponctuation distincte. Les adverbes de phrase peuvent aussi se comporter de la même façon que des verbes introducteurs de proposition déclarative, comme dans cette phrase menaçante proférée par le redoutable « petit homme noir, familier de l'Inquisition », à l'intention du malheureux, quoique bienheureux, Pangloss, dans *Candide* de Voltaire :

Apparemment que Monsieur ne croit pas au péché originel !

Dans la plupart des vieilles cultures, la seule catégorie lexicale vraiment prise en considération était le nom, et non le verbe. Bertrand Russell se louera, au début du XXe siècle, d'avoir, en tournant le dos aux visions essentialistes du passé privilégiant le nom, donné droit de cité, en philosophie, au verbe, qui ne désigne pas les objets, essences et entités, mais la relation, tout comme les prépositions, dont il se loue aussi d'avoir souligné l'importance. On peut comprendre, néanmoins, que les conceptions antiques n'aient retenu que le nom, car, contrairement à la relation, qui est une fonction abstraite même quand un geste précis y correspond, les noms concrets réfèrent à des entités visibles du monde sensible.

Dans la culture suméro-akkadienne, un embryon de description du lexique apparaît à travers les recueils de signes, sorte de science des listes, où sont d'abord mentionnés, selon un procédé qui ressemble à celui des recueils anciens de caractères chinois, les signes cunéiformes à un, deux, trois, etc., traits horizontaux, ensuite les signes à un, deux, *n* traits obliques, enfin les signes à un, deux, *n* traits verticaux. Ainsi se donnent à déchiffrer des catalogues de noms de toutes sortes : de divinités, de métiers, de gros et petit bétail, d'objets en cuir, en pierre, en céramique, puis d'animaux dont le nom dérive du signe notant le chien (espèces vues comme apparentées à lui : chacal, renard, guépard, lion, blaireau, loutre), du signe qui note l'âne (et aussi, selon un apparentement du même ordre, le cheval, le mulet, l'onagre, le dromadaire, le chameau), du signe « rat », du signe « poisson » (dont la tortue), du signe « oiseau » (dont les insectes). On voit que ce catalogue contient exclusivement des notations de noms, et jamais de verbes.

Ce sont aussi des noms seulement qui sollicitent la réflexion des anciens Hébreux sur le lexique de leur langue. Innombrables sont les énumérations de noms propres dans les premiers livres de la Bible, et très souvent des étymologies sont proposées, les unes forgées a posteriori, les autres revêtues d'une apparence de vraisemblance. Tel est le cas de *iša* « femme », présenté comme dérivé de *iš* « homme », la raison alléguée étant que selon *Genèse* 2, 23, quand l'Éternel présente à Adam la femme qu'il vient de tirer d'une de ses côtes, Adam s'écrie : « Elle est maintenant l'os de mes os et la chair de ma chair ; elle sera donc appelée *iša* puisqu'elle a été prise de l'homme. » Tel est aussi le cas du nom de lieu Ber-Chévah (aujourd'hui ville du Néguev en Israël), qui signifie « puits du serment », parce que en ce lieu, selon *Genèse* 21, 31, Abimelech et Abraham prêtèrent un serment (en hébreu *ševaʕ*) par lequel Abimelech, qui recevait sept brebis d'Abraham, attestait que ce dernier y avait creusé un puits (en hébreu *ber*).

La sensibilité aux complexités et à la richesse du lexique est très grande chez les Chinois, comme le montre la fameuse opposition des mots pleins et des mots vides, interprétée aujourd'hui comme celle des mots du lexique et de ceux de la grammaire, et plus étrange, ou subtile, à l'époque (début de la dynastie des Han : vers –200) où elle fut imaginée. Il s'agissait alors de codifier un genre poétique qui venait d'apparaître, et qui allait demeurer florissant jusqu'au IVe siècle : celui des *fu*, longues odes constituées de quatrains au rythme assez libre, mais aux correspondances soumises à des règles. Le procédé principal étant, comme dans beaucoup d'autres traditions poétiques, le parallélisme, une rigoureuse correspondance s'établit entre les deux vers de chacun des distiques de ces quatrains : les mots d'un vers devaient être en rapport, à la même place, avec ceux de l'autre vers du distique. Hervey de Saint-Denis, qui, en 1872, révéla en France les poètes considérés comme les plus grands de la Chine ancienne, Du Fu et Li Taibo, écrit à propos du *fu*, bien antérieur à ces derniers :

> « Le seul instinct du poète paraît avoir déterminé d'abord les distinctions qui pouvaient constituer entre les mots la concordance ou l'antithèse. Le soleil et la lune, les montagnes et les rochers, la fleur et le parfum se présentèrent tout naturellement comme des termes correspondants pour le parallélisme par similitude, tan-

dis qu'on se plaisait à opposer la montagne à la vallée, l'éclat du soleil à l'obscurité de la nuit, etc. etc. Ce mode de composition acquérant une faveur de plus en plus grande, on en vint à désirer des règles fixes pour déterminer, entre les mots, toutes les conditions d'un parallélisme parfait. Chez nous, peut-être, en supposant des prémisses analogues, eût-on décidé qu'au verbe devait correspondre un verbe, à l'adjectif un adjectif, et ainsi des autres parties du discours. En chinois, où ces distinctions grammaticales sont inconnues, on imagina de classer tous les mots de la langue en *mots pleins* et en *mots vides*. On appela mots pleins tous ceux qui représentaient des objets solides ou du moins appréciables par les organes de nos sens : la terre, l'eau, les nuages, le ciel lui-même pris dans l'acception de firmament. Parmi les mots vides entrèrent d'abord tous ceux que nous appelons *termes abstraits*, puis les adverbes, les conjonctions ; enfin toutes les expressions qui se rapportèrent à des choses immatérielles. Un certain nombre de mots, et notamment de verbes, parurent difficiles à classer. On les appela *demi-pleins* et *demi-vides*, décidant que leur acception dans une phrase déterminerait la classe à laquelle ils devaient appartenir. Le verbe *s'écouler*, par exemple, fut un mot *plein* dans le sens de l'eau qui s'écoule, un mot *vide* quand on dit que le temps s'écoule rapidement. [...] On convint que tout quatrain, régulièrement composé, devrait renfermer au moins deux vers d'une si exacte correspondance à chacun de leurs pieds, que jamais un mot *plein* n'y fût en parallèle avec un mot *vide*. »

Ce texte montre clairement que la prise de conscience de l'identité du lexique comme composante fondamentale des langues s'est faite, dans cette culture, non pas à travers une réflexion proprement linguistique sur la structure du chinois, mais en relation avec l'édification d'une forme poétique et les besoins de la versification. On ne peut pourtant pas soutenir que les Chinois n'aient pas assez tôt perçu la différence entre le nom et le verbe comme constituants de base du lexique. Cela ne signifie pas que la distinction des mots pleins et des mots vides fût une doxa conjurant totalement, sur ses marges, les classifications délirantes, par exemple celle d'« une certaine encyclopédie chinoise » que Michel Foucault, dans la Préface de son livre *Les mots et les choses*, cite, d'après Borges, comme provoquant un éclat de rire qui « secoue toutes les familiarités de la pensée ». Ce texte divise les animaux en

> « a) appartenant à l'empereur, b) embaumés, c) apprivoisés, d) cochons de lait, e) sirènes, f) fabuleux, g) chiens en liberté, h) inclus dans la présente classification, i) qui s'agitent comme des fous, j) innombrables, k) dessinés avec un pinceau très fin en poils de chameau, l) et caetera, m) qui viennent de casser la cruche, n) qui de loin semblent des mouches. »

Le philosophe bâtit ses taxinomies en opposition radicale avec celle de cette encyclopédie chinoise, car il est habité par le sentiment d'une « impossibilité de penser cela ». Il ne se demande pas si la conception du lexique qui est sous-jacente à ce genre de classification ne pourrait pas être le produit d'une fantaisie, sinon d'un humour concerté, qui bémolise de quelque imagination poétique les catégorisations inspirées par la sécheresse du regard scientifique. Les langues naturelles ne procèdent pas toujours avec plus de rigueur que l'encyclopédie chinoise mentionnée ici : dans les langues à classes (voir ce terme) par exemple, les regroupements des noms ne frappent pas toujours par leur cohérence.

Les incohérences, hélas ! ne se rencontrent pas seulement dans les listes lexicales étranges produites par des cultures archaïques. On en subit aussi le choc, souvent impressionnant, lorsque l'on est confronté, d'une manière qui jette une vive lumière sur la nature du lexique et sa relation avec la grammaire, aux diverses formes d'aphasie, pathologie du langage. Ce domaine est bien étudié, par les neurophysiologistes, neuropsychologues, psychiatres et, plus précisément encore, aphasiologues, depuis une communication célèbre que Paul Broca fit, en novembre 1861, à la Société d'anthropologie. Il y prenait clairement position sur une vive controverse relative aux localisations cérébrales, qui opposait les anatomo-cliniciens depuis plusieurs mois, faisant suite à un débat surgi dès le début du XIXe siècle. Broca, ayant pratiqué l'autopsie d'un patient qui, depuis plus de vingt ans, ne savait plus que répéter une seule et même syllabe, en avait, en juin 1861, apporté à la Société les résultats, qui faisaient apparaître une lésion de la deuxième ou de la troisième circonvolution frontale gauche. Il déclara à propos des malades de ce type :

> « Ce qui a péri en eux, ce n'est pas la faculté du langage, ce n'est pas la mémoire des mots, ce n'est pas non plus l'action des nerfs et des muscles de la phonation et de l'articulation, c'est la faculté de coordonner les mouvements propres au langage articulé. »

La communication que fit Broca en novembre de cette même année allait plus loin, puisqu'elle faisait apparaître une lésion très circonscrite du pied de la troisième circonvolution frontale gauche. Broca devait prendre plus nettement encore position sur ce point dans une communication ultérieure à la Société d'anthropologie, où il soulignait que la localisation de la fonction de la parole dans l'hémisphère gauche tenait à une qualité spécifique de ce dernier. La fonction de cet hémisphère, en effet, est dominante du fait de la prévalence fonctionnelle, chez la majorité des individus, d'une main dont les mouvements sont également commandés par l'hémisphère gauche, à savoir la main droite. L'espèce humaine est latéralisée. On en reconnaît la preuve dramatique lorsque l'on est confronté, chez l'un de ses proches, à la catastrophe de l'hémiplégie gauche, c'est-à-dire de la paralysie de toute la motricité droite, indissolublement liée à la perte de la parole.

La découverte de Broca sera suivie de nombreux travaux, dont un des plus remarquables est celui de Carl Wernicke qui, en 1874, étendant les observations à tout le pourtour de la scissure de Sylvius, étudie les troubles de la première circonvolution temporale. Aujourd'hui, on continue, pour le dire d'une manière très générale et qui n'entre pas dans les détails, à distinguer, d'après les observations cliniques, deux types d'aphasies. L'aphasie dite de Broca est un trouble de l'expression, et concerne donc l'émission et le codage (mise en code linguistique de ce que l'on a à dire) plutôt que la réception. Le patient ne parvient pas à combiner facilement ni correctement les mots en phrases. L'aphasie dite de Wernicke est un trouble de la réception ou décodage, et donc, souvent, de la compréhension. Ainsi, l'aphasique de Broca ne parvient pas, ou parvient mal, à associer les mots pour les mettre en contiguïté dans une phrase, ni les sons pour les mettre en contiguïté dans un mot, lors même qu'il peut reconnaître des mots qu'il entend. Cette incapacité à se faire comprendre s'accompagne de la tristesse d'un patient isolé par son problème de communication. C'est donc moins son lexique que sa grammaire qui est atteint.

Symétriquement, l'aphasique de Wernicke parvient mal, ou très mal, à sélectionner les sens des mots qu'il perçoit, c'est-à-dire à identifier les relations de ces mots avec les autres au sein du lexique, ce qui ne l'empêche pas d'être tonique et plutôt gai parfois, non seulement parce qu'il est, comme le disent les médecins, anosognosique (inconscient de sa pathologie), mais aussi parce que, ayant conservé la faculté d'associer les mots, il prend plaisir à de longues phrases, et débite un jargon à peine compréhensible. Ainsi, alors que l'aphasie de Broca est un trouble de la contiguïté, celle de Wernicke est un trouble de la similarité. On simplifierait plus qu'il ne faut si l'on disait que la relation entre l'aphasie de Broca et celle de Wernicke démontre l'autonomie du lexique, affecté d'une pathologie dans la seconde, alors que c'est la grammaire qui l'est dans la première. Mais du moins peut-on dire que ces altérations pathologiques de la parole établissent négativement la place importante du lexique, et conduisent à poser que l'exercice de la parole humaine consiste à ordonner selon des règles, qui appartiennent à la grammaire, les unités que sont les mots, lesquels relèvent du lexique. Il n'y a pas de communication normale sans le concours de ces deux composantes, et c'est pourquoi l'étude de l'aphasie possède ici une vertu révélatrice.

Lieux

La relation des hommes avec l'espace est fondamentale. Les concepts spatiaux, grâce auxquels les êtres humains caractérisent le monde qui les environne, semblent bien appartenir à un champ de représentation enraciné dans des propriétés physiques de l'organisme humain génétiquement déterminées, c'est-à-dire constituant une partie intégrante de notre équipement cognitif inné. Les linguistes considèrent parfois que les mots qui désignent les lieux fournissent la base à partir de laquelle on peut comprendre d'autres domaines de notre activité qui, contrairement à celui qui correspond à l'espace physique, ne se prêtent pas à une saisie par les sens, comme les domaines marqués en français par les prépositions *pour*, *avec*, *au moyen de*, *malgré*, *sauf*, etc.

Mais la manière dont nous parlons de l'espace ne résulte pas seulement d'une aptitude innée. Elle tient aussi à la construction de notre rapport avec notre environnement. Cette construction varie selon chaque langue, et évolue en fonction de nos pratiques discursives, accumulées au cours de l'histoire des langues. Il existe donc des différences importantes entre les langues pour la référence à l'espace et aux lieux qui l'habitent. Espace et lieu sont, en fait, deux notions bien distinctes, dans l'expérience intellectuelle comme dans l'expérience affective. En deçà des manières dont les langues expriment cette différence, nous n'avons pas la même perception quant au lieu dans lequel (maison, ville, pays, etc.) nous vivons et exerçons nos activités et quant à l'espace où nous nous déplaçons, à travers des étendues qui sont souvent immenses et peuvent paraître infinies.

À un lieu nous sommes attachés comme à notre sécurité ; de l'espace, en revanche, nous rêvons comme de notre liberté. Cependant, le lieu et l'espace sont étroitement apparentés, non pas seulement parce que, selon une perspective physique et géographique, nous voyons l'un découper ses limites à l'intérieur de l'autre, mais aussi et surtout parce que les langues humaines les mettent en mots tous deux. L'espace n'existe pas uniquement par rapport au pouvoir que l'homme possède de le mesurer, de le traverser, de le maîtriser (bien qu'à des degrés évidemment divers), mais parce que ces relations que l'homme noue avec l'espace reçoivent des désignations dans toutes les langues. Quant au lieu, qu'il soit naturel ou délimité par un projet ou une construction, et quelles que soient ses dimensions, celles d'une petite chambre ou celles d'une vaste forêt, il n'est identifié comme tel que par le nom qu'il reçoit, *chambre* ou *forêt* en français, ainsi que par les contenus culturels dont le charge le discours.

Cela peut être illustré par deux discours relativement peu connus qui témoignent de la valeur éminente du lieu dès lors qu'il est l'objet d'une mise en mots (cf. Tuan 1977, p. 4 et 151). L'un est la supplique qu'un citoyen carthaginois adresse aux chefs romains à la fin de la troisième guerre punique (146 avant l'ère chrétienne), c'est-à-dire au moment où ils s'apprêtent à détruire Carthage. Il est possible que l'historien grec romanisé Appien, qui, dans son *Histoire romaine* (livre 8, chapitre 12), écrite au IIe siècle, attribue cette supplique à un notable de Carthage, l'ait entièrement imaginée. Il n'importe. Elle dit ce que les lieux sont quand ils accèdent à la parole linguistique qui les sacralise. L'homme, faisant vibrer, dans un effort d'énergie désespérée, les sommets de son éloquence, prononce les paroles suivantes :

> « Nous vous supplions, au nom de notre ancienne cité, fondée sur le commandement des dieux, au nom de la gloire, qui est devenue grande, de notre cité, dont le nom s'est répandu dans le monde entier, au nom des nombreux temples qu'elle contient et de ses dieux, qui ne vous ont fait aucun mal, de ne pas priver nos dieux de leurs fêtes nocturnes, de leurs processions, de leurs solennités. Ne privez pas les tombes de nos morts, qui ne vous font, eux non plus, aucun mal, de leurs offrandes. Si vous avez pitié de nous, [...] épargnez le cœur de notre cité, épargnez notre forum, centre de notre cité, épargnez la déesse qui préside notre Conseil, et tout ce qui est cher et précieux pour les vivants. [...] Nous vous proposons une alternative plus désirable pour nous et plus glorieuse pour vous. Épargnez la cité qui ne vous a pas fait de mal, mais, s'il vous plaît, tuez-nous, nous à qui vous avez ordonné de quitter ces lieux. De cette manière, il apparaîtra que vous exhalez votre colère contre des hommes, et non contre des temples, des dieux, des tombes, et une cité innocente. »

L'implacable obstination romaine ne tint évidemment aucun compte de cette supplique, à supposer qu'elle ait jamais été proférée, et la ville de mes ancêtres paternels fut entièrement détruite.

L'autre discours est celui que tint Niels Bohr à un autre physicien illustre, Werner Karl Heisenberg, à propos du château danois de Kronberg, c'est-à-dire celui de Hamlet à Helsingör (en français Elseneur) :

> « Nul ne peut prouver que Hamlet [...] a vraiment vécu [...] ici. Mais tout le monde connaît les questions que Shakespeare lui a fait poser, la profondeur humaine qu'il révèle ainsi, de sorte qu'à lui aussi un lieu devait être attribué sur terre, ici à Kronberg. Dès que nous savons cela, Kronberg devient pour nous un château entièrement différent. »

Les lieux accèdent donc à la réalité vécue grâce à ce que la langue en dit, et aux représentations mentales que le discours construit. Mais en outre, les langues nous montrent clairement un fait essentiel : l'espace premier de l'homme est tout simplement son propre corps, et les lieux divers qui le composent, c'est-à-dire les parties du corps humain. Nombreuses sont, en effet, les langues dans lesquelles les prépositions (ou postpositions pour le japonais, le turc, etc., voir Postpositions) qui désignent l'emplacement des objets et des êtres dans l'espace, en soi et les uns par rapport aux autres, proviennent, dans l'histoire, des noms de parties du corps. Souvent, cette source n'est plus reconnaissable, parce que les changements phonétiques, sur de longues périodes, ont rendu méconnaissable le nom de partie du corps qui est le point initial d'une évolution.

Mais souvent aussi, les racines originelles sont encore reconnaissables, et même, le sens premier se maintient encore dans certains emplois. Dans ce cas, selon le contexte, le mot signifiant « tête » aura ce sens ou celui de « sur », « au-dessus de » ; « pied » aura ce sens ou celui de « sous », « au-dessous de » ; dans certains contextes, « dos », ou parfois « nuque » signifieront en fait « derrière » ; « front » ou « visage » ou « yeux » signifieront « devant » ; « ventre » signifiera « dans », « à l'intérieur de » ; « côté » signifiera « près de », etc. Cette situation est illustrée par des langues du monde entier, particulièrement nombreuses en Afrique, dans les trois Amériques et en Océanie. Dans toutes ces langues, le corps, espace primordial de l'homme, est l'axe et la mesure des positions dans l'espace plus vaste au centre duquel la représentation mentale le situe.

Cela ne signifie pas que toutes les langues, soit que l'origine corporelle des mots désignant des positions dans l'espace y soit restituable, soit qu'elle ne le soit pas, reflètent la même conception de ces positions. Par exemple, on observe que des notions très courantes, et d'apparence aussi simple que celles de « devant » et « derrière », connaissent, d'une langue à l'autre, d'assez fortes variations, reflétant des cadres culturels tout à fait différents. Dans des langues africaines diverses, un phénomène s'observe, que peut illustrer le haoussa (cf. Hill 1974). Si un individu nommé Audu se trouve en face d'un ballon auquel le locuteur, *ego*, fait face lui-même, les relations spatiales créées par cette situation seront exprimées de la même façon en haoussa et en anglais, ce qui donne, respectivement,

> *ƙwallo ya-na gaba-n Audu* (« ballon il.PRÉSENT-être face-lui Audu »)
> « le ballon est en face d'Audu »
>
> *the ball is in front of Audu.*

Si, maintenant, Audu tourne le dos à *ego* et que le ballon soit situé entre *ego* et Audu, les *deux* langues traiteront également de la même manière les relations spatiales ainsi construites :

ƙwallo ya-na baya-n Audu (*baya-n* = « derrière-lui »)
« la balle est derrière Audu »

the ball is in back of Audu.

Supposons à présent que le ballon se trouve en face d'un appareil téléphonique, ce dernier ayant une structure telle que l'on peut lui assigner une partie postérieure, faisant face à *ego*, et une partie antérieure, qui est orientée du côté opposé. Cette fois, les formulations sont différentes d'une langue à l'autre : alors que l'anglais, de la même façon que précédemment, traite le ballon comme un objet situé en face, ce qui est aussi le cas en français, le haoussa le traite comme situé derrière :

the ball is in front of the telephone

ƙwallo ya-na baya-n telefo
« la balle est derrière le téléphone ».

Ainsi, le haoussa conserve ici la même stratégie, alors que l'anglais change de stratégie. En effet, les deux langues, en traitant de la même façon, dans le cas mentionné plus haut, le ballon comme situé devant ou derrière Audu, suivaient un axe intrinsèque de l'avant à l'arrière, prenant Audu pour centre de référence des relations spatiales. Lorsque le point de référence n'est plus Audu mais devient l'appareil téléphonique, le haoussa continue de suivre cet axe intrinsèque : puisque les repères spatiaux que sépare le ballon sont *ego* et la face *postérieure* de l'appareil téléphonique, le ballon est donc traité comme se situant derrière le téléphone. Au contraire, l'anglais et le français, ici, ne suivent plus l'axe intrinsèque : en disant que le ballon est devant le téléphone, ils traitent le ballon comme lui faisant face, même si le téléphone ne présente pas sa partie antérieure, ce qui revient à dire que ces deux langues traitent le téléphone de la même façon qu'elles traiteraient un individu humain. En d'autres termes, l'anglais et le français assimilent une confrontation entre humain et non-humain dans l'espace à un face-à-face entre deux humains, et ignorent la constitution intrinsèque des objets comme susceptibles de présenter dans l'espace une face antérieure et une face postérieure. Au contraire, si l'on interroge les locuteurs haoussas sur leur représentation des objets dans l'espace, on constate qu'ils cherchent à identifier une face avant et une face arrière de ces objets, et cela même dans des cas où le locuteur occidental ne discerne pas pour eux d'avant ou d'arrière reconnaissables.

On peut déduire de ces faits que l'anglais, et plus généralement les langues occidentales, reflètent une conception égocentrique des positions relatives des objets et des personnes dans l'espace. À l'opposé, le haoussa et bien d'autres langues africaines traitent les objets comme entités spatiales douées d'une structure propre, ce qui n'est pas sans liens avec la conception, attestée dans les mythologies comme dans les productions artistiques africaines, et selon laquelle les objets possèdent et rayonnent une énergie qui leur fait occuper l'espace par leur pulsion vitale intrinsèque. L'espace et les êtres qui le peuplent sont donc perçus par ces cultures, africaine et occidentale, de façons fort différentes.

Les langues ne reflètent pas seulement des conceptions de l'espace qui varient avec les cultures. Elles proposent aussi des traitements différents des lieux au sein desquels l'espèce humaine évolue, ou dont elle se sert comme contenants. On dit en français

dans cette bouteille, il y a cinq litres d'eau.

Si c'est la bouteille elle-même que l'on veut mentionner comme étant ce dont la phrase dit quelque chose en la caractérisant comme contenant une certaine quantité de liquide, on emploiera le mot bouteille en tant que sujet grammatical de la phrase, et on le fera suivre d'un verbe qui possède une implication locative. D'autres verbes à implication locative, directe ou figurée, comme *être le théâtre de*, *englober*, *concentrer*, *réunir*, *comprendre*, *comporter* peuvent également être employés, le contenant pouvant être lui-même un autre élément qu'une bouteille. Cela donne, par exemple, des phrases comme

cette bouteille contient cinq litres

cette région concentre beaucoup de ressources

Paris a été le théâtre de brillantes festivités.

Cependant, d'autres langues ont le moyen de caractériser un objet comme n'ayant pas le même comportement selon qu'il est pris en tant que lieu ou en tant que simple objet non considéré pour le fait d'être un lieu en puissance. Ainsi, on dit en chinois mandarin

zhèi zuò shān hěn měi (cette CLASSIFICATEUR montagne très belle)
« cette montagne est belle »,

mais aussi

shān shang hěn měi (montagne sur très beau)
« la montagne est belle »,

et d'une manière comparable, on dit en russe

les šumit (forêt est.bruissante)
« la forêt est bruissante »,

mais aussi

v lesu šumit (dans forêt est.bruissant),
« (dans) la forêt est bruissante ».

Alors que l'expression *zhèi zuò shān* « cette montagne » de la première phrase chinoise ci-dessus caractérise la montagne comme un objet particulier, identifié par la présence de *zuò*, le classificateur chinois des montagnes, *shang*, dans la phrase qui suit cette dernière, identifie la montagne non pas simplement comme quelque chose dont on veut souligner la beauté (lieu-objet), mais comme un lieu pur, et rend donc le nom de la montagne intrinsèquement locatif. Cela est encore confirmé par le fait que lorsque *shang* est employé, le sens de la phrase est que le locuteur se trouve sur la montagne dont il parle, ce qui n'est pas le cas avec la première phrase ci-dessus. Des phénomènes comparables s'observent dans les deux phrases russes ci-dessus : la forêt dans la seconde, tout comme la montagne dans la seconde phrase chinoise, est vue comme étant intrinsèquement un lieu. Lorsqu'il profère une telle phrase, le locuteur, de nouveau, se trouve physiquement dans le lieu dont il parle, la forêt étant, de même que la montagne tout à l'heure, définie comme une portion de l'espace, et non par ses traits matériels concrets de forêt. Certaines langues vont plus loin encore dans cette sélection d'un sens locatif. En luyia, langue bantoue du Kénya occidental, une phrase,

> *jón à-tsí-à xù-mú-sá:là* (Jean il-aller-PASSÉ sur-CLASSIFICATEUR-arbre)
> « Jean a grimpé à l'arbre »,

peut être mise au passif, ce qui donne

> *xù-mú-sá:là xù-tsí-(è)dw-à-xwò né:ndè jón*,

où les deux *xù* s'accordent. *(è)dw* est la marque du passif, *à* une voyelle de liaison, *xwò* un adverbe « là », et *né:ndè* une préposition « par ». L'arbre étant caractérisé comme lieu intrinsèque par le classificateur locatif *xù*, qui joue de ce point de vue le même rôle que le *shang* du chinois, le nom qui désigne l'arbre peut dès lors fonctionner comme sujet, ce qui est exclu en français, où la seule traduction littérale possible,

> « sur-l'arbre a été grimpé par Jean »,

fera glapir les uns et sourire les autres. Le luyia peut faire plus encore. Une phrase,

> *jón à-ón-à Mary xù-mú sá:là* (Jean il-voir-PASSÉ Marie sur-CLASSIFICATEUR-arbre)
> « Jean a vu Marie sur l'arbre »,

peut être mise au passif, d'où la nouvelle phrase

> *xù-mú sá :là xù-à-ón-èdw-à-xwò Mary né:ndè John*,

où l'on retrouve les mêmes morphèmes *(è)dw*, *xwò* et *né:ndè* que précédemment, et dont la seule « traduction » française possible,

> « sur-l'arbre a été vu-Marie par Jean »,

pourrait faire passer les plus indulgents du sourire à la stupeur. Et pourquoi donc un objet traité comme lieu inhérent ne devrait-il pas ouvrir une phrase en étant présenté comme ce à quoi quelque chose arrive ? Ici, ce qui arrive à l'arbre est d'être le lieu sur lequel Jean a vu Marie.

L'importance de cette acception locative de certains noms est marquée avec beaucoup d'insistance aussi dans d'autres langues bantoues, mais par des moyens morphologiques, c'est-à-dire par des variations des voyelles du radical et l'adjonction d'un suffixe de lieu. C'est ce que l'on trouve en zoulou, comme le montre le petit tableau suivant de quelques noms apparaissant dans la colonne de gauche sous leur forme non locative, et dans celle de droite sous leur forme locative :

noms	noms locatifs
indlu « maison comme bâtiment »	*endlini* « maison comme lieu »
isikolo « école comme bâtiment »	*esikoleni* « école comme lieu »
izulu « ciel concept ou objet »	*ezulwini* « ciel comme lieu »
ubonda « mur comme objet »	*obondweni* « mur comme lieu ».

Il faut noter que ces noms locatifs du zoulou ont en outre la particularité d'impliquer un contact étroit entre la région de l'espace qu'ils dénotent et l'être, animé ou inanimé, auquel se réfère le locuteur. Mais surtout, et plus généralement, la fonction de cette morphologie spéciale du zoulou est toujours, comme celle des morphèmes spéciaux du mandarin, du russe ou du luyia, de convertir un objet en lieu, ou de sélectionner les traits locatifs d'un objet. Cela dit, les langues, si traversées qu'elles soient d'irrégularités, ont aussi leur logique. D'une part, en effet, il est impossible d'utiliser cette morphologie locative avec des noms dénotant des humains. La raison peut s'en comprendre aisément : les humains ne sauraient définir une zone de l'espace, puisqu'ils sont mobiles.

D'autre part, il existe un ensemble de noms qui possèdent une morphologie locative défective, ne présentant que les variations de voyelles et non le suffixe de lieu. La raison, ici encore, est claire : il s'agit de noms qui sont déjà de nature locative. On trouve dans cet ensemble un mot comme *ekhaya* « foyer », qui s'oppose à *indlu* « maison » mentionné plus haut, par le fait qu'un foyer est un lieu de naissance et de famille, et non un simple bâtiment éventuellement utilisable comme lieu et dès lors convertible en nom de lieu. Figurent aussi dans cette liste des noms de villes, comme Goli « Johannesburg », de parties du corps comme *ekhanda* « dans la tête » et de composants d'une hutte, comme *umsamo* « partie postérieure ». Tous ces mots sont considérés comme intrinsèquement locatifs, et n'ayant donc pas besoin d'une morphologie locative complète.

À côté des marqueurs particuliers et de la morphologie locative spéciale, il existe d'autres moyens d'exprimer la distinction entre lieu-objet et lieu pur. Ces moyens, qui peuvent être associés à l'utilisation de ceux que je viens de mentionner, relèvent, pour l'essentiel, du lexique. On les trouve, notamment, dans des langues très différentes de celles de la famille bantoue, à savoir en Océanie, en Australie et dans les langues amérindiennes. Les mots de la liste qui suit apartiennent au longgu, langue océanique parlée à Guadalcanal, une des îles Salomon.

noms	lieu comme entité	lieu comme relation spatiale
luma	« maison »	« chez soi »
komu	« village »	« (mon/notre) village »
malaba	« jardin »	« le jardin où je/nous travaill(ons) »
masu'u	« brousse »	« la brousse à l'extérieur de notre village »
mala'u'u	« colline »	« la colline derrière notre village »
wai	« rivière »	« la rivière (qui coule) dans notre village »
asi	« mer »	« la mer qui borde notre village ».

Quand un des noms de cette liste est utilisé dans son sens intrinsèquement locatif, il suit directement une des prépositions *i* « à », *vu* « vers » ou *mi* « jusqu'à ». En revanche, lorsque le nom est pris dans son sens d'entité non intrinsèquement locative, un mot spécial, *tana*, est inséré entre la préposition et le nom. C'est pourquoi l'on peut dire, dans cette langue, soit

na ho la vu asi (je FUTUR aller à mer)
« je vais dans la direction de la mer »,

soit

na ho la vu tana asi
« je vais vers la mer ».

La différence sémantique entre ces deux phrases n'est pas sans lien avec les faits culturels. Dans la première de ces deux phrases, où *tana* est absent, *asi* est considéré comme un lieu particulier, défini par sa relation intime avec le locuteur. Il faut savoir que le longgu est parlé sur une petite île. Ainsi, cette phrase implique que la mer dont il est question, étant intrinsèquement un lieu et non une mer quelconque, appartient à l'environnement du locuteur. La phrase dit donc que ce dernier se rend vers une mer très proche de sa maison et, par conséquent, qu'il habite un village situé non pas à l'intérieur des terres, mais au bord de la mer. Par opposition à cette implication, la phrase citée ci-dessus après cette dernière ne peut être employée que par des habitants de l'intérieur, et implique que la mer, vers laquelle ils se dirigent, est éloignée de leur maison.

Le cas particulier des noms de villes, marqué en zoulou par une morphologie spéciale comme je l'ai rappelé plus haut, apparaît clairement aussi dans des langues austronésiennes autres que le longgu, par exemple en malgache, où le nom même de la capitale, *an-tanan-arivo* est à traduire littéralement par « MARQUEUR.LOCATIF-ville-mille (habitants) », la fonction du marqueur locatif *an-* étant d'indiquer dès le début qu'il s'agit d'un nom de lieu en soi. De même, en nahuatl moderne (Mexique), alors que l'on peut dire

(ca) cualli in calli ([ASSERTION] belle ART maison)

« la maison est belle »,

on ne peut pas, au sens de « Mexico est beau », dire

**cualli in Mexico.*

Mexico étant un lieu en soi, il faut employer le suffixe locatif *-cān*, et donc dire

cual-cān in Mexico
« (dans) Mexico est (dans) un bel endroit ».

Les deux premières phrases montrent que l'adjectif *cual* « beau » (qui est suivi d'un suffixe *-li* lorsque la langue ne requiert pas qu'un autre lui soit substitué), est facultativement précédé d'une marque d'assertion, et que le verbe est en tête, comme en général pour cette famille de langues. Mais surtout, ces phrases montrent que le mot *Mexico*, contrairement au mot *calli* « maison », ne peut pas fonctionner comme sujet s'il ne prend pas un suffixe locatif *-cān.* Le nom *Mexico* est donc intrinsèquement locatif. Il en va bien différemment dans les langues occidentales. On peut dire en français

Tunis est grand

aussi bien que

Tunis est chaud,

alors que dans un cas cette ville est prise comme pure notion, et dans l'autre comme nom de lieu. De même, on dit en anglais

London is huge

aussi bien que

London is cold.

Pourtant la première de ces deux phrases se réfère à une propriété de Londres pris comme objet, alors que la seconde ne se réfère pas à Londres même, mais plutôt à un lieu où Londres est situé, et qui se trouve être froid.

Ludiques (conduites)

Les bons grands-parents s'attendrissent ou s'émerveillent d'entendre l'enfant de moins de trois ans rire aux éclats d'un mot qu'il répète ou qu'il déforme. Ils se demandent aussi, peut-être, ce qu'a de si comique ce mot que l'enfant lance comme un ballon, laisse tomber, lance encore, rallonge, raccourcit, redouble, redouble derechef, en une pulsion d'hilarité qui ne connaît plus de pause. Que fait l'enfant ? Il joue. Et de quoi joue-t-il ? De la langue, et des mots qui la manifestent. Cessera-t-il, une fois adulte, de se plaire à un tel jeu ? Les plus doués d'humour joueront plus encore, et d'autant plus volontiers que leur éducation leur a procuré les modèles, et enseigné la jouissance, des jeux de mots. Cette fonction ludique du langage est fort différente de sa fonction de communication, que l'on croit parfois la seule à retenir, et de la fonction d'édification de la personnalité, qui intéresse beaucoup les psychologues. Elle n'est pas moins importante que ces deux autres fonctions, et l'on pourrait même considérer que toute la littérature, où les mots comptent autant et plus que le contenu, est un jeu avec les mots, non exempt, dans certains cas, des douleurs qu'allume à son paroxysme la joute ludique.

Le français permet de dire, en jouant sur l'assignation d'un vice à un cercle, impliquée par la notion de cercle vicieux, que

ce cercle aspire à devenir vertueux.

Par cette formule ludique, on exprime moins platement le fait qu'une situation circulaire pourrait derechef être droite. On dispose aussi, dans toutes les langues, de moyens divers de subvertir des mots ou expressions, en en faisant le lieu créatif, et récréatif, de calembours, par lesquels un sens insolite ou provocant se tapit sous un sens de routine. Des procédés récurrents sont le remplacement d'une ou de plusieurs consonnes ou voyelles par d'autres, et l'adjonction ou la suppression de sons ou de syllabes. Ainsi, on dira que

le moujik adoucit les nurses.

Ou bien l'on affirmera que, décidément,

l'habitrude est une seconde mâture.

On se convaincra qu'

il faut battre le frère pendant qu'il est chauve,

même si cela n'est pas du goût du *souverain poncif*, pas plus que de voir un bon chrétien

vendre son âne au diable

ou des prêtres sans retenue frapper d'innocents enfants d'un

coup de braguette magique.

On traitera ceux qui s'attachent à la lettre d'*obsédés textuels* ou on leur reprochera leurs doctes bredouillements, qualifiés de *morceaux de bavure*, et leur goût systématique de la critique lorsqu'ils s'ingénient à *chercher des papous dans la tête* aux meilleurs auteurs, et même à leurs collègues ethnologues en Nouvelle-Guinée. On peut aussi s'émouvoir de rencontrer des sportifs ivrognes, tels que ceux qui s'adonnent au *whisky nautique*. À propos de l'infortuné poète qui mourut en exil, dans la lointaine Dacie, à Tomis, nom antique de la Constantza d'aujourd'hui, les impertinents disent, comme en justifiant la cruelle rigueur du décret de bannissement pris contre lui par l'empereur Auguste pour d'obscures raisons ét(h)iques, que

la nature a horreur d'Ovide.

Et l'on peut, quand on cherche dans l'armée de terre des officiers aptes, chacun dans son grade à l'exclusion de tout collègue, à remplir une fonction spéciale, s'adresser à un colonel ad hoc, un commandant ad hoc et un *capitaine ad hoc* (Haddock), qui parlera à l'imagination des lecteurs de *Tintin*. Un calembour volontaire (car les personnes peu alertées peuvent en faire d'involontaires) fut celui d'un maître d'hôtel avec lequel j'eus un bref échange : au plus fort des années de psychose de la vache folle, dont on craignait que la viande ne fût mortelle car beaucoup de ces animaux étaient vecteurs d'une redoutable pathologie, je lui demandai si le gigot que je commandais avait toute sa raison, sur quoi il répliqua, les yeux au ciel et d'un ton dévot : « Prion ! » (j'orthographie selon l'allusion).

Si, d'autre part, l'on trouve légitime et bien inspiré le projet de remotivation des noms de stations du métro de Paris, qui soit de nature à faire transmettre, par ces noms, trop démotivés pour nourrir l'imagination, un message compréhensible aux foules, on appliquera l'entreprise, par exemple, à *Porte Maillot*. Ce nom fut donné au lieu en question pour honorer la mémoire du docteur Maillot, brave spécialiste de médecine tropicale, qui dut assister utilement bien des victimes de redoutables anophèles. On rejettera cette origine, avérée mais plate et peu apte à faire rêver, et on dira plutôt que ce nom rappelle la vertueuse indignation d'un vieil ayatollah surgissant, contre toute attente, sur la Croisette de Cannes, y apercevant de splendides créatures presque entièrement dévêtues, et exprimant sa pieuse horreur par l'injonction tonitruante

porte maillot ! (cf. Carminati 1999)

Les jeux peuvent aussi s'appliquer à toute une phrase, en subvertissant la relation entre ses composantes. La subversion peut être involontaire, comme elle l'aurait été sous la plume d'un candidat à un concours entendant, dans le texte d'une dictée,

les poules s'étaient enfuies du poulailler dès qu'on leur avait ouvert la porte

et écrivant

les poules s'étaient enfuies du poulailler : des cons leur avaient ouvert la porte !

D'autres formules ludiques s'obtiennent par un jeu sur les préfixes négatifs ajoutés là où on ne les attend pas, comme dans *appellation incontrôlée* ou *à brève déchéance.* D'autres encore jouent, dans toutes les langues, sur les ambiguïtés de sens, comme ce titre de presse : *Nouvel accrochage au Centre Pompidou* (cf. Gilder 2009 pour une riche moisson, qui offre aussi des néologismes « légers » de fantaisie, proposés en feignant de ratifier les formations savantes et de bannir les infortunées expressions de tous les jours : *gallinocarnose*, *heptalingogiration buccale antédiscursive*, *rhinolombrixérèse*, respectivement pour *chair de poule*, *fait de tourner sept fois sa langue dans la bouche avant de parler*, *fait de tirer les vers du nez*). D'autres, enfin, jouent sur les homonymies, comme le font les expressions chinoises qui définissent un mot ou une expression par celui ou celle (décrit mais non exprimé car l'allusion est claire pour tous) qui ont une forme identique à la leur mais un sens tout différent. Par exemple, pour indiquer qu'une prétendue situation nouvelle n'apporte en réalité aucun changement, on dit en mandarin

wàisheng dă dēnglong (neveu allumer lanterne)
« (c'est comme quand) le neveu allume une lanterne »,

car quand un neveu allume une lanterne, c'est pour éclairer son oncle, ce qui se dit

zhào jiù (mot à mot « éclairer oncle »).

Or cette dernière expression est homonyme de

zhào jiù (mot à mot « comme ancien »)
« comme avant »,

c'est-à-dire « rien n'a changé ».

Le goût du jeu est une pulsion si puissante qu'elle peut se déployer dans des conduites d'apparence purement fonctionnelle, comme l'emprunt, qui fournit à une langue, à partir d'autres, des mots dont on juge qu'elle a besoin. Bien des langues illustrent le jeu de l'emprunt-calembour. Le turc est l'une d'elles. Pour « école », par exemple, le mot *mektep*, d'origine arabe, a été presque entièrement supplanté par celui qu'on a formé sur *oku(mak)* « lire », à savoir *okul*, de même sens que *school* et *ekol*, auxquels il ressemble phonétiquement ! Sur *soy* « lignée, race », on a construit, avec un suffixe *-sal*, assez rare, *soysal*, qui a le même sens que le français *social* et lui ressemble fort ! Un autre exemple est le hongrois, où les réformateurs de langue ont construit *elem* « élément » sur *elő* « ce qui est en avant », profitant, dans une complicité humoristique, du hasard des ressemblances entre les langues, et des bons tours qu'il permet de jouer.

Un exemple du même type est l'hébreu israélien, où un autre heureux hasard, souriant aux néologistes qui s'amusent des rencontres fortuites tout en les recherchant, a suggéré de concocter, d'après *élite*, le mot *ilit*. Non seulement *ilit* prend ce même sens, mais de surcroît il est formé sur l'hébreu *ili*, qui signifie « haut, supérieur ». L'hébreu israélien a pris à l'hébreu michnique (voir Jérusalem [Pékin et]) le terme *abuv*, qui y désigne une sorte de flûte et dont il a fait le nom du hautbois. Il a encore réactivé *tayar*, terme michnique signifiant « guide », en lui donnant le sens de « touriste ». Il s'est aussi donné (cf. Masson 1975) le mot *pras*, qui, en langue classique, signifie « salaire », et en langue moderne « prix (Goncourt, Nobel, etc.) », emploi suggéré par l'heureuse ressemblance avec l'anglais *prize* et l'allemand *Preis* ; le burlesque, que définit l'application de procédés nobles à ce qui est trivial, est illustré par *villa* « villa », réactivation de *havila*, nom biblique d'une contrée paradisiaque, ou par *kidon* « javelot » en langue biblique et « guidon », suggéré par le français *guidon*, en hébreu moderne.

Dans tous ces cas, les promoteurs de l'hébreu israélien se sont égayés d'un procédé de science-fiction : la ressemblance phonétique entre un mot d'hébreu classique et un mot d'une langue moderne a été prise pour prétexte d'une évolution purement fictive, que l'on fait subir au sens du premier, vers celui du second, et l'on fait semblant de croire à la réalité historique de cette évolution totalement inventée. Le procédé n'était pas tout à fait nouveau dans la tradition juive. Les *maskilim*, c'est-à-dire les promoteurs de la *Haskala*, le mouvement juif des Lumières au XVIIIe siècle, avaient déjà proposé des créations marquées au sceau de quelque dérision. Leurs calembours n'ont pas tous été retenus, notamment *dilug-rav* « saut-grand » pour *télégraphe*, ou *praté-kol* (« détails-(de) tout ») pour « protocole », ou encore *ama reyka* (« peuple vide » en araméen) pour *Amérique*, calembours trop transparents pour survivre.

Mais la souriante astuce des rapprochements acrobatiques avait donné, dès le Moyen Âge, des désignations de pays encore vivantes aujourd'hui, comme *Tsarfat* et *Sfarad*, qui sont des noms propres bibliques ayant quelque ressemblance phonétique, l'un, moyennant permutations de consonnes, avec *France*, l'autre, qui veut dire « Espagne », avec *Hespérides*, c'est-à-dire les nymphes dont la mythologie grecque plaçait le séjour aux confins du monde occidental. Un autre nom propre biblique, *Achkénaz*, a longtemps, comme s'il évoquait une sorte d'anagramme réordonnant les constituants phoniques de *Sachsen*, la Saxe, désigné l'Allemagne et les Allemands. Il s'emploie toujours pour référer aux Juifs originaires d'Europe centrale et orientale. Quant à la Pologne, elle s'appelle encore, en hébreu moderne, *Polanya*, calembour favorisé par la fortuité des analogies : ce mot est, en réalité, une phrase, qui se décompose ainsi : « ici » (*po*) « demeure » (*lan*) « Dieu » (*ya*). Du moins était-ce ce que croyaient les Juifs, car là vivaient leur vie juive, malgré l'antisémitisme ambiant, six millions d'entre eux regroupés sur ces territoires de Galicie, de Podolie, de Volhynie, de Polésie, avant que ce rassemblement même ne fît d'eux, pour les nazis, des proies d'autant plus faciles à réduire en fumée, s'échappant par flots épais des cheminées de crématoires.

Si la réactivation des formes antiques de l'hébreu comprend souvent des aspects de dérision, l'entreprise était on ne peut plus sérieuse. En fait, la dérision se déploie sur un fond d'imperturbable rigueur, car le recours le plus fréquent possible à l'hébreu biblique, langue sacrée, était, pour les promoteurs de l'hébreu moderne, la condition même de la genèse d'une identité israélienne. Ainsi, l'humour volontaire se love dans la vénération à l'égard de l'hébreu biblique. L'hébreu israélien a, en fait, utilisé de nombreux procédés nationalistes de création de mots (voir Néologie). Cela dans la mesure même où l'idée dominante était de construire, à partir de l'hébreu biblique et des formes qui lui ont succédé, une langue en laquelle s'exprimât la personnalité des pionniers, fondateurs d'un État nouveau sur la très antique terre que les Israéliens considèrent comme la leur.

C'est pourquoi beaucoup de mots appartenant à une des étapes de l'histoire de l'hébreu, biblique, michnique ou postérieur (voir Jérusalem [Pékin et]) ont été réutilisés pour exprimer des notions modernes. On trouve ainsi *ramkol* « haut parleur », de *ram* « haut » + *kol* « voix », *kadurégel* « football », de *kadur* « balle » + *régel* « pied », *alenoshi* « surhumain », de *al* « sur » + *enoshi* « humain ». Mais les réformateurs, qui étaient pour la plupart originaires d'Europe centrale et de Russie, ont été également influencés par les langues de ces régions. La coccinelle, par exemple, a reçu son nom d'un calque du russe, mais adapté au contexte culturel : le russe l'appelle *boj'ja korovka* « petite vache du bon Dieu », mais l'hébreu israélien la nomme *parat moše rabénu* « vache de notre maître Moïse », car la référence à Dieu pour quelque chose d'aussi insignifiant aurait paru blasphématoire !

L'allemand et le yidiche ne pouvaient pas ne pas influencer l'hébreu moderne, de nouveau avec un sourire de connivence ludique entre les reconstructeurs de l'hébreu. Ainsi, pour « petit déjeuner », « déjeuner » et « dîner », on ajoute, après *aruxat* « repas », respectivement *boker* « matin », *cohoraym* « midi » et *érev* « soir », par calque de l'allemand ou du yidiche *Frühstück* (yidiche *frishtik*), *Mittagessen* (yidiche *mitog*) et *Abendessen* (yidiche *oventbroit*). L'hébreu israélien a également sécularisé un grand nombre de mots bibliques en leur donnant un contenu profane d'aujourd'hui, qui peut faire sourire : *torah*, nom de l'enseignement de Moïse dans les cinq livres du Pentateuque, ainsi que de l'ensemble des préceptes divins, s'emploie aussi pour désigner une doctrine politique ou une théorie littéraire ; *herum*, dérivé talmudique de *herem*, qui se réfère dans la Bible à un objet d'anathème ou à une excommunication, s'emploie pour désigner une urgence, comme dans *matsav herum* « état d'urgence ». *Kneset*, qui s'emploie en hébreu michnique au sens d'« assemblée des fidèles », est à présent le nom du Parlement israélien. Un fait révélateur est que les Parlements des autres pays sont appelés du terme étranger *parlament*, car la langue de la tradition juive ne peut exprimer ici que des réalités juives.

Ribbon, terme araméen qu'utilisait la langue talmudique au sens de « seigneur » comme dans *ribbon olam* « maître du monde », c'est-à-dire Dieu, se réfère maintenant à la souveraineté : on dit, par exemple, *medina ribbonit* « peuple souverain ». *Kacher*, originellement « autorisé par les rites », peut en langue moderne s'appliquer à toute chose valide, par exemple un bulletin de vote ! (Voir Francique pour un emprunt de ce mot dans un dialecte de France.) Le terme *minyan* s'est moins éloigné de son sens michnique de « nombre minimal » (de dix hommes pour la prière publique), puisqu'il s'emploie au sens de « quorum ». Souvent, l'hébraïsation est sélective (cf. Masson 1986, 2.2) : les termes du monde universitaire sont empruntés à la terminologie internationale, alors que ceux des vocabulaires administratif, juridique ou militaire, qui expriment des réalités directement liées à l'indépendance nationale, sont hébraïco-araméens.

En morphologie des verbes, enfin, l'hébreu israélien a adapté à des mots empruntés certains procédés autochtones. Il a, notamment, réactivé un modèle constitué de la succession d'une voyelle *i* et d'une voyelle *e* après consonnes, et, l'appliquant, par exemple, à *patrol*, *pasteuriser*, *déclamer*, il a fabriqué *pitrel* « patrouiller », *pister* « pasteuriser », *diklem* « déclamer », et d'autres hybrides de ce type, partiellement calembouresques : succession de voyelles caractéristiques d'une morphologie sémitique, mais associées à des radicaux typiquement indo-européens. Il y a dans le procédé quelque chose d'insolite, et les implications ironiques n'en sont pas absentes.

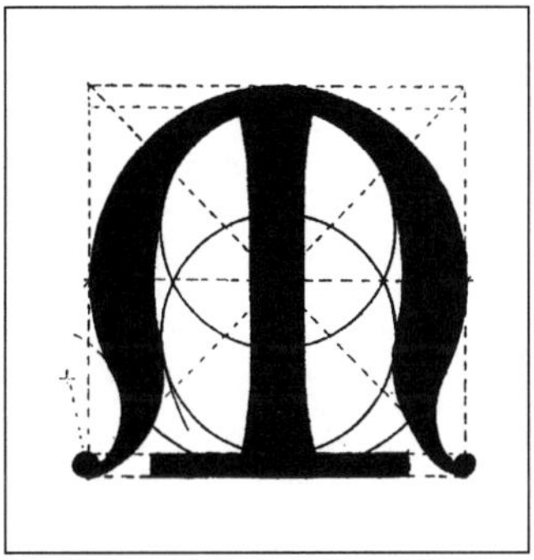

Marathi

Si l'on est sensible à la noble élégance de l'écriture devanagari (voir Écriture), qui est aussi celle du sanscrit, et aujourd'hui celle du hindi et du népali, on aimera peut-être contempler une page de marathi, qui utilise les mêmes tracés. Le marathi est parlé essentiellement dans un territoire où il se trouve au contact permanent de deux langues dravidiennes, le telugu et le kanara. En 1960 eut lieu la promotion de ce territoire en un État, le Maharashtra. Cet acte, typique de l'importance des langues comme critère politique en Union indienne, où d'autres créations du même type se sont faites, comme celle, justement, de l'Andhra Pradesh pour le telugu, valait reconnaissance de la personnalité culturelle et linguistique d'une grande langue indo-aryenne. Le marathi, langue de l'écrivain Salman Rushdie, né à Bombay, et notamment remarquable par son art de truffer l'anglais d'expressions marathies, est parlé par plus de soixante-cinq millions de personnes, chiffre certes inférieur à ceux de l'ourdou et du hindi sous ses diverses formes, mais comparable à ceux du bengali et du telugu, et supérieur à ceux du gujrati et du kanada.

Sur beaucoup de points, le marathi ressemble au hindi, mais sur d'autres, il s'en distingue, notamment dans les domaines du pluriel et du genre des noms, aspects complexes de sa grammaire, laquelle n'est pas sans susciter quelque fierté chez ses locuteurs éduqués. Il en est de même du verbe « ne pas être », qui se conjugue à tous les temps et présente une grande variété de formes. Un dernier trait original est qu'en marathi, contrairement à ce que l'on trouve en hindi, les pronoms personnels de première et deuxième personne ne prennent pas, quand ils fonctionent comme sujets-agents, la marque d'ergatif (voir Agent), alors que ceux de troisième personne la prennent. On dit ainsi

tu : ka:m kelas (tu travail as.fait)
« tu as fait le travail »,

mais

tya:-ni : ka:m kela (il-AGENT travail a.fait)
« il a fait le travail ».

Ce ne sont là que quelques traits du marathi, langue dont un état ancien appartenant au moyen-indien, la maharashtri, eut statut officiel sous la dynastie Satavahana, qui suivit celle du grand empereur bouddhiste Ashoka (–272 à –236), unificateur d'un vaste pays étendu sur toute l'Inde. Les dirigeants successifs de l'empire Satavahana, dont le premier était originaire du Deccan, encouragèrent, durant une longue période, du IIe siècle avant l'ère chrétienne jusqu'au milieu du IIIe siècle après, le développement de la maharashtri comme langue littéraire. Mais ensuite, jusqu'à la fin du XIIe siècle, son héritier, le marathi, ne fut que la langue des masses, le sanscrit ayant seul statut officiel. Ce fut la dynastie des Yadav, hindous shivaïtes également originaires du Deccan, qui, durant le siècle qui précéda, de 1189 à 1318, la conquête musulmane, eut une véritable politique linguistique à l'égard du marathi, qui avait progessivement dessiné son visage original sur fond de moyen-indien. Ils l'imposèrent comme langue officielle.

Ce n'est que plus tard que commence la rivalité entre les deux grandes métropoles du pays de langue marathe : Bombay, initialement un ensemble d'îles données à l'Angleterre lors du mariage d'une princesse portugaise avec le roi Charles II en 1661, et Poona. Cette dernière ville fut celle que choisirent pour siège de leur administration et des quartiers généraux de leur armée les rois de la dynastie marathe des Peshwa (1713 à 1818), successeurs de Shivaji, le populaire héros marathe qui profita de la déconfiture des sultanats pour tenir tête aux Moghols de 1646 à 1680. Mais, sous l'impulsion des Britanniques, Bombay s'imposa comme ville moderne et d'avenir. C'est aujourd'hui l'immense Mumbay, centre d'où rayonnent la langue et la culture marathes.

Mortes (langues)

Certaines langues mortes ont un statut classique, car elles sont enseignées comme fondements des cultures qu'elles ont irriguées durant de très longues périodes, et de plus, elles ont un usage liturgique ou plus largement religieux, et continuent de pourvoir en mots savants et néologismes les langues vivantes qui en sont historiquement issues (voir Classiques [langues], Écrite [langue]). Mais d'autres langues, mortes depuis des temps fort anciens, sont plutôt l'objet de recherches savantes et d'un enseignement uniquement universitaire. Ces langues ne nous sont connues que par les matériaux sur lesquels travaillent les épigraphistes, archéologues, numismates, philologues spécialisés dans des domaines antiques. Les matériaux en question sont des inscriptions sur édifices religieux et civils de types divers, ainsi que des textes sur supports d'anciens parchemins, de marbre, d'argile séchée, etc. Certains de ces documents sont abondants.

Le gotique n'est pas l'ancêtre de l'allemand moderne comme on le croit parfois, mais le seul témoin encore attesté de la branche orientale du germanique, car les langues qui appartenaient à cette même branche : burgonde, lombard, vandale, ont disparu avec les tribus de ces noms, qui répandirent la terreur, entre le Ve et le VIIIe siècle, en Italie du Nord, en Gaule et en Espagne. Les Wisigots, que chassa d'Espagne, en 711, l'invasion arabe, appartenaient aux populations parlant le gotique sous une de ses formes. Mais le gotique put se maintenir plus à l'est, et il nous est bien connu grâce à la traduction de la Bible faite au milieu du IVe siècle par l'évêque Ulfila, du diocèse de Mésie, occupée par les Gots.

On possède également une abondante documentation sur l'étrusque, qui fut, du début du VIIe siècle avant J.-C. jusqu'au moment où il fut définitivement supplanté par le latin, c'est-à-dire à la fin du IIe siècle avant l'ère commune, la langue d'une civilisation qui reste assez mystérieuse. En effet, on ne trouve, tracés en une écriture facile à déchiffrer, heureusement, parce qu'elle utilise l'alphabet grec, que des textes brefs et répétitifs dans les inscriptions funéraires dont on dispose. Elles ont été découvertes de l'Étrurie (Toscane actuelle) à la plaine du Pô et à la Campanie, ainsi que dans d'autres lieux auxquels s'étendait le commerce étrusque : la Corse, les rivages du sud-est de la France actuelle et Carthage. On ne trouve pas beaucoup plus dans les sept cents traductions de mots étrusques qui se rencontrent chez les auteurs anciens, ni dans les bandelettes où sont inscrites des prescriptions rituelles et des invocations. De surcroît, l'étrusque est une langue d'un type assez différent de tout ce que l'on connaît. À peine peut-on déceler dans la forme du parfait les pronoms personnels, le suffixe de locatif, quelques analogies avec des langues indo-européennes, dont le grec. L'étrusque pourrait être une langue méditerranéenne pré-indo-européenne qui se serait assez tôt trouvée au contact d'idiomes indo-européens (cf. Briquel 1994).

Le tokharien, sous les espèces de ses deux dialectes dont le koutchéen, est une langue indo-européenne disparue au Xe siècle après la conquête turque ouïgoure. Le tokharien nous est connu par des milliers de tablettes en écriture brāhmī, ancêtre de toutes les écritures de l'Inde. Ces tablettes ont été découvertes au XXe siècle dans le Turkestan chinois, et contiennent des textes religieux bouddhiques, ainsi que des traités économiques et médicaux. Beaucoup plus ancienne, une autre langue indo-européenne, mais d'Asie Mineure (Anatolie), le hittite, fut, entre le

XIXe et le XIIIe siècle avant l'ère chrétienne, celle d'un grand empire. Le hittite nous est connu par de très nombreuses tablettes de terre cuite dont l'exploitation n'est pas tout à fait achevée. Homère et Hérodote mentionnent, d'autre part, des formes évoluées du hittite, le lycien et le louvite, autrefois parlés sur la côte sud-ouest de l'Asie Mineure, et dont on peut se faire une idée d'après les nombreuses légendes de monnaies et épitaphes trouvées dans cette région. C'est dans cette dernière, également, qu'ont été mises au jour d'abondantes inscriptions gravées en des langues non indo-européennes, probablement disparues dès avant le début de l'ère chrétienne et qui pourraient se rattacher à celles du Caucase : le hourrite, le hatti, l'élamite.

La Mésopotamie est, elle aussi, le berceau de langues mortes depuis fort longtemps, mais sur lesquelles on possède de très abondants témoignages. Des dizaines de milliers de textes : contrats, comptabilités, rituels, écrits juridiques, dédicaces, stèles, annales, traités mathématiques et médicaux, etc., sur tablettes en écriture cunéiforme permettant de remonter jusqu'au début du IVe millénaire avant J.-C., notent une des plus anciennes langues écrites de l'humanité, le sumérien, qu'on ne peut rattacher à aucune famille linguistique connue. Au contraire, c'est à la branche orientale de la famille sémitique que se rattache l'akkadien, lui aussi illustré par une étonnante richesse de documents. Langue de l'Empire assyrien, l'akkadien succéda, quand cet empire commença de dominer Sumer, au sumérien, mais sans le supplanter et en prolongeant son écriture cunéiforme. L'akkadien, puis ses formes évoluées : babylonien et néo-babylonien, fut longtemps langue de civilisation de puissants empires, comme le révèle la masse considérable de documents, y compris d'abondantes correspondances privées, mis au jour par les fouilles de Mari, d'Emar et d'Ebla. Mais, vers la fin du VIIe siècle avant l'ère commune, l'akkadien, de plus en plus concurrencé dans les emplois quotidiens par une langue d'actifs commerçants, l'araméen, commença d'être relégué dans l'usage savant et administratif. Il finit par céder aux pressions de l'araméen. Ce mouvement, déjà fort avancé lors de l'exil à Babylone, en –597, des élites juives, qui rapportèrent à Jérusalem l'araméen, ayant « oublié » l'hébreu (voir Jérusalem [Pékin et], Communes [langues]), s'accéléra encore lors de la prise de Babylone, en –539, par l'armée perse de Cyrus le Grand.

D'importants témoignages de deux langues encore ont été exhumés au Proche-Orient et en d'autres lieux, vers la fin des années 1920. L'une est le libyque, ancêtre des parlers berbères, que révèlent un grand nombre de courtes inscriptions trouvées dans le Sinaï, et, pour certaines, jusqu'aux Canaries. L'autre est l'ougaritique, langue sémitique occidentale proche du cananéen et donc de l'hébreu, qui était en usage autour du XVe siècle avant l'ère chrétienne, et que les fouilles de Ras-Chamra, sur la côte syrienne, révèlent à travers nombre de poèmes mythologiques.

Mots français

Les mots sont menacés de mort dès que les facteurs propices à leur emploi sont eux-mêmes en voie de disparition. Comment celui qui aime les mots ne serait-il pas étreint d'une vive émotion quand il les voit disparaître ou quand il observe que leur usage est en déclin continu ? Ainsi l'amour des mots se nourrit-il de nostalgie. On en ressent les effets quand on compare, par exemple, les dictionnaires modernes du français avec ceux qui les ont précédés, notamment le Littré, qui n'a, pourtant, qu'un peu plus de cent trente ans. Très nombreux sont les vocables qu'expédierait au tombeau des termes défunts un fossoyeur de mots comme ce personnage de Georges Perec dans *La vie mode d'emploi* (1978), Cinoc, qui est chargé de ménager dans le dictionnaire la place nécessaire aux nouveaux venus. Certes, le remords l'accable quand il part à la retraite, et il tente désespérément de se pardonner les innombrables crimes lexicaux qu'il a commis, en partant dans toutes les directions à la quête des oubliés du dictionnaire. Mais il ne peut s'agir que d'une compilation qui ne restaure aucun usage vivant.

Il n'y a d'autre voie, dès lors, que la délectation, non morose, que l'on ressent à l'évocation des mots anciens qui eurent, au Moyen Âge et jusqu'à l'orée de l'époque classique, leur heure de gloire. Un recueil inattendu de tels mots est celui que l'on trouve dans les gloses françaises de Rachi, illustre rabbin-vigneron de Troyes-en-Champagne au XIe et au début du XIIe siècle, que commémore une rue du centre historique de cette ville, remarquable quartier médiéval et Renaissance magnifiquement restauré, où l'on rencontre maisons à pans de bois, églises à tourelles et nobles demeures. Au long des jours qu'il dérobait à ses sarments, Rachi interpolait dans son commentaire en hébreu de la Bible et du Talmud, les écrivant aussi en caractères hébraïques, des traductions de mots des textes sacrés par des mots appartenant à la langue des Juifs de son entourage : le dialecte champenois qui allait, avec ceux d'Île-de-France, d'Anjou et de Picardie, apporter une contribution importante à la langue française encore en formation (cf. Hagège 2006b). Las, la plupart des mots des gloses françaises de Rachi ont dès longtemps disparu. Est-ce une raison pour ne pas s'en éprendre ?

Ils nous racontent la journée des vignerons, comme *doisil* « perce d'un tonneau », *estende* « filtre », *jumeles* « montants du pressoir », *ordon* « rangée de ceps ». Ils nous parlent de tissage et de tannerie, comme *cordouan* « mégis », *escagnes* « écheveaux », *flochier* « carder », *parche* « cuir rouge ». Ils nous disent l'architecture, comme *aledoir* « balcon », *almembre* « estrade », *arvolud* « voûte », *chardenels* « gonds », *prodne* « grille », *viz* « escalier tournant ». Ils font revivre à nos oreilles la vie des pêcheurs, des chasseurs et de divers artisans, comme *aisse* « doloir », *bechedures* « piqûres », *bersedor* « archer », *bleste* « motte de terre », *bovier* « paysan », *conreider* « apprêter », *dromont* « grande barque », *estalon* « appeau », *jonchières* « claie », *moles* « tenailles », *ruse* « engin de pêche ». Ils nous entretiennent d'activités et objets domestiques, comme *adorser* « laisser brûler (un mets) », *adrement* « vitriol », *brez* « berceau », *broçon* « goulot », *conmovre* « remuer (un liquide) », *faveler* « bavarder », *foilied* « teinture violette », *menusier* « couper en menus morceaux », *ocrin* « cuvette », *sospiriel* « trou de bonde », *vadil* « pelle à feu », *verner* « diriger ».

D'autres mots médiévaux notés par Rachi relèvent de la zoologie et de l'anatomie humaine et animale, comme *areteil* « nuque », *arondelle* « hirondelle », *bevron* « castor », *bot* « crapaud », *bradon* « biceps », *doblon* « gras-double », *ebles* « épiploon », *garove*

« loup-garou », *mosteille* « belette » ; de la botanique : *aillendre* « coriandre », *amerfoil* « bardane », *sadree* « sarriette », *sap* « sapin » ; du domaine alimentaire : *arsedure* « viande épicée », *deintiers* « friandises », *mesgues* « petit-lait » ; de l'habillement : *cimol* « ourlet », *espie* « clou de chaussure », *esterles* « lacets », *noche* « broche » ; du mobilier : *faldestole* « siège pliant », *jafraite* « armoire », *loce* « lampe » ; des maladies : *bon malant* « croup », *cuiture* « pus », *esloisedure* « luxation », *paision* « épilepsie » ; de l'armement : *arestail* « rondelle de lance », *esped* « épieu ».

Dans cette fascinante chevauchée de vocables revenants, quel lecteur attentif ne reconnaîtrait pas de nombreuses racines, encore existantes ou connues, lors même que ces mots sont depuis plusieurs siècles sortis de l'usage ? *Viz*, *bovier*, *ruse*, *arondelle*, *garove*, *sap*, *loce* ressemblent, ou sont, au moins sous leur forme écrite, identiques, à *vis*, *bouvier*, *ruse*, *hirondelle*, *(loup-)garou*, *sapin*, *luciole*. *Ordon*, *cordouan*, *parche*, *arvolud*, *conmovre*, *menusier*, *bradon*, *amerfoil*, *cuiture*, *paision*, *esped* rappellent *ordre*, *Cordoue*, *parchemin*, *volute*, *mouvoir*, *menu*, *bras*, *feuille amère*, *cuire*, *passion*, *pieu*. *Faldestole* est la forme ancienne proche de l'étymon francique (voir ce mot) *faldistohl* « chaise pliante », qui a donné aussi, par transformation phonétique, le mot *fauteuil*. Le mot francique *faldistohl* était également à l'origine du latin ecclésiastique médiéval *faldistorium*, qui donna l'italien *faldistorio*, puis le français *faldistoire*, mot assez rare désignant le siège liturgique, à accoudoirs mais sans dossier et à pieds disposés en forme d'X, qui est utilisé par les évêques lorsqu'ils célèbrent pontificalement sans avoir droit au trône.

Parmi les autres mots cités par Rachi, *adorser*, *adrement*, *arsedure* ont tous pour racine le verbe latin *ardere* « brûler », dont une des formes, le supin, est *arsum*. *Ardere* avait donné en français un verbe *ardre* de même sens, en usage durant tout le Moyen Âge et dont le dérivé *ardent* s'emploie encore, mais n'a plus le sens concret qu'il avait encore à la fin du XIVe siècle, et que rappelle le fameux Bal des Ardents, où cinq participants déguisés en sauvages et portant des maillots enduits de poix furent brûlés vifs par des torches enflammées, tandis que Charles VI, dont la raison vacillait fortement, n'eut la vie sauve que grâce à la duchesse de Berry, qui l'enveloppa de sa robe. Quant à *conreider* et *faveler*, l'un peut faire penser à l'anglais *ready* « prêt » et l'autre au portugais *falar* « parler ».

Bien d'autres mots médiévaux de jolie facture ont disparu, comme *chaloir* « importer », qui survit dans *peu me chaut* « peu m'importe », ou *cuider* « penser », qu'on aperçoit encore dans *outrecuidant*, *s'esbaudir* « se réjouir », que les lettrés emploient encore aujourd'hui avec un sourire, *férir* « frapper », qui, comme il advient souvent, ne se conserve que dans une expression toute faite, *sans coup férir*, *guerdon* « récompense », qui s'est maintenu dans le portugais *guerdão*, de même sens, *souloir* « avoir l'habitude », *soulas* « consolation ».

Malheureusement pour l'amoureux des mots, beaucoup de facteurs précipitent leur disparition. Un des plus frappants est la loi du tabou. Pour peu que l'on discerne dans un mot, à cause de diverses représentations magiques et religieuses, un péril qui fasse qu'en le proférant on croie déclencher des conséquences maléfiques, on adopte souvent une conduite de détournement, en termes grecs savants une conduite apotropaïque, soit en supprimant ce mot du vocabulaire, soit en le remplaçant par un autre dont on juge les effets bénéfiques, l'acte de détournement se résolvant en l'acte, contraire, de blandices par lesquelles on entend se rendre favorable la chose ou l'être maléfique.

Un exemple en est celui du nom d'animal *mosteille*, que j'ai cité plus haut comme encore employé au XIe siècle, puisqu'il figure dans les gloses françaises de Rachi. Le mot latin *mustela*, d'où il vient, se reconnaît dans des noms d'animaux utilisés par divers dialectes de l'est, du nord-est et du sud de la France, ainsi que dans le nom savant, *mustélidés*, de la famille zoologique à laquelle appartient cet animal, en même temps que le blaireau, le glouton, le grison, l'hermine, la martre, la moufette, le putois, le ratel, le vison, le zorille. Le nom *mosteille* a été remplacé par *belette* « la petite belle », afin de flatter par une appellation doucereuse, et ainsi, croyait-on, de se rendre favorable, ce dangereux carnassier, qui saigne lapins et volailles.

Un autre animal, redouté des peuples du nord de l'Europe, l'ours, est désigné, surtout en période de chasse à l'ours, par des périphrases alliciantes, soit, comme chez les anciens Celtes, sans que son nom disparaisse du vocabulaire, soit en l'éliminant du lexique, comme chez les Slaves. Ceux-ci ont, par tabouisation, renoncé au mot indo-européen qui est la source du grec *arktos*, d'où dérive le français *arctique*, ou du latin *ursus*, d'où dérivent les mots des langues romanes : français *ours*, italien *orso*, espagnol *oso*, portugais *urso*, roumain *urs*. Les langues slaves l'ont remplacé par une périphrase propitiatoire le flattant comme « mangeur de miel », ce que dit le mot russe *mjedvjed'*. Cette loi du tabou ne s'est pas appliquée, dans les langues indo-européennes, avec une fréquence assez grande pour qu'elle pût y faire des ravages. Les langues slaves, en dépit des influences divergentes qui se sont exercées sur telle ou telle d'entre elles, et des lignes d'évolution propres à chacune, gardent une grande similitude, ce qui rend la comparaison assez facile, bien que cela ne signifie pas qu'il ne puisse y avoir de quiproquos causés par les différences surgies au cours des temps (voir Difficiles [langues]). On peut en dire autant des langues germaniques et des langues romanes.

Un cas tout à fait différent est représenté par des langues comme celles d'Australie et de Nouvelle-Guinée. Les ensembles linguistiques aranda en Australie et kâte en Nouvelle-Guinée présentent entre les dialectes qui les composent d'assez fortes divergences. Il est vrai que les tribus qui parlent chacun de ces dialectes constituent de petites sociétés repliées sur elles-mêmes, et entre lesquelles, par conséquent, les contacts sont rares et difficiles, d'où des développements divergents de leurs parlers respectifs. Mais le rôle principal dans ce processus de différenciation a été joué par la tabouisation de certains noms, en particulier ceux des chefs ou d'autres personnages importants. Lorsqu'ils meurent, les phonèmes ou les syllabes composant leurs noms deviennent tabous, ce qui veut dire qu'ils disparaissent du lexique, et doivent être remplacés. Ainsi, des pans entiers du vocabulaire sont anéantis. Dès lors, la comparaison interdialectale devient très difficile. Il se trouve que les mots par lesquels sont remplacés ces mots proscrits comme portant malheur n'ont souvent aucun lien étymologique avec les mots ostracisés. Il est clair, donc, que les schémas socioculturels peuvent avoir une incidence importante sur le statut des langues d'un même ensemble les unes par rapport aux autres, et sur le degré d'écart entre elles.

D'autres massacres lexicaux sont révélés par les dictionnaires de mots disparus. Il existe, par exemple, des merveilles oubliées du Littré, comme celles que mentionne avec gourmandise Denis Grozdanovitch dans son *Petit Grozda*. Qui *riote* ou *rioche* (rit un peu, dédaigneusement) aux efforts des lettrés à la mode, pour *brillotter* (briller un peu) dans les salons littéraires ? Certains prendront plaisir à *patrociner* (« parler longuement pour convaincre »), en particulier pour détourner quelqu'un, à coups d'artifices *déhortatoires* (« dissuasifs »), et même au prix de *matéologies* (« discours dépourvus de raison »), d'une influence jugée pernicieuse, comme celle qu'exerce sur l'innocente Agnès son soupirant Horace, dont Arnolphe dit

> « Je vois qu'il a, le traître, *empaumé* son esprit »
> (Molière, *L'école des femmes*, III, 5),

c'est-à-dire « pris possession » de cet esprit, au besoin en le « tartufiant » (terme inventé par Molière), c'est-à-dire en le « captivant par des mots hypocrites », et en le « rassotant » (en le « faisant devenir sot »). Notre société n'est pas dominée, apparemment, par les *vulgivagues*, encore appelées jadis courtisanes, et on ne parle donc plus de *pornocratie*, mais le mot ne serait pas mal venu pour désigner un autre pouvoir, celui que donne à la presse, à Internet, etc., l'étalage des ébats d'alcôve.

Si l'on ne pleure pas les mots qui référaient à des pratiques divinatoires désuètes par les miroirs (*catoptromancie*), par les fontaines (*pégomancie*), par les fumées (*capnomancie*), si je ne suis guère séduit par *perséité*, terme disgracieux qui a disparu en même temps que la scolastique qui l'utilisait pour désigner ce qui existe par soi-même, j'ajouterais volontiers d'autres mots, auxquels Littré lui-même darde le trait funeste d'une mention « vieux » : *cavillation* « vaine subtilité », *chevance* « bien que l'on possède », *havi* « dit d'une viande rôtie en surface seulement », *patavinité* « provincialisme comme celui du style de l'historien latin Tite-Live, natif de Patavium, aujourd'hui Padoue », *vécordie* et *vésanie* « absence de cœur » et « absence de santé mentale », tous deux comportant le préfixe privatif archaïque *ve-* du latin. Qui parle encore des charmantes *oublies* (du latin *oblata* « offrande »), gaufres légères roulées en forme de cornet, une pâtisserie qui fut si populaire du Moyen Âge au XIXe siècle ? Qui, en nos temps où le nombre des liseurs ne cesse de se réduire, aime encore passer de longues journées à *pilloter*, c'est-à-dire à tirer, des livres les plus nombreux et les plus divers, le profit qu'en tirait Montaigne, lequel nous assure que les fruits de ces heures de délice sont tout à nous :

> « Les abeilles pillotent deçà delà les fleurs, mais elles en font après le miel, qui est tout leur »
>
> (*Essais*, Livre I, chapitre 26).

C'est une consolation un peu maigre, de se dire que l'évolution des sociétés, des techniques et des rapports économiques, des professions, des organes d'information de masse, des concentrations urbaines, des moyens du pouvoir politique, ne peut manquer d'avoir une forte incidence sur le vocabulaire, dans la mesure même où il reflète tous les aspects de cette évolution. Ainsi ont disparu, durant les vingt années qui ont suivi la fin de la Deuxième Guerre mondiale, des mots comme *avalure* « altération d'un sabot de cheval » en vieille hippiatrique, *écoinçon* « résultat d'un travail de menuiserie appliquant un meuble à l'angle d'une chambre », *linçoir* « pièce de bois où s'assemblent les solives d'un plancher », *trésillon* « pièce de bois autrefois utilisée en marine pour la ligature de deux cordages ». Et bien entendu, Littré est sans pitié pour les noms de métiers comme *arbalétrier* ou *heaumier*, malgré la ballade de Villon « La belle Heaumière », car ils concernent des ingrédients de combat dont, déjà, ne se servaient plus quotidiennement les soldats de la seconde partie du XIXe siècle, pour ne rien dire de ceux d'aujourd'hui.

On rêve souvent sur les mots. J'ai dit (voir Bambino) la vive émotion que m'a toujours inspirée *mansuétude*. Philippe Sollers vibre à la beauté qu'il perçoit dans *sanglot*, dont il réinvente un contenu beaucoup plus suggestif que celui qui correspond sèchement à sa source latine *singultus*. Pour lui, *sanglot* est beau car il mêle le sang et l'eau. Sont beaux de même, pour leur forme comme pour leur contenu, les mots par lesquels il dit (2001, p. 40) qu'un autre « fossoyé communautaire » après Mozart, Lautréamont, dans les temps qui ont précédé sa mort pendant le siège de Paris en 1870, peu avant la Commune, définissait l'homme :

> « la régularité dont gémit le chaos ».

Mouvement

La tournure anglaise qui consiste à traiter la manière d'agir comme un verbe et le mouvement comme un adverbe ou comme le groupe constitué par une préposition et son complément (voir Difficiles [langues]) peut être illustrée par

he swam across the river.

Cette tournure est omniprésente en anglais, mais elle n'est pas absente d'autres langues germaniques, et elle existe aussi dans celles des familles slave, celtique (voir un exemple gallois dans l'article Prépositions conjuguées) ou finno-ougrienne. Mais il existe bien davantage de langues : romanes, sémitiques, grec, turc, basque, japonais, coréen, etc., où c'est l'acte ou le mouvement qui est traité comme un verbe, et la manière comme un complément. Le français, qui dit

il a traversé la rivière à la nage

bien plutôt que le bizarre

il a nagé jusqu'à être de l'autre côté de la rivière,

illustre ce type de construction, exactement contraire de celle de l'anglais. Un autre exemple tout aussi clair de la tournure anglaise serait

he coaxed her into coming,

dont la traduction littérale française,

il la cajola jusqu'à venir,

serait d'une insolite étrangeté, ou même dépourvue de sens, et qui n'a d'autre équivalent français naturel que

il la fit venir à force de cajoleries.

Cette assignation du sens principal au complément adverbial plutôt qu'au verbe peut produire des phrases comme celle-ci, d'un de mes étudiants m'apprenant, à Berkeley (Californie), il y a quelques années, qu'il avait trouvé un emploi :

I talked myself into this job.

À traduire littéralement, on croit apprendre que l'individu veut me dire : « Je me suis parlé jusqu'à entrer dans le boulot. » Confrontés à cette information, certains se demanderont d'abord comment une langue peut permettre des messages aussi finement sibyllins. Sur quoi, comparant avec les constructions de même nature que je viens de citer, ils seront contraints d'admettre que l'étudiant a seulement voulu dire ce qui, en français, s'exprime par

j'ai eu le boulot au bagout.

Les linguistes appellent « langues à cadre verbal » celles qui confient au verbe le codage du mouvement, et « langues à cadre de satellite » celles qui confient ce codage aux satellites, c'est-à-dire aux compléments qui indiquent le mouvement lui-même, le verbe tendant à exprimer plutôt la manière. Le français, dans cette perspective, est une langue à cadre verbal. Mais en réalité, les choses ne sont pas aussi simples. En effet, le français peut aussi exprimer le mouvement par des préfixes, révélant par là qu'il n'est pas aussi éloigné qu'on aime à le dire des langues germaniques et slaves, à cadre satellitaire. Dans *accourir*, *entreposer*, *parcourir*, *survoler*, *transporter*, le *ac-*, le *entre-*, le *par-*, le *sur-*, le *trans-* sont, en fait, des préfixes verbaux ayant fonction d'indices du mouvement, comme il apparaît, par exemple, dans

les enfants ont parcouru le parc.

Le français possède également des verbes qui associent le mouvement avec une entité se déplaçant, comme *écrémer*, *égoutter*, *épépiner*, *étriper*, ou avec une entité de référence, comme *embouteiller*, *empoigner*, *empoter*, *emprisonner*. Le chinois est aussi une langue à cadre de satellite, comme le montre l'expression

> *fēi-chū-lái yī zhī māotóuyīng* (voler-sortir-venir un CLASSIFICATEUR hibou)
> « un hibou est sorti en volant jusqu'à nous ».

Les satellites du chinois sont appelés par les spécialistes de cette langue « compléments directionnels ». Les principaux, *lái* « venir ; vers le locuteur » et *qù* « aller ; vers l'extérieur », peuvent se combiner soit avec divers verbes, comme *zǒu* « marcher » ou *ná* « prendre », donnant, par exemple, *zǒulái* « marcher vers moi » et *zǒuqù* « partir », *nálái* « apporter » et *náqù* « emporter », soit avec un des membres d'une liste de sept verbes de mouvement : *shàng* « monter », *xià* « descendre », *jìn* « entrer », *chū* « sortir », *huí* « retourner », *guò* « passer », *qǐ* « se lever », d'où, par exemple, avec *fēi* « voler », *fēi-chūlái* « sortir vers le locuteur en volant » ; de même, avec *pǎo* « courir », on peut construire *pǎo-chūqù*, dont la structure est inverse de celle de l'équivalent français *s'en aller en courant*, puisqu'en chinois, c'est le verbe (*pǎo*) qui indique la manière (le fait de courir), et le complément directionnel (*chūqù* « en sortant vers l'extérieur ») qui indique le mouvement lui-même. Cependant, l'équivalent français du chinois *ná-huílái* (prendre-revenir.vers.le.locuteur) est *rapporter*, où le *r-*, représentant l'idée de retour comme le complément directionnel *huílái*, est intégré comme préfixe au verbe. Cela confirme l'hybridité, dans ce domaine, du français, qui se sert soit du cadre verbal, soit du cadre de satellite.

Certaines langues ont des verbes exprimant le mouvement, mais non la manière, et inversement, des verbes exprimant la manière mais non le mouvement. Ainsi, en zoulou, *ngena* « aller dans », *phuma* « aller en dehors de », *dlula* « passer par », que l'on trouve, associés avec les noms locatifs spéciaux de cette langue (voir Lieux), dans *ngena endlini* « entrer dans la maison », *phuma eyuniversithi* « quitter l'université », *dlula ekhaya* « passer par sa maison », sont des verbes qui ne disent pas comment ces mouvements sont exécutés. Symétriquement, *hamba* « marcher », *gijima* « courir », *bhukuda* « nager », *ndiza* « voler », *gxuma* « sauter » disent bien la manière, mais non le mouvement lui-même. Il en résulte que pour dire « courir vers un lieu », « passer à la nage par un lieu », « s'envoler d'un lieu », etc., le zoulou a recours à l'association de deux verbes, par exemple « courir » + « aller ». Cela montre que l'expression du mouvement dans l'espace est complexe, puisqu'elle requiert que l'on prenne en compte deux aspects distincts : le mouvement lui-même et sa modalité.

Musique des langues

La mise en musique d'œuvres poétiques fait parfois gronder, même si elles inspirent des mélodies qui, loin d'écraser, enchantent, comme celle que la maladie laissa le temps d'écrire, sur *L'invitation au voyage* de Baudelaire, au malheureux Henri Duparc (cf. Lechartier 2009). Les langues peuvent certainement épouser avec bonheur la musique, mais il est vrai qu'elles ont leur propre musique. Même, elles sont musique. Il s'agit d'une autre musique, cependant, que celle qu'on appelle de ce mot, venu de *mousikê tekhnê*, c'est-à-dire « art des Muses », dont les voix et les instruments charmaient Zeus et les autres dieux durant les banquets de l'Olympe. Certes, il ne suffit pas de la musique qui fait chanter chaque mot pour sécréter l'harmonie. Ainsi, les langues à tons, comme le chinois (mandarin et cantonais), le vietnamien, le thaï, les langues bantoues comme le kinyaruwanda et beaucoup d'autres d'Afrique, où des mélodies à l'unisson, montantes, descendantes, combinées (descendantes-montantes ou montantes-descendantes), marquent presque toutes les syllabes, donnent à entendre des musiques qui ne suscitent pas le même plaisir esthétique que la voix chantée. Mais d'autres musiques de langues enchantent, celles, par exemple, du russe et du hongrois (voir Beautés des langues).

Ainsi, les langues chantent, mais d'une autre façon. Un son musical n'est pas une chose simple. Pour peu qu'il s'assortisse d'un minimum de vibration, une oreille exercée et très attentive peut y percevoir non seulement le son lui-même, c'est-à-dire celui que les théoriciens de la musique appellent le fondamental, mais aussi ceux qu'ils appellent les harmoniques, lesquels suivent un profil mélodique précis. Sur *do*, on obtient, selon une courbe ascendante du grave vers l'aigu, *sol→do→mi→sol→si bémol→do→ré→mi→fa dièse*. Cette caractéristique de la voix chantée ne se retrouve pas dans la voix parlée. La voix parlée paraît dépourvue des vibrations liées à une tenue, fût-elle minime, du son produit.

Il est facile de s'en rendre compte si l'on s'amuse à un jeu innocent que je propose parfois à des intimes capables de quelque détachement, ou curieux de découvrir : on choisit une personne dont le discours contient des écarts de hauteur musicale nets et clairement audibles, par exemple un francophone du Midi. Mais peut-être est-il encore plus probant de se prendre soi-même à ce jeu, si l'on se reconnaît cette caractéristique phonétique, ou qu'on s'efforce de l'acquérir. On essaye alors de se convaincre, en donnant plus de vibration à la voix et plus de lenteur au débit, que les écarts de hauteur entre les syllabes des phrases prononcées sont identiques à ceux de la musique, et donc que, lors même qu'on croyait être en train de parler, on est, en fait, en train de chanter. Et soudain l'on s'aperçoit que moyennant cette légère, et pourtant profonde, altération du mode de profération, ce que l'on est en train de dire est, tout comme dans l'opéra, non plus un des récitatifs à voix non chantée, mais bien un des couplets ou reparties de dialogue que séparent ces récitatifs, et qui sont des airs d'opéra. Ainsi, les langues ont leur chant, et il suffit de peu pour que ce qu'elles semblent dire seulement, sans ligne mélodique, devienne soudain une ligne de chant. Et chaque langue possède sa musique, ou plutôt ses musiques.

Les talismans musicaux du français m'étreignent. Cette impression est loin d'être générale. Mozart dénonce durement la langue française dans une de ses lettres (citée par Sollers 2001, p. 98) écrite, en 1778, de Paris, où la mort de sa mère, qui l'accompagnait, va brutalement accroître la détresse que suscitaient déjà la légèreté et l'égoïsme des aristocrates français : ils ne comprennent rien, dit-il, à la musique. Ils se passionnaient, en effet, sur les mérites comparés de Gluck et de Piccinni, célèbre et dérisoire querelle de salon, au moment où ils avaient un Mozart parmi eux pour un temps, et où, par ailleurs, grondait la fureur populaire qui allait exploser, onze ans plus tard, à l'assaut de la Bastille. Il est troublant de lire, sous la plume de Mozart :

> « Je vous assure que si on me demande d'écrire un opéra [en français], je n'ai pas peur. Cette langue a été créée par le diable, c'est vrai [...] mais chaque fois qu'il me vient à l'esprit qu'il serait bon d'écrire un opéra, je ressens un feu dans tout mon corps, mes mains et mes pieds tremblent d'impatience de faire connaître les Allemands aux Français [...]. Pourquoi ne commande-t-on pas un grand opéra à un Français ? Pourquoi faut-il que ce soit à des étrangers ? »

La musique française de la seconde moitié du XVIIIe siècle, même les honnêtes partitions de Dalayrac, Gossec, Grétry, ses contemporains, ou Méhul, qu'il n'entendit sans doute pas, n'étaient pas de nature, il est vrai, à faire vibrer un Mozart. Mais les grands opéras français de la seconde moitié du XIXe siècle allaient montrer avec éclat jusqu'où le génie de certains, dont Gounod et Bizet, pouvait exalter la musique lyrique lorsqu'elle est portée par les sonorités nobles et souriantes, tout à la fois, de la langue française (voir Opéra : les textes et les sons).

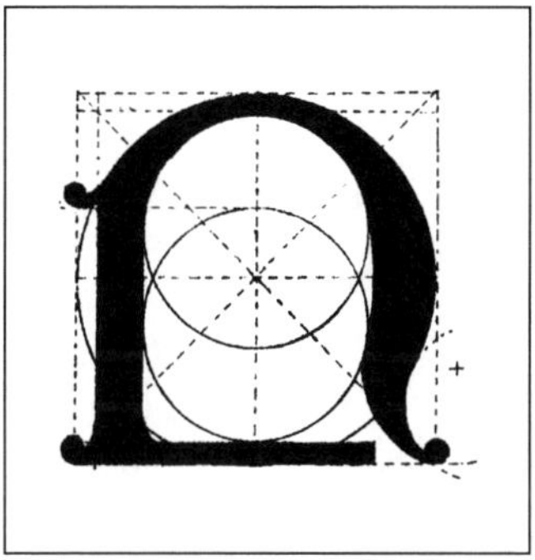

Navajo

Les Navajos, qui vivent dans l'Arizona, le Nouveau-Mexique et l'Utah, parviennent encore à maintenir leur langue vivace, mais non sans peine. Car le navajo est en situation assez précaire, même s'il s'agit de la langue indienne d'Amérique du Nord qui possède le plus grand nombre de locuteurs, deux cent cinquante mille. Le tiers, seulement, des Navajos parlent encore leur langue, comme cela est aussi le cas chez un autre peuple de la famille athapaske, les Apaches, ainsi que chez les Inuits, les Lakotas et les Mohawks. J'utilise ici le nom traditionnel de Navajos, parce qu'il est le plus connu, alors que cette communauté a récemment exprimé le désir d'y renoncer (voir Noms [des langues]). Les Navajos sont devenus majoritairement bilingues depuis les décennies postérieures aux traités que leur imposa, en 1850 puis 1864, le colonel K. Carson, sous prétexte de mettre fin à leurs maraudages nomades et aux rapines de bétail dont on les accusait. Les Navajos ont été mieux traités après la Deuxième Guerre mondiale, du fait d'un service étrange qu'ils ont rendu à l'État américain.

En effet, l'exotisme du navajo, le caractère très spécifique de ses particularités grammaticales et de son lexique, ont eu, durant la Deuxième Guerre mondiale, un résultat inattendu. Les Américains, excédés de voir tous leurs messages confidentiels décryptés par les Japonais, ont eu recours aux chiffreurs (« code-talkers ») navajos, avec un résultat positif, puisque les ingénieurs japonais ne sont jamais parvenus à déchiffrer les messages en navajo (cf. Feltes-Strigler 2002, p. 26-32) ! Sur proposition d'un fils de missionnaire blanc qui avait vécu dans la réserve de Window Rock en Arizona, capitale de la nation navajo, les hauts responsables de Washington consentirent à un programme d'abord simplement expérimental. Ce programme rencontra un plein succès, accru par le fait que les Navajos sélectionnés furent invités à inventer une nouvelle langue, où des mots étaient remplacés par d'autres. Par exemple, les noms de pays de ce code étaient des mots et expressions qui signifiaient en navajo, pour l'Allemagne, « chapeau de fer », pour le Japon, « œil bridé », pour la Russie, « armée rouge », pour l'Inde « vêtements blancs », pour la Chine « coiffure à tresses », et les noms des mois, « petite récolte » pour juillet, « neige craquante » pour décembre, etc.

Une des caractéristiques les plus remarquables de la langue navajo, en dehors du fait d'être une langue à tons (voir ce mot), avec quatre modulations des voyelles, basse, haute, montante et descendante, et du fait de marquer par l'ordre des mots la hiérarchie des êtres, de l'humain à l'inanimé (voir Agents), est l'existence de formes distinctes pour les deux cent vingt-cinq classes (voir Classes) entre lesquelles sont répartis les objets de l'univers quand ils ne sont pas en mouvement. Ces classes distinguent leur nature d'animés ou d'inanimés, leurs dimensions, leurs positions, leur consistance rigide ou molle, leur degré de cohésion, leur degré de confinement, etc. Au surplus, chacune de ces classes se subdivise en quinze autres, distinguées par la singularité ou pluralité, ainsi que par les nombreux types de structure. Trait plus surprenant encore, ce ne sont pas les noms qui portent les marques de ces classes, mais les verbes en relation avec ces noms. Ainsi, « être une couverture » se dit *sikaad* si cet objet est étendu, *siyí* s'il est entassé dans un coin, *siłtzooz* s'il est plié.

Une des conséquences, sans doute étrange pour un francophone, en est que beaucoup de verbes usuels n'ont littéralement pas d'expression en soi. Ainsi, alors que la plupart des langues ont un verbe « donner », le navajo n'en possède aucun qui soit de nature à subsumer, sous la notion abstraite de don, l'infinie diversité des choses que l'on peut avoir à donner. Ce que la langue propose donc n'est autre qu'une vingtaine de verbes différents selon que l'on donne un objet souple, comme une lanière, long, comme un bâton, susceptible d'être rassemblé en paquet, comme du foin, se comportant en tant que contenu, comme du sucre, ayant la consistance d'un tissu, comme du papier, d'une masse visqueuse, comme de l'huile, etc.

Cette extraordinaire précision des nomenclatures, qui a fait qualifier le navajo de langue chimique, et qui se retrouve dans des langues de la famille athapaske ainsi que dans d'autres langues amérindiennes, de Californie notamment, comme l'atsugewi, est doublée d'une non moins grande précision des expressions de mouvements, incluant le moyen de locomotion, le rythme, les participants impliqués, le nombre de fois, etc. Il ne saurait, par exemple, exister un seul verbe « aller », quand ce ne serait que du point de vue du nombre des personnes qui vont, d'où trois formes de base, avant d'autres spécifications : *gháāh, 'aash* et *káāh* selon que se déplacent une, deux ou plus de deux personnes. Tant il est vrai que l'étude des langues nous apprend à embrasser la diversité des modes d'appréhension du monde : ce qui paraît insignifiant aux uns est capital pour les autres, ce que la langue des uns ne mentionne même pas, celle des autres en décrit sans répit les plus menus détails.

Négations

Il n'existe pas de langue qui ne possède un moyen ou un autre de marquer que l'on nie quelque chose. Il est, en effet, essentiel, dans la communication par une langue, au locuteur de faire entendre qu'il n'affirme pas mais nie, à l'auditeur de bien le percevoir, ainsi qu'au narrateur de disposer d'instruments indiquant que quelque chose ou quelqu'un n'est pas, n'a pas été ou ne sera pas ceci ou cela, ou qu'un événement ne s'est pas passé. Il est donc exclu que le mot ou l'expression marquant la négation passe inaperçu. Une négation peut, pourtant, n'être pas négative. Mais dans ce cas, précisément, c'est qu'elle n'est pas proférée avec la force qui doit marquer une vraie négation.

Ainsi, une femme qu'un homme, en une circonstance précise, dans un lieu propice, poursuit d'assiduités appuyées, et qui ne trouve pas cet homme résolument repoussant, mais n'a pas l'intention d'y répondre immédiatement, peut, en se dégageant et en se dérobant à des gestes de prise de possession qui ne laissent aucune place au doute, dire d'abord un « non ! » ferme et irréfutable. Il continue de se faire pressant. Elle prononce un « non ! » toujours résolu, mais moins que le précédent. Il redouble d'assauts. Elle oppose un « non ! » plus modulé. L'assaut respecte de moins en moins les étapes, ou même met une célérité croissante à les brûler toutes. Il est clair que l'homme n'a pas compris comme un « non ! » ce qui en était pourtant un. Elle continue, néanmoins, de dire « non ! », mais cette fois sur un ton où entre une légère imploration, faite aussi d'implicite acquiescement. Son intonation n'est plus tout à fait celle d'un non, il semble même que le contenu négatif du « non ! » soit contredit par une courbe de la voix qui ressemble à celle qui accompagnerait un « oui ! ». L'homme dépouille tout scrupule, en même temps que toutes enveloppes. Elle susurre alors un « non ! » aigu, chantant et doux à la fois, d'une voix beaucoup moins forte. Ses yeux disent la langueur en même temps qu'un éclair de complicité, elle n'oppose plus aucune résistance. L'homme se comporte alors selon son instinct : le dernier « non ! » était un « oui ! ».

Ainsi, le mot qui, dans les langues, veut dire « non » doit, pour être entendu en son sens pleinement négatif, être proféré avec la clarté d'articulation et la netteté d'intonation qui conjurent le risque de le faire prendre pour son contraire, ou, moins gravement, de n'être qu'indistinctement perçu. L'histoire du *non* français est intéressante en ceci qu'on y voit les usagers montrer qu'ils veulent se doter d'une vraie négation, qui ne laisse pas de place à l'ambiguïté. Le vieux-français avait hérité du latin une négation *non* qui demeura inchangée dans les textes les plus anciens, mais céda bientôt le pas à un *ne* qui n'apparaissait en latin que dans certaines propositions subordonnées, ou bien, dans les premières étapes, à sa variante *nen*. On les voit apparaître partout dans les textes médiévaux, jusqu'au milieu du XIIe siècle, où *ne* se substitue dans tous les emplois à *nen*.

À peu près au même moment, des adverbes de mesure viennent s'ajouter à *ne*, qui se placent après le verbe, en particulier *mie*, mais aussi *pas* et *point*, tous ces mots ayant pour fonction de renforcer la négation, puisqu'ils représentent des valeurs infimes, et qu'en niant ces valeurs, on donne au verbe un effet négatif accru : *mie* est le même mot qui désigne aujourd'hui une partie du pain et qui voulait autrefois dire une toute petite quantité du pain, *pas* est le mot *pas* d'aujourd'hui, de même que *point*, l'effet étant le même qu'avec *mie*. On lit en effet dans les textes de cette époque

> *Charles si dort qu'il ne s'esveille mie* (*Chanson de Roland*, fin du XIe siècle, vers 724)
> « Charles dort si profondément qu'il ne se réveille pas »,
>
> *vous n'irez pas de mei si luign* (*ibid.* vers 250)
> « vous n'irez pas si loin de moi »,
>
> *ne faire point quanque il deüst* (*Aucassin et Nicolette*, première moitié du XIIIe siècle, 2, 16)
> « ne pas faire tout ce qu'il aurait dû ».

Dans ces exemples, *il ne s'esveille mie*, *vous n'irez pas*, *ne faire point* signifient respectivement, à l'origine de leur formation, « il ne s'éveille même pas de l'infime quantité de veille que figurerait une mie de pain », « vous n'irez pas même la longueur de cette toute petite distance qu'est un pas », « ne pas même faire cette insignifiante quantité d'action qu'est un point ».

Ainsi, la négation de l'infime par un mot qui, jusqu'à cette époque, était le seul outil négatif, est un procédé pour nier radicalement, puisque l'on veut dire, à l'origine, que de ce que l'on nie, il n'existe pas même une toute petite portion qui échappe au rejet. Aux étapes suivantes de l'évolution du français, *ne... pas* et, dans une certaine mesure, *ne... point* commencent à supplanter *ne... mie*, peu à peu cantonné dans des emplois dialectaux. Toutefois, *ne... pas* mettra encore quelque temps à supplanter *ne*, que l'on rencontre fréquemment, au XVIe siècle, chez Rabelais, Marguerite de Navarre, Du Bellay, Ronsard, d'Aubigné. Mais cette adjonction d'un mot de renforcement, que des grammairiens comme Meigret, auteur en 1550 de la première grammaire du français écrite en français, jugent conforme aux habitudes du français, finira par s'imposer à la fin du XVIe siècle. L'on a de cela une preuve intéressante : l'édition 1595 des *Essais* de Montaigne ajoute des *pas* là où ils manquaient dans l'édition de 1588. Cependant, le *ne* reste la composante négative indispensable : en son absence, les mots de renforcement *pas* et *point* ne suffisent pas à marquer la négation. C'est ce que montre la remarque de Maupas (vers 1630) et plus tard d'Oudin (vers 1645), selon laquelle l'absence de *ne* est un « solœcisme d'estrangiers ». C'est même *ne* à lui seul, et sans l'adjonction de *pas*, qui donne leur sens négatif à *rien*, *jamais*, *nul*, *aucun*, etc., règle de Maupas que suit encore le français écrit d'aujourd'hui. Maupas souligne aussi que le renforcement apporté par *pas* distingue clairement

je ne sçay ce que vous pensez,

« qui est un doute », de

je ne sçay pas ce que vous pensez,

« qui nie absolument de sçavoir ».

Cependant, dès la seconde moitié du XVIe siècle, et de plus en plus au XVIIe, *pas* et *point* avaient commencé à être utilisés systématiquement avec *ne*, qui apparaissait de moins en moins tout seul. D'autre part, comme l'admettaient Vaugelas aussi bien que Maupas et Oudin, *ne* pouvait être omis dès la fin de la première moitié du XVIIe siècle, et l'était souvent dans l'usage, non pas dans les phrases affirmatives, mais au moins dans les interrogatives. Dès lors, les facteurs qui allaient conduire à l'usage actuel du français parlé, où c'est *ne* qui est omis, *pas* portant à lui seul la charge de la négation, devenaient apparents dès cette époque : deux négations paraissaient faire double emploi, une seule suffisant à rendre la phrase négative ; d'autre part, *pas* et *point* sont phonétiquement plus consistants que *ne*, et sont, de surcroît, fortement accentués du fait de leur position en finale après le verbe ou à la fin de la phrase, alors que *ne*, qui ne porte pas l'accent tonique, tend à s'estomper.

Ce renforcement de la négation du français, dès la fin du XIe siècle, par l'adjonction d'un nouvel élément *pas*, qui, en français parlé contemporain, mais non en français écrit, est la marque dominante et unique de la négation, n'est pas un phénomène isolé. Tout comme le français écrit dit *ne... pas*, de même l'afrikaans possède une négation double et discontinue (voir Créoles), et c'est aussi le cas de l'amharique au parfait et à l'imparfait du verbe, qui présentent la négation *al... m*, ainsi que celui du birman parlé : cette langue, en effet, offre une situation inverse de celle du français, puisque c'est dans la langue écrite qu'apparaît un seul élément de négation, l'élément initial *mé*, alors que la négation en langue parlée est discontinue : *mé... bu.* Toutes ces langues attestent l'importance, pour la négation, d'une claire audibilité, obtenue par le redoublement et la position des deux éléments de part et d'autre du verbe, ce qui donne de la vigueur et du relief à la négation, en termes articulatoires comme en termes acoustiques.

La clarté de la négation sur ces deux plans est d'autant plus nécessaire lorsque l'on apprend une langue étrangère dont les locuteurs, dans les circonstances où l'on est habitué à dire « oui », disent « non », et réciproquement. Tel est le cas du japonais et du coréen si on les compare à ce qu'attend, de par ce qui lui est familier, un francophone. Si ce dernier entend une question

est-ce que tu n'as pas déjeuné ?,

et qu'il n'ait pas déjeuné, il répondra en français par

non,

tandis qu'il répondra par

si

dans le cas où il vient de prendre ce repas. À la même question posée en coréen, à savoir

pap an mɔg-ɔss-səmni-ka (riz ne.pas manger-PASSÉ-POLITESSE-QUESTION)
« est-ce que tu n'as pas mangé (du riz) ? »,

il faut répondre

né « oui »

si l'on n'a pas pris de repas, et, dans le cas contraire,

aniyo « non ».

Ainsi, à l'inverse du français, le coréen, comme le japonais, prend en compte le point de vue du questionneur, plutôt que celui du questionné ; le « oui » par lequel ces langues répondent à une question négative signifie que l'implication négative de cette question est correcte, alors que le « non » indique poliment que cette implication est à reconsidérer, car le destinataire a bel et bien fait ce sur quoi on l'interroge négativement. Le *si* du français, comme le *doch* de l'allemand, son homologue, prennent en compte, au contraire, le point de vue du destinataire, qui, en rectifiant là où le coréen dit « non », disent, en fait : « et pourtant (*doch*), c'est bien ainsi (latin *sic*, ancêtre de *si*) ».

Cette force négative de la négation, si l'on peut dire, ne signifie pas que les langues ne disposent pas aussi de moyens de nier avec plus de nuances. Il est vrai que la plupart ont des mots ou expressions niant, ou même réfutant, avec vigueur : tel est le cas du français *pas du tout*, de l'anglais *not at all*, de l'allemand *überhaupt nicht*, de l'italien *non... mica*, qui se maintient avec ce sens fort alors que son homologue le français *ne... mie*, vu plus haut, a disparu, du chinois *bìngbù*, qui veut même dire « contrairement à ce que tu, vous, etc., croyez », du mooré *zí*, qui signifie « ignorer », et prend donc, comme négation, le sens de « ne jamais (avoir eu l'expérience de) », d'où celui de « absolument pas ». Mais il existe aussi des négations modérées : français *guère*, allemand *kaum*, anglais *hardly*, *barely*, catalan *poc*, etc. Cela dit, certains faits frappants des langues attestent l'importance de la négation, et de la possibilité de nier ce que l'on peut, dans d'autres circonstances, vouloir affirmer. Ainsi, le français possède des expressions qui n'ont pas d'autre forme que négative, c'est-à-dire auxquelles manque un symétrique positif. Il est, par exemple, assez étrange de dire

il a bougé le petit doigt pour nous aider

ou

la situation a changé d'un iota,

ou, en anglais,

he cares a jot (ou *a stiver*).

Ces formulations sont étranges parce que de telles expressions, et bien d'autres du même genre, ne s'emploient qu'en contexte négatif. On dit en anglais

he doesn't care a jot (ou *a stiver*)
« il ne s'en soucie aucunement ».

De la même façon, s'il est d'usage de dire

il n'a pas bougé le petit doigt pour nous aider

et

la situation n'a pas changé d'un iota,

c'est-à-dire si ces expressions ont acquis une polarité négative qui rend fort insolite leur emploi sans négation, c'est par la même voie que plus haut : *mie*, *point* et *pas* ont été sélectionnés dans l'histoire de la négation en français parce qu'ils référaient à des quantités insignifiantes, et donc que leur négation prenait une force expressive particulière pour indiquer ce que l'on nie énergiquement, et ainsi renforcer la négation ; de même l'emploi négatif de *iota*, *petit doigt*, *jot* ou *stiver* (« quantité dérisoire »), tous noms de toutes petites choses, donne un relief particulier à l'idée d'absence totale que l'on veut exprimer. L'idée de doute qui est sous-jacente à la négation se manifeste, d'autre part, en ceci que ces expressions, qui n'apparaissent pas dans l'affirmation, peuvent, en revanche, apparaître dans l'interrogation autant que dans la négation. On peut dire, en effet,

a-t-il bougé le petit doigt pour nous aider ?

et

la situation a-t-elle changé d'un iota ?

Un autre fait qui atteste l'importance de la négation est l'existence de formes négatives originales, c'est-à-dire non construites sur des structures de base par simple adjonction de la négation à des formes positives. Le français possède de nombreux verbes comme *ignorer* ou *haïr*, qui ne sont pas les faces négatives de *savoir* et *aimer*, puisque l'on peut nier ces derniers par *ne pas savoir* et *ne pas aimer*, mais qui peuvent être définis par « ne pas savoir » et « ne pas aimer », sans être, bien entendu, de parfaits synonymes de ces derniers. Ce sont donc des verbes de sens négatif, mais qui n'ont pas de forme négative. Le coréen est une des nombreuses langues qui présentent des faits semblables, opposant, notamment, *al* « savoir » et *morə* « ignorer ». Certaines langues ont même un grand nombre de verbes de sens négatif. Tel est le cas du samoyède yourak du nord de la Sibérie centrale, où l'on trouve *yāngko* « être absent », *ya'ma* « ne pas pouvoir », *yexerā* « ignorer », *widarā* « ne pas supporter », ainsi que du wintun (famille penutia, Californie), qui possède des verbes *danal* « haïr », *p'ukε:* « ne pas être cuit », etc.

Mais il y a plus. Alors que le français ne possède pas de verbe original qui soit la négation d'*être* ou d'*il y a*, puisqu'il ne peut dire que *ne pas être* et *il n'y a pas*, d'autres langues opposent des formes originales, et non pas construites l'une sur l'autre : le hongrois oppose *nincs* « il n'y a pas » à *van* « il y a », le coréen *ops* à *is* (mêmes sens), auxquels répondent *yok* et *var* en turc, cette langue opposant aussi *değil* « n'est pas » à *dir* « est ». Le marathi (voir ce mot) possède un verbe « ne pas être » conjugué. Le peul, pour sa part, oppose *alanaa* « ne pas exister » à *wooda* « exister », l'arabe *laysa* « n'est pas » à *yakunu* « est » et l'indonésien *bukan* à l'absence, puisque dans le registre parlé de cette langue, on n'utilise pas de verbe « être » et il n'y a donc qu'un verbe « ne pas être », bien que pour la négation de tous les autres verbes, il existe un mot spécial, *tidak*.

Dans certaines langues, cette même importance de la négation se marque à un autre fait encore : ces langues ont de véritables verbes négatifs, qui se conjuguent, tandis que le verbe exprimant l'idée que l'on nie ne prend pas de désinences personnelles. Le comox en est un exemple, de même que bien des langues finno-ougriennes, comme le same (voir Same), l'estonien et le finnois, ce dernier disant

> *ei jaksa tanssia* (il.ne.pas pouvoir danser)
> « il ne peut pas danser » (littéralement « il ne pas le fait de pouvoir danser », comme si l'on avait un verbe « ne pas-er » !).

Les négations peuvent même se comporter comme des bases à partir desquelles des noms sont dérivés, comme en mooré, où, sur la négation *ká*, on forme *káalḿ* « non-existence, disparition, mort » et *káoolgó* « manque ». Mais en outre, les négations peuvent être nombreuses et complexes dans une langue. Tel est le cas du ouolof (voir ce mot). Cela dit, on trouve dans la plupart des langues un nombre de formes négatives plus grand dans les propositions principales que dans les subordonnées. Le yoruba en est un bon exemple, qui possède onze conjugaisons affirmatives dont sept seulement peuvent être niées. Par une logique interne à cette langue, les trois qui ne peuvent pas l'être sont celles qui marquent, l'une l'action qui est en train de se dérouler, l'autre une habitude du passé, et la troisième une situation qui a commencé peu avant. La grammaire de cette langue, contrairement à celle du français, où n'existent pas ces contraintes, reflète des représentations mentales excluant que ce qui est en cours, ou l'était, ou a commencé de l'être, puisse ne pas l'être ou ne pas l'avoir été. Tant il est vrai qu'en deçà d'une logique de niveau très général surplombant l'ensemble des langues, les systèmes grammaticaux de chacune cachent des catégories de pensée spécifiques. Il existe, cependant, deux épreuves de la capacité de tout humain, en dépit des contraintes de sa langue, à en acquérir une nouvelle qui n'a pas ces contraintes ou en a d'autres. Ce sont l'apprentissage des langues étrangères (voir Bilingues) et la traduction (voir Traduire).

Une autre sorte de complexité intéressante se rencontre, également parmi les langues africaines, en peul. Celui-ci possède sept marques négatives différentes, selon que l'on est au présent ou au passé, et pour chacun d'entre eux à l'actif, au passif ou à la voix pronominale (marquée en français par un pronom réfléchi comme dans *se laver*), une dernière forme s'employant spécialement pour nier certains verbes, comme *anda* « savoir », *jiida* « avoir en commun », *suusa* « oser », *waawa* « savoir faire », *yiɗa* « vouloir, aimer », *meeɗa* « avoir déjà fait », *suuwa* « ne pas être près de s'accomplir ». Du point de vue du sens, ce n'est pas par hasard que ces verbes sont tous niés par la même négation, car ils ont une intéressante propriété en commun : tous expriment des notions non analysables en une succession de moments, et ne peuvent se référer à des processus en cours de réalisation.

La diversité des formes négatives peut aussi dépendre du rôle dans la phrase et de la partie de celle-ci où se trouve la négation. Le français n'oppose pas de négation de verbe principal à une négation de verbe subordonné comme le faisait le latin, qui avait *non* et *ne*. Le français possède également une seule et même négation pour l'indicatif et l'impératif, disant

il n'est pas parti

aussi bien que

ne pars pas!,

l'un et l'autre avec *ne... pas*. Pourtant, en français parlé, on trouve une différence de position qui correspond à cette distinction (cf. Forest 1993, p. 34), puisque l'on y dit

on l'a pas vu,

mais

il s'est caché pour pas qu'on le voye,

la négation apparaissant après *l'a* dans la première phrase, alors qu'elle apparaît avant le verbe, et même avant la conjonction, dans la seconde. Le cachemiri (indo-aryen, nord du Pakistan) se sert de la position comme le français, mais dans d'autres langues, c'est, en plus, la forme elle-même, comme en latin, qui différencie les deux types de négations. Tel est le cas en albanais, où s'opposent une négation *nuk* employée avec l'indicatif et le conditionnel, et une négation *mos* employée avec l'impératif et le subjonctif. Toutes deux apparaissent ensemble dans la phrase suivante :

nuk shkúam në plazh, qi mos të ikë pa mua (ne.pas nous.sommes.allés à plage pour ne.pas que il.parte sans moi)
« nous ne sommes pas allés à la plage, pour qu'il ne parte pas sans moi ».

Bien d'autres langues opposent aussi une négation de l'indicatif et une autre utilisée au subjonctif ou à l'impératif. Certaines ont même une façon originale de marquer la prohibition (impératif négatif). Le bafia, langue bantoue du sud du Cameroun, se sert de la préposition signifiant « sans » :

kɔ̀ɔ́ kpáng (sans.tu.INJONCTIF partir)
« ne pars pas ! »

Ce n'est pas une affaire simple que de nier. Beaucoup d'autres sens que la pure négation viennent se mêler à elle, la modaliser, comme disent les linguistes. L'arabe a une négation spéciale, *lan*, pour le futur, et cette négation demande une forme spéciale du verbe, tout comme le fait, par rapport à une autre forme encore, la négation spécifique du passé, *lam*. Le chinois n'utilise pas la même négation au passé (négation *méi*) et au présent-futur (négation *bù*). Le géorgien oppose à une négation neutre, *ar*, qui ressemble à *ara* « non », une autre négation, *ver*, qui signifie, en fait, « ne pas pouvoir » :

xval ver mo-val (demain ne.pas.pouvoir je-viendrai) « demain, je ne pourrai pas venir ».

Le coréen possède également deux négations, *an*, négation neutre, et *mos* (homonymie tout à fait fortuite avec une des négations albanaises présentées plus haut!), qui, comme le géorgien *ver*, veut dire, en fait, « ne pas pouvoir », l'une et l'autre étant susceptibles de s'employer soit seules, soit en combinaison avec un suffixe *-ci* sur le verbe, auquel cas le locuteur prend plus de distance par rapport à ce qu'il nie. L'incapacité, notion négative, n'est pas toujours facile à exprimer. Si le géorgien se sert d'un verbe négatif spécial, le turc, pour sa part, insère une voyelle, *e* ou *a*, entre le verbe et la négation, laquelle est elle-même un suffixe à voyelle variable en fonction de la voyelle du verbe. Cela donne, par exemple :

gel-iyor (venir-PRÉSENT) « il vient » / *gel-mi-yor* (venir-NÉGATION-PRÉSENT) « il ne vient pas » / *gel-e-mi-yor* (venir-pouvoir-NÉGATION-PRÉSENT) « il ne peut pas venir ».

Les faits peuvent être encore plus étranges. L'amharique exprime l'incapacité par un participe « pouvant » suivi du verbe nié, comme dans

čĕlaw ay-hɛdu-m (pouvant ne-marchent-pas)
« ils ne peuvent pas marcher »,

c'est-à-dire littéralement, « pouvant ils ne marchent pas ». Cette objectivation de l'acte négatif modalisé par un « pouvoir », l'ensemble des deux exprimant l'incapacité, est une caractéristique assez exotique de l'amharique, qui présente cette autre propriété singulière de pouvoir intégrer, comme compléments d'un dire, de nombreuses expressions, notamment négatives, produisant un sens qui en français s'exprime tout autrement :

yəh nɐgɐr al-mɐslə-m ālɐ (cette affaire ne-je.semble.vraie-pas a.dit)
« cette affaire ne paraît pas vraisemblable ».

Le sens littéral, en fait, est ici « cette affaire a dit : "je ne semble pas vraie" » ! La négation s'introduit donc, en amharique, pour exprimer des notations très concrètes, au sein d'un discours fictif tenu par des objets inanimés ou abstraits !

Un autre cas intéressant est celui des verbes qui ne sont pas négatifs par eux-mêmes, mais appartiennent à l'ensemble sémantique de la dénégation, comme en français *nier*, *douter*, *empêcher*, *interdire*, *craindre*, *redouter*. En français soutenu, il est d'usage de suggérer le sémantisme négatif de ces verbes en ajoutant, dans la proposition que de tels verbes régissent, un *ne*, c'est-à-dire une partie, seulement, de la négation, qui, de plus, n'est pas obligatoire :

pourquoi empêches-tu qu'il (ne) vienne ?

doutez-vous qu'il (ne) finisse par réussir ?

C'est ce que l'on trouve en français classique, par exemple dans un distique fameux où apparaissent les deux constructions, l'une avec, l'autre sans *ne* :

> « Hélas! on ne craint point qu'il venge un jour son père :
> On craint qu'il n'essuyât les larmes de sa mère »
> (Racine, *Andromaque*, I, 4).

Andromaque supplie Pyrrhus de ne point écouter la demande pressante des Grecs, qui l'exhortent à tuer le petit Astyanax, fils d'Andromaque et de leur ennemi Hector, pourtant mort. La raison de cet acharnement, dit-elle, n'est pas même leur crainte qu'Astyanax, devenu adulte, ne veuille un jour, si on le laisse vivre, venger son père en tuant Pyrrhus, mais leur cruel refus de le voir essuyer les larmes de sa mère veuve. Il faut donc, pour comprendre, compléter « on craint qu'il n'essuyât les larmes de sa mère » par « s'il vivait » ; l'imparfait du subjonctif est ici la solution apportée par le français classique à la rencontre entre le conditionnel, puisqu'on dira qu'Astyanax *essuyerait* les larmes de sa mère s'il vivait, et le subjonctif appelé par craindre.

Aujourd'hui, beaucoup diraient, au subjonctif présent, « on craint qu'il n'essuye », mais peut-être d'autres, que le conflit des modes du verbe ne rend pas insomniaques, diraient-ils tout simplement « on craint qu'il essuyerait » ! Cela dit, il est frappant de constater que *ne* n'apparaît pas avec *venge*, mais apparaît avec *essuyât*. Certes, *ne* ajouté à *venge* aurait donné un vers faux (de treize pieds), mais Racine n'était pas obligé d'ajouter *n'* au vers suivant, puisque « essuyât » ne faisait pas hiatus avec « il ». Cela semble prouver qu'en français classique déjà, la négation *ne* après des verbes de dénégation, bien qu'elle ne fût pas obligatoire, pouvait néanmoins s'employer pour souligner l'implication négative de ce type de verbes.

En allemand, à la différence du français, c'est plutôt dans la langue parlée qu'il existe une forte tendance à suppléer une négation dans la proposition qui suit les verbes de dénégation. La preuve en est que les ouvrages prescriptifs, comme le *Duden* des *Hauptschwierigkeiten der deutschen Sprache* (« Difficultés principales de la langue allemande ») (1965) proscrit les phrases comme

> *der Besitzer verbot ihm, dass er* ***kein*** *Auto fahre*
> « le propriétaire lui interdit de conduire une auto »

ou

> *er hinderte ihn daran,* ***nicht*** *noch mehr zu trinken*
> « il l'empêcha de boire encore plus »,

ou encore

> *er warnte ihn davor,* ***nicht*** *jetzt aufs Eis zu gehen*
> « il le mit en garde contre le danger d'aller dès maintenant sur la glace ».

Les négations (*nicht*) et mot négatif (*kein* « aucun ») contenus dans ces phrases et notés ici en gras sont donc considérés comme incorrects par la norme grammaticale allemande, qui recommande leur omission.

Mais leur usage en langue parlée montre clairement l'implication négative des verbes de dénégation, et la pression que ce sens exerce sur les locuteurs de l'allemand. Le latin classique utilisait, après les verbes de ce sens, la négation *ne*, tout comme le fait encore en style soutenu le français son héritier, y ajoutait *non* quand le verbe final était lui-même nié, et se servait d'une conjonction *quin*, incorporant la négation, lorsque c'était le verbe initial qui était nié :

timeo ne veniat
« je crains qu'il ne vienne »,

timeo ne non veniat
« je crains qu'il ne vienne pas »

non timeo quin veniat
« je ne crains pas qu'il ne vienne ».

Cette conjonction *quin* a une variante *quominus*, où apparaît bien l'implication négative de *minus*, disparue dans son successeur français *moins*, sauf dans des emplois comme *à moins que* qui veut dire « si ne pas », mais bien vivante en italien, où on l'emploie pour nier un verbe et même un nom, le français ne pouvant, dans ce cas, que répéter le nom :

fateci sapere se accettate o meno
« faites-nous savoir si vous acceptez ou non »

s'è discusso sulla legittimità o meno del provvedimento
« on a discuté sur la légitimité ou l'illégitimité de cette mesure ».

Même quand il n'y a pas de verbe introducteur ayant un sens de dénégation, une négation peut apparaître dans une portion de phrase implicitement négative, par exemple après « plus que », dans les langues celtiques, berbères et kartvéliennes (dont le géorgien), ainsi qu'en italien :

> *la stampa* [...] *sta facendo qualcosa di più che non dare una notizia* (Umberto Eco, *L'Espresso*, 1978)
> « la presse fait quelque chose de plus que de donner une information ».

Un problème comparable est celui que pose *sans que*, instrument de subordination qui incorpore une négation, et qui peut, dans certains cas, être suivi, mais non obligatoirement, d'une négation *ne*, comme dans

> *aucun mois ne s'achève sans que* (*ne*) *m'assaillent de nouveaux soucis.*

Même des mots qui n'ont pas d'implication directement négative, mais peuvent être glosés par des expressions contenant une négation, appellent souvent une négation dans leur voisinage. Tel est le cas de l'anglais *seldom*, que l'on peut commenter par *not frequently*. Il est donc plus naturel de dire

> *I seldom drink tea ; neither does my brother*,

alors que l'équivalent français serait plutôt

> *je bois rarement du thé ; mon frère aussi* (meilleur, semble-t-il, que *mon frère non plus* comme en anglais).

Enfin, la partie d'une phrase sur laquelle porte une négation peut être indiquée par des formes spéciales, par des différences entre plusieurs mots négatifs, ou « simplement » par l'ordre des mots. Le néerlandais est, de ce point de vue, un exemple de souplesse. On peut dire, en effet, dans cette langue,

hij kwam gisteren niet

niet hij kwam gisteren

hij kwam niet gisteren (maar eergisteren).

Le français n'est pas aussi souple. La première phrase néerlandaise se traduira simplement par

il n'est pas venu hier,

mais les suivantes demanderont un procédé de mise en valeur, dont le néerlandais n'a pas besoin, car les variations d'ordre des mots lui suffisent pour indiquer sur quoi porte la négation :

ce n'est pas lui qui est venu hier

ce n'est pas hier qu'il est venu (mais avant-hier).

D'autres langues ont également une certaine souplesse d'ordre des mots, mais cela n'empêche pas qu'elles disposent, en outre, d'un instrument de mise en valeur. On dit, par exemple, en malgache :

tsy lasa omaly izy (ne.pas partir hier il)
« il n'est pas parti hier »

tsy omaly izy no lasa (ne.pas hier il c'est.que partir)
« ce n'est pas hier qu'il est parti »

tsy izy no lasa omaly (ne.pas lui c'est.que partir hier)
« ce n'est pas lui qui est parti hier ».

La première de ces trois phrases représente l'ordre canonique, qui met en tête le verbe, ici avec sa négation, et en fin de phrase le sujet. Les deux phrases suivantes mettent en tête, immédiatement après la négation, le terme sur lequel porte cette dernière, mais modifient ensuite l'ordre des mots, et doivent utiliser un outil d'insistance *no*, correspondant au *c'est que* du français, qui apparaît ici dans les traductions.

Néologie

À qui demanderait pourquoi *courriel* est préférable à *email*, on peut répondre aisément. *Email* est l'abréviation d'*electronic mail*. Il fallait donc trouver un équivalent français qui fût capable de dire exactement la même chose, et qui, dans le cas où l'on aurait d'abord envisagé une expression un peu longue comme *electronic mail*, fût aussi une abréviation, plus agile et plus maniable qu'une expression longue. Le mot idéal, *courriel*, a été proposé au Québec : *courrier électronique* s'abrège en *courriel* d'une manière aussi naturelle que *electronic mail* en *email*.

Les Québécois sont un îlot de sept millions de francophones immergé dans un océan de plus de deux cent soixante-dix millions d'anglophones, États-Unis et Canada comptés ensemble. L'Office de la langue française du Québec a, notamment, pour fonction de trouver des équivalents aux mots anglais dont le déferlement constant est une véritable menace pour l'intégrité de la langue française. Pour donner une idée du cadre dans lequel il conduit son action, un rappel historique n'est peut-être pas superflu, qui montrera l'importance de l'enjeu que représente la promotion du français au Québec.

Les trois expéditions accomplies, de 1534 à 1542, par Jacques Cartier, bien qu'elles lui aient fait découvrir le « pays de Canada » et sillonner ce que le navigateur florentin Verrazzano, voguant sous pavillon de François Ier, avait, en 1524, appelé la Nouvelle-France, étaient surtout guidées par l'espoir de découvrir non seulement un nouvel itinéraire maritime vers la Chine, mais aussi de l'or. François Ier, en conflit avec Charles Quint et très déterminé à coloniser pour la France des terres où ni l'Espagne ni le Portugal n'ont pris pied, et à en tirer des richesses qu'il croit abondantes, fournit à Cartier des moyens importants. Mais ce dernier, qui a découvert l'immense estuaire du Saint-Laurent en 1535, discrédite son expédition par divers excès à l'encontre des Indiens, et n'applique pas avec continuité la doctrine de François Ier, selon laquelle l'expansion outre-mer est fondée sur la légitimité des prises de possession, comportant une occupation effective et la mise en valeur de terres nouvelles.

Cependant, en 1608, l'Angoumois Samuel de Champlain, ancien compagnon d'Henri IV, fonde Québec à l'embouchure du Saint-Laurent, sur un des sites que Cartier avait explorés et où il avait commencé la mise en valeur des terres. En cette année 2008 où j'écris le présent passage, on célèbre avec faste et conviction, dans tout le Québec, le quatre centième anniversaire de la fondation de Québec, c'est-à-dire d'une « habitation » qui n'est pas encore une ville véritable, mais d'où le français va rayonner en Amérique du Nord. La prise de la ville en 1629 par les Anglais, et l'occupation provisoire qu'ils en font, montrent clairement dès cette époque de quel danger sont menacées la présence, et donc la langue, françaises en Amérique du Nord. Cette menace n'en est encore qu'à ses premières phases durant la période de prospérité de la Nouvelle-France, c'est-à-dire entre les années 1660 et le début du XVIIIe siècle. Ces temps sont jalonnés par le gouvernement dynamique et efficace de l'intendant colbertien de Louis XIV, Jean Talon, et plus tard par celui du comte de Frontenac. On y voit se développer la démographie, l'agriculture, la pêche, la trappe et la petite industrie, tandis que les moments de paix alternent avec ceux de conflits : les Iroquois luttent pour leurs droits terriens et économiques au cours des guerres de la fourrure ; quant aux Anglais, ils supportent mal d'être endigués par la frontière canadienne, qui leur ferme la route de l'intérieur, et sont toujours désireux de supplanter la France sur ses territoires, où ils n'apprécient guère qu'on ne parle pas l'anglais!

Bien que la colonie exporte bois de construction, goudron, chanvre et lin, elle manque de bras, et sa démographie, d'abord fournie, commence, peu à peu, de décliner, faute d'immigrants, alors même que les colonies anglaises, installées non loin reçoivent d'importantes populations venues d'Europe. Ainsi, le français est en Amérique du Nord, au milieu du XVIIIe siècle, la langue d'une population clairsemée et aux ressources insuffisantes, alors que l'anglais est celle de communautés denses et fortes. Quand l'Angleterre du premier Pitt, riche et conquérante, décide d'engager une action énergique pour conquérir à tout prix le Canada, et qu'éclate (1756) la terrible guerre de Sept Ans, le marquis de Montcalm, soldat de génie bien que téméraire, triomphe à plusieurs reprises, durant trois années, des troupes anglaises assaillantes. Mais, ne recevant aucun renfort de la France de Louis XV et de Choiseul, il est vaincu et tué en 1759 à la célèbre bataille des Plaines d'Abraham, banlieue actuelle de Québec, par des troupes anglaises bien supérieures en nombre, qu'a débarquées une flotte considérable. Le désastreux traité de Paris cédera à l'Angleterre, en 1763, la quasi-totalité de la Nouvelle-France.

Dès lors, si la langue française ne disparut pas de ce pays, c'est d'abord parce que les communautés qui l'occupaient depuis le milieu du XVIe siècle étaient toujours attachées à leur identité et à leur langue, mais aussi parce que, paradoxalement, le pouvoir britannique les renforça en créant la province de Québec, pour contenir les avancées des colonies de l'Atlantique, déjà impatientes du joug anglais. Le paradoxe se confirme quand les gouverneurs britanniques de la fin du XVIIIe siècle accordent aux populations françaises le libre exercice de leur religion et de leur langue, ainsi qu'une relative autonomie, dont la vie sous les lois françaises. Plus encore, le loyalisme des Canadiens français à l'égard de l'Angleterre, lors de la révolution des colonies anglaises d'Amérique qui aboutira à l'indépendance des États-Unis, vaut à la colonie du Québec de rester sous le pouvoir anglais, comme province française du Bas Canada, future province de Québec, peuplée de communautés paysannes bientôt en opposition avec la minorité anglophone, qui détient le commerce.

Sous la pression de cette minorité, la Constitution de 1840 ne reconnaît plus le statut de langue officielle du français qui est, cependant, rétabli en 1848 et confirmé à côté de celui de l'anglais par l'Acte de l'Amérique du Nord britannique, en 1867. La période de prospérité économique, d'affirmation politique et de participation militaire aux deux guerres mondiales accroît la place du Canada dans le monde comme puissance internationale, mais ne résout pas le problème de la coexistence entre deux communautés linguistiques, jusqu'au célèbre « Vive le Québec libre ! », prononcé par le général de Gaulle du balcon de l'hôtel de ville de Montréal en juillet 1967, et qui galvanise le courant indépendantiste. Un des fruits en sera la victoire du parti québécois de René Lévesque en 1975, et l'adoption par le Québec, en 1977, de la fameuse loi 101 ou Charte de la langue française, qui fait du français la langue officielle unique du Québec.

On peut se demander si le français ne serait pas aujourd'hui au Québec, sans cette mesure légale, constamment récusée par la minorité anglophone, une langue en danger. Quoi qu'il en soit, sa vitalité dans cette partie du monde apparaît avec éclat dans l'activité terminologique constante dont il est le bénéficiaire. La néologie est également à l'honneur en France, en dépit de l'américanisation croissante et du déferlement de mots anglais, autant sous la pression des entreprises anglophones, internationales ou implantées localement, que par le choix, rarement appuyé sur des arguments convaincants, d'industriels et de marchands, ainsi que le snobisme de modernité des masses, et la mauvaise conscience d'une partie des « élites » se déprenant du français, vu comme langue du passé colonial. Ces attitudes n'ont pas empêché des néologismes de bonne facture de s'installer fermement dans le vocabulaire français. Cette installation peut être considérée comme définitive lorsqu'un *terme* technique passe du statut de *terme* à celui de *mot*, c'est-à-dire entre dans le domaine de l'usage public.

Quelles sont les conditions auxquelles doit répondre un néologisme pour s'introduire durablement dans le vocabulaire ? Il faut, en premier lieu, qu'il soit bien formé, c'est-à-dire qu'il ne transgresse pas les règles morphologiques de la langue qui l'accueille. Une des conséquences, en même temps qu'une des preuves, de la bonne formation d'un terme est son aptitude à entrer dans des séries de dérivés construits selon les habitudes de la langue. La deuxième condition que doit satisfaire un néologisme pour être assuré de réussir est de répondre à un besoin, c'est-à-dire de désigner une réalité qui ne soit pas encore nommée et que l'on juge digne de l'être. Il faut, en troisième lieu, que le néologisme reçoive la consécration de l'usage, et cela non seulement pour ceux des termes nouveaux qui désignent des réalités de la vie quotidienne ou qui reflètent une pratique profane, mais aussi pour ceux que forgent les spécialistes dans les sciences et les techniques, à l'usage de leurs collègues avertis. C'est, à cet égard, en France, une des recommandations des commissions de terminologie que les termes techniques ne soient pas totalement obscurs pour le public.

Cette caution d'un large public est capitale, même pour les mots bien formés, quand ce ne serait que parce que les possibilités offertes par les moules morphologiques d'une langue sont loin d'être toujours épuisées par elle. L'usage demeure le seul maître. C'est lui qui assure une large diffusion à certains mots et en laisse d'autres isolés, qui étaient pourtant aussi concevables en théorie. Les mots des langues ne sont pas les symboles des mathématiques, la langue n'est pas un artefact intemporel. Elle a une histoire, elle s'adapte indéfiniment à de nouveaux besoins d'expression, de sorte que la belle ordonnance du système est toujours altérée, toujours à rétablir. La langue réorganise, spécifie, adapte, supprime, sans que l'on puisse toujours prévoir par la logique l'issue de ces opérations. Les néologismes peuvent, selon l'accueil qui leur est fait, s'affermir ou disparaître. Quant aux quatrième et cinquième conditions du succès d'un néologisme, elles sont propres à ceux qui sont forgés en France, bien qu'elles n'excluent pas la consultation, et l'assentiment, des terminologues qui sont locuteurs naturels du français, c'est-à-dire ceux de Belgique wallonne, de Suisse romande et du Québec. Il s'agit, d'une part, de la caution de l'Académie française, et d'autre part de l'adoubement du *Journal officiel*.

Un exemple est le terme *oléoduc*, qui, soutenu par divers organes comme la revue *Vie et langage*, est quasiment venu à bout de *pipe-line* pour désigner une conduite de pétrole. L'expression *stimulateur cardiaque* n'a pas connu le même succès. Elle est pourtant fort adéquate. Car le mécanisme dont il s'agit stimule bien les mouvements du cœur, ce qui suggère, au reste, qu'il pourrait aussi bien être appelé *simulateur cardiaque*, puisqu'en simulant ces mouvements, on les stimule du même coup. Ces termes sont, en tout état de cause, préférables à *pace-maker*, terme vague emprunté à la langue du sport, où il ne s'applique pas à un objet, mais à une personne : le *pace-maker*, littéralement « celui qui fixe le rythme », est l'entraîneur d'un coureur, ou encore le meneur de train. Le mot connaît également un usage dans le vocabulaire des usines : il désigne l'ouvrier qui règle l'allure de l'équipe. Son emploi en chirurgie cardiaque est donc une approximation métaphorique assez peu satisfaisante. *S(t)imulateur cardiaque*, au contraire, est topique, et non pas simplement métaphorique.

Plus généralement, un terme exact est toujours préférable à un terme vague, ou importé d'un domaine étranger à celui dont il s'agit. Cela vaut même dans les cas où le terme plus exact est aussi plus long, ou constitue toute une périphrase. Par exemple, dans un fascicule édité en 2007 par la Société française d'énergie nucléaire, on remarque que l'équivalent proposé pour l'anglais *disposal* est *stockage de déchets radioactifs*. Cette dernière expression dit exactement ce dont il s'agit, et ne requiert aucun commentaire supplémentaire. En revanche, le mot anglais *disposal* a pour premier sens « action de disposer de quelque chose », et s'emploie avec ce sens, notamment, en grammaire pour désigner des constructions référant à une personne ou une chose assez connue et disponible. Ce n'est que dans un de ses emplois que *disposal* désigne l'action de se défaire de quelque chose, notamment par la destruction, alors que le stockage des déchets nucléaires est une opération distincte de leur destruction. On objectera qu'un mot court vaut toujours mieux qu'un mot long. Voire. L'usage, s'il est secondé par un effort officiel de promotion et d'information du public, peut imposer un mot que ses dimensions paraissaient rendre lourd.

À côté d'*oléoduc*, il existe d'autres exemples de succès de termes remplissant les conditions pour entrer dans l'usage. L'un d'eux est *climatisé*, qui paraît avoir presque éliminé *air conditionné*. La troisième édition du *Dictionnaire des anglicismes*, de la regrettée Josette Rey-Debove et de Gilberte Gagnon, notait, il y a près de vingt-cinq ans (1984, p. 10) :

> « Cette expression [*air conditionné*] est empruntée à l'américain *air conditioning* (1910) pour le nom masculin, et à *air-conditioned* pour l'adjectif (1942). Ce moyen de chauffage, et surtout de réfrigération, est répandu partout aux États-Unis (maisons, hôtels, magasins, voitures, etc.). Il est peu en faveur en France, où il ne fait guère chaud et où les habitants restent attachés à la "fenêtre ouverte". L'expression *air conditionné* est avantageusement remplacée par celle de *conditionnement d'air*, mieux formée, ou par le mot *climatisation*. Quant à l'adjectif *air conditionné*, il est contraire au système français tant pour la forme que pour le sens ; on dira *climatisé*. On a récemment créé un verbe bien mal formé, *airconditionner*, verbe transitif, d'après l'adjectif. »

Une des citations que l'on trouve dans cet article de dictionnaire laisse assez voir que la manie qui intronise ce pèlerin têtu ne date pas d'hier :

> « "Un autre hôtel parisien proclame son ignorance du français en affichant '300 chambres, 300 bains' [...].

Notre homme tentait de séduire le client éventuel en ajoutant que l'air de son établissement était 'conditionné'. Entendez 'climatisé'." F. de Grand Combe, *De l'anglomanie en français*, octobre 1954, pp. 268-269. »

Climatisé et *climatisation* étaient donc dans l'usage, ou au moins dans les prescriptions, dès le début des années 1950. Une preuve supplémentaire du succès de ces termes est qu'une habitude bien française, celle de tronquer par la fin les mots de plus d'une syllabe, a largement accrédité l'équivalent d'une seule syllabe. Il s'agit, cependant, d'un nom, et le participe abrégé n'est guère en usage : si l'on entend couramment *la clim*, on sursautera à l'insolite *c'est clim* !

Un autre exemple bien connu de succès est le terme *ordinateur*, inventé en 1955 par le latiniste Jacques Perret, et qui a supplanté un terme calqué sur l'anglais *computer*, à savoir l'éphémère *computeur*, lequel avait lui-même évincé *calculateur*. Il semble bien, cependant, que la racine dont ce dernier est dérivé n'ait pas disparu du vocabulaire technique, puisque *calculette* est largement utilisé aujourd'hui pour désigner un calculateur électronique de poche. On brocarda par ailleurs, au début, les termes *matériel* et *logiciel*, forgés par d'ingénieux informaticiens français. Mais ces termes finirent par éliminer *hardware*, spécialisation technique d'un mot de métier signifiant « quincaillerie » et *software*, construit sur *hardware* moyennant un jeu de mots assez sommaire. Un mot anglais probablement inspiré de *logiciel*, c'est-à-dire *logistic*, paraît même s'introduire aux États-Unis parmi les spécialistes, inversant le mouvement des emprunts français à l'anglais. L'une des raisons pourrait en être la qualité des ingénieurs français dans ce domaine. Tant il est vrai que les néologismes originaux et non empruntés puisent un encouragement dans la valeur des techniciens et chercheurs pratiquant l'activité qu'ils désignent.

Le mot *informatique* lui-même, racine non utilisée en anglais dans ce sens, est une création de l'ingénieur Philippe Dreyfus. *Informatique*, du fait qu'il se termine par un suffixe d'adjectifs et de noms tout à fait courant en français, comme l'illustrent *bénéfique*, *diabolique*, *magnifique*, *sadique*, *véridique*, *linguistique*, etc., n'est sans doute pas étranger à la formation de termes tels que *bureautique*, *promotique*. Certes, ces derniers ne subjuguent pas par leur grâce, mais ils s'inscrivent dans une série régulière.

Un des termes de cette série n'a pas connu de succès jusqu'à présent, en dépit d'efforts officiels pour le promouvoir. Il s'agit de *mercatique*, qui n'est pas encore parvenu à déloger *marketing*. On peut considérer que le succès de celui-ci dans le monde du commerce et de l'entreprise n'est pas dû seulement à son origine anglaise et au fait que les principaux acteurs dans ce domaine sont anglophones, mais aussi à la diffusion internationale du suffixe *-ing* de l'anglais depuis plus d'un siècle. Son introduction en français est si avancée qu'on a vu s'y former des mots en *-ing* qui seraient récusés par les anglophones de naissance, puisqu'ils désignent des lieux, et non des activités comme en anglais. Dans cette langue, en effet, *dancing*, *dressing*, *living* et *pressing* se réfèrent aux actes de danser, de s'habiller, de vivre ou de repasser à la vapeur des vêtements d'abord nettoyés.

Appeler donc une salle, une pièce d'habitation ou une boutique *dancing*, *dressing*, *living* ou *pressing* ne peut être qu'un ridicule proprement français.

L'anglais, au sens de « boutique de repassage » n'a absolument rien de semblable au *pressing* français. Les mots « français » *dressing* et *living*, faux anglicismes à la française, s'expliquent par deux causes. L'une est l'ignorance de l'anglais, à quoi s'ajoute l'habitude française d'abréger les mots composés empruntés, d'où troncation de *room* dans *dressing-room* et *living-room*. L'autre est le snobisme des appellations anglaises senties comme plus prestigieuses, et par conséquent l'appât, largement illusoire, du gain financier qu'on en escompte. Dans le domaine de l'ameublement, les marchands sont persuadés que les vaillants et excellents serviteurs comme *salon* et *garde-robe* (ou *cabinet de toilette*), qui s'attachent obstinément à la vie, malgré l'opiniâtre cupidité et l'indigence mentale de ces adversaires incultes, ne peuvent pas avoir l'élégance raffinée de *living* et *dressing*. La réalité, qui est à peu près la même, n'est pas ici en cause, même quand on assure qu'il s'agit de concepts (autre terme récent aussi pompeux que creux) révolutionnaires. Seul importe le mot à l'air chic, pour faire mieux vendre, croit-on.

Cependant, il y a lieu de méditer sur le succès de ces suggestions des marchands. Si ces termes du lexique de l'habitation rencontrent une certaine faveur du public, tout comme un grand nombre d'autres, tels que *soda*, *night-club*, *attaché-case*, au lieu des mots traditionnels, aussi méritants que sentis comme peu propices aux bondissements de l'imagination : *eau de Seltz*, *boîte de nuit*, *mallette*, c'est aussi parce qu'ils remplissent une fonction du langage dont les linguistes ne se soucient pas autant que des fonctions de communication et d'identité, qui sont les plus évidentes et les plus étudiées : la fonction symbolique.

Un mot nouveau, lors même que ce qu'il désigne ne diffère en rien, ou diffère fort peu, de la réalité dénotée par le mot qui était habituel, ajoute à la *dénotation*, ou sens direct et premier donné par le dictionnaire, des *connotations*. Il s'agit de l'ensemble des contenus sémantiques associés, évoqués par la profération et l'audition d'un mot, et liés aux représentations mentales que nourrissent les différentes cultures, ainsi qu'aux réactions subjectives des auditeurs. Dès lors, on voit bien que les mots nouveaux donnent l'illusion de choses nouvelles. Or, c'est essentiellement des États-Unis que viennent les choses nouvelles. Et la mode est dans une large mesure, au-delà des objets qu'elle produit, une affaire de langage. L'anglais, auquel son omniprésence donne l'aimable visage de la familiarité et que l'on croit connaître lors même qu'on est aveugle à sa difficulté (voir Difficiles [langues]), constitue donc une source sans cesse renouvelée de mots qui donnent l'impression du dépaysement. Au dépaysement s'ajoute son corollaire, un besoin irrépressible de notre espèce : le rêve. Il pourrait, sans doute, arriver que le déferlement produise un jour la lassitude, et que la réalité obsédante déflore les mirages du rêve. Mais ce jour n'est pas encore venu.

Si l'on voyage au-delà du cas des exemples français de néologie, on découvre une intéressante opposition entre deux méthodes. Elles apparaissent avec une clarté particulière dans les entreprises néologiques caractéristiques des années 1950-2000. Cette période, en effet, est celle où un grand nombre d'États nouveaux sont nés de la décolonisation, ainsi que de la dislocation de grandes ou moyennes fédérations. L'édification d'une terminologie confiée à des experts assistés de représentants du pouvoir politique est, avec le choix d'un drapeau et d'un hymne, ainsi que la nomination d'ambassadeurs, un des actes par lesquels un nouvel État entend affirmer son identité sur la scène internationale. La nouvelle terminologie implique elle-même, dans les pays plurilingues, le choix d'une langue officielle, ou, le cas échéant, de plus d'une. La tâche à accomplir est essentiellement de doter d'un vocabulaire nouveau les langues de sociétés traditionnelles, non encore intégrées dans les courants politiques, économiques, techniques, scientifiques, etc., du monde contemporain tel que l'inspirent les pays les plus industrialisés.

La première option, face à ce problème, est ce que j'appellerai l'opacité internationaliste. J'appellerai la seconde transparence nationaliste. L'opacité internationaliste est celle des termes de large diffusion, le plus souvent anglais ou français, c'est-à-dire, en fait, latins ou grecs transmis par les langues occidentales, puisque c'est dans le fonds classique de la civilisation européenne que ces langues ont puisé leurs mots savants et que ces mots sont ceux qui servent de vecteurs aux notions par lesquelles se renouvellent les lexiques (voir ce mot) à chaque époque de progrès des connaissances. Les vocabulaires de la banque, des assurances, des sports, des loisirs, des voyages, des transports, de la mode, notamment, s'enrichissent, dans de très nombreuses langues, de termes internationaux. Si on peut les dire opaques, c'est dans la mesure où ils le sont pour les autochtones, puisqu'ils sont empruntés à des langues étrangères qui, pour être de grande diffusion dans le monde, ne leur sont pas connues, ou du moins leur sont moins familières que leurs langues nationales.

Peut, au contraire, être appelée nationaliste, parce qu'elle conduit à des mots transparents pour les populations nationales et puise aux sources autochtones, l'option choisie par les modernisateurs de nombreuses langues dans le monde contemporain. Il ne s'agit pas là d'un vain débat. Dans le monde entier, un des critères d'identification des communautés humaines, en particulier dans les États où elles constituent des minorités nationales, est la langue. Ainsi s'identifient, notamment, les Kabyles d'Algérie, les Hongrois de Roumanie, les Suédois de Finlande, les Polonais de Lituanie, les Russes de Lettonie et d'Estonie, les Kurdes de Turquie, les Tibétains de Chine. Ce n'est pas par hasard que les Soviétiques ont déployé d'énormes efforts, peu après la révolution d'Octobre, pour le développement des langues ethniques d'Asie centrale et de Sibérie, du mordve au yakoute en passant par le tatar, le bachkir, le vogoul, l'ostiak, le kalmouk, les parlers samoyèdes, le zyriène, le bouriate, et bien d'autres.

J'ai cité les emprunts-calembours de l'hébreu israélien et du turc (voir Ludiques [conduites] et Hybridation). Il s'agit ici, plus généralement, des divers types de formations néologiques, pour lesquelles on peut revenir sur le cas du hongrois. Comme les Finnois, dont la langue a une histoire traversée de trois façonnages successifs, les Hongrois ont investi dans leur langue (voir Patriotes des langues) des valeurs d'identité qui en ont fait, au long des siècles, l'objet d'un permanent soin amoureux d'adaptation et de modernisation. On trouve donc en hongrois une ample matière à l'étude de la néologie. Les réformateurs ont utilisé sur une large échelle, par exemple, le procédé qui consiste à fabriquer des mots par assemblage de mots manipulés, comme ceux qui furent façonnés à la fin du XVIIIe siècle, lors d'un des nombreux épisodes de l'entreprise néologique magyare : *rovar* « insecte », de *rovátkolt barom* « bétail (à) rainures », ou *higany* « mercure », de *hig* « dilué » + la troncation en *any* de *anyag* « matériau », lui-même fabriqué sur *anya* « mère » ! Le hongrois a également revigoré d'anciens suffixes, comme *-da/-de*, ajouté à *óv* « protéger » pour former *óvoda* « école maternelle », ou à *bölcső* « berceau » pour former *bölcsőde* « pouponnière ».

Le hongrois a, d'autre part, tiré artificiellement, de nombreux mots, d'autres mots qu'il a réutilisés comme de nouvelles racines pour les combiner avec d'autres racines : ainsi, de *tanul* « apprendre, étudier », il a tiré *tan*, dont il s'est servi comme suffixe de formation de mots abstraits, ce qui, avec *nyelv* « langue », donne *nyelvtan* « grammaire », ou avec *szám* « nombre », *számtan* « arithmétique » ! Le recours aux suffixes fournit évidemment une riche matière pour la néologie, en particulier dans les langues où les suffixes abondent, comme le mongol, semblable, sur ce point, au hongrois et au turc. Le suffixe mongol *-č* ou *-čin*, par exemple, qui se rapporte à l'agent d'une action, se rencontre dans d'innombrables néologismes, comme *onolč* « théoricien », sur *onol* « théorie », *tamirčin* « sportif de compétition », sur *tamir* « force physique », *khel-sudlagč* « linguiste », sur *khel* « langue » + *sudla* « étudier » + *-gč* variante de *-č*.

D'autres exemples intéressants sont l'amharique, l'arabe, le chinois, l'estonien, le hindi, le russe, le tamoul, le thaï. Je n'en mentionnerai que certains aspects. Très souvent, les néologismes sont, en fait, calqués sur les mots composés des langues occidentales, mais au moyen d'un matériau local. Le guèze, langue religieuse et de prestige (voir Classiques [langues]), bien que depuis longtemps disparu de l'usage, continue d'exercer une forte pression sur l'amharique, de même famille sémitique que lui, mais de la branche éthiopienne méridionale, bien que l'amharique ait aussi formé des néologismes par emprunts à l'arabe, à l'oromo (langue couchitique), et, surtout dans le vocabulaire de l'automobile et de l'alimentation, à l'italien (langue du pays colonisateur arrivé en 1890). Parmi les emprunts amhariques au guèze, on trouve *dərg* « comité », préféré aux éphémères *board* anglais et *komite* français, et *liqəmənbər* « président » qui calque l'anglais *chairman*.

Lors du mouvement dit *Nahḍa* (« Élan » ou « Surrection ») par lequel les élites du Levant comme du Maghreb ont tenté de conjurer la dispersion dialectale, l'arabe a puisé des mots nouveaux dans la langue classique du Coran, norme unique et sacralisée de la révélation prophétique. Beaucoup de racines ont reçu une recharge sémantique, par exemple *dharra* (« parcelle »), dont on a fait le nom de l'atome, d'où, avec un mot probablement onomatopéique pour « bombe », l'expression *qunbula dharriya* « bombe atomique » ; ou encore *sayyara* (« caravane ») devenu le nom de l'« automobile » par glissement de sens, ou également les mots composés avec abréviation de prépositions, procédé calquant les langues occidentales et étranger à l'arabe coranique, comme dans *taḥ-šuʕu:riyy* « sub-conscient », *qab-ta'ri:x* « pré-histoire ».

Le *pǔtōnghuà*, langue commune de Chine fondée sur les dialectes du Nord, utilise de vieux vocables classiques pour exprimer, par ses néologismes, des notions qui sont dans les langues occidentales des suffixes, comme en français *-isation* ou *-isme*, qu'il traduit respectivement, dans les mots abstraits, par *huà* « transformer » et *zhǔyì* « doctrine ». Le chinois, d'autre part, tirant astucieusement parti d'une quasi-identité phonétique fortuite, a utilisé, pour traduire *sida* (siglaison de *syndrome immuno-déficient acquis*), d'où le nom anglais de ce mal : *aids* (*acquired immune deficiency syndrome*), le mot chinois qui y ressemble le plus, et qui se trouve signifier « amour » : *àizi* !

Deux réformateurs de l'estonien, J. Aavik (voir Patriotes des langues) et J. V. Veski, ont introduit dans cette langue un grand nombre de néologismes puisés à d'anciennes racines ou à des variétés dialectales. Ce sont souvent des composés qui, ici encore, décalquent des formations étrangères, mais sur la base de matériaux autochtones, par exemple *õhkjahutus* « climatisation », qui combine les deux mots *õhk* « air » et *jahutus* « refroidissement », ou *ujumisvõistlus* « match de natation », formé par association des mots *ujumis* « natation » et *võistlus* « compétition », cette traduction française me paraissant meilleure que l'emprunt anglais *match*, qui s'est, jusqu'ici, imposé dans le français du sport. Aavik fit plus que de construire des néologismes.

Il inventa même des mots nouveaux pour cette langue estonienne qu'il chérissait. Pour dire « convaincre », par exemple, l'estonien n'avait qu'une périphrase *uskumapanema* « faire croire ». Aavik créa donc le verbe *veenma*, en partie inspiré par l'anglais *convince* et le français *convaincre*. Pour dire « trahir », il inventa *reetma*, imitant pour une part l'allemand *verraten*. Dans les trois cas, l'inventeur ne retint que le radical, éliminant les préfixes *con-* et *ver-*. Le plus étonnant est que ces créations et d'autres, qu'Aavik répandit par la presse et par toutes ses publications, s'introduisirent dans la langue, qu'elles sont aujourd'hui des mots estoniens courants, et que seuls les linguistes connaissent leur origine!

En hindi, les terminologues modernes avaient pour objectif principal, dans la création néologique, de souligner l'identité propre de la langue en puisant dans la source prestigieuse de la culture brahmanique qui est aussi la langue mère du point de vue génétique : le sanscrit, en opposition à l'autre variante du complexe appelé hindi-ourdou, celle qui est parlée par les musulmans de l'ouest du Pendjab et du Pakistan, à savoir l'ourdou, dont les mots nouveaux sont évidemment empruntés à l'arabe. Souvent, l'emprunt hindi au sanscrit ne retient qu'un seul des sens variés du mot d'origine : en sanscrit *vidyut* signifie « éclair » ou « électricité cosmique », mais il n'est retenu en hindi qu'au sens d'« électricité » ; le sanscrit *aṇu* est un adjectif signifiant « petit » ou un nom signifiant « atome », mais le hindi ne sélectionne que le sens d'« atome » ; le sanscrit *yãtra* veut dire « lien » ou « instrument » ou « amulette » ou « machine », mais le mot n'a en hindi que le sens de « machine ».

Dans d'autres cas, le mot emprunté au vieux fonds sanscrit subit une mutation sémantique : le sanscrit *paryaṭan* « qui se promène » est employé au sens de « tourisme » ; *rājpath* est un composé de *rāj* « roi » + *path* « voie » et signifie donc « voie royale », mais en hindi, c'est le nom de… l'autoroute. Il peut s'agir aussi de mots composés dont un des éléments est sanscrit, comme *viśva* « universel », associé avec *vid* « science » et *ālaya* « demeure » pour donner *viśva-vidālaya*, qui dit avec autant de lyrisme que d'acribie ce qu'est une université : une « demeure de la science universelle », tout comme les « intellectuels » sont joliment donnés pour ce qu'ils sont : *buddhijīvī* « ceux qui vivent pour l'esprit ».

La néologie hindie, cependant, se sert aussi d'autres langues, dont le persan, par exemple, auquel est emprunté le préfixe privatif *be-* de *be-imān* « malhonnête ». Elle utilise également des instruments qui sont eux-mêmes hindis, comme le préfixe, marquant l'écartement, de *vi-pakṣa* « parti d'opposition », le préfixe *pra-*, marquant un mouvement vers l'extérieur, de *pra-darśan* « manifestation », ainsi que de très nombreux suffixes : *-ak* de nom d'agent dans *prakāś-ak* « éditeur », *-vād* « doctrine, -isme » dans *pragati-vād* « progressisme ». Les composés suivent souvent une voie de transparence nationaliste, étant choisis pour leur capacité de motivation aux yeux des locuteurs locaux, à qui ils parlent beaucoup plus qu'un emprunt de mot international, ainsi *dūr* « loin » + *darśan* « vision » donne *dūrdarśan* « télévision », exactement semblable par sa structure et son sens à l'allemand *fern + sehen = Fernsehen*, mot qui montre que la motivation soucieuse du fonds lexical familier aux autochtones se rencontre aussi dans les langues européennes.

Par opposition à la *Grammaire* de V. Polikarpov, où le slavon tient encore une grande place comme source prestigieuse d'emprunts, l'édition de la *Grammaire russe* de M. V. Lomonosov en 1757 marque le début d'un mouvement d'émancipation du russe par rapport à la pression du slavon. Ce mouvement se poursuit à la fin du XVIIIe et au XIXe siècle avec les œuvres des écrivains et grammairiens Trediakovski, Karamzin, Krylov, Pouchkine, Fonvizine, Griboïedov et d'autres. La modernisation du russe dans la première moitié du XIXe siècle passe par la multiplication de calques de mots allemands, toujours en usage aujourd'hui, comme *miro-voz-zrenie*, fabriqué sur *Welt-an-schauung* « vision du monde » ; il en est de même pour *obstojatel'stvo*, construit d'après *Umstand*, lui-même de structure identique, c'est-à-dire latine, à celle de son équivalent français *circonstance* ; ces trois mots parlent tous de ce qui « se tient autour » : l'allemand *stehen*, le français (de base latine) *stance*, le russe *stojat'* « se tenir » (+ *el'stvo* suffixe de noms abstraits) évoquent tous la notion de « se tenir », et la notion d'« autour » est rendue par l'allemand *um*, le franco-latin *circum*, et le russe *ob* ; quant à *pred* + *stavljat'* « présenter », il est façonné sur *vor* + *stellen*, de même structure et de même sens. Le russe a également emprunté, à l'époque moderne et contemporaine, un nombre considérable de néologismes français et, de plus en plus, anglais.

Pourtant, les fondateurs de l'État bolchevique étaient loin d'être tous favorables aux emprunts étrangers. Dans son livre de 1921 *L'épuration de la langue russe*, Lénine écrit :

> « S'il est pardonnable pour quelqu'un qui vient d'apprendre à lire d'employer des mots étrangers, à titre de nouveauté, il ne faut pas le pardonner aux écrivains. N'est-il pas temps pour nous de déclarer la guerre à l'emploi sans nécessité de mots étrangers ? J'avoue que si l'emploi sans nécessité de mots étrangers me fâche (car cela rend plus difficile notre

influence sur les masses), les fautes de certains journalistes me font complètement sortir de mes gonds. On emploie, par exemple, le mot français *bouder* avec le sens d'"éveiller, agiter". Mais le mot français *bouder* signifie "avoir l'air fâché, irrité" : *budirovat'* signifie donc en fait "avoir l'air fâché". Adopter un emploi de mots propres au parler français à la mode de Nijni-Novgorod, c'est adopter le pire que puissent donner les plus mauvais représentants de cette classe possédante russe qui avait appris du français, mais, primo, ne l'avait pas appris à fond et, secundo, massacrait le russe » (1931, tome XXIV, p. 662).

Le tamoul, vieille langue de culture parlée dans l'État indien de Tamil Nadu, ainsi qu'au nord de Sri-Lanka, à Pondichéry, à Karikal et dans des communautés dispersées à Singapour, en Malaisie, en Afrique du Sud, aux Fidji, à l'île Maurice et à la Réunion, possède une littérature classique attestée dès les siècles précédant le début de l'ère chrétienne, époque où le français n'était pas encore né. Le tamoul a, comme le hindi ou l'hébreu israélien, spécifié des termes anciens en un sens adapté aux besoins d'aujourd'hui. Quelques exemples en sont *īvu* « don », aujourd'hui « quotient », *kumil* « bulle », maintenant « ampoule électrique », *varavu* « venue », à présent « revenu ». Le tamoul moderne fabrique aussi des termes en combinant des mots du tamoul classique : *icai* « son » + *karuvi* « instrument » → *icaikaruvi* « piano », *pukai* « fumée » + *patam* « image » → *pukaipatam* « photo », *ulam* « esprit » + *nūl* « science » → *ulamnūl* « psychologie », *vinā* « question » + *totar* « succession » → *vinātotar* « questionnaire ».

Un effort particulier a été accompli par les néologistes pour réduire la part des emprunts au sanscrit, car bien que les Tamouls soient brahmanistes et par conséquent pénétrés de culture sanscrite comme les Indo-Aryens du nord de l'Inde, ils réagissent à la pression des emprunts sanscrits et s'attachent à affirmer leur identité dravidienne. Alors qu'au début du XXe siècle, 50 % des mots du tamoul écrit (norme assez différente de la langue orale) étaient d'origine indo-aryenne, l'effort puriste a réduit les emprunts sanscrits à 20 % du vocabulaire total. Voici une liste de mots sanscrits, simples puis composés (colonne de gauche) aujourd'hui remplacés par des mots tamouls (colonne de droite) :

parīksai	→	*tērvu* « examen »
mantiri	→	*amaiccar* « ministre »
karuttu	→	*ennam* « concept »
pustakam	→	*nūl* « livre »
pustakacālai	→	*nūlnilayam* « bibliothèque »
pāsācāstiram	→	*molinūl* « linguistique »

Le thaï, enfin, a longtemps puisé, pour enrichir son vocabulaire, dans ceux du pāli, du sanscrit et du khmer. Mais depuis le milieu du XIXe siècle, en particulier sur l'instigation du prince Mongkut devenu le roi Rama IV, les relations avec les missionnaires chrétiens conduisirent les autorités politiques siamoises à étudier les caractéristiques grammaticales du thaï selon les termes de la grammaire latine. En particulier, le roi Rama IV, voulant donner au thaï des règles strictes, qui lui étaient inspirées par les structures, à ses yeux plus rigoureuses, des langues indo-européennes comme le sanscrit, le pāli et le latin, décida, par un édit de 1862, que le verbe *dây* « obtenir » servirait désormais de marque du parfait, et que les prépositions deviendraient obligatoires là où elles sont facultatives, comme c'est le cas pour

sày thŭng (« mettre sac »),
« mettre dans un sac »,

qu'il fallait remplacer par

sày nay thŭng (« mettre dans sac »).

Cette intervention directe de l'autorité publique sur un phénomène apparemment aussi mécanique que la grammaire est un fait très rare. Mais ce fait n'est pas absolument sans autres exemples. Un phénomène tout à fait remarquable de cet ordre s'est produit dans une langue sémitique moderne, l'hébreu israélien. Durant les années 1952-1964, une controverse opposa les partisans et les adversaires de la marque du complément d'objet par la préposition ᵓ*et*, récurrente dans la Bible, mais de moins en moins fréquente dans les strates suivantes de l'histoire de l'hébreu. Les partisans du ᵓ*et* finirent par l'emporter, et il appartient aujourd'hui à la grammaire de l'hébreu isréalien, où il marque obligatoirement un complément d'objet défini !

Pour revenir au lexique, sous le règne de Rama IV, qui correspondait en anglais avec la reine Victoria, comme sous ceux de ses successeurs Rama V et Rama VI (élevé en Angleterre), tous deux bons connaisseurs de l'anglais, les emprunts à l'anglais se sont multipliés. En réaction contre cela, les néologistes modernes se sont efforcés d'exploiter le riche appareil de préfixes nominaux de la langue pour créer des termes nouveaux, recourant en particulier aux deux préfixes les plus récurrents, *ka:n-* et surtout *khwa:m-*, dont des exemples sont *ka:n-ki:tkan* « obstruction » et *khwa:m-kamkuam* « ambiguïté ».

Noms (des langues)

Les Bantous, dont le nom est aussi donné aux langues bantoues, sont, tout simplement, « les hommes » : en swahili, *mtu* signifie « une personne », « quelqu'un », et son pluriel est *wa-tu*. Sur cette base et sur celle d'autres langues bantoues, on restitue une racine *ntu* signifiant « homme », devant laquelle le préfixe de la classe I, celle des animés, a la forme d'une des variantes *mu-* ou *m-*, tandis que celui du pluriel des animés, constituant la classe II, est *ba-* ou *wa-*. Voilà pourquoi *bantu*, pluriel de *muntu*, signifie « les hommes ». Les ethnologues et les linguistes de terrain savent que le nom d'un grand nombre de communautés signifie aussi « (les) hommes » dans leur langue. Pour ajouter au bantou un exemple amérindien, les Guaranis appellent leur langue *ava-ñe'ẽ*, qui signifie « langue (*ñe'*ẽ) (des) homme(s) (*ava*) » (sur les Mapuches du Chili, voir Hispaniques [vocables], et sur le quetchua, voir ce mot).

Souvent aussi, le nom donné aux langues est le résultat de l'ignorance qu'en avaient les premiers explorateurs ou grammairiens, qui retenaient, comme s'il s'agissait d'une désignation, une phrase ou un mot de la langue n'ayant rien à voir avec son nom. Ainsi, en Afrique francophone, de nombreuses populations et langues ont pour les Occidentaux des noms commençant par *sa-*, parce que l'informateur, désignant le lieu qu'on lui demandait d'identifier, disait *sa X*, c'est-à-dire « cela, c'est X », et que cette réponse n'était pas comprise. De même, les noms du cachinahua et l'amahuaca, langues du groupe pano, ne sont pas ceux que ces ethnies se donnent, mais des déformations d'expressions en ces langues, mal perçues par les missionnaires hispanophones. De même encore, divers noms de langues australiennes du sud du pays, comme le wembawemba, le jodajoda, le madimadi ou le wadiwadi, sont, en fait, des dénégations avec répétition du mot négatif, c'est-à-dire signifient, dans les langues en question, « non non ! », pour la simple raison que les usagers, interrogés, ne comprenaient pas ce que les étrangers demandaient, et le manifestaient ainsi !

Dans d'autres cas, pour se distinguer de ses voisins, on les appellera « (les) autres », comme l'atteste, par exemple le nom des *Allobroges*, peuple de Gaule occupant la région entre le Rhône et l'Isère (aujourd'hui celle de Genève et Grenoble), et que défirent les Romains en – 121. Les voisins et leurs langues peuvent même, du fait de relations d'hostilité comme dans le cas des Romains et des Allobroges, être appelés « ennemis », ce nom s'ajoutant à d'autres qu'ils se donnent eux-mêmes. Le nom des Sioux est une déformation française de celui, *nadoweisiw* « serpent, ennemi », que donnaient à cette population les Ojibwas ou Chippewas, leurs ennemis héréditaires, qui, eux-mêmes étaient autrefois appelés Sauteux par les Français. Les « Sioux » veulent être appelés aujourd'hui de leurs noms tribaux traditionnels de Lakhota ou Dakota, ce dernier signifiant « alliés ». Les voisins peuvent aussi être désignés par des traits que l'on considère comme étrangers ou peu attirants, comme au Mali, où les Peuls, nomades à la peau brune, appellent la langue de leurs voisins songhay *haala ɓaleeɓe* « langue des Noirs », les Bambaras, musulmans, appelant, quant à eux, « langue de mangeurs de chiens » celle des Sénoufos, animistes. Ou bien encore, la désignation des peuples et de leurs langues par d'autres que leurs locuteurs peut être empreinte de condescendance, sinon de mépris, comme dans le cas de ceux qu'avaient soumis, avant la conquête espagnole, les Aztèques au Mexique (voir Danger [langues en]).

D'une manière plus offensive, les langues étrangères peuvent être jugées tellement opaques, que leurs locuteurs sont considérés comme muets, nom même des Allemands et de l'allemand dans les langues slaves, dont le russe, où l'allemand est appelé *nemetski* « langue de muets » ! Ou les langues étrangères sont perçues comme celles de communautés qui bégayent des sons incompréhensibles à syllabes proférées dans un borborygme de répétition, d'où le nom de *Barbaros*, onomatopée comparable au *barbara* du sanscrit, et dont les Grecs anciens désignaient ceux qui vivaient, et parfois nomadisaient, en dehors du périmètrre de la civilisation attique, y compris, au début, les Macédoniens ! La Chine ancienne ne se méfiait pas moins qu'Athènes des barbares étrangers, qui ne pouvaient être qu'une menace de périphérie pour ce centre du monde, figuré comme pour l'éternité par le caractère chinois signifiant « centre », prononcé *zhōng*, devenu le nom même de la Chine, *Zhōng Guó* (littéralement traduit par « Empire du Milieu »), et dont le tracé pictographique est un rectangle traversé d'une droite en son centre.

中

Le fondateur, en 221 avant J.-C., de la dynastie Qin et premier empereur de Chine, le brûleur de livres (cf. Jérusalem [Pékin et]), construisit, pour contenir les incursions des Barbares du Nord, les Hiong-Nu, probablement les Huns d'Asie centrale, la Grande Muraille, de plus de deux mille kilomètres. Aujourd'hui encore, un étranger, en particulier un Européen, peut être appelé comme il m'est arrivé de l'être dans un parc de Pékin par un enfant qui, m'apercevant, se blottit précipitamment dans les bras de son père, non sans me décocher une apostrophe qu'il n'avait pas encore appris à censurer : *yáng guĭzi*, c'est-à-dire « diable étranger » !

Au-delà même des désignations désobligeantes ou hostiles, on en trouve qui sont insultantes, souvent par le biais de la grossièreté scatologique. Les désignations de ce genre peuvent, du reste, être utilisées au sein même d'une communauté, un membre apostrophant un autre membre de cette manière, c'est-à-dire assumant et intériorisant lui-même, comme pour le neutraliser par le sarcasme, le rejet raciste de toute la communauté par des voisins hostiles. Ainsi, les Tziganes de Grèce (souvent appelés Vlachs par référence à ceux de Valachie), s'interpellent ou se désignent parfois entre eux par le mot *skatovlacho* « Vlach de m. » (*skató* « excrément » en grec). La même délicatesse attentive a cours parmi les Arvanites, minorité albanophone installée depuis fort longtemps en Grèce du Sud : *skatarvanites* « Arvanites de m. ».

C'est dire que la manière dont les sociétés humaines voient d'autres sociétés qui leur sont étrangères est au centre de beaucoup de relations à l'aménité variable, au moins pendant quelque temps. À plus forte raison, la manière dont les sociétés désignent leurs propres langues n'est pas indifférente : il s'agit dans beaucoup de cas de se caractériser soi-même au plus profond, par ce que l'essence humaine et sociale de chacun a de définitoire, de même que pour les noms assignés aux autres. La dation des noms de langues n'est donc pas un acte innocent. Les enjeux en sont de quatre types, scientifique, institutionnel, idéologique et subjectif. Ils sont illustrés par de nombreux exemples dans le monde entier. Au Bélize, des mouvements favorables à la désignation de la langue comme *Belizean* au lieu de *Belizean creole*, jugé condescendant, ont eu gain de cause. Si, par ailleurs, on consulte les ouvrages anciens, on y apprend que les langues ont eu des noms très variables, et qui ont souvent changé.

Les enjeux politiques de la désignation des langues apparaissent nettement dans les cas où leur mention est occultée. Cela peut être illustré par la situation du kurde. Les locuteurs de cette langue indo-européenne qui appartient, comme le persan, le tadjik, le pachto le baloutchi, l'ossète, à la sous-famille indo-iranienne, constituent une communauté de trente millions de personnes, dont huit en Iran, cinq en Irak, un en Syrie, un demi-million en Russie et Arménie, et dix-huit millions en Turquie. Ce nombre important est la raison de la négation officielle de l'existence de leur langue, les autres pays, sauf la Russie et l'Arménie, se « contentant » de présenter le kurde, contre toute évidence, comme un « dialecte » de la langue dominante ! Mais il y a mieux, puisqu'une loi turque de 1983 interdit l'expression, la diffusion et la publication des opinions dans toute autre langue que celles des États reconnus par l'État turc, lesquelles sont le grec et l'arménien. La langue exclue ne peut donc être que le kurde, que ce texte réussit l'exploit de nier sans jamais le citer (cf. Akin 1997).

Un autre exemple d'enjeu politique de la nomination des langues apparaît au nord-ouest de l'Europe, où *duits*, nom néerlandais du néerlandais, issu, comme *deutsch*, nom allemand de l'allemand, du vieux haut-allemand *diot* « peuple », est remplacé par *diets* dans la partie sud-occidentale de l'aire linguistique néerlandaise, qui est l'ancien centre économique, culturel et politique des Pays-Bas, c'est-à-dire la Flandre (Gand, Ypres, Bruges, Dunkerque), et le Brabant, d'Anvers à Louvain. Or, les parlers bas-allemands des cantons belges germanophones d'Eupen, Saint-Vith et Malmédy, normalement considérés comme du *plattduits* (bas-allemand), ont été désignés dans les années 1930 comme étant du *diets* par la droite nationaliste, afin d'insinuer que ces parlers sont fondés sur des parlers flamands. Dans le domaine slave, un cas qui a suscité la controverse est celui du macédonien, que les Bulgares considèrent comme du bulgare, alors que les Serbes jugent que c'est du serbe, et que les Grecs veulent y voir du grec, du fait de leur refus d'une Macédoine qui, s'appelant ainsi, porte le même nom que le nord-est de la Grèce !

L'enjeu de l'assignation de noms aux langues est mis en évidence, à une échelle plus vaste, par les erreurs que peut produire l'ignorance d'un fait : il y a dans le monde un nombre de langues bien moindre que celui des noms qu'elles portent. Ainsi, en Amérique du Sud, il existe beaucoup moins de langues que les cinq mille noms connus, chiffre qui est à peu près celui du nombre total des langues du monde selon les évaluations courantes ! Ces relevés numériques énormes, dus à la multiplicité des noms que se donnent beaucoup d'ethnies, sont illustrés par le cas des nombreuses communautés qui se désignent, ainsi que leurs langues, de deux ou plusieurs noms, par exemple, à côté d'un premier, qui signifie « homme » ou « personne », comme je l'ai dit plus haut, un deuxième nom, qui signifiera « maître de la jungle », etc., alors qu'il n'en va pas de même des noms géographiques, assez explicites pour ne pas nécessiter de doublure (cf. Étymojolie à propos des noms de nombreux lieux en Amérique du Nord).

Un cas différent est celui de l'Amérique indienne, et plus particulièrement de trois domaines : maya au Mexique et au Guatemala, quetchua au Pérou, en Bolivie et en Équateur, et tupi-guarani au Brésil méridional et au Paraguay. Ces trois ensembles recouvrent, en réalité, une grande diversité de langues, et ne sont que des artefacts qui servaient à l'évangélisation. On croyait les populations indiennes homogènes, selon les dogmes de la vieille anthropologie développés dans l'ouvrage que Dios Huarte Navarro avait dédié en 1575 à Philippe II, *Examen de ingenios para las ciencias*, longtemps très célèbre en Europe, en attendant que la recherche américaniste du XIXe siècle en démontrât l'inanité et révélât l'immense diversité des langues amérindiennes. Il reste que même à l'époque moderne, la linguistique regroupe en un seul nom des familles entre lesquelles on établit une parenté. Tel est le cas pour le quetchua et l'aymara des sommets andins, entre lesquels, dès les années 1650, soit longtemps avant l'avènement de la méthode comparative, une parenté était supposée, bien que le problème reste entier de démêler, pour ces deux langues en contact étroit et ancien, les causes génétiques et les facteurs liés au voisinage. Il n'empêche que les spécialistes parlent parfois d'un groupe « quetchumara ».

L'existence de deux ou plusieurs noms pour une même langue est aussi liée, dans bien des cas, au fait que les étrangers donnent souvent un certain nom à une communauté, qui préfère à ce nom celui qu'elle se donne elle-même, et qu'elle considère comme plus authentique et sans connotations condescendantes. Ainsi, les Papagos, communauté uto-aztèque d'Arizona, ont rejeté ce nom donné par les Blancs, pour reprendre leur désignation de « Peuple du Désert » *Tohono-O'odham*, et les Navajos, habitant la même région, ont décidé en 1992 de s'appeler *Dinéh* « Le Peuple » (voir aussi Inuit, Same, Romani). Le peul a bien d'autres noms que celui-là (voir Peul). Les savants occidentaux, et parfois aussi russes, appellent souvent mordve, ostiak, oudmourte, tchérémisse, tchouktche, vogoul, zyriène des langues de l'est de la Russie (bords de l'Ob et bassin de la basse Volga) et de Sibérie du centre et du nord-est (extrémité du Kamtchatka), appartenant aux familles ouralienne et paléo-asiatique, et que leurs usagers préfèrent appeler, respectivement, erza-mokša, hanti, vote ou votiak, mari, louoravetlane, mansi, komi. L'une de ces langues, le samoyède, branche isolée du finno-ougrien, possède même, répondant à ce nom unique donné par les Occidentaux, cinq noms qui désignent autant de parlers différents : enets, nenets, nganassan, selkoup, yurak. Souvent, le nom que se donnent les autochtones est en fait celui de la tribu ou du groupe dominant, que les étrangers n'ont pas retenu, ayant cru entendre un nom plus général qui désignerait l'ensemble. Ou bien les étrangers retiennent un nom simplement géographique, alors que les autochtones utilisent leur nom traditionnel. Tel est le cas de la langue de l'île de Guam, que les Espagnols ont appelée *guameño*, tandis que son nom local est *chamorro*. Ces différences ne sont pas insignifiantes. Ce qui s'y inscrit, c'est toute l'histoire des sociétés humaines, et de la manière dont elles se voient, ou entendent être vues.

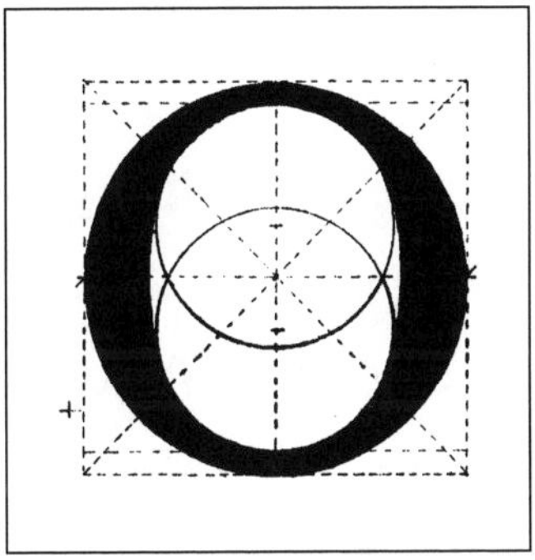

Opéra : les textes et les sons

Meilhac et Halévy, librettistes d'Offenbach auxquels s'adressa Bizet pour *Carmen*, écrivirent un texte qui n'est certes pas sans mérite, et où l'on sent bien qu'ils avaient plus que du métier. Pourtant, lors même que l'on ne se souvient plus des paroles, c'est la musique seule des airs illustres de cet opéra qui, à travers le monde, est vrillée dans le cœur et dans l'esprit, tout comme les spectateurs parisiens ne prêtent qu'un minimum d'attention au ruban graphique qui surplombe la scène de l'Opéra-Bastille, et qui traduit en français les dialogues des opéras de Mozart, de Wagner ou de Verdi. Ainsi semblerait se résoudre au bénéfice de la musique la relation subtile, et indéfiniment creusée, entre elle et la langue se réalisant en un texte poétique. Mais les choses sont-elles si simples ? Ce sur quoi s'ébroue de joie l'amoureux des

langues qui est aussi amoureux de la musique, c'est « simplement » qu'il y ait une forme artistique, l'opéra, où les deux sont associées. Mais, d'une part, elles n'y sont pas seules, puisque théâtre et chorégraphie y participent aussi. Et, d'autre part, cette association entre musique et langue n'a cessé, de siècle en siècle, de tourmenter les musiciens, en même temps qu'elle exaltait leur talent d'invention.

La musique a ses lois, que l'on pourrait appeler sa grammaire. Mais la grammaire des langues et celle de la musique sont assez différentes. On ne trouve pas en musique de composantes qui puissent être assimilées à la phonétique, à la morphologie, à la syntaxe ou à la sémantique. On peut soutenir, si l'on veut, que les notes de musique sont les morphèmes de la musique, c'est-à-dire leurs outils de base, et qu'elles en sont aussi les lexèmes, c'est-à-dire des unités douées de sens dont l'ensemble constitue un lexique. On pourra également dire que les éléments constitutifs des notes, comme le spectre acoustique de leurs vibrations, sont les phonèmes, ou unités sonores minimales. On pourra ajouter que les relations qui se tissent entre les notes au sein d'une mélodie, ainsi que les règles de l'harmonie et de la construction contrapuntique sont la syntaxe de la musique, et enfin que la musique possède aussi sa sémantique, qui est le message transmis par une partition musicale, en admettant que tous les auditeurs l'interprètent de la même façon : gaieté, tristesse, humour, solennité, déclaration sentimentale, célébration funèbre, combat, image de la nature, etc. Mais il ne s'agit que d'une formulation métaphorique, qui n'a jamais donné plus que des impressions comparatives. Une raison essentielle en est la différence radicale entre la nature des mots des langues et celle de sons musicaux. Un mot est une unité, simple ou décomposable, douée d'une face sonore articulée en consonnes, voyelles, syllabes, accent tonique, éventuellement tons (seulement dans les langues à tons comme le chinois, les langues bantoues, etc.), c'est-à-dire le seul trait sonore définissable en termes mélodiques (voir Tons).

Quels sont, maintenant, les traits définitoires des sons musicaux ? Ce sont, en fait, les traits perceptifs et cognitifs de toute production musicale. On peut rappeler qu'il y en a cinq : la hauteur, la durée, le rythme, l'intensité et le timbre. La hauteur est la position d'un son sur une échelle de vibrations, mesurables en hertz, qui s'étend du plus grave au plus aigu. Mais un son ne frappe pas seulement par cette position, qui est celle des doigts sur les cordes des instruments dits à cordes, ou correspond au degré de tension des cordes frappées par les martelets d'un piano, ou encore au volume de l'air soufflé à l'embouchure d'un instrument à vent, etc. Un son se déroule aussi dans le temps et en occupe une portion, qui définit sa durée. D'autre part, l'agencement des sons entre eux dans une partition musicale selon un battement binaire, ternaire, quaternaire ou autre produit des pulsations très variables, dont l'ensemble constitue le rythme d'un morceau de musique. Mais les sources des sons, c'est-à-dire la voix humaine et les innombrables instruments que les diverses cultures ont inventés en l'imitant, peuvent produire des sons plus ou moins puissants par le nombre de bits, du plus *piano* au plus *forte*, et donc l'intensité est une quatrième propriété des sons musicaux comme de la voix parlée. Enfin, l'impression acoustique donnée par un son est tout à fait différente selon que ce son est produit par un clavecin, un orgue classique, un orgue romantique, une contrebasse, un hautbois, un célesta, une trompe pygmée, une tabla indienne, une mandoline andine, etc. Ces différences acoustiques entre les instruments musicaux définissent des timbres.

Toute partition reconnue comme musicale, dans toutes les cultures sonores de l'humanité, qu'elles se fondent sur une gamme pentatonique comme celle des orchestres traditionnels de gamelan balinais, javanais et soundanais, heptatonique comme dans l'Occident moderne, dodécatonique comme dans la musique sérielle de Schönberg, Berg, Webern et leurs successeurs, ou autre encore, exploite d'une manière ou d'une autre ces cinq traits définitoires des sons musicaux, qui constituent donc un plus grand commun diviseur, ou une base minimale de production, vocale ou instrumentale, et de perception auditive et cognitive.

Ces prémisses étant posées, comment l'invention humaine a-elle traité le problème de la relation entre langue et musique, à travers une forme qui les associe : l'opéra ? En Occident, dans la seconde moitié du XVIe siècle, Gesualdo, le premier sans doute, parvient, dans ses madrigaux, à détacher de l'écriture contrapuntique, qui, jusque-là, absorbait texte et musique dans les superpositions croisées de lignes mélodiques (cf. Cohen-Lévinas 1996, p. 190 et suivantes), une ligne mélodique isolée, qui, de ce fait, conférait aux autres voix une fonction d'accompagnement. Par rapport à cette monodie accompagnée, un pas de plus est accompli par Monteverdi, lorsque, par l'invention du *dramma per musica*, dans les premières années du XVIIe siècle, il confère au mot un rôle gouverneur par rapport à l'harmonie, laquelle a pour fonction de dépeindre musicalement le mouvement de l'expression poétique. Dans son premier opéra, *Orfeo* (1607), les récitatifs, les variations, l'ensemble vocal contrapuntique, les *arie da capo* sont mis au service de l'expression affective. Mais Monteverdi parviendra, par un cheminement remarquable, à l'union intime de la musique et de la langue, réalisée dans son dernier opéra, *Le couronnement de Poppée* (1642), où des cellules mélodiques répétées articulent entre elles les thématiques musicales, qui sont elles-mêmes les expressions de l'intensité du drame historique.

L'introduction du répertoire italien en France par Mazarin permettra ensuite à Jean-Baptiste Lully de faire un pas de plus dans l'union de la musique et de la langue : combiner une construction musicale avec un bon livret, épuré des raffinements rhétoriques qui alourdissent les mécaniques dramatiques. Le point important, cependant, est que les livrets sont en vers, et que les vers se disent dans une autre tonalité que la prose. Mais au lieu que la langue musicale entre en conflit avec la poésie, elle l'exalte, au contraire, car elle lui fournit l'enrichissement des vibrations et des timbres de voix, plus tard d'instruments, qui sont propres aux sons musicaux. De plus, à la charnière de la parole et du chant se trouve un genre qui, introduit dès cette époque, restera un élément essentiel de l'opéra, à savoir le récitatif, qui est intermédiaire entre la poésie dite et la poésie mélodisée, contribuant, par là, à l'intelligibilité du livret.

Cependant, la tragédie lulliste, après son heure de gloire sous Louis XIV, perd beaucoup de son crédit au XVIIIe siècle, d'où une nouvelle étape de cette longue et passionnante histoire de la relation, tantôt pacifique et tantôt d'affrontement, entre la langue et la musique dans l'opéra. En effet, Rameau, dans *Les Indes galantes* en 1735 comme dans *Zoroastre* en 1749, non seulement refuse de faire allégeance au livret, mais charge de fonctions allégoriques les rouages internes de la composition elle-même, ce qui signifie que la musique voudrait être à elle seule son propre programme.

Cette leçon sera retenue, trente-deux ans plus tard, par Gluck, dans son *Alceste*, où les sentiments jaillissent des thèmes musicaux conducteurs au lieu de n'être que la matière d'un livret mis en partition sonore. Cela est plus vrai encore de Mozart, que sa complicité avec Da Ponte pour *Cosi fan tutte* ou *Don Giovanni*, et avec Schikaneder pour *La flûte enchan-*

tée, n'empêche pas de considérer la poésie comme la fille obéissante de la musique, conception opposée à celle d'un poète alors illustre, Métastase, dont le talent régnait sur l'*opera seria* et donnait à l'écriture dramatique un poids considérable, alors que Mozart possédait un sens aigu d'une tout autre dramaturgie : celle qui, d'une manière intrinsèque, est inscrite dans les formes musicales mêmes qui sont définitoires d'un opéra. Il en résulte tout naturellement qu'une composante du texte que cette conception de la dramaturgie musicale exalte particulièrement est la musique même inhérente à chaque langue, toute profération poétique dans une langue donnée possédant son chant, virtuel ou explicite. C'est pourquoi une version française de *Don Giovanni* ou italienne de *La flûte enchantée* n'est pas plus concevable que de longues dissertations sur l'amour que l'on substituerait à la pulsation doublement musicale, langue et mélodie, des dialogues chantés.

De même, seul le russe est capable de donner ses somptueuses douceurs, traversées d'étranges stridences, à *Boris Godounov* (1869), qui n'est pas une simple mise en musique du texte de Pouchkine, mais une recréation de Moussorgski, lequel, du reste, y insère des vers de son cru et fait chanter par cette langue exubérante les forces vitales du peuple russe. De même encore, la variante morave de la langue tchèque imprime sa riche mélodie dans l'opéra *Katia Kabanová* (1921) de Janáček qui, bien avant Bartók, avait recueilli dans les campagnes les chants de son terroir. Ainsi, la musique qui est propre aux langues entre en complicité, et même en symbiose, avec les propriétés définitoires de la musique, c'est-à-dire celles des sons musicaux définis plus haut, si même elle ne s'y associe pas comme à des objets en soi dramatiques.

Cette combinaison de la musique des langues avec celle des sons musicaux est vue par le génie mozartien comme un mariage de deux quintessences poétiques. Tel sera encore le credo de Wagner, dont l'ouvrage *Opéra et drame* (1851), écrit durant la sombre période de recueillement méditatif du révolutionnaire proscrit vivant en exil à Zurich, souligne que la poésie, la gestuelle, l'action visuelle n'ont d'autre fin, dans l'opéra, art total, que de servir ensemble la musique d'une partition lyrique. On comprend, dans ces conditions, qu'il ne pouvait y avoir, pour les livrets wagnériens, puissants poèmes chantés, d'autre auteur que Wagner lui-même. C'est un parti différent que prendra Verdi, bien que sa conception soit proche de celle de Wagner, pour moins marquée qu'elle soit par l'obsession d'une fusion quasi androgyne entre la musique, soudée à la poésie, et cette dernière elle-même, prise dans l'ellipse de l'orchestration, des voix et de l'instrumentation wagnériennes (cf. Cohen-Lévinas 1996, p. 199). Pour Verdi, la poésie écrite du texte n'est que pré-texte à l'envolée des grandes mélodies lyriques, qu'elles soient patriotiques, héroïques, nostalgiques ou amoureuses, qui foisonnent dans son œuvre, notamment sous une forme dont il acquit assez tôt une étonnante maîtrise, celle du mélange dramatique du quatuor vocal, des chœurs et de l'orchestre.

Les librettistes de Verdi, Cammarano, Solera, Somma et surtout Piave, qui sont ceux des grandes œuvres de la maturité, *Rigoletto* (1851), *Il Trovatore* (1853), *La Traviata* (1853), *Le bal masqué* (1859), *La force du destin* (1862), *Don Carlo* (1867) et même le talentueux Boïto, librettiste des grands opéras du renouvellement final, dont *Otello* (1887), ne sont certes pas de simples adaptateurs fidèles ; mais tous obéissent, y compris lorsqu'ils les discutent, aux instructions du musicien, qui concernent la trame du livret, la construction dramatique, l'effet scénique, c'est-à-dire quasiment tout… sauf l'écriture des vers, encore que même sur ce point il intervienne parfois, soutenant que la langue poétique italienne est trop ornée, et trop éloignée de la prose, contrairement aux langues poétiques française et allemande. Quant à *Aïda* (1871), le livret de cet opéra ne pouvait être un poids pour Verdi, qui s'est simplement fondé, avec le concours du versificateur Ghislanzoni, sur un texte du grand égyptologue Mariette.

Ces étapes wagnérienne et verdienne de la dialectique indéfiniment rejouée de la musique et de la langue préparent, dans les opéras qui associent Richard Strauss, pendant près de vingt ans, au poète Hugo von Hofmannsthal, à savoir *Salomé* (1905), *Elektra* (1908), *Le chevalier à la rose* (1911), *Ariane à Naxos* et *La femme sans ombre* (1919), l'épanouissement d'une écriture dramatique nourrie des fortes tensions du récit et subvertissant l'harmonie traditionnelle par une musique qui reflète les hystéries psychologiques, les paroxysmes expressionnistes et le nihilisme caractéristiques d'une partie de la production artistique du début du XXe siècle. Toutefois cette nouveauté et ces torrents harmoniques des opéras ainsi conçus en étroite collaboration par le poète et le musicien se maintinrent au plus près de la tradition diatonique. C'est une conception très classique de l'équilibre entre le texte et la musique qui réunissait

Strauss et Hofmannsthal, comme il apparaît dans cette lettre (1908) du premier au second :

> « Je ne vous demande que ceci : en rédigeant votre livret, ne pensez pas du tout à la musique ; la musique je m'en charge, moi seul. Bâtissez-moi un bon drame, riche d'action et de contrastes, avec peu de scènes de masse, mais deux ou trois pôles bien convaincants » (cité par R. Pitrou, « Hofmannsthal et Strauss », *Revue musicale*, 1930, p. 329).

Par ce parti pris classique, Richard Strauss s'apparente aux musiciens de la fin du XIXe siècle, notamment ceux qui, en France, se regroupèrent dans la Société nationale de musique, destinée à promouvoir la musique française, d'abord musique de chambre et symphonie, puis opéra, en réaction contre l'engouement pour la musique allemande. Stimulés par l'humiliation de Sedan, ils voulaient montrer que l'ombre de Wagner devait cesser de s'étendre à la manière d'un linceul, et que la langue française pouvait chanter la musique la plus pure, comme celle de Saint-Saëns dans *Samson et Dalila* (1877) ou de Massenet dans *Esclarmonde* (1889) (cf. Rémy 2004, p. 588-591). Le français avait déjà donné voix, dans *Faust* (1859), aux violentes et sublimes provocations vocales que le génie de Gounod fait brandir à Méphistophélès. Et quelle autre langue que le français pourrait faire résonner le terrifiant air des cartes, le bouleversant couplet de Mikaela, et toutes les pages sublimes de *Carmen*, autre œuvre de génie ? *Carmen*, sommet de la musique et hommage à une langue française aussi naturelle qu'élégante, ne valut pas la moindre gloire vécue au pauvre Bizet, disparu, à trente-sept ans, dans l'ignorance complète de son fabuleux destin mondial, l'année même, 1875, où l'opéra fut publié et joué pour la première fois, décrié, évidemment, par une critique inepte et sourde dont les flèches le blessèrent à mort, mais exalté par les vrais musiciens, qui y décelèrent immédiatement le chef-d'œuvre.

Cette musique d'opéra si harmonieusement associée au texte du livret incarne un choix tout classique alors qu'à une époque voisine vont intervenir de radicales mutations des architectures musicales. Le symbolisme littéraire du livret de Maeterlinck, loin de guider Claude Debussy, est dilué par lui, avec *Pelléas et Mélisande*, en 1902, dans un raffinement acoustique, des enchaînements d'accords, des innovations modales, un choix des timbres répartis entre l'orchestre et les voix, une texture instrumentale, qui, tous ensemble, neutralisent largement la force des mots. De ce genre de mise en musique se moquait avant la lettre, dit-on, la célèbre notation de Stéphane Mallarmé dans son poème hermétique « Ses purs ongles… » :

aboli bibelot d'inanité sonore.

Des mutations plus fortes encore sont celles qu'introduisent le *Pierrot lunaire* de Schönberg (1912), un admirateur, pourtant, des audaces de Strauss, puis, peu après, le surgissement de la polytonalité et des rencontres inattendues de rythmes et de timbres chez le Stravinski du *Sacre du printemps* (1913). Dès lors, la relation entre la langue et le texte ne pourra plus être la même que dans les opéras classiques ou classicisants. Beaucoup plus tard, le texte des *Fioretti* n'a quasiment pas d'incidence sur le mode d'orchestration ni sur la construction mélodique du *Saint François d'Assise* qu'Olivier Messiaen compose pourtant, en

1984, sur ce texte et sur cet auteur. Et des musiciens récuseront la possibilité même d'opéras construits d'après des textes poétiques, au moins pour certains de ces textes. Boulez écrit à propos de Claudel :

> « [...] les textes que Claudel a écrits spécialement pour des musiciens – *Jeanne au bûcher* pour Arthur Honegger, *Christophe Colomb* pour Darius Milhaud – sont de dimensions plus réduites que *Le soulier de satin.* Claudel, certes, n'a pas écrit seulement pour le théâtre. Mais je ne crois pas davantage que son écriture poétique puisse se prêter facilement à une augmentation musicale. Elle me semble refuser une telle opération. Il y a chez Claudel une respiration de la phrase qui, en soi, est déjà un phénomène musical. On ne pourrait donc créer que des redondances. » (« Paul Claudel, intolérant et révolté », dans *Six musiciens en quête d'auteur*, Paris, Pro Musica 1991, p. 13.)

Boulez ne croit donc pas qu'il puisse y avoir, comme dans les opéras de Mozart cités plus haut, une complicité entre la musique en général et celle qui est propre à certains textes littéraires et aux langues dans lesquelles ils sont écrits. Car il voit l'opéra comme une « prise de possession du texte par la musique », si l'on peut employer cette formule de Xénakis. Les textes qui s'y prêtent le mieux sont ceux dont l'auteur a tenté de retrouver le degré zéro des structures formelles sous-jacentes à la poétique de la langue, en connectant, par une écriture textuelle mimétique qui est le strict contrepoint de l'écriture musicale, les syntagmes textuels et les syntagmes musicaux. Telle est l'entreprise réalisée par la collaboration entre le compositeur Pascal Dusapin et le poète Olivier Cadiot dans *Roméo et Juliette ou la Révolution en chantant* (1989), ou par

François-Bernard Mâche dans *Kubatum* (1991), sur chants d'amour en sumérien.

Ainsi voit-on le texte d'opéra, sans s'abolir jusqu'à une annulation de la notion même d'opéra, se diluer en tout cas dans une écriture musicale qui n'a presque rien à voir avec celle, en harmonie avec un livret, des opéras de Lully, et va plus loin encore que celle des défenseurs les plus résolus du primat de la musique sur la langue, de Mozart à Richard Strauss en passant par Verdi.

Orthographe (française et anglaise)

Elle fait les délices des uns et le malheur des autres. Elle prend, en France ou en Grande-Bretagne, valeur de critère d'un degré supérieur de culture, et elle est souvent l'enjeu de concours variés, de joutes de salon et d'autres jeux plus populaires.

Les langues de pays récemment devenus indépendants, notamment ceux d'Afrique et de l'océan Indien, n'ont pas de tradition orthographique, et la mise au point d'une graphie officielle n'y a donc pas posé de problèmes, contrairement à ce qui est le cas pour les pays de vieille tradition orthographique. En effet, lorsqu'une langue accède à l'écriture, il suffit de se servir d'une écriture phonétique, c'est-à-dire notant plus ou moins exactement les sons, et cette écriture est celle que permet l'alphabet en lettres latines, moyennant, si la langue les requiert, des signes spéciaux, comme « š », « ž », « č », « ñ », « ã », « õ », « ɛ », « I », « ö », « œ », etc.

L'écriture alphabétique en lettres latines est donc fort pratique pour noter fidèlement les sons des langues les plus diverses, pourvu qu'une convention fasse que chaque signe ait toujours la même valeur phonétique pour n'importe quelle langue, comme dans l'API (Alphabet Phonétique International). Cependant, l'écriture alphabétique peut s'éloigner beaucoup de la prononciation réelle dès lors que la langue dont elle note un état a évolué depuis cet état. Telle est la raison pour laquelle les orthographes française et anglaise sont difficiles.

Pour donner une idée de ce qu'est l'orthographe anglaise, et sa forme aux États-Unis, l'écrivain humoriste George Bernard Shaw déclarait, rapporte-t-on, que le mot *fish* devrait s'écrire « ghoti » ! En effet, « gh » se prononce [f] dans *enough*, « o » se prononce [i] dans *women*, et « ti » se prononce [š] dans *nation* ! Quelques exemples peuvent rappeler les étrangetés de l'orthographe anglaise. Très souvent, des consonnes ne se prononcent pas, qui pourtant sont écrites. Parmi beaucoup d'exemples, on peut citer *sward* [swɔ:ɹd] « gazon », mais *sword* [sɔ:ɹd] « épée ».

D'autre part, des lettres ou groupes de lettres identiques ont fréquemment des prononciations totalement différentes. En voici un simple aperçu : *bade* [bæd] « a ordonné » / *lathe* [leyð] « tour (outil tournant) » / *lather* [láðə*r*] « mousse de savon » / *lathy* [láθi] « long et mince » ; *beard* [bi*r*d] « barbe » / *heard* [hə*r*d] « entendu » / *heart* [ha:*r*t] « cœur » / *steak* [stejk] « steak » ; *bulimy* [bjulimi] « boulimie » / *to bully* [buli] « malmener » / *burden* [bə:dn] « fardeau » / *but* [bʌt] « mais » / *busy* [bizi] « occupé » / *buy* [baj] « acheter » ; *Britain* [b*r*ítn] « Grande-

Bretagne » / *retain* [*r*itéyn] « retenir », *to convict* [kənvíkt] « convaincre (d'un mensonge, d'un crime, etc.) » / *to indict* [indájt] « accuser » ; *daughter* [dɔ́:tə] « fille » / *laughter* [lɑ́ftə] « rire » ; *he dies* [dajz] « il meurt » / *diet* [dajət] « régime » ; *dove* [dowv] « plongea » / *dove* [dʌv] « colombe » / *wholly* [həwli] « complètement » / *holly* [hɔli] « houx », *horse* [hɔ:s] « cheval » / *worse* [wə:s] « pire » ; *meter* [mi:tə*r*] « mètre » / *metric* [metrIc] « métrique » / *geometry* [geómətri], *poem* [powəm] « poème » / *shoe* [šu:] « chaussure » / *toe* [tow] « orteil » ; *script* [sk*r*Ipt] « écriture » / *receipt* [*r*isí:t] « quittance » / *leisure* [léžə*r*] « loisir » ; *to say* [sej] « dire » / *said* [sed] « a dit » / *plaid* [plæd] « plaid » / *aisle* [ajl] « nef latérale » / *ailment* (ejlmənt) « maladie » / *top-sails* [tɔpsLz] « huniers » ; *sign* [sajn] « signe » / *signature* [sígnatšə*r*] « signature » / *bird* [bə:d] « oiseau » ; *slough* [slaw] « bourbier » / *slough* [slʌf] « peau dépouillée par un serpent qui mue » ; *tear* [ti:ə*r*] « larme » / *to tear* [tɛə*r*] « déchirer ».

Depuis l'introduction de l'imprimerie en Angleterre par William Caxton en 1476 et les choix orthographiques qui furent faits par lui-même et par les autres imprimeurs anciens, aucun des réformateurs de l'orthographe anglaise n'a apporté de véritables modifications, ni Charles Butler, ni Bishop Wilkins, ni même le plus fameux d'entre eux, Samuel Johnson, qui, dans son *Dictionnaire* de 1755, comme Jonathan Swift peu avant lui, considérait les projets de simplification comme des utopies.

Seul le nationaliste américain Noah Webster, dans son *Dictionnaire* de 1828, réussit à accréditer les réformes par lesquelles il avait décidé, justifiant avant la lettre le mot de George Bernard Shaw selon lequel la Grande-Bretagne et les États-Unis sont « deux grands pays séparés par une même langue », de donner à la forme américaine de l'anglais une orthographe distincte de celle de la forme britannique, par exemple pour *center*, *color*, *traveler*, au lieu des graphies britanniques *centre*, *colour*, *traveller*. Se sont aussi imposées les graphies américaines comme *draft* seulement là où l'orthographe britannique distingue *draught*, « traction ; courant d'air », de *draft*, « traite bancaire », ainsi que les graphies *czar*, *jail*, *medieval*, *plow* au lieu des graphies britanniques *tsar*, *gaol*, *mediaeval* et *plough*. On peut aussi rappeler qu'un certain public s'enthousiasma pour la réforme de l'orthographe au XIXe siècle et jusqu'à la Deuxième Guerre mondiale, époque qui vit la création de nombreuses sociétés, comme la British Simplified Spelling Society en 1908, et précédemment, aux États-Unis, en 1906, le Simplified Spelling Board, qui autorisa des graphies comme *altho* (= *although*, « quoique »), *catalog*, *demagog*, *program*. Les linguistes sont partagés. R. Firth écrivait en 1937 que

> « l'orthographe anglaise est… si absurdement dépourvue de systématicité qu'une sorte ou une autre de réforme est sans aucun doute nécessaire ».

Une position contraire est celle de Noam Chomsky, qui considère que l'orthographe anglaise n'est étrange qu'en surface, et qu'en profondeur elle reflète des règles sous-jacentes qui lui paraissent tout à fait cohérentes. Un autre linguiste, K. H. Albrow, déclare que les orthographes apparemment bizarres s'expliquent par de respectables soucis de marquer des distinctions. Ainsi, le « e » final de *axe* (« hache ») et le second « g » de *egg* (« œuf ») s'expliquent par le fait que les mots grammaticaux comme les pronoms et les conjonctions sont souvent écrits avec une ou deux lettres, comme *I*, *he*, *as*, *if*, etc., alors que la graphie des mots lexicaux comme les noms et les verbes comporte toujours au moins trois lettres. De la même façon, le phonème atone (non porteur d'accent) [I], que l'on retrouve identiquement à la fin de *he wanted* (« il voulait ») et de *solid* (« solide »), est écrit *e* dans le premier cas et *i* dans le second pour faire apparaître immédiatement que le *-ed* de *wanted* est un morphème de temps, alors que le *-id* de *solid* est une partie d'une racine. On peut évidemment poursuivre encore la quête d'une logique qui réconcilierait idéalement les contraires, et donnerait le visage de la cohérence à ce qui paraît aimablement anarchique.

L'orthographe française, elle aussi, est souvent éloignée de la prononciation, les difficultés concernant peut-être davantage l'orthographe des consonnes que celle des voyelles, contrairement à ce qui est le cas en anglais. Des exemples d'écarts entre les graphies et les prononciations en français sont les mots « eau », « femme », « grecque », « toi », « vous », « futaie », « chaleureux », « chrysanthème », qui notent d'anciennes prononciations, auxquelles répondent aujourd'hui en écriture phonétique respectivement, [o], [fam], [grɛk], [twa], [vu], [fyte], [šalörö], [krizãtɛm].

Certaines orthographes françaises peuvent être expliquées par l'étymologie et l'évolution historique. Ainsi les deux « n » d'« honneur » par opposition au seul « n » d'« honorer » ou « honorable ». Le premier [o] du mot latin *honor*, du fait qu'il précédait immédiatement celui de la syllabe [nór], qui portait l'accent tonique, avait été nasalisé par le [n] de cette syllabe, d'où, en langue ancienne, [hõnœr], où le [õ] de l'API note la voyelle nasale écrite aujourd'hui « on » en français. Les scribes médiévaux notaient cette nasalité par un « n », qui précédait le « n » du radical mais qui, contrairement à ce dernier, ne représentait pas une consonne *n*. De là la graphie « honneur ». Lorsque, plus tard, la voyelle nasale [õ] se dénasalise, c'est-à-dire acquiert la prononciation [o] qui est celle d'aujourd'hui dans « honneur », la graphie avec deux « n » demeure, alors que dans les dérivés « honorer », « honorable », etc., où le premier « o » ne s'était pas nasalisé, il n'y avait aucune raison d'écrire deux « n ».

Un autre cas est celui de « grâce » et « gracieux », « gracier », de « pôle » et « polaire », « polarité », de « côte » et « coteau », de « jeûne » et « déjeuner », de « icône » et « iconoclaste », de « sûr » et « sûreté », etc. Pour ne prendre que les deux premiers exemples, pourquoi le « â » et le « ô » des noms portent-ils un accent circonflexe, alors que ceux de leurs dérivés n'en portent pas ? On peut répondre à cette question. Comme la voyelle [œ] de « honneur », qui porte l'accent tonique, les voyelles [a] de « grâce » et [o] de « pôle », qui ne sont en contraste accentuel avec aucune autre voyelle puisque ces deux mots n'ont qu'une syllabe (le « e » final n'est normalement pas prononcé), tendent à s'allonger, et l'accent circonflexe marque cette longueur. Au contraire, l'accent sur les dérivés étant final comme toujours en français, le [a] de « gracieux » et « gracier », comme le [o] de « polaire » et « polarité », ne sont pas accentués et tendent à être plus courts, d'où l'absence d'accent circonflexe.

Dans beaucoup d'autres cas, l'orthographe française demande un effort d'attention et de mémoire. C'est pourquoi elle est réputée « difficile ». La réforme de l'orthographe est en France un thème récurrent, et fait souvent l'objet de chauds débats. Depuis longtemps, des propositions ont été faites pour la simplifier, et alléger du même coup, assure-t-on, les peines des écoliers, pour ne pas dire les perplexités de beaucoup d'adultes. En 1740 puis 1767, l'Académie française, conduite par l'abbé d'Olivet, remplaça « bontéz », « phantôme », « recepvoir » par « bontés », « fantôme », « recevoir ». Les tentatives suivantes n'eurent pas d'écho, qu'il s'agisse du *Glossographe ou la langue réformée* de Nicolas Rétif de la Bretonne, de l'orthographe nouvelle de Gracchus Babeuf, de la campagne de R. Dodieu pour une simplification dans le *Journal républicain* de Lyon en 1794 ou de la *Prononciation française déterminée par signes invariables* du « grammairien-patriote » de la Révolution, François Urbain Domergue, éditée en 1796 puis de nouveau en 1806.

Le texte réformateur le plus récent est le « Rapport du Conseil supérieur de la langue française sur les rectifications de l'orthographe », qui avait été requis par le Premier ministre et qui fut publié par le *Journal officiel de la République française* du 6 décembre 1990. Ce texte, approuvé par le Conseil de la langue française du Québec et celui de Communauté française de Belgique, reçut également un avis favorable de l'Académie française. Il propose des modifications sur divers points. Il est divertissant, autant qu'instructif, d'en dire quelques mots, car sur tous ces points, les amoureux de la langue française qui sont aussi des amoureux de son orthographe, pour autant qu'ils la connaissent bien, ne peuvent que trouver mille aliments à une sainte révolte d'idolâtres offensés.

La première rectification concerne le trait d'union. Le Rapport étend aux nombres comportant une centaine le trait d'union de ceux qui comportent une dizaine, et prescrit donc « cent-trois » comme « vingt-trois ». Mais il remplace le trait d'union par la soudure dans un certain nombre de mots, qu'il propose d'aligner sur les composés anciens dont l'écriture est soudée parce qu'ils ne sont plus analysés, comme « chienlit », « faitout », « hautbois », « passeport », « plafond », « portefaix » ou « vinaigre ». Il étend donc la soudure aux composés qui, bien qu'ils ne soient pas davantage analysés aujourd'hui que ces derniers, continuent de porter un trait d'union dans la norme orthographique. Cela donne « chaussetrape », et vaut aussi pour les formations expressives ou onomatopéiques, comme « bouiboui », « coupecoupe » « grigri », « mélimélo », « passepasse », « pêlemêle », « pingpong », « piquenique », « prêchiprêcha ».

Le Rapport, dans sa grande indulgence, étend aussi la soudure à divers composés à premier élément verbal et second élément nominal ou autre, tels que « (d')arrachepied », « couvrepied », « croquemadame », « croquemonsieur », « croquemort », « fourretout », « passepartout », « porteclé », « portefeuille », « portemonnaie », « tapecul », « tirebouchon », « tournedos », etc. La soudure est également proposée pour les composés dont la partie autre que l'élément nominal est adjectivale, et parfois aussi nominale : « arcboutant », « bassecour », « bassetaille », « chauvesouris », « cinéroman », « hautecontre », « hautparleur », « lieudit », « millefeuille », « platebande », « potpourri », « prudhomme », « sagefemme », « saufconduit », « téléfilm », « véloski », etc.

Le Rapport propose la graphie soudée pour les mots hérités du latin *exlibris* et *exvoto*. Cependant, il est d'autres traits d'union que le Rapport ne mentionne pas, et qui demeurent d'usage dans l'orthographe française. Les uns unissent des mots coordonnés, comme dans « nord-sud », « qualité-prix ». Les autres associent les éléments de phrases entières ou presque entières, comme dans « laissez-passer », « qu'en-dira-t-on », « sauve-qui-peut », « tape-à-l'œil », « va-nu-pied ». D'autres combinent un verbe et un nom : « gratte-ciel », « ouvre-boîte », « porte-drapeau », « pousse-café ». D'autres encore contiennent une préposition et, pour certains, un mot archaïque non reconnu : « à-coup », « à-propos », « coq-à-l'âne », « croc-en-jambe », « rez-de-chaussée », « à vau-l'eau ». Les amants de l'orthographe classique se réjouiront de voir qu'on ne touche pas à ces graphies ; ses ennemis fulmineront.

Les pièges du trait d'union ne sont pas les seuls que ce Rapport tente de déjouer. Un autre point concerne le pluriel des mots composés, problème délicat tant les irrégularités sont nombreuses dans l'usage. Le Rapport suggère de traiter par « -s » final, comme les mots simples, ceux qui sont composés d'un verbe ou d'une préposition suivis d'un nom, sauf, évidemment, si le nom est précédé d'un article singulier, comme dans « des trompe-la-mort », « des trompe-l'œil », ou bien s'il n'est pas concevable que le nom ait un pluriel : plusieurs millénaires de monothéisme permettent-ils encore à l'esprit libre qui voudrait écrire « des prie-Dieux » de le faire sans provocation ? Ce sont là les dures implications de l'orthographe, ensemble d'innocentes, quoique pesantes, contraintes, qui sont un des charmes d'une page écrite de français. Quoi qu'il en soit, cela donne, par exemple « cure-dents » (comme « cure-ongles »), « pèse-lettres », « garde-meubles », « abat-jours », « après-midis » (comme « après-dîners »), « après-skis », « sans-abris ». Mais on ne met pas d'« s » au pluriel des mots constitués d'une succession de deux infinitifs, comme « savoir-faire » et « savoir-vivre ».

L'accent circonflexe est une des principales cibles du Rapport. Celui-ci ne le requiert que dans quelques mots, comme « mûr », « dû » et « crû », et dans les terminaisons verbales, comme celle que l'on trouve dans

« il voulait qu'on fût indulgent avec lui ».

Pour le reste, le Rapport prescrit des rectifications qui feront gronder les lettrés, fiers de savoir répartir les accents circonflexes là où la tradition les marque. Il propose d'aligner, par suppression généralisée de l'infortuné circonflexe, « abîme » sur « cime », « moût » sur « bout », « bûche » sur « huche », « chaîne » sur « haine », « croûte » et « voûte » sur « route ». Au grand mépris de ces femmes et hommes de lettres, ou à leur grande indignation, le Rapport recommande « mu », « piqure », « plait », « traine », « traitre », et immole le circonflexe des adverbes en « -ûment ». À vrai dire, seul « dûment » est dérivé d'un adjectif dont la forme masculine, « dû », comporte le circonflexe, alors qu'il n'y en a pas sur les adjectifs dont dérivent des adverbes en « -ûment » ainsi écrits par cette norme, peut-être par souci de raffinement, et réécrits par le Rapport « assidument », « crument », « incongrument », « indument », « nument ». De même que Claudel trouvait du charme à l'orthographe de « toit », dont les deux « t » lui paraissaient figurer les murs de soutènement d'un tutélaire point sur le « i », de même les lecteurs de Proust doivent se délecter de l'écriture traditionnelle du dernier adverbe cité, telle qu'on la trouve dans ce passage, où l'accent circonflexe semble peindre l'acte qui dépouille les vêtements et les fait tomber à terre pour qu'éclate la vérité nue :

> « Je vous dirai tout nûment que je le trouve le plus barbifiant des raseurs. »
> *À la recherche du temps perdu*, « Sodome et Gomorrhe ».

Les autres accents ne suscitent pas moins de désarroi, notamment les accents aigus que les graphies de lettrés notent dans « événement », « je considérerai », « puissé-je ». Le Rapport considère que ces graphies contreviennent à la recommandation logique de noter d'un accent grave les voyelles « e », prononcées [ɛ], qui apparaissent dans une syllabe fermée par une consonne, ou qui précèdent une syllabe comportant un é muet. La conséquence en est la recommandation d'écrire avec des accents graves beaucoup de mots que les lettrés décorent d'un accent aigu, d'où les nouvelles graphies proposées : « j'allègerai », « allègrement », « je cèderai », « cèleri », « crèmerie », « crènelage », « hébètement », « règlementaire », « sècheresse », « vènerie ». Le Rapport recommande également de noter de manière unifiée, c'est-à-dire toujours par un accent grave sur le « e », sauf pour les deux graphies très courantes « (il) appelle » et

« (il) jette », le son [ɛ] de la conjugaison des verbes en « -eler » et « -eter », où la tradition propose deux graphies, puisque la norme était jusque-là d'écrire « il harcèle », mais « il ruisselle ». Assez pour faire rugir celles et ceux qui, dans le maniement raffiné des accents et des lettres doubles, investissent les ferments de leur différence.

Un autre petit talisman de l'orthographe française, cher au cœur, et au chœur, de ses amants, est le tréma. Les graphies « maïs » et « naïf » devraient paraître normales, même à ceux qui refusent obstinément, depuis l'école primaire, d'écrire le moindre signe autre que ceux des consonnes et des voyelles, puisque ces graphies disent clairement qu'on ne prononce pas les mots en question avec un [ɛ], mais avec un [a] suivi d'un [i]. Cependant, le Rapport recommande d'écrire « aigüe » et « ambigüité » c'est-à-dire de coiffer d'un tréma non pas le « e » comme dans la tradition, mais le « u », qu'il faut marquer comme devant être prononcé.

Sur l'accord graphique des participes passés de verbes en emplois pronominaux, les auteurs du Rapport, considérant que c'est la syntaxe elle-même, et non simplement l'orthographe, qui est ici en jeu, se sont contentés d'examiner le cas de « se laisser ». Ils rappellent que *laisser* ayant une fonction analogue à celle de *faire* ici, les orthographes doivent être alignées. On écrit

« elle s'est fait maigrir »,

« elle s'est fait féliciter »,

« je les ai fait partir ».

Il est donc suggéré d'écrire

« elle s'est laissé mourir »,

« elle s'est laissé séduire »,

« je les ai laissé partir ».

Un dernier point concerne les séries désaccordées, ainsi que certaines graphies isolées. L'orthographe traditionnelle écrit « souffle » mais « boursoufler », « charrette », mais « chariot » ; elle a, pour des mots dont les deux « l » ne se prononcent pas différemment du « l » unique de « bestiole » ou « camisole », les graphies « bouterolle » (garniture d'un fourreau d'épée), « corolle », « fumerolle », « girolle », « lignerolle » (petit filin de chanvre sur un bateau), « rousserolle » (petite fauvette), « tavaïolle » (linge d'église pour le baptême ou une offrande), « trolle » (féminin au sens de « manière de chasser », masculin au sens de « renonculacée à fleurs jaunes ») ; elle écrit « dentellière » d'après « dentelle », « lunettier » d'après « lunette », « prunellier » d'après « prunelle », alors que les dérivés comportent une voyelle prononcée [ə] et non [ɛ], et il en est de même de la norme orthographique « interpeller » ; elle écrit « joaillier », « marguillier », « ouillière », alors que le premier « i » suffit à noter la prononciation. L'orthographe traditionnelle écrit aussi « oignon » alors que la première syllabe ne se prononce pas [wa], cette prononciation étant, précisément, encouragée chez certains par la graphie qu'ils lisent.

Toutes ces « irrégularités » sont « rectifiées » dans le Rapport par les graphies alignées qui se déduisent de ce qui vient d'être dit. Je ne les écrirai pas, pour éviter d'agresser plus avant les lecteurs que ces nouveautés font violemment bondir. Mais je dirai, néanmoins, que ces orthographes simplifiées ne sont pas une révolution. Et surtout, je rappellerai ce que le Rapport écrit explicitement : les personnes qui souhaitent conserver les orthographes de la norme antérieure à ce Rapport sont évidemment libres de le faire. Du moins pour le moment…

Les adversaires d'une réforme, même modérée, de l'orthographe répètent un argument depuis longtemps invoqué : écrire en orthographe réformée les grandes œuvres de la littérature du passé les défigurerait, tant les graphies font partie inhérente de la culture. Un autre argument est celui de la dictée, vénérable institution qui franchit les murs de l'école, où certains enfants la redoutent, pour entrer dans les jeux de radio et de télévision, où s'affrontent les champions d'un jour. Que peuvent les tentatives, même timides, d'instaurer une écriture phonétique face à ces défis où la réputation de culture est l'enjeu convoité ? En outre, contrairement à ce que l'on croit quand on crédite les Britanniques et les Américains de sain pragmatisme, les difficultés de l'orthographe anglaise sont elles aussi l'objet, dans les rencontres et réceptions, de concours passionnés, qui ont même un nom : les *spelling-bees*, où la moindre faute vaut à l'ignorant une élimination immédiate.

Ouolof

Le ouolof, qui est surtout la langue de Dakar et de sa région, et que pourtant tous les Sénégalais, locuteurs naturels et non naturels, parlent couramment, est intéressant à de nombreux titres. Ainsi, des lettrés amoureux de leur langue se sont persuadés de sa primauté sur d'autres. L'un d'eux, Hampaté Mba, a soutenu que le ouolof était la matrice des langues africaines, et qu'il avait une parenté génétique prestigieuse, car il serait relié à l'égyptien pharaonique. Les arguments qui sont censés étayer cette thèse n'ont pas convaincu la communauté scientifique.

Le ouolof possède beaucoup de traits particuliers. Une de ses propriétés singulières se rapporte à la négation. Il présente quatre conjugaisons négatives comportant toutes un élément négatif *u*, qui a également, par une intéressante parenté sémantique entre ce que l'on nie et ce que l'on renvoie à de l'inconnu, le sens de « position indéterminée dans l'espace » ; cet élément *u* apparaît, en association avec d'autres éléments, tantôt suffixé au verbe, tantôt suffixé au pronom sujet, tantôt placé entre les deux, avec des résultats sémantiques variés.

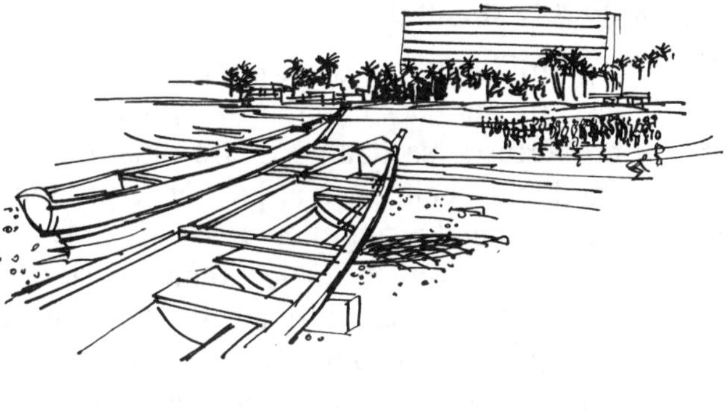

Un autre aspect intéressant du ouolof concerne le système des pronoms. Cette langue contient un grand nombre de séries de pronoms personnels, dix ou douze selon le décompte adopté. En d'autres termes, « je », « tu », « il », « nous », « vous », « ils » se disent tous différemment selon que l'on est au présent habituel, au présent d'un fait arrivant une fois, au passé récent ou ancien, au futur, selon, aussi, que la phrase est ou non négative, et selon que l'on veut ou non insister sur le sujet du verbe. Il est facile de voir que le français, qui ne possède qu'une seule série de pronoms personnels sujets, doit rendre autrement ces sens variés qu'offre le système du ouolof. Ainsi, le pronom personnel en ouolof n'est pas le même dans l'expression de la comparaison et dans celle de la préférence. On dit

> *sa tool **moo** gëna réy sama tool* (ton champ il plus grand mon champ)
> « ton champ, il est plus grand que le mien »,

> mais

> *ceebu jén **la** gëna sopp* (riz poisson il plus aimer)
> « il préfère le riz au poisson ».

Dans la première de ces deux phrases, le champ du locuteur est mentionné comme ce dont on parle d'abord, en vertu de sa qualité d'être plus grand que celui de l'auditeur : cela est marqué par le pronom de troisième personne du singulier *moo* « il ». Dans la seconde phrase, ce qui est sélectionné n'est pas le sujet, mais le complément d'objet, « riz » : un autre pronom de troisième personne, *la*, marque cette sélection. Le français n'a pas de moyen morphologique de marquer cette différence. La première phrase peut être traduite en utilisant la répétition familière du sujet, comme ci-dessus : « ton champ, il ». Mais c'est encore

« il » qu'on utilise dans la seconde phrase, alors que le ouolof se sert ici d'un autre pronom. La seule façon de rendre ce sens de mise en valeur de l'objet préféré serait la tournure « c'est que », qui donnerait

« c'est le poisson qu'il préfère au riz ».

Le système ouolof des pronoms possède d'autres traits qui retiennent l'attention. Ainsi, il offre un traitement particulier d'une des personnes du dialogue, la deuxième personne. Les mots interrogatifs *ku* « qui ? », *lu* « quoi ? », *fu* « où ? », *bu* « quel ? », employés comme compléments d'objet, requièrent à leur suite les formes spéciales de pronoms personnels *ma* « je », *nga* « tu », *mu* « il / elle », *nu* « nous », *ngeen* « vous », *ñu* « ils / elles ». Le pronom de deuxième personne du singulier, *nga*, est le seul, de tous ces pronoms, dont la combinaison avec ces mots interrogatifs *ku*, *lu*, *fu*, *bu*, lorsqu'il les suit, produise obligatoirement des formes spéciales : *fu* + *nga* donne *foo* « où est-ce que tu ? », *lu+nga* donne *loo* « qu'est-ce que tu ? », etc. Telle est la façon dont le ouolof apporte sa contribution à la mise en relief des personnes du dialogue, *ego* et *tu*, qui seules sont de véritables personnes, *il* pouvant référer à des objets de toutes sortes autant qu'à une personne.

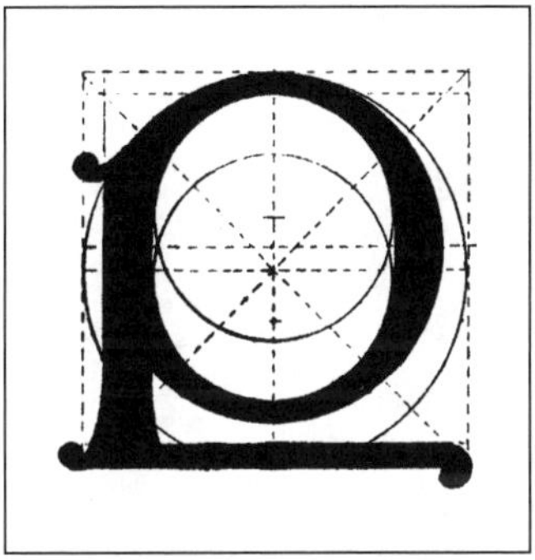

Patriotes des langues

La passion que peuvent susciter chez un individu les langues en général ou une langue particulière anime aussi des patriotes, engagés dans des combats qui jalonnent l'histoire de nombreux pays. Au début du XIXe siècle, un modèle est fourni aux patriotes des langues par le quatrième *Discours à la nation allemande* (1807), où Johann Gottlieb Fichte (1807), au plus fort des guerres napoléoniennes, affirme la mission de l'Allemagne en s'en prenant au cosmopolitisme, ce qui revient à marquer la montée d'une autre Europe. Cela remet en cause l'idéal des Lumières, lequel avait été, bien que non sans violences militaires, prolongé par Napoléon au-delà du XVIIIe siècle.

Ces aspects négatifs du nationalisme fichtien ne sont pas ceux qu'ont privilégiés les actions conduites par les patriotes amants de langues. Dans trois cas au moins, en effet, il s'agit, tout à l'inverse du cas allemand, de langues que des circonstances contraires semblaient condamner à disparaître des lieux de pouvoir, à s'ensevelir dans l'anonymat d'obscures campagnes, ou à devenir, faute d'adaptation, incapables d'exprimer un monde de changements. C'est en réaction contre cette situation que les patriotes ont engagé un combat pour leurs langues, s'inspirant aussi des idées du guide spirituel du *Sturm und Drang*, Johann Gottfried Herder, lequel avait écrit que chaque langue s'est constituée

> « selon les dispositions et la vision du monde particulières à chaque peuple [...]. Chaque nation parle en fonction de ce qu'elle pense et pense en fonction de ce qu'elle parle. [... Il y a] une langue nationale dans chaque nation » (1767, p. 77, 100).

Le premier des trois cas qui illustrent cette idée est celui des Hongrois, dont un dicton connu de beaucoup fait écho aux mots de Herder : *nyelvében él a nemzet* « c'est dans sa langue que vit la nation ». Le hongrois était menacé d'être chassé des grandes villes non transylvaines après la défaite et la mort du roi Louis II en 1526 sous les coups des troupes ottomanes de Soliman le Magnifique dans la plaine de Mohács, lieu de blessure inoubliée de la nation magyare, déjà humiliée par la soumission aux Habsbourg, qui commence elle aussi cette année même. Le deuxième cas est celui du tchèque après l'écrasement de la noblesse bohémienne en 1621, autre année lugubre dans la conscience des élites d'Europe centrale, à la bataille de la Montagne Blanche, signal d'une âpre offensive des impériaux catholiques contre la Réforme. Il en résulta une quasi-relégation de cette langue dans les villages écartés des grandes voies, alors qu'au XIVe siècle, sous le grand règne de Charles IV (le constructeur du magnifique pont du centre de Prague qui porte son nom), le tchèque avait connu, en symbiose avec l'allemand, un temps de brillant éclat.

Or ces langues, que des destins aussi dramatiques semblaient vouer à l'état le plus précaire, ont pourtant trouvé un secours chez des hommes résolus qui s'en sont épris. De J. Sylvester à G. Szarvas en passant par I. G. Katona et F. Kazinczy, c'est-à-dire du XVIe au XIXe siècle, le magyar a suscité l'amour d'un grand nombre de patriotes qui, avec ou sans formation de grammairiens, ont prodigué des flots continus d'énergie pour l'adapter aux changements des temps et répondre par la promotion acharnée de la langue aux humiliations de la nation. Ainsi, le hongrois, en quatre siècles, n'a pas connu moins de trois réglages, joliment dits *nyelvújítások* « rénovations de langue ». De même, les trois cents ans qui séparent le désastre de 1621 et la naissance de la Tchécoslovaquie moderne après la Première Guerre mondiale sont une longue période de lutte des amoureux du tchèque contre la généralisation de l'allemand imposée par la puissance autrichienne. Cette lutte opiniâtre est jalonnée par de nombreux travaux descriptifs et lexicographiques. Les Trésors de langues, confrontant les états passés et l'état présent, usent les vies entières de ceux chez qui l'amour distille l'obsédant souci de donner vie à tous les discours.

Tous les amants de langues ont écrits de tels Trésors. Pour le roumain, c'est G. Lazar, pour le lituanien, c'est J. Jablonskis. Pour le tchèque, ce sont des hommes inspirés, notamment, par l'action de Jan Hus et des hussites, qui, dès la fin du XIVe et le début du XVe siècle, avaient été des patriotes défendant le tchèque contre ce qu'ils ressentaient comme l'agression allemande, en même temps que les initiateurs, et les martyrs, d'un mouvement religieux, ainsi que le savent tous ceux qui ont vu l'admirable place de la vieille ville à Prague. Ces hommes, J. Dobrovský, J. Jungmann, P. J. Šafarik et d'autres, ont, de la fin du XVIIIe siècle au milieu du XIXe, tout fait pour rendre au tchèque la dignité d'une langue littéraire et politique, en suscitant dans les masses une prise de conscience. De là le nom d'Éveilleurs que leur a donné la tradition : aimer une langue menacée, l'équiper de tout ce qui lui permet de répondre aux défis du monde, c'est l'éveiller en éveillant ses locuteurs assoupis par l'indifférence ou résignés au déclin.

Le troisième cas est celui des langues que leurs amoureux modernisent. L'histoire du finnois est elle aussi celle d'une succession de façonnages. Leur nécessité fut d'abord liée au projet de construire une langue apte à la traduction des textes sacrés. Pour cela, il convenait de disposer d'une norme recouvrant la diversité des parlers locaux de Finlande. Mais la traduction du Nouveau Testament par l'évêque réformé Mikael Agricola en 1548 ne fut que la première étape d'un processus jalonné par d'autres entreprises, qui voyaient beaucoup plus, dans le finnois, qu'une simple langue de traduction : le support, aux longs mots scandés par ses harmonieuses voyelles, d'une langue où se reflète l'identité des riverains extrêmes de la Fenno-Scandie. C'est à travers quatre étapes de rénovation, marquées par les soins que lui prodiguait l'amour des réformateurs, que le finnois est ainsi devenu, malgré le petit nombre de ses locuteurs, une grande langue littéraire.

La modernisation d'une langue comme objet d'amour auquel on prodigue les soins les plus ardents n'est pas toujours aussi pacifique. Elle peut coûter fort cher à celui qui en prend le risque. A. Kasravi, modernisateur du persan, qui investit son énergie dans l'œuvre d'édification d'un persan moderne, comprenant aussi la restauration d'une partie du vieux fonds iranien antérieur à l'afflux massif de l'arabe, fut accusé de crime contre l'islam par le puissant parti religieux, et assassiné en 1948. Pis encore, plusieurs personnes moururent à Athènes en 1901 lors d'une manifestation organisée par les nostalgiques de la *katharevoussa*, « [langue] pure » proche du grec ancien, contre la traduction du Nouveau Testament en démotique.

Celui-ci, grec issu de l'évolution naturelle de la langue depuis les temps classiques du Ve et du IVe siècle avant l'ère chrétienne, a été longtemps concurrencé par la *katharevoussa*, que favorisent les adversaires de l'oralité naturelle en grec. Le démotique ne fut adopté pour langue officielle qu'en 1976. Aux amoureux de la pureté linguistique de l'Antiquité qui cultivaient la *katharevoussa* s'opposait une pléiade d'écrivains tout aussi passionnément attachés à la cause opposée, celle du démotique. Ils étaient menés par Jean Psichari, auteur, en 1888, d'un livre écrit dans cette langue. L'amour d'une langue n'est pas toujours indépendant d'engagements politiques : les hoplites de la *katharevoussa* ont toujours reçu l'appui des pouvoirs politiques conservateurs ou autoritaires, et les fantassins du démotique celui des gouvernements démocratiques.

Il existe d'autres exemples de culte de la langue sur un terreau résolument politique. Un cas frappant est celui du turc. Au moins dans sa forme ottomane, en usage dans l'administration et la vie publique jusqu'à la fin des années 1920, le turc était si fortement chargé d'emprunts arabo-persans envahissant la terminologie savante, qu'un texte de cette langue était souvent quasiment incompréhensible aux turcophones de la rue. Mustafa Kemal, « père des Turcs » (*Ataturk*), n'était pas seulement un nationaliste violemment heurté par la décadence de l'Empire ottoman. Il voyait dans le turc officiel une figuration saisissante du vieillissement, et donc du déclin, de cette force autrefois si redoutable à l'Europe chrétienne. Tant il est vrai que l'amour de la langue, chez les nationalistes les plus résolus, ne se sépare pas de celui d'une image idéalisée de leur patrie. Ataturk entreprit en 1928, par le biais de la Société de langue turque, une réforme radicale, pour laquelle il s'assura, certes, le concours de techniciens de la langue, mais qu'il conduisit lui-même.

Cette réforme ne fut celle de la Turquie qu'à travers celle-là même du turc, et d'abord de son écriture. Le lien entre les deux aspects apparaît parfaitement logique. En effet, c'était en alphabet arabe qu'étaient notées les lourdes expressions arabo-persanes de la langue officielle des bureaux. Substituer l'alphabet latin aux lettres arabes, c'était donc ouvrir la voie à la création de mots reflétant l'identité réelle de la Turquie moderne. L'alphabet arabe n'était pas seulement inadéquat au riche vocalisme d'une langue altaïque, beaucoup mieux notée par l'alphabet latin qui fut désormais adopté, il n'était pas seulement un symbole du vieil empire devenu malade, il était celui par le biais duquel s'étaient introduits, puisqu'il leur servait de support graphique, les mots que les masses turques ignoraient, car elles parlaient le turc lui-même et ses dialectes, non la langue artificielle des rouages du pouvoir. Où l'on voit un chef prêter l'oreille aux usagers les plus simples, afin de rendre une langue à son pays, le faisant dès lors accéder à la forme moderne de l'État.

L'amour patriotique d'une langue peut aussi s'enraciner dans l'anxiété douloureuse que produit un complexe aigu de dévaluation. Telle est l'étonnante histoire de J. Aavik, philologue de Tartu. Il était fouetté par l'image humiliante que lui donnait l'estonien, celle d'un idiome campagnard des bords lointains de la Baltique, au nord-est de l'Europe, jamais cultivé depuis qu'aux XIIIe-XIVe siècles les chevaliers Teutoniques avaient germanisé, en même temps qu'ils les évangélisaient, en y allumant le feu d'une guerre impitoyable et en les asservissant, les populations païennes des territoires qui sont aujourd'hui la Lettonie et l'Estonie. Considérant l'estonien comme inapte à traduire les grandes œuvres de l'esprit, Aavik entreprit au début du XXe siècle, avec l'approbation des élites de Tallinn regroupées dans le mouvement patriotique Jeune Estonie, de façonner, littéralement, un lexique moderne, en convoquant toutes les techniques de l'enrichissement (voir Néologie). Le résultat est l'estonien moderne, langue riche et mélodieuse où se déchiffre l'âme d'un petit pays cher à son million et demi d'habitants, résolus depuis des siècles à préserver leur idiome national face à ceux de leurs deux puissants voisins : le russe et l'allemand.

D'autres transis vont plus loin encore. Ils inventent, quasiment, une nouvelle langue. I. Aasen, le « créateur » du *landsmål* « langue de la campagne » ou *nynorsk* « néo-norvégien », avait combattu presque toute sa vie pour l'imposer. Un vote du Parlement de Christiania (autre nom d'Oslo de 1624 à 1924) l'établit comme langue officielle en 1885, à égalité avec le dano-norvégien, largement majoritaire en Norvège. Aasen assurait que le néo-norvégien, qu'il avait bâti à partir des dialectes de l'ouest, du sud-ouest et de l'intérieur du pays, préservait beaucoup mieux le vieux-norvégien, alors que le dano-norvégien, *bokmål*, était une forme partiellement danicisée de la langue, simplement rendue un peu plus norvégienne pour s'écarter du danois, qui s'était imposé dans les villes dès le XVe siècle, et qu'avait renforcé la domination du Danemark jusqu'à 1814 et l'union avec la couronne de Suède.

Un peu plus de 16 % des Norvégiens seulement sont usagers du nynorsk, mais l'égalité officielle entre les deux formes produit un état de bilinguisme qui est souvent mal vécu, et où certains, dont le linguiste américano-norvégien E. Haugen, voient une sorte de « schizoglossie ». Aujourd'hui, les amoureux de l'identité culturelle et linguistique norvégienne plaident souvent pour une fusion des deux formes en présence. Leur détermination est sans doute renforcée par le désir d'affirmer leurs idéaux nationaux et de donner à la Norvège une identité originale au sein des contrées scandinaves.

Perte et rejet de langue

L'amour de la langue, notamment celui des patriotes (voir Patriotes des langues) qui se battent pour sa promotion, sa réforme, sa restauration ou sa survie, n'est pas, en dépit de sa large diffusion, un phénomène universel. Les descendants d'émigrés qui, pour s'assimiler le plus complètement possible à leur pays d'adoption, finissent par abandonner après une période d'attachement nostalgique, ou même rejettent dès leur installation en terre d'accueil, la langue de leurs pères, sont un cas dont la fréquence n'est, hélas ! pas négligeable. Les quelque six cent mille Norvégiens qui, à partir de 1825, émigrèrent dans les parties septentrionales des États-Unis (Dakota, Illinois, Iowa, Minnesota, Montana, Nebraska, Oregon, Wisconsin) demeurèrent certes, jusqu'à la fin du XIXe siècle, si fortement attachés à leur langue, que l'on pouvait, dans ces États, traverser de vastes territoires sans trouver de ferme où fût en usage une autre langue que le norvégien. Pourtant, au début du XXe siècle, l'idée, induite par le besoin d'intégration à la société par la langue, se fit jour selon laquelle l'adoption de l'anglais ne compromettait pas l'exercice d'activités typiquement norvégiennes! Encouragés par ce subtil « raisonnement », les mots anglais s'engouffrèrent dans le norvégien des austères luthériens, et l'anglais lui-même finit par supplanter purement et simplement la langue de leurs ancêtres. Dans d'autres cas, on aime à se croire, et à se dire, apparenté à un groupe de prestige, et dès lors on cesse d'aimer la langue vernaculaire pour adopter celle de ce groupe.

Telle fut la décision des Yaaku, pauvres chasseurs-cueilleurs-pêcheurs du centre-nord du Kénya, nomadisant d'abord à la recherche des aliments de leur subsistance, mais peu à peu convertis à un mode d'existence moins précaire que le leur, la vie pastorale des Masai, éleveurs de bétail dont ils avaient commencé par garder les troupeaux, et dont les rapprochait un nombre croissant de mariages avec des femmes de cette ethnie. Le résultat de cette situation fut spectaculaire : en 1930, au cours d'une réunion publique de tous les notables de cette tribu, il fut décidé que le yaaku ne convenait plus à une société d'éleveurs, et que le masai serait désormais la langue de l'ethnie.

Telle fut aussi l'attitude de certains groupes de Mbums du plateau de l'Adamaoua au centre du Cameroun, qui, sensibles au prestige des Foulbés et de leur langue, le peul, décidèrent de se faire passer pour Foulbés et adoptèrent le peul, tandis que la majorité des autres continuaient de parler le mbum à côté du peul et faisaient le choix du bilinguisme plutôt que celui du rejet d'une langue vernaculaire au bénéfice d'une autre, plus cotée sur le marché des valeurs de langues. Dans le Caucase, enfin, les Bats et les Andis, petites communautés à la vie précaire, aiment à s'afficher les uns comme des Géorgiens et les autres comme des Avars, et adoptent les langues de ces nations plus vastes et plus prestigieuses. Selon divers témoignages, il en serait de même d'une partie des Russes blancs, qui considèrent qu'ils gagnent en valeur à se faire passer pour Russes et à se déprendre du russe blanc au profit du russe. D'autres communautés jettent autour de leur langue un voile prudent, tout en lui restant fidèles. Tel est le cas des locuteurs d'un parler slave macédonien de la région de Liti, au nord-est de Thessalonique. Ces locuteurs, voulant être considérés comme des Grecs, parlant évidemment le grec, et redoutant la censure comme celle qui s'exerça contre les langues de Grèce autres que le grec à l'époque des colonels, ont gardé en famille, surtout les plus âgés, un usage partiellement cryptique de leur langue slave. Ils l'appellent le *nachta*, c'est-à-dire « la (article féminin bulgaro-macédonien *-ta* postposé, référant à *ghlossa* "langue" en grec) nôtre (possessif *nach* de première personne du pluriel en bulgaro-macédonien) » (cf. Adamou 2008, p. 126-129).

Il existe des formes plus radicales de rejet de la langue. Un cas frappant est celui, pour une part pathologique, d'un schizophrène qui prit en aversion sa langue maternelle, au sens littéral, parce qu'elle était celle d'une mère qu'il haïssait. Il prit donc le parti d'écrire en une autre langue, dans ce cas particulier le français, le récit de son histoire d'exécration de la langue que sa mère lui avait enseignée (cf. Wolfson 1970).

Peul

Le peul porte aussi d'autres noms, ainsi qu'il arrive souvent lorsque les pérégrinations d'un peuple nomade le font apparaître en beaucoup de lieux. Le *peul*, de la famille atlantique, parlé au Sénégal, en Mauritanie, en Guinée, au Mali, au Burkina Faso, au Niger, au Nigéria, au Cameroun, est appelé *poular* au Fouta-Toro. Mais il porte aussi le nom de *toucouleur*, déformation populaire de Tekrour, qui désigne l'empire fondé dans le bas Sénégal par les tribus peules de Mauritanie fuyant, après le XIIe siècle, la persécution religieuse organisée par les Almoravides, qui les soupçonnaient d'avoir abandonné l'islam. Au Soudan, les Peuls sont appelés *Fellata*, et au Nigéria les Haoussa les appellent *Fulani*, terme repris, tel quel ou en abréviation donnant *Fula* ou *Ful*, par les chercheurs anglophones et germanophones. Les francophones adoptent le terme ouolof de peul, tandis que les Peuls eux-mêmes se désignent comme *pullo* au singulier et *fulɓe* au pluriel. Cette alternance *-o* / *-ɓe* est caractéristique d'une des classes nominales du peul (voir Classes), et elle est ici associée avec l'alternance de consonnes initiales *p-* / *f-*. Il existe enfin pour désigner le peul un terme général, *fulfuldé* : c'est le seul que j'aie toujours entendu au Cameroun, et il est utilisé également à l'ouest du domaine, au Sénégal.

Tout cela dit assez que les Peuls, pasteurs nomades qui ont répandu l'islam dans une grande partie de l'Afrique centrale au gré de leurs recherches de points d'eau pour leurs troupeaux, sont une population bien spécifique, et connue pour sa différence, quand ce ne serait que physiquement. Leur couleur est noir clair, leur chevelure peu crépue et légèrement ondulée, leurs attaches fines et leur taille haute, tous traits physiques par lesquels les Peuls définissent eux-mêmes leurs canons de la beauté. En outre, leur histoire, mythique ou documentée, est riche et intéressante. La tradition les fait venir, autour du début de l'ère chrétienne, de la haute vallée du Nil, d'où ils traversent un Sahara alors humide et non encore désertique, pour s'installer en Mauritanie (cf. Leroy et Balde 2002). Une migration beaucoup plus tardive, à date historique, au XVIe siècle, conduit les Peuls dans les riches pâturages du Fouta-Djalon en Guinée, où Koli Puli fonde le royaume kolianké en réduisant tous les peuples de ces contrées jusqu'au haut Niger. Tandis que les populations locales finissaient par se rebeller et que ce vaste empire éclatait, une branche des Peuls, au début du XIXe siècle, amorce une migration vers l'est, fonde des États au Mali et au Nigéria, et poursuit jusqu'au Cameroun, sous la conduite de religieux menant des guerres saintes contre les populations païennes, notamment El-Hadj Omar au Mali et Osman Dan Fodio au Nigéria puis au Cameroun.

Un aspect linguistique de ces événements est le prestige qui s'attache au peul, langue de soldats de l'islam et de conquérants, à la bonne connaissance de laquelle les élites des populations conquises attachent du prix. Le peul possède un intéressant système de

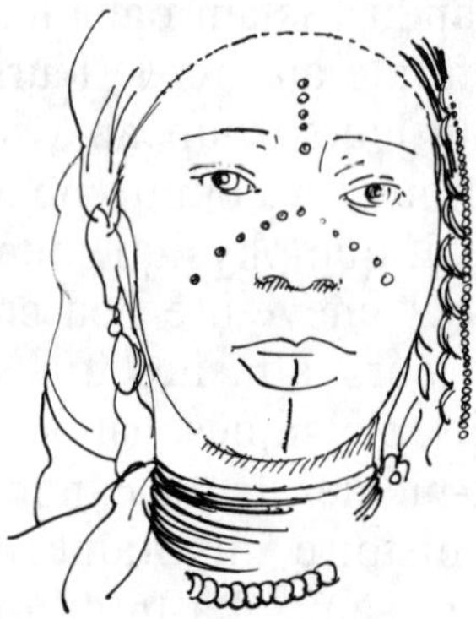

classes (voir ce mot) et une riche conjugaison aux trois voix active, passive et moyenne, avec des formes négatives correspondant à chacune de ces voix, ainsi qu'aux temps présent, futur ou passé (voir Négations). Une autre caractéristique de cette langue est l'existence de suffixes orientant le verbe vers un destinataire, un instrument et d'autres participants, comme dans

jang-an-am ɗerewol ngol (lis-pour-moi papier ce) « lis-moi ce papier »

bee leppol o habb-ir-i gite puccu (avec étoffe il bande-avec-PASSÉ yeux cheval) « avec une bande d'étoffe, il banda les yeux du cheval ».

Dans la première de ces deux phrases, la musicalité de cette langue est illustrée par l'accord de classe qui produit la rime en *-ol* entre le nom, *ɗerewol*, et le démonstratif, *ngol*. Ce n'est là qu'une des séductions du peul.

Pleut (il)

Les grammairiens parlent parfois de « verbes atmosphériques » pour se référer à ceux qui expriment des phénomènes comme la pluie, la neige et autres événements naturels. Le maître d'école enseigne aux enfants que le *il* de

il pleut

est tout à fait différent du *il* de

il chante,

qui désigne un individu humain accomplissant une certaine action. Dans l'enseignement traditionnel, le maître déclare que le *il* de *il chante* est un sujet réel, car il se réfère à une personne, de sexe masculin, qui exécute un chant, alors que le *il* de *il pleut* doit être appelé sujet apparent car il ne se réfère à rien, à aucun individu qui accomplisse une action. Le maître dit aussi qu'*il pleut* est un verbe impersonnel, car l'acte de pleuvoir n'est pas accompli par un être animé, encore moins par une personne humaine.

Si l'élève qui a suivi le cours de grammaire française est habité par l'amour de la diversité des langues, et que ce beau sentiment le conduise à ouvrir le *Dictionnaire amoureux des langues*, il y découvrira ceci : le même sens que celui d'*il pleut* peut être obtenu, dans d'autres langues, par des expressions dans lesquelles on trouve non pas un *il* qui ne réfère à rien, mais un nom référant à quelque chose de précis, la pluie elle-même le plus souvent. Voici par exemple ce qu'en disent le russe, le hongrois, l'hébreu, le turc, l'albanais, le chinois, le japonais, le thaï :

russe : *dožd' idjot*
« pluie va »

hongrois : *esik az eső*
« tombe la tombante »

hébreu : *yarad gešem*
« est.tombée pluie »

turc : *yağmur yağıyor*
« pluie est.en.train.de.pleuvoir »

albanais : *bie shi*
« tombe pluie »

chinois : *xià yŭ*
« tombe pluie »

japonais : *ame ga furu*
« pluie [MARQUE.DE.SUJET] tombe »

thaï : *fon tok*
« pluie tombe ».

Les traductions littérales ci-dessus montrent que dans toutes ces langues, les phrases correspondant au *il pleut* du français ne sont pas des structures impersonnelles à sujet apparent qui n'est pas un véritable sujet, mais des phrases à sujet bien caractérisé. Le japonais est le plus explicite, car la marque *ga* est dans cette langue celle du sujet, de sorte que *ame* « pluie » est marqué comme ayant cette fonction, ce qui pourrait suggérer d'utiliser dans la traduction française l'article défini, qui individualiserait nettement le nom de la pluie. D'autre part, toutes ces langues, sauf le russe et le turc, emploient un verbe « tomber », exprimant donc de la façon la plus naturelle le phénomène atmosphérique que l'on observe. Ce verbe « tomber » précède le nom de la pluie en hongrois, hébreu, albanais et chinois, selon les règles d'ordre des mots propres à ces langues. Le hongrois se sert même, pour désigner la pluie, du participe présent du verbe *es* « tomber », qui est *eső* « tombante », d'où la traduction littérale, donnée ci-dessus, de l'expression hongroise, où le participe devenu un nom est accompagné de l'article défini *az*.

Le turc marque clairement le sens progressif, puisque cette langue possède deux présents, un général et un progressif, ce dernier étant celui qui est employé ici (la voyelle *ı* de *yağıyor*, au lieu de *i* qui donnerait *-iyor*, est une voyelle sombre articulée au fond du palais, par harmonie vocalique [voir Beautés des langues] avec la voyelle *a* du radical du verbe, articulée aussi à l'arrière de la bouche). Cependant, le turc et le russe ne se servent pas ici d'un verbe « tomber » comme les autres langues ci-dessus. Le russe utilise un simple verbe « aller » faisant allusion au mouvement général de la pluie plutôt qu'au phénomène plus précis de sa chute, et le turc emploie un verbe spécial, de même racine que le mot signifiant « pluie », d'où la traduction ci-dessus.

L'arabe se sert aussi d'un sujet marqué comme tel, c'est-à-dire au nominatif (voyelle finale *-u*) puisqu'il s'agit d'une langue à déclinaison. Quant au verbe, il signifie « répandre la pluie », ce qui peut se comprendre, puisque le sujet est le mot signifiant « ciel ». On a donc en arabe :

es-sama'u tamṭuru
« le ciel répand la pluie ».

Ainsi, toutes les langues ci-dessus ont un sujet qui réfère à un agent (voir ce mot) de l'action indiquée par le verbe « pleuvoir », et n'est donc pas une pure notion impersonnelle. Si l'enseignement traditionnel appelle de cette façon le *il* de *il pleut*, c'est dans la mesure où il a la même forme que le *il* de *il chante*. Il faut donc apprendre aux écoliers à ne pas confondre ces deux *il*. Mais il s'agit là d'une contrainte propre au français, car les autres langues romanes – si elles emploient aussi un suffixe de troisième personne : italien *piove*, espagnol *llueve*, portugais *chove*, roumain *plouă*, ce qui est le cas de beaucoup d'autres langues, comme le géorgien, qui dit *tzvim-s* – sont dans la continuité du latin *pluit* en ceci qu'elles n'ajoutent pas, en plus du suffixe de personne, un pronom sujet comme le fait le français avec *il*. Les langues germaniques, qui ont conservé une forme neutre dans le pronom, ne font pas la confusion du français, d'où le *it* et le *es* de l'anglais *it rains* et de l'allemand *es regnet*. Un intéressant témoignage supplémentaire, interne celui-là, du caractère neutre de *il* devant *pleut* est celui des dialectes romans de France où le neutre s'est conservé dans les pronoms. En poitevin, charentais (dont le rhétais de l'île de Ré) et autres parlers de l'ouest de la France, par exemple, « il pleut » se dit *o mouille*, où *o* est un pronom neutre, distinct de *i* « il » et de *a* « elle ».

Le grec ancien et le grec moderne ont aussi une troisième personne, *huei* chez le premier, et *vreχi* chez le second. Cependant, *huei*, qui est l'équivalent littéral du français *il pleut*, pouvait, en grec ancien, être personnalisé par l'adjonction d'une personne, et non pas une personne quelconque, mais Zeus lui-même, ou la divinité en général ! On pouvait dire, en effet, en grec archaïque,

hûe d'ara Zeùs pánnuχos

forme homérique ionienne que l'on trouve dans l'*Odyssée* (chant 14, vers 457), et de même dans l'*Iliade* (notamment chant 12, vers 25). On pouvait dire également, en grec classique,

ho theòs húei,

qui apparaît chez l'historien du Ve siècle avant J.-C. Hérodote (d'Halicarnasse) comme, beaucoup plus tard, chez le sophiste du IIe siècle Lucien (de Samosate). Mais le sens exact de la première de ces deux phrases est « or Zeus faisait alors pleuvoir pendant toute la nuit » et celui de la seconde « le dieu fait pleuvoir », ce qui signifie qu'il s'agit en fait, plutôt que de « pleuvoir », d'un verbe « faire pleuvoir », utilisable aussi comme verbe impersonnel, mais qui, dans son emploi premier, se comporte comme en français, où l'on peut dire

Il fit pleuvoir sur eux les pierres, ou *l'or*, ou *ses bienfaits,* etc.

De même, le verbe *vreχi*, qui signifiait « mouiller » en grec ancien, prend ensuite, vers le IIe siècle avant J.-C., le sens de « faire pleuvoir », notamment, chez les Septante, traducteurs juifs de la Bible en grec à l'époque alexandrine, et dans la littérature patristique, avant de s'employer au sens de « pleuvoir », qui est aujourd'hui le sien en grec moderne.

Tous ces témoignages vont dans le même sens : « pleuvoir » est dans beaucoup de langues non pas un phénomène impersonnel comme en français et dans les langues romanes, mais une action d'un être précis, traitée grammaticalement comme telle. Bien entendu, d'autres traitements se rencontrent aussi. En ne retenant que deux des langues les plus importantes en nombre de locuteurs et en diffusion culturelle, le hindi et l'indonésien, on trouve dans le premier

bâriš huî
« pluie a été »,

et dans le second

hujan
« pluie » ou « (il) pleut ».

Ces deux langues expriment « pleuvoir » comme quelque chose qui « est ». Le hindi le fait avec son verbe « être » (ici au passé) pour montrer, par l'accord au féminin en *-î*, puisque *bâriš* « pluie » est féminin, le lien étroit entre la pluie et la conception de « pleuvoir » comme un état plutôt que comme une action. Quant à l'indonésien, qui n'a pas de verbe « être » d'emploi courant, il a un seul et même mot pour « pluie » et pour « pleuvoir », *hujan* pouvant donc s'interpréter comme « pluie (est) » ou comme « il pleut ».

On peut s'en tenir à cet échantillon de langues. Ce qu'elles montrent, c'est l'étonnante diversité des manières d'exprimer un seul et même phénomène naturel comme la pluie, et, par conséquent, ce que les rapprochements typologiques peuvent nous enseigner sur la diversité des langues et peut-être celle des conceptions du monde qui les sous-tendent. On peut considérer cette diversité avec indifférence parce qu'on juge que d'autres sujets méritent l'attention. On peut la déplorer en assurant que tout serait beaucoup plus facile s'il n'y avait qu'une langue. On peut aussi s'éprendre des prodiges d'imagination que l'esprit humain enfouit dans le discours sur le monde. C'est ce parti que prend le *Dictionnaire amoureux des langues*.

Politesse

Au cours des débats qui suivent un exposé public dans une réunion politique, scientifique ou autre, il arrive qu'on entende un participant introduire son intervention par les mots

peut-être un point intéressant aurait-il pu être abordé.

Mais on peut aussi entendre un commentaire qui commence par les mots

vous n'avez pas abordé un point intéressant.

Si l'on compare entre elles ces deux sortes différentes d'entrée en matière, on voit vite qu'elles se différencient par un aspect qui ne concerne pas leur contenu. Celui-ci est à peu près le même : dans les deux cas, l'intervenant veut signaler un point intéressant qu'il ou elle aurait souhaité voir aborder dans l'exposé que l'on vient d'entendre. Mais la manière dont cela est exprimé est sentie comme plus polie dans la première phrase que dans la seconde. De la même façon, la réponse la plus fréquente d'un individu qu'on a appelé au téléphone et qui n'est pas, du fait d'une faute sur les chiffres, le destinataire recherché, est

vous avez fait une erreur

ou

vous vous êtes trompé (de numéro).

Mais une autre réponse, que seuls peuvent faire les correspondants éduqués, ou ceux qui connaissent les conventions de la politesse dès lors qu'elle se hausse à un certain niveau de subtilité et de raffinement, serait quelque chose comme

je crois qu'il y a (une) erreur.

L'ouverture de la phrase par une formule *je crois que*, bémolisant l'affirmation trop abrupte, n'est qu'un élément supplémentaire de participation à l'effort pour utiliser une formulation plus polie. Le seul procédé important, commun à cette dernière phrase et à la précédente phrase polie, consiste en ceci que la personne à qui l'on s'adresse n'est pas directement mentionnée. Pour éviter cette mention directe, on peut, comme ici, remplacer *vous avez fait* par le très impersonnel *il y a.* Mais on peut aussi, comme dans la première phrase polie, tourner par le passif, c'est-à-dire par une structure de phrase qui permet d'occulter l'agent (voir Agent). C'est bien cette occultation de l'agent qui est un secret de la politesse, puisqu'en dissimulant l'agent d'une action dont chacun sait qu'il en est le responsable désigné, on atténue la portée de l'assertion qui poserait explicitement cet agent. On évite ainsi de l'impliquer dans le discours, alors même qu'il est profondément impliqué dans la réalité. Ainsi, le passif n'est pas simplement un renversement de l'actif, opération par l'effet de laquelle, au lieu de dire ce que fait quelqu'un qu'on appelle un agent, on dit ce qui arrive à quelqu'un d'autre qu'on appelle un patient, comme dans les phrases citées au début de l'article Agent, ou bien dans les phrases suivantes :

le maître a grondé l'élève

l'élève a été grondé par le maître.

On peut aussi supprimer l'agent, et dire simplement

l'élève a été grondé.

Une telle phrase ne dit pas seulement ce qui est arrivé à l'élève, elle est aussi une formule au moyen de laquelle on évite de mentionner la personne qui a grondé l'élève. Beaucoup de langues n'ont pas de conjugaison passive spécifique, ce qui revient à dire qu'elles n'ont pas de passif et se servent, pour indiquer un état de fait dont un individu, le patient dans les langues ayant un passif, subit les effets, de structures soulignant l'état dans lequel se trouve cet individu par suite d'un certain événement. Mais en outre, un fait notable est que l'existence d'une conjugaison passive n'implique pas celle d'un moyen d'exprimer l'agent. Les langues sémitiques, qui ont des formes passives variées, n'expriment pas toujours l'agent, et certaines ne possèdent pas même de moyen pour le marquer comme tel.

Ce cas est celui de l'arabe coranique et de l'hébreu biblique. Les variantes modernes, arabe littéraire contemporain et hébreu israélien, ne possédaient pas davantage de mot équivalant au français *par*, marque de ce que les grammaires scolaires appellent le complément d'agent. Sous la pression des langues occidentales, où l'agent est marqué par des instruments précis, et poussés par les besoins de la traduction à partir de ces langues, l'hébreu et l'arabe se sont façonné des marques d'agent, l'hébreu en créant une expression *al yedei*, littéralement « sur les mains de », et l'arabe en construisant avec la préposition *min* « (hors) de » et le nom *taraf* « côté, part », une préposition composée *min taraf*, littéralement « du côté de » ; elle a plus tard été empruntée, sous la forme *tarafından*, par le turc, qui, jusqu'alors, tout comme les autres langues turques ainsi que les langues finno-ougriennes comme le finnois ou le tchérémisse, n'exprimait pas couramment l'agent d'un verbe passif.

Ainsi, l'expression de l'agent est loin d'être une nécessité interne des langues, et moins encore lorsque sa mention insiste sur une implication que la politesse peut suggérer d'éviter. Justement, dans certaines langues où les marques de politesse sont importantes au point de constituer une partie intégrante de la grammaire, il peut arriver que l'outil qui marque le passif, et avec lequel la mention de l'agent n'est pas indispensable, soit le même qu'on utilise aussi pour marquer d'autres structures impliquant peu les personnes. Le japonais est une langue de ce type. La même forme *are* a quatre emplois (cf. Shibatani 1985, p. 822-823) :

Taroo wa sikar-are-ta (Taro THÈME gronder-PASSIF-PASSÉ)
« Taro a été grondé »

boku wa nemur-are-nakat-ta (je THÈME dormir-POSSIBILITÉ-NÉGATION-PASSÉ)
« je ne pouvais pas dormir »

sensei ga waraw-are-ta (professeur SUJET rire-HONORIFIQUE-PASSÉ)
« le professeur (honoré) a ri »

mukashi ga sinob-are-ru (« passé SUJET penser. à-SPONTANÉ-PRÉSENT »)
« le passé vient spontanément à l'esprit ».

Ce qui frappe lorsque l'on examine ces quatre phrases, c'est que le japonais se sert du même mot grammatical pour marquer le passif, la possibilité, l'honorifique et la spontanéité. Au lieu d'en déduire que les Japonais ont de bien étranges conceptions car on n'est pas immédiatement frappé par ce que ces quatre sens peuvent avoir en commun, mieux vaut faire ce que commande l'attention pour les langues et leurs apparents mystères : se demander s'il n'y a pas de lien entre des phénomènes que l'on ne songerait guère à relier entre eux, et que certaines langues, pourtant, traitent identiquement. Ces liens ne sont pas tout à fait inapparents en français, puisque les phrases précédentes ont montré que cette langue établit une parenté entre passif et politesse. Mais le japonais va beaucoup plus loin, et nous guide vers une lumière.

En effet, l'absence d'agent possède un lien logique avec l'action spontanée, puisqu'une telle action n'est pas accomplie sur l'instigation de quelqu'un. D'autre part, du spontané au possible, la distance n'est pas grande, la notion de possibilité ayant elle-même, parmi ses sens variés, celui de probabilité d'occurrence. Tel est le cas de *pouvoir* en français, d'où les deux interprétations, selon le contexte, de

il peut venir,

c'est-à-dire soit « il a le pouvoir de venir », soit « il se peut qu'il vienne ». Quant au sens honorifique, s'il suppose une démarche plus subtile, il est tout à fait explicable. On est ici dans le domaine de la politesse, manifestée par le souci d'honorer la personne dont on parle. L'emploi que fait le japonais, pour exprimer ce sens, d'un outil qui exprime aussi, dans d'autres contextes, le passif, la spontanéité et la possibilité s'explique par le fait que ces trois sens sont en relation logique avec l'intention de politesse. En effet, il est considéré, dans cette culture et dans d'autres, comme moins poli de présenter une personne en tant qu'agent explicite et résolu d'un acte que comme agent implicite d'un verbe au passif, ou même comme absente de l'acte, qui est dès lors conçu comme potentiel et spontané.

Le témoignage d'autres langues apporte une confirmation. En nahuatl (Mexique), la marque du passif, *mo*, est également employée comme marque de politesse. En indonésien, le passif connaît aussi des emplois honorifiques :

itu kopi untuk anda, silakan di-minum (« ceci café pour vous s'il.vous.plaît PASSIF-boire »)

« voici un café pour vous ; buvez, je vous prie ».

L'emploi de *di-*, marque du passif en indonésien, est une manière polie de ne pas s'adresser directement à l'auditeur comme à une personne sommée d'agir. Cet énoncé signifie donc littéralement « voici un café pour vous ; qu'il soit bu, s'il vous plaît ». Une telle phrase est assez bizarre en français, où il n'est pas du tout d'usage de recourir au passif ici. Le français n'a donc d'autre choix qu'un *je vous prie* d'effet poli.

Un témoignage moins courant est celui de l'aïnou (Japon). Cette langue emploie en deux sens très différents un de ses pronoms personnels :

a-e-kore (« nous(INCLUSIF)-te-donner »)
« nous te donnons (quelque chose) »

a-en-kore (« tu(HONORIFIQUE)-me-donner »
« tu me donnes (quelque chose) ».

a est en aïnou une première personne du pluriel inclusif, c'est-à-dire que ce pronom signifie « nous incluant l'auditeur » (voir Exclure, inclure). Ce que son emploi a de fort intéressant pour un locuteur de langues européennes est le fait suivant : bien qu'un « nous » ne puisse pas être un « tu », puisqu'il s'agit à la fois de personnes différentes et de personnes opposées par le nombre (singulier/pluriel), le second énoncé signifie littéralement « nous me donnons (quelque chose) », mais cela, en réalité, équivaut à « tu me donnes (quelque chose) ». Cet usage n'est pas inconnu du français parlé : on peut dire, à un enfant que l'on cajole pour le consoler après une chute, par exemple, *alors, on s'est fait bien mal ?*,

où le *on*, équivalant à *nous*, est mis pour *tu*. On peut aussi dire à un ami à qui l'on rend visite dans un hôpital,

comment nous portons-nous ?,

où le *nous* est aussi mis pour *tu*. Mais la différence avec l'aïnou est que cet emploi implique en français une sympathie, le locuteur voulant dire qu'il s'associe avec l'auditeur en un groupe de solidarité, alors qu'en aïnou, où existe une opposition, inconnue du français, entre un inclusif et un exclusif, il s'agit d'une forme de politesse : le locuteur estompe l'individualité trop abrupte d'un « tu » en l'enfouissant sous un « nous » = « toi et moi ». Ce n'est plus ici une forme passive-potentielle-spontanée, comme le *are* du japonais rencontré plus haut, qui conjure la mention trop explicite, et jugée impolie, d'un « tu », mais une forme qui le masque partiellement par le biais d'un « nous » où il est inclus.

Les structures mentionnées jusqu'ici ne représentent qu'une partie du monde passionnant et touffu des moyens d'exprimer la politesse. Une autre partie, peut-être plus connue de ceux qui s'intéressent aux langues, est constituée par des pronoms personnels, des formes verbales et des formes nominales. Le japonais, de nouveau, ainsi que le coréen, sont parmi les langues où le phénomène est, à la fois, le plus important et le mieux étudié, surtout par les linguistes autochtones, parfaitement conscients, depuis longtemps, de sa signification dans les systèmes de ces langues, sans compter sa place dans l'existence quotidienne. Ce qu'une sociolinguiste japonaise écrivait il y a quelque temps n'a pas fondamentalement changé, en dépit de l'évolution de la société japonaise comme dans d'autres pays industrialisés :

> « Dans la vie courante, quelqu'un qui ignorerait la position respective des gens qui l'entourent ne pourrait [...] ni parler, ni s'asseoir ni manger [...]. Les expressions et le ton convenables pour un supérieur ne doivent jamais être utilisés pour s'adresser à un inférieur. Même entre collègues, il faut que les deux partenaires soient très intimes pour qu'ils puissent se dispenser des termes honorifiques de rigueur, termes dont les langues occidentales ne fournissent guère d'équivalents. Le comportement et le langage se trouvent ici étroitement mêlés » (Nakane 1970).

Cette déclaration, cependant, est à nuancer. Car il existe une forme dite « neutre », c'est-à-dire ne contenant aucune marque spéciale de politesse. Mais il est vrai qu'elle s'emploie surtout dans les textes écrits, notamment les exposés scientifiques, et dans les discours destinés à un large auditoire, c'est-à-dire quand il n'y a pas d'échange entre personnes individuelles dans le dialogue. Pour ce dernier cas, les linguistes japonais, et étrangers à leur suite, distinguent trois degrés dans les formes honorifiques du verbe. Le premier degré est le déférent, marqué par les suffixes les plus courants, *-masu* pour tout verbe et, pour « être », *desu* ou *de arimasu*, qui contient *-masu*, ou *gozaimasu* dans les circonstances officielles. Ces formes sont celles que l'on entend partout dès les premiers pas en japonais. Les deux autres degrés sont exprimés par deux structures verbales plus complexes. Il s'agit du poli ou appréciatif, par lequel on donne du prix à la personne supérieure, et qui ne s'adresse donc qu'à « vous », et du modeste ou dépréciatif, par lequel on se déprécie soi-même, et qui, par conséquent, n'est proféré que par *ego* ou « nous ».

Du fait que ces deux dernières structures impliquent un dialogue entre personnes humaines, elles sont exclues lorsque la phrase ne contient pas de référence à une personne. Ainsi, mettons au passé l'expression relative à la pluie, où il est dit que celle-ci « tombe » (voir Pleut [il]) : nous obtenons deux phrases possibles, dont aucune ne se sert de la forme polie, ni de la forme modeste. Seules sont utilisées la forme neutre :

> *ame ga futta* (pluie MARQUE.DE.SUJET tomber.PASSÉ),

> ou la forme déférente :

> *ame ga furi-mash-i-ta* (pluie MARQUE.DE.SUJET tomber-DÉFÉRENT-VOYELLE.DE.LIAISON-PASSÉ).

D'autre part, le japonais présente un phénomène très fréquent dans les langues : les verbes les plus courants ont des formes irrégulières, soit parce que leurs emplois récurrents les usent au cours du temps, soit parce qu'ils appellent des renouvellements expressifs, soit parce que l'évolution historique a eu pour effet que des radicaux différents ont été utilisés pour un même verbe. Ce dernier cas est celui des verbes les plus difficiles du français, *être* et *aller* : *être* possède cinq radicaux différents, qui sont le [e] de *es*, *étais* ou *été*, le [ɛ] de êtes, le [s] de *sommes* ou *soit*, le [sər] de *serai* ou *serions* et le [f] de *fut* ; *aller* en possède quatre : le [v] de *vais* ou *vont*, le [al] de *allez* ou *allions*, le [ir] de *ira* ou *iraient* et le [ay] de *aille*. Cette irrégularité de formes multiples s'observe aussi dans l'expression de la politesse en japonais. Certains verbes japonais, en effet, ont des formes appréciatives et dépréciatives spéciales. Et les sens que cela concerne ne sont pas n'importe lesquels. Les langues s'accordent, très généralement, sur les significations importantes dans la vie quotidienne. Les verbes « être » et « aller », de même qu'en français ils sont irréguliers, figurent en japonais parmi ceux qui possèdent des formes spéciales de politesse. Les autres sont ceux qui signifient « faire », « venir » et « voir ». En outre, certaines formes spéciales valent pour plus d'un verbe à la fois. C'est le cas, notamment, du verbe *irassharu*, qui peut jouer le rôle de substitut appréciatif, tout aussi bien, selon le contexte, des verbes *iru* « être », *iku* « aller » et *kuru* « venir ».

Les formes honorifiques mettent en relation étroite la langue et la culture sociale. Un exemple fameux en est le changement important que connut, après la défaite du Japon à l'issue de la Deuxième Guerre mondiale, le langage de l'empereur s'adressant à ses sujets. Le 15 août 1945, l'empereur annonça à la population qu'il avait été contraint, la veille, du fait des circonstances exceptionnelles créées, au début de ce même mois, par les bombardements atomiques d'Hiroshima et de Nagasaki, de signer la reddition inconditionnelle du Japon. Son discours radiodiffusé, présenté par l'annonceur dans un style boursouflé de formes honorifiques, fut le dernier de l'histoire à comprendre tous les emplois de mots et de constructions réservés par la tradition à l'empereur seul. Les tournures archaïques y foisonnaient, ainsi que les mots sino-japonais, mots savants pour la plupart et non toujours pénétrables aux masses, car introduits à une époque où la langue s'était déjà formée (voir Emprunt). On peut douter que ce discours de Hiro Hito ait été d'une confondante clarté pour tous ses destinataires, ce qui, vu ce qu'il annonçait, peut avoir été jugé plus commode.

Du fait de ces événements, la Compagnie nationale de radiodiffusion, dont le rôle dans la fixation de l'usage au Japon n'est pas négligeable, dut publier, quelques années plus tard, une réglementation annulant les anciennes habitudes, et édictant les nouvelles formes de politesse à utiliser dans les communiqués relatifs à la maison impériale (cf. Wlodarczyk 1996, p. 100). Mais cela ne fut pas suffisant. Les bouleversements de la société japonaise provoqués par la défaite du Japon et par la pression massive de nouveaux modèles culturels, essentiellement américains, conduisirent le ministère de la Culture à publier, en 1952, des instructions édictant les nouvelles normes qui devaient codifier l'emploi des formes honorifiques. La commission ministérielle qui rédigea le texte était présidée par un important linguiste japonais, ce qui souligne que le langage de la politesse, au Japon, est un problème interne à la langue : les rapports hiérarchiques au sein de la société japonaise et les formules de politesse qui reflètent ces rapports sont inscrits dans la grammaire elle-même. Il ne s'agit donc pas de choix que l'on puisse faire individuellement en fonction de la manière dont on évalue le type de relation à instaurer avec quelqu'un, ou selon l'interprétation subjective que l'on a d'une situation.

Les instructions se proposaient, notamment, de mettre fin à la diversité des pronoms personnels, qui, à vrai dire, n'est pas un problème en japonais, car cette langue, contrairement à celles de l'Occident, les emploie peu, la forme du verbe suffisant, en général, à indiquer qui parle et à qui ! Quoi qu'il en soit, les instructions prescrivent que la forme généralement autorisée d'expression d'*ego* est *watashi*, tandis que *boku* est un usage des écoliers mâles qui doit céder le pas à *watashi* dès l'âge adulte, et *ore* un *ego* populaire à éviter. Pour l'adresse à *tu*, la forme autorisée est *anata*, et *kimi* n'est concevable que dans la relation intime, la forme populaire *omae* devant graduellement être remplacée par *anata*. Les instructions codifient aussi les titres, car on distribue des titres, en japonais, aux personnes à qui l'on s'adresse. Elles traitent, d'autre part, des préfixes honorifiques qui doivent précéder les substantifs, et dont l'usage est important, car, les pronoms personnels étant peu usités, ce sont ces préfixes qui permettent de désigner l'interlocuteur comme possesseur, par exemple dans la question

> *o-bôshi wa dore deshô ka ?* (PRÉFIXE.HONORIFIQUE-chapeau THÈME lequel être.SUPPOSITION.POLIE est-ce.que ?)

Littéralement, cette question veut dire

« l'honorable chapeau est lequel ? »

L'honorable chapeau, ne pouvant décemment pas, au Japon, être le mien, est fatalement le vôtre. Seuls échappent à cette logique les objets qui, bien qu'ils appartiennent à *ego*, sont adressés à autrui, et dès lors sont potentiellement sortis de la sphère personnelle d'*ego*. Ainsi, *tegami* signifiant « lettre » et *negai* « prière », *o-tegami* et *o-negai* indiquent que le destinataire a reçu les honorables lettre ou prière. Cette marque d'honneur, ou peut-être d'espérance, ne s'applique pas, cependant, à certains objets que l'on considère comme dépourvus de noblesse : *o-* est proscrit devant *kutsushita* « chaussettes », *biru* « bière » ou *kaiken* « interview » ! *o-* est également proscrit dans le langage des hommes devant des noms d'objets que les femmes, au contraire, font volontiers précéder de ce suffixe, disant *o-kome* « riz » ou *o-kashi* « gâteau ». Dans cette société japonaise où la lutte féministe s'efforce de conquérir un peu d'égalité entre les sexes pour combler le fossé creusé par des siècles de mâle assurance guerrière, certains objets et les activités qu'ils évoquent sont encore trop impavidement vus comme indignes de l'honneur viril et seulement féminins pour que la langue n'en reflète la conviction ! Cela dit, il est vrai que les femmes japonaises tendent à abuser du préfixe *o-*, notamment les institutrices, et même les universitaires, de sorte que l'ensemble des enseignantes ont été priées de modérer cette propension.

Ainsi, les instructions de 1952, qui ont également codifié l'usage de la presse, de la radio et de la télévision, représentent un pas vers un allégement des contraintes linguistiques imposées par le code japonais de politesse. Mais il se trouve que, vu la force de la tradition, la société japonaise demeure en retrait par rapport à ces dispositions pourtant modérément progressistes. Les enquêtes conduites par l'Institut national de recherche sur la langue japonaise ont fait apparaître que, sur de nombreux points, la population est attachée au maintien de beaucoup d'aspects de ce code. D'une manière générale, l'emploi des formes honorifiques est considéré comme une condition nécessaire du prestige. Plus spécifiquement, les phrases longues sont jugées plus polies que les phrases courtes, ce qui n'est peut-être pas une exclusivité japonaise, si l'on songe à l'échange vif que Cicéron aurait eu avec un de ses adversaires : celui-ci, pour l'offenser, avait annoncé son départ de Rome en trois syllabes: *eo rus* « je vais à la campagne », à quoi Cicéron aurait répliqué par l'impératif de ce même verbe, lequel se réduit à une syllabe, et même à une voyelle : *i* !

Mais les Japonais expriment encore d'autres exigences de politesse. Les questions formulant une demande ou une requête d'information, par exemple, sont ressenties comme plus polies quand elles sont à la forme négative, alors qu'en français

tu n'es pas content ?,

quand il n'implique pas quelque menace, met souvent en demeure de répondre par *si !*, bien que ne soit pas impossible une réponse libre par *non !* Une autre tendance, évidemment spécifique au Japon, consiste à considérer les phrases contenant des mots sino-japonais comme plus polies que les phrases qui les remplacent tous par des mots purement japonais de mêmes sens. L'emploi de formes dialectales est également considéré comme peu poli. Le sexe est un facteur peu important, en particulier si on le compare avec la position dans la hiérarchie sociale : une très forte résistance est opposée à une recommandation du ministère de la Culture qui proscrit l'emploi des formes honorifiques à l'adresse d'une personne de haut niveau social mais extérieure à l'administration ou à l'entreprise avec laquelle elle entre en relation. La réduction du large clavier des formes de politesse est, enfin, mal vue, dans la mesure où elle peut contraindre à employer soit des formes insuffisamment polies, comme dans ce dernier cas, soit des formes trop polies, comme avec les membres de la famille, qui requièrent des formes de politesse moyenne.

Dans une autre société d'Extrême-Orient, la société coréenne, le code de politesse est aussi d'une importance capitale, et sa violation peut entraîner des conséquences graves, en particulier quand elle est délibérée, ce dont je puis témoigner, ayant assisté à des pugilats dans les rues de Séoul pour ce motif que l'on croirait futile. Il existe des situations moins dramatiques, mais aussi inextricables, comme celle où se trouvent un oncle et son neveu plus âgé que lui : l'âge du neveu requiert de la part de l'oncle des formes déférentes que, cependant, ce dernier ne peut pas accepter d'employer avec un interlocuteur inférieur. Le résultat est qu'il vaut mieux éviter d'affronter une telle situation, car les interlocuteurs sont alors mis dans l'impossibilité de se parler. Les grammaires coréennes ne disent pas si les jeunes oncles doivent fuir leurs neveux âgés quand ils en ont, et moins encore si les parents doivent éviter de concevoir des enfants trop tard, notamment quand cela produit des oncles plus jeunes que leurs neveux.

La rigueur de cet usage est l'objet d'un soin d'autant plus sourcilleux que le style poli, qui en est la base, et la forme, dite basse, qui s'emploie quand un adulte s'adresse à un enfant ou qu'un supérieur entend se situer comme tel, sont tout ce qui reste des cinq styles de discours autrefois distingués par la culture confucianiste, d'inspiration chinoise, qui a longtemps été celle de la Corée. Tout ce qui importe est de ne pas employer le style informel, à suffixe verbal *-yo*, dans les circonstances où c'est le style formel, à suffixe verbal *-mnida* au présent, *-mnikka* dans les questions, *-psida* à l'impératif, qui est requis. Il ne faut jamais omettre, non plus, quand on parle de personnes honorables, de placer immédiatement après le radical des verbes la forme honorifique *si*, qui est donc associée, dans ce cas, au suffixe *-mnida*. Il faut employer, enfin, pour un certain nombre de sens, non les noms ou les verbes neutres, mais les noms ou les verbes honorifiques.

Cela s'applique aux noms du riz cuit, *pap* en style neutre, *tchindji* en style honorifique, de la maison : *tchip* et *tɛk*, ainsi qu'à plusieurs noms de parenté, qui exigent en style honorifique un suffixe *-(ni)m*, ce qui donne *omɔnim* (rencontre purement fortuite avec le français) pour la « mère », au lieu d'*omɔni* en style neutre. Les verbes qui opposent une forme honorifique à une forme neutre ne sont pas les mêmes qu'en japonais, sauf « être », et bien qu'il s'agisse aussi de sens qui sont récurrents dans le discours. Le coréen distingue, en effet, ces deux formes pour des sens comme « manger » (*mɔk* / *tchapsu*) ou « mourir » (*tchuk* / *toraka*). Beaucoup d'autres langues d'Extrême-Orient possèdent aussi des niveaux de style, impliquant les pronoms personnels et les formes verbales et nominales, qui varient selon le degré de politesse et le type de rapport entre les interlocuteurs. Pour ne citer que l'Indonésie, ce système est celui que l'on trouve en soundanais, en madurais, en balinais et dans la langue d'une autre île, Lombok.

L'anglais parlé d'aujourd'hui a perdu, sauf dans la prière ou autre dialogue avec le divin, le *though* « tu », *thy* « ton », *thine* « le tien », encore en usage au XVIe siècle et attestés dans les pièces de Shakespeare.

Mais une certaine prononciation de *you* avec voyelle non pleine, donnant un [yə] moins audible au lieu d'un [yu] très clair, est, ainsi que le contexte et l'intonation, un des indices d'une relation qui, en français, appellerait *tu* plutôt que *vous*. Cette opposition du tutoiement et du voussoiement en français, c'est-à-dire cette ambiguïté de *vous*, qui est tantôt une collection de « tu », tantôt un « tu » poli, est la seule marque réelle de la différence entre une adresse polie et une adresse familière. On peut en dire autant d'autres langues européennes, notamment le russe, le grec, l'albanais, les langues scandinaves contemporaines, ainsi que de beaucoup d'autres langues, par exemple, au Caucase, un proche parent du géorgien, le mingrélien, qui oppose un *si* « tu » et un *thkhva* « vous ». Cependant, dans un certain registre de profond respect, le français se sert aussi de la troisième personne, mais, n'ayant pas de pronom pour cela, il utilise un appellatif, comme dans la question de la femme de ménage

Madame m'a appelée ?,

ou dans l'annonce du maître d'hôtel de l'Élysée au chef de l'État recevant ses hôtes,

Monsieur le Président est servi.

En hongrois également, l'adresse polie requiert une troisième personne du verbe, mais il existe, même s'il est lui-même d'origine nominale, un pronom déférent, *maga*, qui n'est, en fait, utilisé que pour insister. Cette stratégie de politesse est plus explicite en polonais, où, pour le vous de politesse, on se sert régulièrement, et non à seule fin d'insistance, de *pan* « monsieur » et *pani* « madame », tels quels quand ils sont sujets d'un verbe qui, comme en hongrois, est mis à la troisième personne, ou bien déclinés, puisque ce sont des noms, selon le cas de déclinaison appelé par leur fonction dans la phrase. En allemand, le *Sie* de politesse est, en fait, une troisième personne du pluriel et s'accorde comme telle avec le verbe.

Quant à l'espagnol *Usted*, issue historique de *vuestra merced* « votre grâce », qui s'oppose au tutoiement par *tú*, il requiert aussi une troisième personne, mais avec moins d'égard, dira-t-on, que l'allemand, puisque l'accord ne demande qu'un verbe singulier, ce qui, comme en hongrois et en polonais, est logique, *merced* étant un singulier ! Du moins est-ce ainsi en espagnol européen. Les choses sont différentes outre-Atlantique, et surtout dans la région argentine et uruguayenne du Rio de la Plata, ainsi qu'au Paraguay et dans la plupart des pays d'Amérique centrale. Ces variantes de l'espagnol ont remplacé le *tú* du castillan par l'ancien *vos*, qu'on utilisa à la place de *Usted* jusqu'au XVIe siècle. Mais dans le *voseo* (usage de *vos*) sud-américain, c'est un verbe au singulier qui est requis après *vos*, alors que le *vos* d'Espagne, qui est le pluriel de *tú*, requiert un verbe au pluriel.

Dans d'autres langues, ce sont non pas une seule, mais deux formes pronominales de politesse qui s'opposent au tutoiement. Tel est le cas du portugais d'Europe. Il se sert, pour le *tratamento* (formules d'adresses à autrui) autre que le tutoiement par *tu*, de *o Senhor* (« le monsieur ») au masculin ou *a Senhora* (« la dame ») au féminin, seuls le plus souvent, mais éventuellement suivis, quand on veut marquer les titres de l'interlocuteur, de *Doutor* « docteur », *Director* « directeur », *Arquitecto* « architecte », etc., ou d'un simple nom propre. Mais cette langue possède aussi un autre pronom poli, moins intime que *tu*, mais plus familier que *o Senhor*, à savoir *você* au singulier, *vocês* au pluriel, qui requièrent un verbe à la troisième personne, et dont les formes comme compléments sont *o* et *a* au masculin et au féminin, *lhe* pour le datif des deux genres, et, bizarrement, après une préposition, le même *si* que celui du réfléchi, usage inconnu au Brésil. On dit donc en portugais européen

> *você não deve zangar-se por eu lhe dizer isto* (vous NÉGATION [doit =]devez fâcher-soi pour je [lui =]à.vous dire cela)
> « vous ne devez pas vous fâcher que je vous dise cela »,
>
> ainsi que
> *isto é para si*
> « cela est pour vous ».

Le système est plus réduit en portugais brésilien, où *tu* a quasiment disparu, sauf au nord et au sud extrêmes de l'immense pays. Il n'y a donc que l'adresse familière *você*, équivalant au *tu* du français, et l'adresse plus déférente *o senhor* (et variantes féminine et plurielles), équivalant à *vous*. Cette différence, quant à la forme du tutoiement et quant au nombre de formes pronominales de politesse, entre les langues romanes, et entre des variantes régionales au sein d'une même langue romane, apparaît aussi lorsque l'on examine l'italien et le roumain. Alors que le français, le portugais brésilien et les formes européenne et américaine du castillan n'ont qu'une forme de vouvoiement, l'italien en a deux, *voi*, pluriel de *tu* mais aussi forme, la moins déférente, de vouvoiement, et *Lei*, plus déférent et accordé à la troisième personne. Il en est de même du roumain, bien que le *voi* de cette langue ne soit, contrairement à celui de l'italien, que le pluriel de *tu* et indique donc que l'on s'adresse à deux ou plusieurs personnes que l'on tutoie individuellement.

L'originalité du roumain, en revanche, est de s'être façonné, sur le radical, hérité du latin, *domnia*, deux formes de politesse complexes, *dumnea+ta* « ta seigneurie », qui s'accorde au singulier, et *dumnea+voastră* « votre seigneurie », qui demande un accord au pluriel comme le *vous* français et le *Sie* allemand. Ces pronoms sont surtout des formes d'insistance et ne s'emploient pas régulièrement, les terminaisons verbales suffisant à marquer les personnes. Mais leur existence est une caractéristique intéressante du roumain. *Dumneata*, bien que moins familier que *tu*, s'emploie notamment avec des interlocuteurs de douze ou treize ans, alors que *dumneavoastră* est adressé à des auditeurs d'au moins dix-huit ans, soit des supérieurs hiérarchiques, soit des personnes étrangères. Une originalité supplémentaire du roumain, que l'on ne retrouve dans aucune autre langue romane et dans peu de systèmes personnels d'autres langues du monde, est l'existence de pronoms de politesse se référant à la personne dont on parle, c'est-à-dire à une troisième personne, et non plus à l'interlocuteur. Le masculin *el* « il » ou son pluriel *ei*, ou le féminin *ea* « elle » ou son pluriel *ele* sont des pronoms de troisième personne sans aucune autre propriété sémantique que de se référer à une personne étrangère au dialogue, quelle qu'elle soit. Mais si l'on désigne une ou des tierces personnes par *dînsul* (masculin) / *dînsa* (féminin) ou par le pluriel *dînşii* (masculin) / *dînsele* (féminin), alors il faut comprendre qu'il s'agit de personnes respectées. Il existe même des formes *dumnealui* (masculin) / *dumneaei* (féminin) / *dumnealor* (pluriel), qui se réfèrent à des troisièmes personnes très respectées !

Les langues sémitiques ne connaissent pas le voussoiement. Cependant, dans une forme très littéraire de l'arabe classique, il existe un emploi du nom *ḥaḍra* « présence » ou « lieu de retraite », suivi de suffixes possessifs, pour s'adresser avec déférence à quelqu'un ou, comme en roumain, se référer à quelqu'un de respectable : *ḥaḍratuka* (« ta [possesseur masculin] présence » = « vous [masculin singulier] », *ḥaḍratukunna* (« votre [possesseur féminin pluriel] présence » =) « vous (féminin pluriel) » *ḥaḍratuhu* (« sa [masculin singulier] présence » =) « il (personne respectée) », etc. Les dialectes arabes eux-mêmes possèdent souvent des formes semblables. On dit, par exemple, en arabe jordanien *ḥaḍertik* « vous (féminin) », *ḥaḍrətku* « vous (plusieurs personnes voussoyées) ». Une autre langue sémitique, mais du groupe méridional, le tigrigna, parlé au nord de l'Éthiopie, possède un système de formes personnelles qui s'est substitué à toutes les formes anciennes sauf celle d'*ego*, et qui se sert d'un nom *nəss* « âme » suivi de suffixes possessifs. Le tigrigna emploie cette même formation, avec de légères modifications, pour exprimer le « vous » de déférence.

Un dernier cas qui vaut, par sa rareté, d'être cité est celui du dialecte arabe d'Arabie Saoudite, dans lequel la déférence, en plus d'être marquée par ces mêmes formes nominales à suffixes possessifs qui viennent d'être citées pour l'arabe classique, le dialecte arabe jordanien et le tigrigna, peut aussi être marquée par le mode d'autodésignation d'*ego*. Celui-ci, lorsqu'il s'adresse à une personne à laquelle il veut marquer son respect, fait référence à lui-même par un participe présent *da:ʕi:k*. Le sens de ce mot est « appelant toi », ce qui signifie que le locuteur déférent se présente comme celui qui est en train, en lui parlant, d'appeler l'interlocuteur.

Postpositions

Un trait peu fréquent dans les langues d'Europe occidentale s'observe abondamment dans celles d'autres continents : les mots signifiant « pour », « avec », « par », « vers », etc., sont placés non pas avant le nom mais après lui, ce qui en fait, au lieu de prépositions, des postpositions. Certes, le français dit

il a travaillé des années durant,

ou

il a tout lu, les bons livres exceptés,

ou

ce nonobstant, nous irons jusqu'au bout,

et cette dernière expression a un équivalent anglais de même sens, que l'on trouve, par exemple, dans la phrase

this notwithstanding, he rambunctiouly strained at a gnat
« ce nonobstant, il s'est attaché de façon querelleuse à des vétilles ».

De même, il est vrai que l'espagnol peut dire

escalera abajo (escalier en-bas)
« en bas de l'escalier »,

que l'allemand dit

den Weg entlang (le chemin le-long-de)
« le long du chemin »,

et peut dire

seiner Krankheit wegen (sa maladie à-cause-de)
« à cause de sa maladie »

aussi bien que

wegen seiner Krankheit.

Mais tous ces usages demeurent marginaux, ou simplement facultatifs, ou assez littéraires. Dans beaucoup d'autres langues, au contraire, on ne trouve que des postpositions. Tel est le cas du japonais, où l'on dit

Tōkyō e densha de itta (Tokyo à train en aller-PASSÉ)
« il est (ou "je suis") allé en train à Tokyo ».

Quelques langues d'Europe, autres qu'occidentales, possèdent aussi des postpositions : on dit, par exemple, en hongrois,

nehézség nélkül (difficulté sans)
« sans difficulté »,

et le finnois comme l'estonien sont riches en tournures de même modèle.

Les postpositions sont, d'autre part, courantes en arménien, géorgien, turc, mongol, coréen, tibétain, afar, bambara, etc. L'intérêt des postpositions est grand si l'on attend de l'étude des langues les plus diverses une prise de conscience de l'altérité, et une vision relativiste du monde : les usagers de langues qui ne connaissent que des postpositions trouvent bien étrange que l'on puisse dire, dans les langues occidentales, ce que dit le français :

à Paris, *pour mon père*, *avec ta femme*,

et non

**Paris à*, **mon père pour*, **ta femme avec*,

qui sont pourtant, à leurs yeux et du fait de leurs habitudes, les seules tournures concevables !

Prépositions conjuguées

Songerait-on à dire en français, en admettant qu'il existât un verbe *avecquer*,

j'avecque, tu avecques, il avecque, nous avecquons, vous avecquez, ils avecquent ?

Cette préposition devenant un verbe et s'adjoignant des pronoms personnels et des désinences de personnes, de temps, de nombre (singulier et pluriel) fera rugir les uns, s'esclaffer les autres, tandis que d'autres encore écarquilleront les yeux et douteront du témoignage de leurs oreilles. Et pourtant ! Il s'agit ici d'un phénomène qui, dans les langues celtiques par exemple, est tout à fait courant. Ainsi, le breton conjugue la préposition *ewid* « pour » de la manière suivante :

ewidon « pour moi »
ewidout « pour toi »
ewitañ « pour lui »
ewiti « pour elle »
ewidomp « pour nous »
ewidoc'h « pour vous »
ewite « pour eux »
ewito « pour elles ».

Les autres langues celtiques ne sont pas en reste quant à ce trait exotique des prépositions que l'on conjugue. On dit en irlandais

tá aithne agam air (se.trouve connaissance à.moi sur.lui)
« je le connais »

níl inti ach gearrachaile (« n'est.pas dans.elle sinon petite.fille »)
« ce n'est qu'une petite fille »

bhíos ann roimpi (« j'étais dans.cela avant.elle »)
« j'y étais avant elle ».

Quant au gallois, non content de conjuguer les prépositions, il fait succéder à cette forme fléchie une répétition du pronom déjà inclus dans la préposition :

daeth ef ataf i (« est.venu il vers.moi moi »)
« il est venu vers moi »

aethom ni hebddo ef (« sommes.allés nous sans.lui lui »)
« nous sommes allés sans lui »

dringasom y mynʮdd a cherdded drosto (« nous.montâmes la montagne et marcher à.travers.elle »)
« nous avons grimpé sur la montagne et sommes allés à pied jusqu'au versant opposé ».

Tel est un des étonnants archaïsmes retenus contre vents et marées, qui viennent, rudement, fouetter leurs côtes, par ces langues très anciennes et très conservatrices, que les invasions ont refoulées jusqu'aux extrémités occidentales de l'Europe.

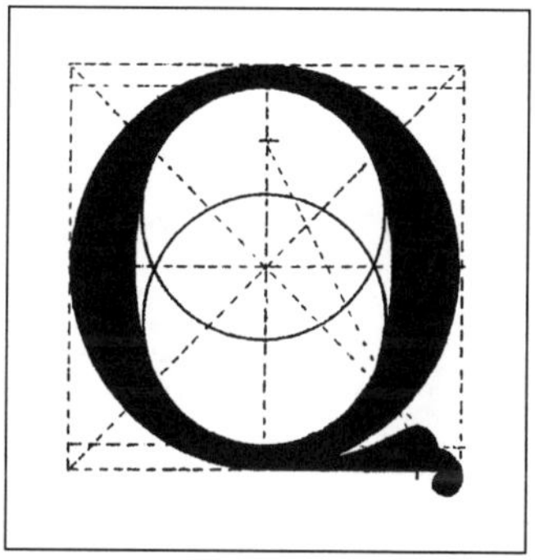

Quetchua

La conquête de l'Empire inca, où se parlait largement le quetchua, par le porcher illettré Pizarro et ses frères, à partir de 1532, n'eut pas la longue violence sanglante ni les aspects génocidaires et linguicides (plusieurs centaines de langues disparurent totalement), ou de réduction massive à l'eslavage, que prit celle de l'Empire aztèque, amorcée en 1519 par un autre soudard espagnol (voir Danger [langues en]). Il s'agit cependant, dans les deux cas, du surgissement d'aventuriers d'Europe n'hésitant pas à abattre deux civilisations raffinées. Un autre point commun est que, peu avant l'arrivée des Espagnols, ces deux empires étaient parvenus à réaliser une certaine unité linguistique, dans le cas des Aztèques au bénéfice du nahuatl, et dans le cas des Incas, lors de la fulgurante expansion qu'ils avaient amorcée depuis le début du

XVe siècle, au bénéfice de la langue originaire de Pachacamac, ancien et prestigieux royaume côtier du Pérou. Déjà utilisé depuis très longtemps par les populations andines comme langue véhiculaire, de communication et de commerce, le quetchua avait été consolidé encore par les Incas.

Les structures très souples de l'Empire inca, peu centralisé, fonctionnant comme un vaste marché (cf. Itier 1997, p. 20) dans ce qui est aujourd'hui le Pérou, l'Équateur et le nord-ouest de la Bolivie, et les fréquentes renégociations entre l'Inca et les caciques des diverses ethnies, si elles en faisaient un ensemble assez original, étaient aussi causes d'une faiblesse qui venait de s'accentuer juste avant l'arrivée des Espagnols, dans les années qui suivirent la mort, en 1528, de Huayna Capac. Celui-ci ayant quitté Cuzco et s'étant installé, pour s'assurer la maîtrise des régions soumises, à Tomebamba, les chefs de son entourage entrent en conflit avec ceux de Cuzco pour la conquête du pouvoir, d'où un état de guerre civile lors de l'arrivée de Pizarro. Ce dernier feint adroitement d'aider le parti de Cuzco, et se saisit d'Atahualpa, chef des Incas de Tomebamba, qu'il fait exécuter, non sans avoir massacré plusieurs milliers d'Indiens. Bien que, dès 1535, Pizarro eût commencé la construction de Ciudad de los Reyes (Lima) près de Pachacamac, et qu'ainsi, le castillan eût commencé de supplanter le quetchua dans sa région d'origine, les missionnaires, qui suivaient, ici comme partout ailleurs durant la conquête espagnole, les traces des soldats, profitèrent de la diffusion du quetchua. Ils l'accrurent encore en adoptant le quetchua pour langue générale de l'évangélisation, c'est-à-dire aussi de l'administration coloniale. Les Indiens l'appellent encore souvent, comme autrefois, *runasimi*, c'est-à-dire langue (*simi*) des Indiens (*runa* « humain »), par opposition à *wiraquchasimi* « langue des dieux », c'est-à-dire « langue des… Espagnols ».

Le quetchua, langue autochtone d'Amérique qui dépasse aujourd'hui toutes les autres avec ses dix millions de locuteurs, bénéficie certainement de sa large et très ancienne diffusion à travers les Andes, du sud de l'Équateur au nord-ouest de l'Argentine. La communication s'établit sans difficulté entre les variétés, que l'on regroupe en trois ensembles : celui d'Équateur et d'Ayacucho au centre-sud du Pérou, le cuzquenio-bolivien, de Cuzco à Chuquicamata, et l'argentin jusqu'à Santiago del Estero. Le quetchua possède, parmi ses principales propriétés, celle d'être fort riche en outils de fabrication de verbes à partir de noms et de noms à partir de verbes. On dit, par exemple,

riku-sqa-n-ta willa-n (voir-ce.que-il-MARQUE. D'OBJET dire-il)
« il dit ce qu'il a vu »,

phrase où le suffixe *-sqa* sert à faire de l'expression verbale *riku-n* « il a vu » une expression nominale *riku-sqa-n* « ce qu'il a vu ». C'est là une caractéristique de langue agglutinante (voir Typologie [des langues]), encore illustrée par le fait qu'au lieu d'employer un participe, qu'il ne possède pas, le quetchua exprime l'action simultanée par un suffixe spécial de concomitance, *spa* :

taki-spa hamu-n (chanter-CONCOMITANCE venir.PASSÉ-il)
« il est venu en chantant ».

Deux suffixes encore méritent d'être mentionnés ici, pour l'intéressante différence entre leurs sens. Le quetchua possède d'abord un suffixe *-cha* indiquant que ce qui est dit est connu par une source extérieure, et non directement. Il partage ce trait avec beaucoup de langues. Mais le quetchua possède aussi un suffixe *-sqa* (peut-être apparenté au *-sqa* mentionné plus haut ?) caractérisant des faits dont le locuteur n'était pas conscient, ou qui sont advenus sans qu'il le sache. Il y a donc une différence entre la phrase

panta-rqu-sqa-ni (se.tromper-SOUDAINETÉ-INCONSCIENCE-je)
« je me suis trompé sans m'en rendre compte »

et la phrase

yacha-n-cha (savoir-il-CONJECTURE)
« je suppose qu'il sait ».

La première de ces deux tournures, qui s'emploie aussi pour indiquer ce qu'on a pu faire ou dire dans deux des états d'inconscience les plus communs, l'ébriété et le rêve, peut éventuellement marquer que le locuteur n'a pas été le témoin de ce qu'il rapporte, mais il ne s'agit pas alors d'une conjecture, ni d'insister sur le fait qu'on ne prend pas la responsabilité de ce que l'on avance. C'est ce dernier sens que marque *-cha*, tout comme le *-miş* du turc (voir Témoignages). Nous sommes là en présence d'une fine distinction, parmi beaucoup d'autres que fait aussi cette langue d'Amérique.

Peut-être est-il utile d'ajouter qu'en 1975, au Pérou, le gouvernement du militaire progressiste Juan Velasco Alvarado prit, à côté des nombreuses mesures sociales tentant de répondre à la demande des masses, la décision de faire du quetchua une langue officielle du pays à égalité avec l'espagnol. Cette réforme, insuffisamment préparée, resta lettre morte, d'autant plus que l'agitation sociale et les difficultés économiques entraînèrent la chute de ce gouvernement la même année.

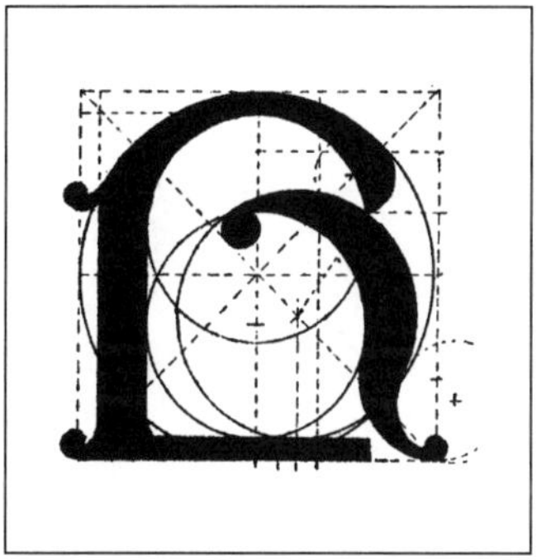

Régionales (langues)

Les langues reconnues comme telles coïncident souvent avec des États constitués. Mais tel n'est pas toujours le cas. On appelle régionales les langues qui, comme le breton, le catalan, le galicien, l'occitan, le basque, le kurde, le tibétain, les langues berbères du Maghreb notamment, n'ont pas bénéficié d'un choix politique qui ait fait d'eux la langue d'un État. Ces langues sont donc souvent en situation précaire, comme le montrent en France les cas du breton, du basque ou de l'occitan, pourchassés, de surcroît, par le pouvoir monarchique et surtout par la République depuis 1791. Corollairement à leur situation défavorable, les langues régionales ne font généralement pas l'objet d'une action de normalisation, propre à dégager une norme où se subsument les variétés de parlers. Cela dit, la communication entre locuteurs de parlers différents au sein d'une même langue régionale n'est pas toujours facile, mais l'est assez souvent. Ainsi, les locuteurs de l'occitan peuvent communiquer entre eux, en dépit des différences, vite perçues par chacun comme critères d'identification, entre le provençal de la vallée du Rhône (celui que promurent l'œuvre du Félibrige, de Roumanille et de Mistral), le languedocien, le forézien, le limousin, le vellave et les autres parlers du Massif central, et enfin le gascon, aussi bien béarnais que des vallées pyrénéennes, qui possède, entre autres traits originaux, celui de commencer par *que* toute phrase déclarative.

Presque toutes les langues sont des dialectes qu'ont consacrés, au-dessus d'autres dialectes tous apparentés génétiquement, l'installation d'un pouvoir politique sur les lieux où se parle le dialecte qui va être promu, l'existence d'une littérature écrite dans ce dialecte, et souvent une entreprise de normalisation et de fixation d'une norme supra-dialectale. Une telle entreprise a manqué, jusqu'à une époque récente, à des langues régionales comme le basque ou le breton, dispersés en dialectes souletin, bas-navarrais et labourdin (en France) pour le premier (voir Basque), trégorrois-léonais et vannetais pour le second. Ces trois traits distinctifs étant ceux par lesquels un dialecte est réputé être une langue, la différence entre langue et dialecte n'est donc pas linguistique, puisque tout dialecte possède l'ensemble des caractéristiques phonétiques, morphologiques, syntaxiques et sémantiques qui définissent une langue. Cette différence est donc sociale et politique.

Les langues de l'Europe occidentale, comme la plus grande partie des langues du monde, sont donc des dialectes promus par les événements historiques au statut de langues. Tel est le cas, en France, dès la fin du XIe siècle, quand la monarchie capétienne se fixe en Île-de-France, du français de la cour parisienne, usage interrégional (champenois, picard, normand, orléanais, poitevin) que, depuis le début du IXe siècle, les clercs avaient reconnu comme distinct du latin. En Italie, dans la seconde moitié du XIIIe siècle, le développement politique, économique et social de la Toscane affermit le besoin d'une langue « vulgaire illustre », comme le dit Dante qui y consacrera sa vie et son talent au début du XIVe siècle, c'est-à-dire une langue capable, tout en étant celle des masses, de concurrencer le prestige du latin. L'italien, dialecte toscan de Florence, enrichi d'emprunts aux autres dialectes, supplanta non seulement les dialectes des régions pauvres de l'Italie péninsulaire, comme les Abruzzes, l'Apulie, la Calabre, la Campanie, le Latium, la Lucanie, les Marches, la Molise, l'Ombrie, la Sardaigne, la Sicile, mais même les dialectes des riches régions du nord de la péninsule : ligure, lombard et piémontais. L'unité politique devra, cependant, attendre le XIXe siècle.

En Espagne, de même, un dialecte, le castillan, s'imposa avant même la Reconquista (voir Hispaniques [vocables]). En Allemagne, les dialectes haut-allemands du germanique occidental comprenaient nombre de variantes (voir Francique). La chancellerie de Saxe favorisa le dialecte qui devait définir la norme supra-dialectale, à savoir le saxon-thuringeois, lequel, au surplus, étant l'idiome maternel de Luther, fut consacré par la traduction que ce dernier fit de la Bible en 1534, et constitue donc la base de l'allemand contemporain. Néanmoins, les dialectes d'Allemagne, sans être aussi vivants que ceux de Suisse, le sont plus que ceux de France, et la norme de l'allemand coexiste en Allemagne avec le rhénan de la région de Cologne, le hessan, le thuringeois, le souabe, le franconien, le saxon, le mecklembourgeois, le brandebourgeois, le bavarois, etc.

Répéter

Pour surmonter la contradiction entre l'infinité des choses à dire et la finitude des moyens pour les dire, les langues déploient des prodiges d'ingéniosité. La composition et la dérivation (voir Composés et dérivés), phénomènes présents dans toutes les langues, en proportions et selon une répartition variables, font partie de ces procédés marqués à l'estampille du génie humain. Mais il en existe un autre, le plus simple de tous, le plus spontané, le plus élémentaire, qui est une forme de composition, mais mérite une étude séparée. Il prend ses racines dans une conduite humaine fondamentale : la *mimésis*, instinct d'imitation qui est une base nourricière et dynamique des conduites enfantines, ainsi qu'un ressort essentiel des relations entre adultes, qu'elle soit sublimée en émulation ou avilie en envie. Dans l'ordre de la langue, la *mimésis* porte un nom : elle s'appelle répétition. De quoi s'agit-il ?

Dans toutes les langues, à tous moments, on entend dire ce qui, en français, s'exprime par

oui oui !

ou

mais non, mais non !

Très souvent, le même mot ou la même formule se trouvent répétés un grand nombre de fois, à des fins d'insistance ou dans des moments d'émotion ou de tension. Mais les langues sont allées plus loin. En effet, ce fort penchant pour la répétition qui est une des charpentes du discours est partout utilisé non seulement quand on veut insister sur le message à transmettre, comme dans les deux formulations répétitives ci-dessus, mais même dans la formation des systèmes linguistiques comme aventure se déployant en histoire. Il s'agit toujours de former des mots nouveaux et des formes grammaticales nouvelles.

Les linguistes distinguent parfois entre le redoublement, ou répétition d'une partie d'un mot, et la réduplication, ou répétition du mot entier. Quant à la fonction de ces procédés, la forme proprement linguistique de *mimésis* qui la représente est celle de l'icône : la répétition est iconique dans la mesure où elle imite en langue le réel. Cela signifie que tout comme un phénomène du monde se reproduit au lieu de n'arriver qu'une fois, de même, à la manière d'une image ou d'une photographie, le mot d'une langue qui exprime ce phénomène se trouve répété. Il s'agit, ici, d'un cas d'iconicité différent de celui où l'interposition d'un mot entre deux autres correspond à une distance entre eux du point de vue du sens, et de celui où la succession de verbes dépeint celle-là même des actions. Il ne s'agit pas non plus des redoublements imitant ou évoquant des bruits, des états, des humeurs, etc. (pour tous ces cas, voir Icône).

L'exemple le plus simple de répétition iconique est la formation du pluriel dans certaines langues. En indonésien, par exemple, ainsi qu'en bugis, langue des Célèbes appartenant également à la famille austronésienne, on exprime, tout simplement, le pluriel par la réduplication du singulier. « Enfant » se dit *anak* en indonésien et, par conséquent, on pratique l'opération suivante, implicite évidemment car mémorisée et devenue mécanique dès les premiers stades de l'apprentissage :

anak « enfant » → *anakanak* « enfants ».

La dimension du mot importe peu : le procédé s'applique tout autant à des mots de plusieurs syllabes :

perempuan « femme » → *perempuanperempuan* « femmes ».

Cela ne signifie pas que l'indonésien n'ait pas d'autres moyens d'exprimer le pluriel : il peut ajouter au nom singulier des mots comme *para*, marque de collectif, ou *semua* qui veut dire « tous », ou *banyak*, dont le sens est « beaucoup », ou encore *beberapa* « quelques ». Les marques de pluriel, qui sont loin d'exister dans toutes les langues, sont des instruments plus pratiques, dans la mesure où l'on peut éprouver le besoin, ou le désir, de n'indiquer que la pluralité en soi, abstraction à partir de quantités dont l'importance est variable. En bugis, l'opération peut produire un sens de pluralité un peu différent de celui du pluriel pur et simple, par exemple

wə́nni « nuit » → *wənniwə́nni* « au cours de toutes les nuits »,

ou, pour prendre un exemple de redoublement (répétition partielle),

riólo « avant » → *rioriólo* « dans les temps reculés ».

On observe des noms au pluriel en grand nombre dans une langue africaine très riche en réduplications, le haoussa, qui a souvent deux, et même trois pluriels pour un même singulier, et dont les procédés de redoublement et de réduplication sont d'une notable diversité :

kumfaa « écume »	→	*kumfàyfay*
littaafii « livre »	→	*lìttàttàfay*
màganàa « parole »	→	*màgàngànuu*

miis'iis'ii « minuscule », mot haoussa qui exploite l'évocation, souvent considérée comme frappante malgré les contre-exemples (voir Icône), de la petitesse par le timbre de la voyelle très fermée *i*, fait au pluriel *mis'ii-mis'ii*. À l'inverse, la voyelle *a*, apportant une justification, peut-être valable pour le haoussa mais sans valeur universelle, à l'idée qui l'associe à la grandeur, apparaît dans un suffixe final de réduplications évoquant l'âge :

> *yaa yi hajì s'oofay-s'òofày dà šii* (« il il.PASSÉ faire.le.pèlerinage vieux-vieux avec lui »
> « il a fait le pèlerinage malgré son âge avancé ».

Sur l'adjectif *s'oofoo* « vieux » est formé ici une réduplication à voyelle *à* que les amateurs de symbolisme des sons opposeront aux *i* de *miis'iis'ii* ci-dessus. Et surtout, cette réduplication prend le sens de « bien que », ce qui en fait une construction originale.

Le pluriel par réduplication ou redoublement peut n'être pas seul à marquer la pluralité. La redondance n'est pas, pour les langues, un spectre qui ait le pouvoir de les épouvanter. Tout comme l'accord redondant au pluriel sur plusieurs membres de la phrase à la fois est un fait courant, comme en espagnol dans

> *las pequeñas noticias extrañas*
> « les petites nouvelles étranges »,

de même, la marque du pluriel par répétition n'est pas exclusive de l'emploi d'une autre marque sur le même nom : en rukai, langue austronésienne de Formose, *savare* « jeune homme » a pour pluriel *a-sava-savare*, où le préfixe *a-* est une marque de pluriel s'ajoutant à cette autre marque qu'est le redoublement.

Outre le pluriel, la répétition marque souvent, selon des variations du sens iconique général, une acception distributive, surtout avec les noms et les nombres, ainsi qu'avec les mots interrogatifs. Le hindi (cf. Montaut 2007) peut servir ici d'illustration de ce phénomène, très fréquent dans les langues de l'Inde, mais aussi dans celles d'autres continents et familles :

baccong-ko ek-ek tâfî do (enfants-à un-un bonbon donne)
« donne un bonbon à chaque enfant »

uskâ rom-rom tharrâ utha: (son poil-poil frémir se.lever.PASSÉ)
« chacun de ses poils se hérissa »

tum kahâng-kahâng gae (tu où ?-où ? aller.PASSÉ)
« quels sont, un par un, les endroits où tu es allé ? ».

Cette valeur distributive se retrouve dans beaucoup de langues, notamment avec les nombres (« deux chacun », etc.), employés de cette manière en géorgien, dans les langues kwa de Côte-d'Ivoire, et dans les langues dravidiennes et algonquiennes. Le sens distributif n'est pas éloigné de l'idée de limitation à quelques unités, d'où le sens également restrictif, dans d'autres contextes, de la réduplication, comme dans cette phrase de la même langue hindie :

yahâng mahilɛng-mahilɛng baith-engi: (ici femmes-femmes s'asseoir-FUTUR)
« ici, les femmes seulement vont s'installer ».

Mais un sens plus courant du procédé de réduplication est celui de répétition ou d'intensité de la caractéristique ou de l'état dénoté par le mot. On trouve ce procédé, de valeur iconique très claire, dans de nombreuses langues, et notamment, de nouveau, en haoussa, où l'on dit *maymay* « second sarclage d'un champ », ou *zaazaa* « contrée herbeuse » ou « toison pubienne », ou bien, avec redoublement (et ton bas) de la dernière syllabe, *k'àafaafàa* « forte affectation », *tàak'iikìi* « nabot ». Avec les adjectifs et les adverbes aussi, la signification d'une forme redoublée est souvent intensive. En hindi,

bari:-bari: a:nkheng (grand-grand yeux)
« très grands yeux »

est l'expression usuelle pour référer à un stéréotype de la beauté, et *dhi:me-dhi:me* veut dire « tout doucement », *u:par-u:par* « tout en haut », *jaldi: -jaldi:* « très vite ». Le turc construit, pour sa part, des adjectifs de sens intensif en reprenant la première voyelle suivie d'un *p*, ou d'une consonne non prévisible :

eski « vieux »	→	*ep-eski* « très vieux »
olgun « mûr »	→	*op-olgun* « très mûr »
çabuk « rapide »	→	*çar-çabuk* « très rapide »
kuru « sec »	→	*kup-kuru* « très sec ».

La répétition est souvent atténuative, comme en français dans *fofolle* au sens d'« un peu folle », ou en bikol (langue austronésienne des Philippines) dans *hataba'-taba'* « un peu gros », sur *hataba'* « gros », ou en afrikaans dans *ruk-ruk* « un petit moment », sur *ruk* « temps ». La répétition peut aussi être approximative. En hindi, *harî-harî sârî* signifie « un sari de fine couleur verte », *nîlâ-nîlâ âkâsh* « un ciel bleuté », et cette valeur atténuative se retrouve dans diverses langues créoles, comme le réunionnais :

en zafer ruz-ruz (une affaire rouge-rouge) « quelque chose qui tire sur le rouge ».

Les frontières entre tous ces sens ne sont pas rigoureuses, et d'autres facteurs entrent en jeu, dont l'intonation, les circonstances, la subjectivité du locuteur, de sorte qu'une réduplication du même adjectif qui prend un sens intensif dans un cas prendra dans un autre cas un sens différent, apparemment en contradiction avec ce dernier, parce qu'il sera atténuatif.

La répétition des verbes devrait, en vertu du même principe d'iconicité, correspondre à la notion de répétition de l'action. Mais les langues ne sont pas des mécanismes d'une rigide et imperturbable systématicité. Il y a beaucoup de manières différentes pour une action d'être répétée. En particulier, s'il s'agit d'un phénomène statique, qui est plus un état qu'une action, la répétition indiquera souvent un haut degré de cet état, alors que s'il s'agit d'une action proprement dite, la répétition marquera la fréquence. Ainsi s'opposent, en rukai de nouveau,

ma-dhalame « aimer » → *ma-dhala-dhalame* « aimer beaucoup » (*ma-* : préfixe de verbes d'état)

et

o-cikipi « coudre » → *o-ciki-cikipi* « coudre souvent » (*o-* : préfixe de verbes d'action).

La mention de ces langues lointaines ne doit pas laisser croire que les langues européennes ne connaissent pas d'usage étendu de la réduplication. On pourrait penser que cette dernière n'est souvent qu'un procédé stylistique soumis au choix individuel, comme lorsque l'on dit en français, avec une intonation d'insistance,

elle pleurait, pleurait !,

d'une personne qu'on a vue un jour pleurer abondamment, par exemple sous le coup d'une dépression ou à l'annonce d'une mauvaise nouvelle. Mais les langues d'Europe font aussi de la réduplication un usage soumis à des règles de grammaire. Ainsi, un sens comparable à celui de cette phrase française est produit en letton par l'emploi d'un infinitif suivi d'un verbe à un temps passé :

seewa raudat raudaya (femme pleurer pleurait)
« la femme pleurait amèrement ».

La répétition du verbe peut aussi, souvent, marquer que l'activité dénotée est accomplie modérément ou qu'il s'agit d'un degré moyen d'une qualité. En palau, *be-bubong* et *so-soal*, dérivés par redoublement de *bubong* « sénile » et *soal* « il veut » signifient l'un « quelque peu sénile », l'autre « il a envie, en quelque sorte ». Il peut même s'agir d'une activité si mal exercée que le résultat en est incomplet : ainsi, on dit, en palau, sur *ngəlta'əl* « nettoyé », *ngəngəlta'əl* « mal nettoyé ». Ou bien il peut s'agir d'une activité accomplie mollement ou paresseusement. En tagalog, si, au lieu de l'infixe *-um-*, qui oriente un verbe d'action sur l'agent (voir Tagalog), on utilise une réduplication associée à un préfixe *mag-*, le sens est celui d'une action nonchalante, appliquée sans y prêter de réelle attention. Dans cette même langue, la formation en question est appliquée aussi aux verbes qui ont déjà un préfixe *mag-*, et qui sont donc seulement soumis à une réduplication. En outre, avec certains verbes d'action à préfixe *mag-* et sens de réciprocité, la réduplication indique que l'acte réciproque engage plus de deux personnes. Enfin, toujours en tagalog, un certain nombre de verbes intransitifs à préfixe *ma-* peuvent, par préfixation de *mag*(*kan*)- et réduplication, donner des verbes de résultat accidentel :

> *l-um-akad* « marcher » (verbe actif *akad*, infixe d'agent *-um-* (voir Composés et dérivés)) / *mag-lakad-lakad* « marcher un peu, nonchalamment »
> *mag-walis* « balayer » / *mag-walis-walis* « faire un petit bout de balayage »
> *mag-usap* « converser l'un avec l'autre » / *mag-usap-usap* « converser les uns avec les autres »
> *ma-sira* « être endommagé » / *magkan-sira-sira* « être endommagé accidentellement ».

Dans beaucoup de langues, certains verbes d'action qui impliquent une répétition se présentent comme des formes à réduplication auxquelles ne correspond aucune forme simple dont ils seraient dérivés, ce qui montre que la réduplication peut parfois apparaître comme une forme originale dont la base simple s'est fossilisée. Ce phénomène était connu de l'égyptien ancien. En voici deux exemples, l'un du rukai, l'autre du palau :

> *o-hisihisi* « scier », *o-moromoro* « se rincer la bouche », *o-vengevenge* « enrouler »
> *də'udə'* « boueux », *kikiongəl* « sale », *'eleleu* « pâle ».

Un autre sens que peut produire aussi la réduplication est celui de simulation, que l'on rattache parfois à l'atténuation. En fidjien, sur *moku* « tuer », on forme *vaka-moku-moku* « faire semblant de tuer ». Le même sens peut aussi s'obtenir à partir de noms, comme en tagalog, où, sur *pari* « prêtre » (probablement de l'espagnol *padre*), on forme *pari-pari-an* « prétendu prêtre ». Un sens relativement rare est celui de choix indifférent, attesté en tibétain, où l'on dit

> *Lhasa-r bod zas gadus za-za red* (Lhasa-à tibétain nourriture quand.PRÉSENT manger-manger c'est) « À Lhasa, on peut manger de la nourriture tibétaine quand on veut ».

La répétition traverse souvent les types de mots, s'appliquant aussi bien aux verbes qu'aux noms, par exemple. D'autre part, les cas de répétition cités jusqu'ici concernent le lexique (voir ce mot), mais le procédé s'emploie aussi en grammaire. En ancien égyptien, le futur de sens passif était formé par répétition de la dernière consonne du verbe. En tagalog, d'une manière comparable, le redoublement produit un sens futur ou progressif pour les verbes. En comox, le redoublement produit un sens pluriel, diminutif ou atténuatif pour les noms, pluriel ou atténuatif pour les adjectifs, progressif, fréquentatif ou intensif pour les verbes :

dženəs « dent »	→	*džen-dženəs* « dents »
xwe:łəm « corde »	→	*xe:-xwełəm* « ficelle »
te:h « grand »	→	*te:h-te:h* « grands »
te:hnomət « coûteux »	→	*te:-tehnomət* « un peu coûteux »
ts'ayč'əm « s'épouiller »	→	*ts'ə-ts'yč'm* « être en train de s'épouiller »
kwəłəm « être malade »	→	*kwəł-kwəłəm* « être souvent malade »
ma'axw « recevoir »	→	*ma'-ma'axw* « gagner (de l'argent) ».

Le redoublement s'utilise, par ailleurs, en fidjien pour former des adjectifs à partir de noms, et en ouolof pour former des noms abstraits à partir de verbes :

xam « connaître, savoir » → *xam-xam* « connaissance »
bëgg « aimer, vouloir » → *bëgg-bëgg* « désir ».

Une langue océanienne de Micronésie, le mokil, produit, par réduplication de verbes, de nouveaux verbes, indiquant que l'action est en train de se dérouler. Mais le mokil peut aussi appliquer le procédé de réduplication deux fois, opération appelée triplication par les linguistes, et qui donne un sens de continuité, phénomène que l'on observe aussi en palau. On dit en mokil

rik sakai « ramasser des pierres » → *rik-rik sakai* « être en train de ramasser des pierres »
→ *rik-rik-rik sakai* « continuer à ramasser des pierres ».

Les langues pidgins et créoles se servent aussi beaucoup de la répétition. En tok pisin, pidgin de Nouvelle-Guinée qui est très utilisé dans la communication entre usagers de langues papoues incompréhensibles les unes aux autres, la réduplication d'un verbe qui se construit avec un complément d'objet en fait un verbe intransitif, c'est-à-dire ne prenant pas de complément d'objet :

lukim « regarder (quelqu'un) » → *luk-luk* « regarder »
tingim « penser (à quelqu'un ou à quelque chose) » → *tingting* « penser »
tokim « parler (à quelqu'un ou de quelque chose) » → *toktok* « parler ».

On reconnaît ici les racines anglaises qui sont à la base de ce pidgin, à savoir *look*, *think* et *talk*. On voit émigrées, en grand nombre, du XVIIe au XXe siècle, en Afrique, en Amérique du Nord, au Brésil (pays de forte concentration tsigane). Le second groupe est constitué des parlers comme l'hispano-romani des Calo (740 000 en Espagne, 100 000 au Portugal), l'anglo-romani de Grande-Bretagne, et l'arméno-romani. Même les paroles de certaines musiques tsiganes très populaires des Lovari de Hongrie, exaltées par Franz Liszt dans son ouvrage *Des Bohémiens et de leur musique* (1859), où l'auteur montre les apports artistiques considérables offerts, par ces musiciens aux dons immenses, à la Hongrie et au-delà à l'Europe, ne sont pas toujours compréhensibles aux Tsiganes de France ou de l'ex-Yougoslavie.

C'est cette diversité dialectale qui suscite les efforts prodigués par les intellectuels romanis pour conjurer, par la mise au point d'une norme commune à tous les Tsiganes, la dispersion inscrite dans leur histoire, et l'absence d'État. La tâche n'est pas mince. On peut décider de prendre pour référence le dialecte balte oriental du romani qui, parlé dans l'est de la Lettonie, en Lituanie et en Biélorussie, est souvent considéré comme le plus proche de son origine indienne, du fait que la communauté qui le parle quitta la Grèce avant l'arrivée des Turcs, et présente donc peu d'emprunts orientaux. Si on compare ce dialecte avec celui de Berlin, celui des Kalderaš de Valachie, celui de Sofia et celui des Roms de Suisse, on observe de très fortes différences, non seulement orthographiques, mais même phonétiques et morphologiques. Le dialecte balte oriental était déjà considéré comme la forme de référence par le comparatiste et slaviste slovène F. von Miklošić, auteur d'un important ouvrage sur la dialectologie et les nomadisations tsiganes (1882).

Le problème de la norme commune à choisir se pose notamment pour l'enrichisement en néologismes postulés par l'adaptation au monde contemporain. Ce problème est d'autant plus difficile que les très nombreux emprunts aux langues toutes différentes des pays dans lesquels vivent les Roms, presque tous au moins bilingues, accroissent encore les écarts entre dialectes roms. On peut citer des exemples de la pression exercée sur chaque dialecte romani par les langues au contact permanent desquelles se trouvent les communautés dans les différents pays. Ainsi, on avait revivifié à Skopjie, pour dire « monde », la forme *sumnal*, fièrement considérée comme l'authentique mot rom ancien. En réalité, ce mot signifie « saint » dans les vieux textes, et on ne lui a prêté la signification de « monde » que parce que, selon un slavisme bien connu, « saint » et « monde » sont exprimés par le même mot, ou presque, dans diverses langues slaves que parlent couramment les Tsiganes ressortissants des pays concernés : le bulgare et le macédonien ont *svet* pour ces deux notions, le serbe et le croate ont *svet* pour « saint » et *svijet* pour « monde » !

Il y a trente ans, lors du deuxième Romano Gongrèso de Genève (1978), la Commission pour la langue avait recommandé que l'on utilisât pour néologismes les formes romanies de mots hindis, arguant de la proximité encore souvent intacte entre le romani d'une part et d'autre part le hindi, le penjabi, le sindhi, le bhojpuri, et même le cachemiri. Mais la Commission n'avait pas exclu le recours aux termes internationaux, à condition de les habiller selon la phonologie et la morphologie du romani. Les émissions radiophoniques comme *Aśunen Rromalen* « Écoutez, les Roms ! » de Radio-Belgrade et, depuis le début de 1986, la vingtaine de minutes consacrées par semaine, sous le titre *Anglunipe* « Progrès », à la promotion de l'unité romanie par la télévision de Priština au Kosovo (Serbie), ont relayé le colloque « Langue et Culture des Roms » tenu à Sarajevo en 1986 sur la codification du romani. Il reste qu'aujourd'hui encore, beaucoup d'initiatives privées sont prises ici et là pour forger des néologismes sans qu'un consensus des Roms de tous les pays ratifie ces créations, et que dans ces conditions, la normalisation du vocabulaire ne peut se dérouler que de façon peu organique et inefficace.

Cela est d'autant plus regrettable que les Roms ne manquent pas de dispositions pour procéder à une véritable normalisation, ne serait-ce que parce que cela fait appel à de vieilles habitudes : la réflexion sur le vocabulaire fait partie de la tradition des veillées, où les plus savants rivalisent de compétence en connaissance de mots anciens et façonnage de mots nouveaux. La situation requiert pourtant que l'on procède très vite à la création de néologismes acceptés partout. Il n'y aura pas d'unité, et encore moins de communication aisée, tant que les communautés utiliseront chacune le mot emprunté à la langue du pays où elle vit, et qu'ainsi, par exemple (Courthiade 1989, p. 107), « allocation familiale » se dira *dàvka* en Tchéquie, *alokàcie* en Roumanie, *kobesìmi* en Albanie et *családipótlék* en Hongrie !

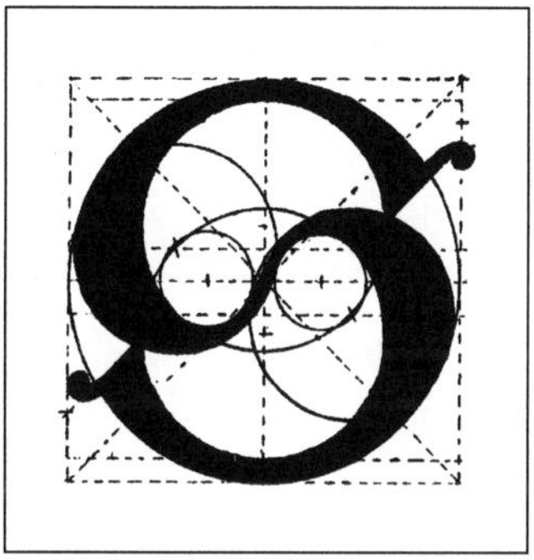

Same

Il existe une Laponie norvégienne, une suédoise, une finlandaise et une russe, comme le montre un simple coup d'œil sur une carte. Les Lapons sont aujourd'hui appelés, partout dans les milieux informés du monde, par le nom dont ils se désignent eux-mêmes : Sames. Leur culture, apparemment, est seulement orale à l'heure actuelle. Le vogoul, l'ostiak, les différents parlers du samoyède, tous de famille finno-ougrienne comme le same, partagent avec lui un autre point commun : ils sont parlés par moins de cent mille locuteurs, à la différence d'autres langues de cette famille, non seulement, bien entendu, celles que parlent plusieurs millions, ou plus de dix millions, d'usagers (hongrois et finnois), mais aussi celles dont les usagers dépassent cent mille locuteurs : estonien, mordve, tchérémisse, votiak, zyriène.

On reconnaît neuf aires linguistiques distinctes qui toutes se rattachent au same. D'autre part, à côté de la centaine de radicaux autochtones auxquels on trouve des équivalents dans les parlers samoyèdes, on observe en same une autre centaine de mots finno-ougriens, et, plus spécifiquement, des mots appartenant aux branches finno-permienne et finno-voltaïque de cette famille, mais surtout des mots de la branche finno-same, partagés avec les langues balto-finnoises : estonien, live, etc. Le same est d'une grande richesse en un certain type de formes qui ont été appelées « particules énonciatives » : petits mots sveltes et polyvalents, typiques d'une langue de tradition orale et qui, tout en organisant le discours en une succession d'unités rythmiques, servent à rendre les nombreuses facettes de la relation entre interlocuteurs (Fernandez-Vest 1997, p. 81-85). En voici un exemple tiré d'un dialogue vivant, et ne contenant pas moins de quatre particules énonciatives (PN) sur onze mots :

in dal gielistan in leat gal in fal in álga-ge (je.ne.pas PN menti je.ne.pas être PN je.ne.pas PN je.ne.pas début(ACCUSATIF.SINGULIER)-PN)

Une telle phrase, qui est difficile à imaginer dans le registre écrit d'une langue quelle qu'elle soit, ne peut pas être traduite littéralement, sauf à obtenir en français un résultat étrange. En effet, *dal* marque une insistance sur l'action, *gal* est une particule de confirmation : « oui certes » ou « non certes », *fal* est un mot restrictif équivalant à « seulement », et *-ge* signifie « aussi, effectivement ». Quant à *in*, repris quatre fois ici, c'est un verbe négatif conjugué « je.ne.pas », comme ceux du finnois ou de l'estonien (voir Négations), associé au verbe « être », *leat*, et au participe passé actif *gielistan*. Si l'on tente une traduction littérale, on obtient quelque chose comme

> *j'ai vraiment pas menti, absolument pas, je l'ai pas fait serait-ce en quoi que ce soit, c'est vraiment pas le cas, ah non, pas même le début de ça, c'est sûr !*

L'auteur qui cite cette phrase traduit par « Ah non alors, je n'ai pas menti, ah ça non pas du tout, pas le moins du monde, non » (Fernandez 1997, p. 83). Il importe peu, en réalité, de trouver une traduction exacte. Ce qui importe est d'apercevoir la manière extrêmement précise dont d'agiles monosyllabes chargés de sens aussi bien affectif qu'abstrait ont le pouvoir d'exprimer les états du locuteur, ici la colère indignée devant le reproche de mensonge, et la pulsion forte de dénégation. Ce n'est là qu'un exemple de la puissance expressive des langues humaines. Alors qu'elles sont si clairement dépourvues de moyens qui soient à la mesure de l'immensité du dicible, elles sont pourtant capables de répondre à sa sommation par l'accumulation de mots spéciaux qui reflètent les mouvements de l'âme. Comment douter qu'elles ne soient une des plus somptueuses inventions du génie humain ?

Tagalog

Lorsque les navigateurs et guerriers espagnols débarquèrent, en 1542, sous la conduite de Villalobos, sur les côtes du petit archipel qui s'étire du nord-ouest vers le sud-est entre Taïwan et Bornéo, ils lui donnèrent le nom de l'infant Philippe, qui allait devenir le roi Philippe II d'Espagne. Revenant en force aux Philippines vers 1564, les Espagnols, ayant réduit plusieurs roitelets locaux, s'emparèrent du royaume de Manille, et bientôt de toute l'île de Luçon. Durant plusieurs siècles, la langue coloniale des occupants et des élites locales aux Philippines fut l'espagnol. Cette longue période d'administration, au nom de l'Espagne, par un gouverneur général dépendant du vice-roi du Mexique eut, du moins, l'avantage de réaliser l'unité des nombreuses populations différentes qui étaient dispersées dans les forêts de ce pays montagneux, où les communications sont difficiles. De même qu'au Mexique et au Pérou, les missionnaires accompagnaient les armes, et considéraient l'évangélisation comme une guerre pour la victoire de l'esprit. De là l'importance de la langue espagnole comme véhicule de cette idéologie, que mettait en pratique une destruction généralisée des idoles et des temples, symboles du paganisme diabolique aux yeux des premiers missionnaires, augustiniens.

Un fleuve, le Pasig, traverse Manille, et « fleuve » se dit *ilog* dans cette langue, tandis que *taga* signifie « origine », de sorte que le tagalog est étymologiquement la langue des gens qui tirent leur origine de ce fleuve. La pression de l'espagnol ne laissait pas au tagalog un champ d'affirmation suffisant pour que la situation linguistique de l'archipel pût évoluer. Quand, après la violente répression, par les autorités espagnoles, de la révolution nationaliste des élites et des masses philippines, ses chefs négocient avec les États-Unis, ces derniers s'emparent de Manille en juin 1898 et chassent l'Espagne du pays. Mais ce n'est que pour substituer à l'espagnol l'anglais, qui commence de se répandre partout dans l'école publique. Il importait donc, en réaction, de donner au pays une langue nationale qui fût reconnue de tous. L'entreprise n'était pas aisée.

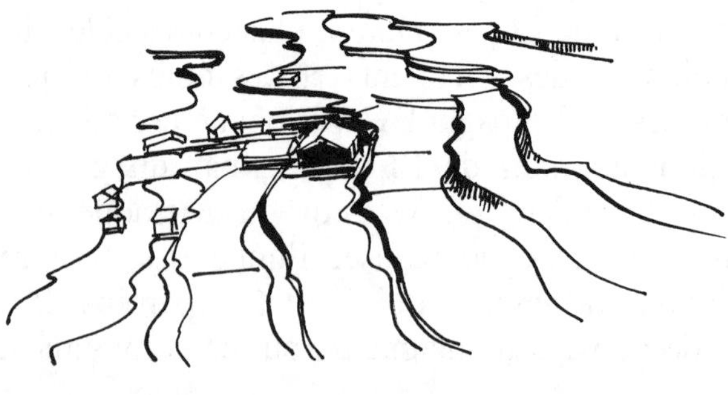

En effet, lorsque l'on décida, en 1937, dans une Ordonnance exécutive publiée par le président Manuel Quezon, que le tagalog, rebaptisé *pilipino*, car la langue ne possède pas de *f*, puis, malgré cette lacune, *filipino* pour donner à ce nom une aura plus générale, serait la langue nationale des Philippines, beaucoup d'usagers des nombreuses autres langues du pays récusèrent cette décision. Leur argument était qu'il n'y avait pas de raison de promouvoir une seule langue aux dépens d'autres, également très présentes dans ce pays et pouvant s'enorgueillir d'un nombre important de locuteurs : le cebuano-visayan est parlé par vingt-cinq millions de personnes à Cebu, Bohol, Negros Oriental et dans la partie chrétienne de Mindanao, cependant que d'importantes communautés parlent l'ilocano, le pangasinan, le hiligaynon, le bikol, le kapampangan, ou les langues des musulmans de Mindanao : maranao, tausug.

Plusieurs raisons expliquent, pourtant, que le tagalog soit finalement devenu, en 1959, la langue nationale officielle, enrichie d'emprunts reconnus à diverses langues d'Europe, mais aussi des Philippines, malgré l'opposition d'une école puriste qui souhaitait éliminer, en particulier dans la création néologique, toute forme qui n'appartînt pas au fond strictement tagalog. Comme le ouolof, langue de Dakar, le tagalog est la langue de la capitale, ce qui lui donne déjà un prestige avec lequel aucune autre langue ne peut vraiment rivaliser, et un rôle politique de premier plan dans le pays. En fait, la région linguistique qu'il recouvre s'étend de Manille aux provinces qui entourent cette ville : Batangas, Bulacan, Cavite, Nueva Ecija, Laguna, Quezon, ainsi qu'aux îles de Mindoro et Marinduque, l'ensemble représentant environ 12 % de la population totale des Philippines.

Il s'ajoute à cela que, depuis longtemps, le tagalog est compris par les membres d'autres communautés, dont les langues, qui diffèrent entre elles, sont cependant apparentées, comme elles le sont toutes avec le tagalog. De plus, le tagalog, peut-être du fait de sa concentration dans une grande ville et sa région immédiatement attenante, n'a pas donné lieu à une différenciation dialectale importante, contrairement à d'autres langues du pays.

Un phénomène supplémentaire qui a favorisé la promotion du tagalog est que, en raison de sa fonction véhiculaire dans une région qui est le cœur politique et culturel du pays, cette langue bénéficie du choix d'une majorité d'écrivains, y compris quand elle n'est pas leur langue maternelle. Le tagalog a, de surcroît, puisé un prestige particulier dans un événement historique d'envergure : il a été la langue dans laquelle se sont exprimés les combats nationalistes et révolutionnaires pour secouer le joug colonial de l'Espagne. Dès lors, il apparaissait comme une langue symbolique d'une identité, quelle que fût la langue vernaculaire des communautés autres que celle de la région de Manille. Il avait donc vocation à devenir la langue du gouvernement. Il est enseigné dans toutes les écoles du pays depuis 1978.

Cela ne signifie évidemment pas qu'il s'agisse d'une langue préservée de toute influence. Le tagalog, qui ne manquait pas de vieilles racines austronésiennes pour exprimer tout, a subi une forte pression exercée par les Espagnols, qui apportaient une culture nouvelle. Les emprunts à l'espagnol sont innombrables. Cependant, avant et après la pression de l'espagnol, d'autres influences se sont exercées : indienne, chinoise, arabe, et plus récemment anglaise. Cela n'a pas empêché le tagalog d'être tout à fait caractéristique des langues du type philippin moyen et septentrional appartenant à la branche malayo-polynésienne de la vaste famille austronésienne. Wilhelm von Humboldt, un des fondateurs de la grammaire comparée indo-européenne (voir Typologie [des langues] et Union), mais aussi un esprit curieux de tout et intéressé, notamment, par les langues uto-aztèques, comme l'aztèque lui-même, et par les langues de l'océan Indien, écrivait en 1836 :

> « Le tagalog est un prototype de toutes les langues philippines, du fait qu'il représente de la façon la plus claire et la plus parfaite la structure commune à ces langues. »

La particularité la plus frappante du tagalog concerne la façon dont sont construites les relations du verbe avec les autres mots de la phrase. Ce phénomène a été brièvement mentionné plus haut (voir, sur les infixes, Composés et dérivés, et Répéter). Un exemple peut illustrer précisément la structure très particulière des phrases du tagalog. Cette structure est également celle d'autres langues des Philippines, ainsi que du malgache et de l'indonésien, langues de la même famille, mais c'est en tagalog qu'elle est le mieux conservée et la plus apparente :

b-um-ili ka nang damit para sa bata (acheter-AGENT tu OBJET vêtement pour ARTICLE enfant « tu es celui qui a acheté un vêtement pour l'enfant »

b-in-ili mo ang damit sa tindahan (acheter-PATIENT tu SUJET vêtement dans magasin)
« le vêtement est ce qui a été acheté par toi au magasin »
b-in-il-han mo nang damit ang tindahan (acheter-LIEU tu OBJET vêtement SUJET magasin)
« le magasin est le lieu où tu as acheté un vêtement »
i-b-in-ili mo nang damit ang bata (acheter-BÉNÉFICIAIRE tu OBJET vêtement SUJET enfant)
« l'enfant est celui pour qui tu as acheté un vêtement »
i-p-in-am-bili mo nang damit ang pera niya (acheter-INSTRUMENT tu OBJET vêtement SUJET argent de.lui)
« son argent est ce avec quoi tu as acheté un vêtement ».

Ces phrases rendent manifeste une intéressante structure, totalement étrangère aux langues occidentales. Elle consiste à combiner avec le verbe, toujours mis en tête, divers affixes, dont la fonction est de l'orienter sur ce dont parle la phrase. Les traductions fournies ici ne sont pas naturelles ni légères en français, mais elles répondent au souci de faire apparaître cette structure. En effet, le verbe étant, dans tous ces exemples, *bili* « acheter », et étant entendu que la langue, comme d'autres de la famille austronésienne, fait un large usage de préfixes, de suffixes, d'infixes et de leurs combinaisons, la première phrase contient un infixe *-um-* dont le rôle est d'orienter le verbe sur celui qui accomplit l'action, c'est-à-dire l'agent (voir ce mot). Quand ce dernier est représenté par un pronom personnel de seconde personne, c'est-à-dire signifiant « tu », il prend la forme *ka* comme dans la première phrase, alors que si le participant dont on veut parler est celui sur lequel est accomplie l'action, c'est-à-dire le patient, le pronom de deuxième personne prend la forme *mo*, comme dans la deuxième phrase, où cette orientation du verbe sur le patient est marquée sur le verbe par un infixe *-in-*.

Mais le tagalog est riche en possibilités d'orientation de l'action sur d'autres éléments encore. Ainsi, la troisième phrase oriente l'action sur le magasin, ce qui est marqué par un affixe complexe, un *simulfixe* (voir ci-dessous) constitué à la fois d'un infixe *-in-* et d'un suffixe *-han*, devant lequel le second *i* de *bili* disparaît, d'où la forme *b-in-il-han*, qui sélectionne le lieu, ici le magasin. Le tagalog peut encore orienter l'action sur le bénéficiaire, c'est-à-dire celui au bénéfice de qui elle est accomplie : cela requiert une autre combinaison, également un simulfixe : préfixation de *i-* et infixation de *-in-*, d'où la forme *i-b-in-ili*. Si, enfin, on veut parler de l'argent comme instrument de l'action, le verbe reçoit, pour marquer cette orientation instrumentale, un préfixe complexe *i-p-in-am-*, comme dans la dernière phrase ci-dessus.

On note, en examinant ces phrases, le phénomène, exotique pour un francophone, des infixes, qui disloquent un mot en s'introduisant en son centre, et même des simulfixes (latin *simul* « ensemble ») ou associations d'infixes avec des préfixes ou des suffixes. On note aussi que l'élément sélectionné dans le verbe par un affixe peut être soit un pronom, qui prend alors une forme spéciale, comme le *ka* de la première phrase, soit un nom qui est alors toujours marqué par *ang* et apparaît en fin de phrase, sauf dans le deuxième exemple. D'une manière générale, c'est un trait tout à fait particulier du tagalog, par rapport aux langues d'Europe, que ce marquage, à la fois par des combinaisons spéciales du verbe avec des affixes, par la présence d'un mot spécial *ang* et par la position, tous procédés concourant à exposer ce dont il s'agit dans la phrase.

Témoignages

Quand on dit, en français, de quelqu'un

il a joué au football,

on n'éprouve pas le besoin d'indiquer à quelle source on doit cette information, et la langue n'en fournit du reste aucun moyen formel. Il n'y a donc aucune contrainte quant à l'indication de la source. Les contraintes de la grammaire française sont tout autres. C'est, par exemple, l'obligation de l'article, ici inclus dans *au* : il n'est pas d'usage de dire

il a joué à football,

car ce mot d'emprunt est assez intégré au français pour y être traité comme n'importe quel nom, et par conséquent *football* requiert l'article défini : ***le** football.*

D'autres langues, au contraire, possèdent des outils spéciaux qui réfèrent à la manière dont le locuteur a obtenu l'information qu'il transmet. On peut dire, en turc, soit

bugün Ahmet iş-e gel-me-di (ce-jour Ahmet travail-à venir-ne.pas-PASSÉ.CONSTATÉ),
« aujourd'hui, Ahmet n'est pas venu au travail »,

soit

> *bugün Ahmet iş-e gel-me-miş* (ce-jour Ahmet travail-à venir-ne.pas-PASSÉ.NON.CONSTATÉ)
> « aujourd'hui, Ahmet n'est pas venu au travail, paraît-il ».

Alors que le suffixe *-di* de la première phrase indique que celui qui parle était là lors de l'arrivée d'Ahmet et l'a donc constatée comme témoin, le suffixe *-miş* de la seconde phrase indique que le locuteur n'a pas été témoin de l'événement. Il s'agit bien d'une contrainte de la grammaire turque : on est obligé de choisir entre la marque de passé constaté et la marque de passé dont on n'a pas été témoin. On trouve un phénomène semblable, avec de fines nuances sémantiques entre suffixes, en quetchua (voir ce mot). Le système peut être encore plus complexe. Le tuyuca, langue indienne tucano de l'est de la Colombie et du nord-ouest du Brésil, possède cinq marques différentes, selon le type de connaissance que le locuteur possède quant à ce qu'il relate. On peut dire dans cette langue

> *diiga apé-wi* (football il.a.joué-marque.de.témoignage.visuel)
> « il a joué au football (je l'ai vu) ».

Mais on peut remplacer *-wi* par *-ti*, ou par *-yi*, ou par *-yigi*, ou par *-hiyi*. Ces marques indiquent, respectivement, que le locuteur a entendu le jeu mais ne l'a pas vu, ou qu'il en a vu des marques sur le terrain sans pourtant y avoir assisté, ou qu'il a été informé de ce jeu par quelqu'un, ou enfin, qu'il se fonde sur d'autres indices ou événements pour juger raisonnable de supposer que ce jeu a eu lieu. Ainsi, il peut y avoir jusqu'à cinq marques différentes entre lesquelles une langue oblige à choisir, selon qu'un fait relaté l'est par témoignage direct, par inférence auditive, par inférence visuelle, par ouï-dire ou par supposition raisonnable !

Cela ne veut pas dire que les langues où n'existe pas d'obligation d'une marque différentielle de témoignage direct, par opposition à un ou plusieurs types de témoignages indirects, n'aient pas de moyen d'exprimer le fait que le locuteur n'assume pas ce qu'il ou elle dit. Le français possède des outils pour marquer le défaut d'assomption, comme *soi-disant*, *paraît-il*, *d'après ce qu'on dit*, *on rapporte que*, etc. L'anglais dispose d'adverbes comme *reportedly*, *supposedly*, *allegedly*, *apparently*, etc., l'allemand et le néerlandais se servent entre autres, respectivement, d'*angeblich* et de *waarschijnlijk.* Mais ces outils n'appartiennent pas à la grammaire, et l'on n'est pas tenu, comme on l'est en turc ou en tuyuca, d'indiquer, quand on parle, la source de son information.

Les langues peuvent déployer d'autres subtilités encore pour informer sur cette source. En turc, un événement historiquement avéré, même s'il est trop ancien pour que le locuteur en ait été témoin, par exemple la conquête de Constantinople en 1453 par le sultan Mehmet, est mentionné au passé du fait constaté et non à celui du fait médiatement connu. En Bulgarie, jusqu'au début des années 1990, qui virent la fin du régime communiste, la norme proscrivait l'usage du parfait, temps composé à auxiliaire « être » qui a le même sens de distanciation par défaut de témoignage que le *-miş* du turc, pour référer aux événements postérieurs à 1923. C'est, en effet, l'année de l'insurrection de septembre, que les historiens bulgares marxistes considéraient comme la première révolte antifasciste du monde. Tous les faits postérieurs à cette date étant vus par la doctrine officielle comme nécessairement avérés, on ne pouvait pas s'y référer en employant le parfait, n'en eût-on pas été le témoin.

Le français possède un mode dont les emplois sont comparables à ces usages du *-miş* turc ou du parfait bulgare, instruments par lesquels peut être mise en doute l'authenticité des faits qu'on relate. C'est le conditionnel de distanciation, qu'on pourrait appeler suspensif, puisqu'il suspend la certitude quant à ces faits. Ce conditionnel, forme non obligatoire à l'inverse des outils correspondants du turc et du bulgare, est fréquent, notamment, chez les journalistes. On peut dire, par exemple,

X, qui ***serait*** *l'auteur du meurtre,* ***aurait utilisé*** *une arme appartenant à la victime.*

Pour imaginer l'effet qu'est capable de produire un tel emploi, on peut méditer sur les réactions qui embraseraient le monde chrétien si les Évangiles, seuls textes disponibles sur la vie de Yehochoua de Nazareth à côté des mentions indirectes chez Pline le Jeune, Tacite, Suétone et Flavius Josèphe, étaient écrits, en français, non au passé simple, comme ils le sont, mais au conditionnel suspensif.

Il est aussi possible de présenter, en utilisant la même forme qui marque par ailleurs un défaut d'assomption, des faits qu'on expérimente bien soi-même, mais dont on veut souligner le caractère surprenant, inattendu ou propre à susciter l'admiration. L'albanais possède une forme, dite mode admiratif, qui remplit ce rôle. D'autres langues ne permettent pas de parler de ce qui affecte autrui, dans la mesure où on n'en porte pas sur soi le témoignage direct. Tel est le cas du japonais (voir Affects). Tous ces faits des langues les plus diverses montrent combien il est important, pour celui qui parle, de prendre position par rapport à sa source d'information, que les langues possèdent pour cela des outils qui appartiennent à la grammaire, ou qu'elles se servent d'autres moyens.

Tons

Si l'on entend quelqu'un prononcer le mot *chaise* d'une voix d'abord grave, puis qui dessine une mélodie ascendante jusqu'à un registre beaucoup plus aigu, parcourant, en termes musicaux, l'étendue d'une octave ou même d'un intervalle plus étendu, on s'étonnera d'abord qu'un objet aussi modeste puisse être désigné d'une manière aussi appuyée, comme en chantant une longue gamme montante. Si aucun contexte ne suggère un état d'émotion particulière, telle que stupeur, regret, colère, détresse, etc., on pensera qu'il ne s'agit peut-être que d'une interrogation. Mais en français, un nom d'objet proféré seul, sans aucun des mots qui s'associent avec le nom, tels qu'article, démonstratif, possessif, adjectif, et constituant une phrase par lui-même, produit un message tout à fait insolite. Et du reste, que peut-on vouloir dire en paraissant poser une question au moyen du seul mot *chaise* ?

Supposons que le même individu qui a fait entendre un aussi curieux message poursuive en proférant le mot *chaise*, mais cette fois selon une mélodie descendante, parcourant l'espace sonore du plus aigu vers le plus grave. Est-ce une réponse à la question que semblait poser le message précédent ? Mais comment peut-on répondre en français, à un nom proféré seul sur une mélodie montante, par le même nom proféré sur une mélodie descendante ?

La perplexité s'apaise, et tout redevient clair, du moins il faut l'espérer, si l'on apprend qu'il s'agissait du professeur de chinois voulant faire comprendre aux élèves francophones ce que sont les tons dans une langue comme celle-là. Pour caractériser les tons, il a placé un ton montant, puis un ton descendant, sur un mot français quelconque, ici le nom de la chaise. Il explique, alors, que si l'on fait ce qu'il vient de faire, on créera quelque surprise parmi les locuteurs du français, mais qu'aucun d'entre eux ne comprendra que *chaise* proféré sur une mélodie descendante puisse désigner un autre objet que *chaise* proféré sur une mélodie montante. Cela ne veut pas dire que le français ne se serve pas du tout des mélodies pour distinguer les sens. Mais la grande différence entre le français et le chinois est qu'en français, comme dans beaucoup d'autres langues, les mélodies sont utilisées pour distinguer les sens des phrases, et non ceux des mots, alors qu'en chinois, elles ne s'utilisent pas seulement pour distinguer les sens des phrases. L'utilisation distinctive de la mélodie dans les phrases françaises est un fait courant, qui explique que ce qu'on prononce [ilplö] puisse, en français parlé, et lorsqu'on ne se sert pas de *est-ce que* comme dans *est-ce qu'il pleut ?* ou de l'inversion, de style plus littéraire, comme dans *pleut-il ?*, être soit une constatation si la mélodie est rectiligne ou descendante, soit une question si la mélodie est montante. L'orthographe indique, assez imparfaitement, cette différence mélodique par des points d'interrogation et d'exclamation :

« il pleut ? » / « il pleut ! »

Contrairement au français, le chinois utilise les hauteurs et changements de direction mélodique non seulement pour distinguer les phrases, mais au sein même des mots pour les distinguer entre eux. Les mots chinois sont donc toujours prononcés avec une mélodie variable, et lors même que la forme du mot n'a pas changé, et qu'elle est constituée des mêmes consonnes et des mêmes voyelles, leur sens, pourtant, change. En d'autres termes, le chinois est une langue à tons, et le français n'est pas une langue à tons. Ces hauteurs et ces mélodies, de directions variables, qui sont associées aux voyelles, et dont la présence correspond chaque fois à un mot différent, constituent ce qu'on appelle des tons.

Les mélodies ne sont pas seulement ascendantes ou descendantes. Ainsi, le chinois possède quatre tons, dont l'un suit une mélodie montante et un autre une mélodie descendante, comparables à celles qui sont ici décrites pour *chaise*, à la différence près qu'il ne s'agit pas, en chinois, de modulations individuelles à fins expressives ou ludiques, mais bien de mélodies tonales, ou tons, inhérents au système de la langue. Le chinois possède aussi deux autres tons : l'un combine une mélodie descendante avec une mélodie montante, et l'autre est dit ponctuel, parce que la mélodie qu'il trace ne connaît, pendant toute sa durée, aucun changement de registre, la voix se maintenant donc à l'unisson. Cela donne, par exemple avec la syllabe constituée de la consonne [m] et de la voyelle [a], et en notant les tons ponctuels, montant, descendant-montant et descendant, respectivement, par un tiret suscrit, un accent aigu, un chevron arrondi et un accent grave,

mā « mère »
má « chanvre »
mǎ « cheval »
mà « insulter ».

Il s'agit ici du mandarin et des parlers chinois septentrionaux, qui n'ont également « que » quatre tons. Le thaï possède cinq tons, dont trois ponctuels, le haut, le moyen et le bas, et deux mélodiques, le montant et le descendant. Le cantonais, pour sa part, a été considéré, selon les auteurs, comme une langue possédant six, sept, neuf et même dix tons, mais il semble qu'il y en ait cinq qui soient réellement distinctifs, ce qui est illustré par la syllabe [fan], qui peut porter

soit un ton haut, avec le sens « diviser »,
soit un ton montant, le sens étant « poudre »,

soit un ton moyen, le mot signifiant alors « dormir », soit un ton bas, qui correspond au sens « partie », soit un ton très bas, qui donne le sens « tombe ».

Le vietnamien possède un système tonal plus riche encore que le cantonais : la syllabe [ma] peut porter six tons différents, qui sont notés ci-dessous dans la norme orthographique vietnamienne :

ma « fantôme »
mà « mais, que »
má « maman, joue »
mạ « plant de riz »
mã « cheval »
mả « tombe ».

Le premier ton, non représenté, est haut et sans changement de hauteur. Le deuxième, écrit par un accent grave, est bas, et continue en descendant encore plus bas. Le troisième, noté par un accent aigu, est haut et montant. Le quatrième, que symbolise un point souscrit, débute sur un registre bas et s'interrompt par un arrêt brusque de la glotte, produisant une impression d'étranglement. Le cinquième ton, pour lequel la voyelle porte un tilde, commence sur un registre haut, puis s'étrangle, pour amorcer ensuite une brève et forte montée. Enfin, le sixième, pour lequel la voyelle porte en signe suscrit un petit point d'interrogation coupé, est descendant-montant. Ces tons sont appliqués à toutes les voyelles de la langue, y compris celles des emprunts sino-vietnamiens, ce que sont le cinquième, et probablement aussi le sixième mot ci-dessus.

En dehors de l'Asie du Sud-Est, les langues d'Afrique sub-saharienne sont aussi, dans leur presque totalité, des langues à tons. Elles connaissent le plus souvent non pas à la fois des tons mélodiques et des tons ponctuels, c'est-à-dire à hauteurs musicales variées et sans changements de direction, mais des tons ponctuels seulement. On trouve ainsi beaucoup de cas d'oppositions entre registres concernant des mots d'une seule syllabe, comme, en senoufo (famille gur, Côte-d'Ivoire),

> *wà* (ton bas) « un certain » ~ *wā* (ton moyen) « jeter » ~ *wá* (ton haut) « là-bas ».

En plus des nombreux cas de paires ou triplets minimaux, c'est-à-dire de groupes de deux ou de trois mots qui ne s'opposent que par le ton d'une de leurs voyelles communes, on rencontre souvent aussi des paires de mots qui s'opposent l'un à l'autre dans leur ensemble, c'est-à-dire par leur schéma tonal. Ainsi, en mooré, on note des oppositions telles que

> *sāagā* « ciel » ~ *sāagá* « caresse-la ! » ~ *sáagà* « balai » ~ *sáagá* « pluie », ou
> *vùgrí* « une fois » ~ *vúgrì* « palette en bois ».

Ainsi, contrairement aux tons des langues monosyllabiques d'Extrême-Orient, les tons des langues africaines sont souvent des tons de mots, un mot ayant un schéma tonal appliqué à l'ensemble de ses syllabes. Tel est particulièrement le cas des langues bantoues : en rundi (Rwanda, Burundi) ou en yaka (République démocratique du Congo), des structures de tons très variées distinguent entre eux à elles seules deux ou plusieurs mots ou constructions qui sont formellement identiques en dehors des tons. Beaucoup de langues bantoues présentent, en outre, des phénomènes complexes par lesquels un ton bas assimile un ton haut voisin, ou bien un ton se répand sur d'autres voyelles du même mot, par répétition, anticipation, fusion, etc., ou même un ton, continuant de flotter seul alors que la voyelle qui le portait a disparu, finit par s'associer aux tons que porte déjà une autre voyelle, ce qui produit une mélodie complexe. Cette diversité des tons et des structures tonales dans les langues qui en possèdent est un des moyens que les sociétés humaines ont, inconsciemment ou (en partie) consciemment, construits pour accroître le pouvoir distinctif des formes linguistiques, et répondre ainsi au défi permanent de l'expression du monde en langue.

Traduire

Est-il, dans notre histoire, activité plus ancienne ? Métier beaucoup plus vieux, sans aucun doute, que celui dont un machisme ignare, aussi odieux que comique, ressasse lourdement la fausse évidence. Car dès lors que deux communautés de ce qui était déjà devenu une espèce humaine se sont trouvées en présence, il a fallu que la langue de l'une fût interprétable dans les termes de celle de l'autre. Même si, en ces temps fort lointains, il n'existait pas d'individus qui eussent pour fonction, reconnue ou rétribuée, d'être des traducteurs, la traduction s'est imposée depuis l'origine des temps humains. Sans elle, il n'y aurait pas, entre les sociétés différentes, de réponse possible pour satisfaire l'irrépressible besoin dont les formes commercialisées ont pris aujourd'hui un volume et un rythme boursouflés jusqu'à la caricature : la communication.

On peut interroger la manière dont s'exprime la notion de traduire elle-même dans une langue qui se trouve posséder pour cela beaucoup de termes : le roumain. Au XVIe siècle, le roumain utilisait deux termes qui dépeignent joliment deux aspects de l'activité de traduire : *a scoate* « sortir », et *a întoarce* « retourner ». De fait, le produit de la traduction sort du cerveau du traducteur, ou bien celui-ci l'en fait sortir, au terme d'un travail de laminage qui peut demander, dès qu'un texte est long et difficile, un sérieux effort d'interprétation, en particulier si ce travail est confié non à un cerveau mais à ce qui tente de l'imiter : une machine à traduire. L'application de la notion de sortir à l'activité de traduire sera plus adéquate encore le jour où l'on aura fabriqué, si ce jour doit arriver, des machines à traduire qui, contrairement à celles qui mugissent en vain depuis plus de quarante ans, pourront traduire absolument tout, et sans erreur, comme le fait le premier humain venu, dès lors qu'il dispose de tous ses moyens.

Mais pour que ce jour arrivât, il faudrait que ces machines eussent une faculté tout à fait élémentaire que possède tout humain défini comme ci-dessus : percevoir soi-même ce que l'on est en train de proférer. Aucune machine à traduire n'est aujourd'hui capable de s'entendre produire la traduction dont elle a été chargée, et, partant, d'en avoir une opinion. Au contraire des machines, nous avons tous une idée de ce que nous sommes en train de dire, et nous pouvons, si la prudence le commande, nous arrêter ou nuancer, ou bien, si la témérité ou la certitude d'avoir raison nous galvanisent dès que nous nous sommes entendus, poursuivre avec une résolution croissante notre discours. Certes, dans le monde de la politique ou de l'enseignement, beaucoup n'abusent guère des bienfaits que pourrait produire cette faculté réflexive d'écoute de soi-même. Mais quoi qu'il en soit, cette faculté semble bien n'être qu'humaine, au moins dans l'état présent des progrès de la découverte scientifique.

L'autre verbe roumain que l'on employait au XVIe siècle, *a întoarce* « retourner », indique métaphoriquement que l'opération de traduction soumet, en quelque sorte, un texte d'origine à un mouvement giratoire, qui fait apparaître, au lieu de sa face première, une autre face, celle de la langue d'arrivée. Mais retourner n'est pas transformer, du moins dans le projet initial. C'est un même sens qui est sous-jacent aux deux faces, et l'opération de retournement, si elle est bien conduite, a précisément pour effet de rendre manifeste cette identité. Au XVIIIe siècle, on relève l'emploi d'une nouvelle notion pour exprimer celle de traduire : *a izvodi*, emprunt au vieux-slave qui a au moins deux intérêts : d'une part, il est un des témoins du mouvement par lequel, sous l'effet de la commune culture religieuse orthodoxe, le roumain s'est enrichi dès le XVe siècle d'un nombre important de termes de slavon (issu du vieux-slave) ; d'autre part, ce terme signifie d'abord « extraire », nouvelle image, mais fort exacte, car ce qu'on extrait, et qui doit être conservé sous la diversité des réalisations morphologiques, est toujours le sens.

Vers la même époque, le roumain utilisait également un autre emprunt vieux-slave, le verbe *a tălmăci*, proprement « interpréter », ce qui suggère clairement que dans bien des cas où une traduction littérale n'est pas possible, à cause, notamment, d'un trop grand écart culturel entre les langues de départ et d'arrivée, le traducteur doit procéder à une interprétation du texte initial. Cela nous conduit au verbe employé à la fin du XVIIIe et au XIXe siècle, *a preface* « refaire, transformer », car, lorsque l'on interprète un texte dans ses termes propres, c'est afin de le reconstruire dans ceux d'une autre langue, ce qui implique une transformation véritable, justement pour conserver, même souci permanent, un sens identique par-delà les différences de conception. Il faut noter, à la même époque, l'emploi d'un verbe *a români*, c'est-à-dire « roumaniser » ou « adapter à la langue roumaine » en roumain de Transylvanie, sans doute parce que les Roumains transylvains, majoritaires sur cette terre très convoitée, y voyaient la quintessence de la romanité, face à la revendication et à l'autorité des Magyars et des Habsbourg.

C'est une histoire des conceptions que l'on s'est faites de l'acte de traduire qui peut se lire dans cette série de termes d'une langue où la notion de traduction est foisonnante. Les controverses sur la possibilité de traduire tiennent au fait que l'on ne retient, souvent, qu'un aspect, en négligeant les autres. Ceux qui jugent intraduisible tel texte d'une langue veulent dire, en fait, qu'ils ne sont pas satisfaits par une traduction. Ceux qui, en revanche, se déclarent satisfaits veulent dire que, même si la traduction n'est pas parfaite, son existence atteste sa possibilité, et qu'il suffit de gloser, d'une manière ou d'une autre, les passages étroitement liés à une culture et dont on ne peut pas fournir de traduction littérale. Il est certainement vrai que l'on peut tout traduire, comme on le fait depuis des millénaires. Mais il faut admettre les aspects inadéquats comme inhérents à la pratique traductrice.

D'autre part, dire que l'on peut tout traduire ne signifie pas que tout soit traduisible. En d'autres termes, s'il est vrai que tout contenu sémantique ou tout sens que l'on veut transmettre peut être transmis dans n'importe quelle langue, moyennant des créations lexicales quand il s'agit de langues qui ne possèdent pas certains mots techniques ou modernes (voir Néologie), en revanche, de nombreuses particularités grammaticales des langues sont quasiment intraduisibles. En dialecte de Pékin, pour ne prendre qu'un exemple, on parle de *bāzìzī*, c'est-à-dire littéralement « moustaches (*zī*) (en forme de) caractère (*zì*) huit (*bā*) ». Pour toute personne qui ne connaît pas l'écriture chinoise en caractères, cette formule est incompréhensible. En fait, cela se réfère « tout simplement » au fait que l'idéogramme chinois qui note le chiffre « huit » est tracé (autrefois au pinceau) par un trait descendant en oblique vers la gauche, puis, presque attaché par le haut à ce premier trait, un autre trait descendant en oblique vers la droite. Cette description de l'idéogramme peut sans doute faire comprendre que, du fait du dessin ainsi obtenu, l'équivalent français le plus exact serait *moustaches à la gauloise* ! Mais précisément, qui, faute de comprendre les références occasionnelles du français à des mœurs gauloises, peut comprendre cette étrange expression ? Peut-on le demander à un Chinois, quand on songe que pour un Espagnol ou un Allemand non prévenus, sa traduction littérale dans leurs langues serait probablement tout à fait sibylline ?

Il ne s'agit ici que d'un exemple de contraintes lexicales intraduisibles. Mais les contraintes grammaticales propres à une langue particulière peuvent encore moins être toujours traduites dans une autre. Un exemple simple est celui des classificateurs. En chinois, du fait qu'il s'agit d'une langue à classes (voir ce mot), il est impossible de dire *yī xìn* « une lettre (missive) ». Il faut insérer, entre le numéral voulant dire « un » et le nom voulant dire « lettre », un mot spécial, soit ici *fēng*, qui, à l'origine, signifiait « objet fermé par un sceau », et qui s'est, au cours de l'histoire de cette langue, spécialisé comme classificateur des lettres envoyées à quelqu'un. Il faut donc dire, au moins en mandarin du style écrit et du style oral soutenu, *yī fēng xìn*. Si l'on veut traduire cette expression en français, on s'aperçoit qu'il est totalement impossible de la traduire littéralement. Car même si chacun sait qu'une lettre est un objet, sinon toujours scellé aujourd'hui, du moins toujours fermé, on ne peut d'aucune façon traduire par « une objet-scellé lettre » !

Inversement, il est exclu de traduire en chinois l'auxiliaire *être* qui apparaît dans une forme aussi courante que le passé composé français de la phrase *il est venu.* Si un tel auxiliaire, que ce soit « être » ou « avoir », est tout à fait récurrent dans les langues romanes autres que le français, puisque, par exemple, l'italien dit *è venuto* et l'espagnol *ha venido*, en revanche, rien de semblable n'existe en chinois, où l'on devra traduire ces expressions par *lái le*, littéralement « venir PASSÉ », le chinois n'ayant, en outre, ni expression obligatoire du pronom sujet, ni conjugaison du verbe signifiant « venir » ou d'aucun autre verbe.

Un autre trait propre à certaines langues et intraduisible dans d'autres est l'existence de formes indiquant explicitement le sexe de la personne qui parle. Ainsi, l'écrivain japonais Yasunari Kawabata fait employer, par certaines des héroïnes de son roman *Koto* (« ancienne capitale », autrefois nom de Kyôto), des formes de politesse propres au langage des femmes. Il est déjà quasiment impossible de traduire littéralement les formes de politesse du japonais (voir Politesse), sauf à recourir à des périphrases. Mais que dire de la traduction de formes doublement marquées, comme étant non seulement spécifiques des femmes, mais, au surplus, utilisées seulement dans une certaine région du Japon, le Kansai, un des berceaux de sa civilisation ? Le traducteur pourra-t-il éviter de fournir une explication en note, c'est-à-dire dans cet infra-texte d'aveu ou de renoncement dont il s'efforce de son mieux de ne pas avoir à se servir ? Dans cette forme régionale du japonais, les marques sexuées de politesse telles que celles de ce roman ne sont pas de purs ornements littéraires : elles font partie intégrante de la morphologie, c'est-à-dire du système de la langue. Ce qui, dans une langue, est suggéré par la situation et les rapports entre les participants d'un dialogue sans correspondre à aucune marque formelle se trouve, dans une autre, assigné à la grammaire, inscrit dans un code qui doit être appris. C'est assez dire que la tâche du traducteur est difficile.

Cela apparaît avec une clarté particulière dans l'histoire de la plus vaste entreprise de traduction de tous les temps, une entreprise qui a profondément marqué le destin de nombreuses langues, à savoir celle de la Bible et des Évangiles. De l'arménien au bulgare en passant par le gotique et le judéo-espagnol, les langues dans lesquelles ces textes religieux ont été traduits, le plus souvent à partir de l'hébreu, du grec ou du latin, ont reçu de cette traduction une empreinte décisive. Dans le cas de langues assez éloignées, par les cultures dont elles sont le reflet, de ces langues originales, l'entreprise de traduction n'a pas toujours connu de succès décisif. Un exemple édifiant est celui du chinois. Les Jésuites ont essayé d'accréditer dans cette langue les mots et expressions destinés à traduire des notions fondamentales du christianisme et de la philosophie chrétienne. Le plus connu d'entre ces religieux, et le plus appliqué à traduire adéquatement ces notions, fut le père Matteo Ricci, si célèbre en Chine au XVIIe siècle qu'il y est connu sous le nom chinois qui lui fut donné de Li Ma-tou, par quoi il apparaissait, à ce niveau de sinisation, comme un respectable mandarin : Ricci, n'étant pas un monosyllabe comme le sont tous les mots chinois, est abrégé en Ri, prononcé Li car cette langue n'a pas de [r], et ce Li est le premier mot du nom, car les Chinois nomment les personnes en commençant par le nom de famille ; Ma et Tou sont les monosyllabes chinois qui ressemblent le plus à Matteo.

Trois des notions les plus difficiles dont il fallait trouver de bons équivalents chinois étaient celles de « Dieu », de « substance » et d'« accident ». Ricci et ses collaborateurs proposèrent respectivement *tiāndì*, *zìlìzhě* et *yĭlàizhě*. Or les significations exactes, en chinois, de ces termes introduits par les Jésuites sont, respectivement, « maître du ciel », « ce qui est établi par soi-même » et « ce qui s'appuie sur autre chose ». Que disent exactement ces notions aux Chinois, qu'il s'agissait d'instruire des vérités du christianisme à des fins d'évangélisation ? Avant de répondre à cette question, il faut se demander comment le chinois exprime le plus habituellement les notions abstraites. Il le fait volontiers par couples d'oppositions et de complémentarités, dont celui du *yin* et du *yang* est un des plus célèbres. Or, les trois notions chrétiennes alors nouvelles n'entraient dans aucun couple d'opposition de ce genre. Par conséquent, elles ne pouvaient apparaître aux Chinois, hommes du commun et surtout lettrés, que comme tout à fait gratuites et artificielles, puisque leur langue ne suggère rien qui puisse rendre ces notions interprétables et les apprivoiser.

Ainsi, pour qu'un lexique soit perméable à des formes nouvelles que l'on veut y acclimater, il est important que ces formes respectent non seulement les règles morphologiques de la langue réceptrice, mais aussi les mécanismes que produisent chez ses usagers les associations de mots auxquelles ils sont habitués. Ces associations sont comparables d'une langue à l'autre quand il s'agit de langues apparentées et appartenant à un même ensemble culturel. En revanche, elles peuvent être sujettes à de fortes variations quand les langues sont très différentes. Les associations de mots auxquelles sont habitués les Chinois ont leurs racines dans les vieux textes du confucianisme ou du taoïsme, alors que celles que connaissent les usagers de langues occidentales sont nourries par le terreau du grec, du latin et de ce qui s'en conserve dans la phraséologie des textes chrétiens. C'est dire que la traduction des concepts chrétiens en chinois n'était pas une sinécure. La langue crée des modes de dire qui sécrètent des modes de pensée, et réciproquement, ces représentations mentales, à leur tour et par un mouvement dialectique, façonnent la langue. Cette situation peut, dans les cas les plus radicaux, faire obstacle à la traduction. Tant il est vrai que ce ne sont pas seulement des langues que l'on traduit, mais aussi des habitudes et des processus intellectuels.

Ce problème que rencontrèrent autrefois les Jésuites dans l'entreprise d'évangélisation en Chine est encore celui qu'ont rencontré, et que rencontrent toujours, tous les religieux missionnaires dans le monde d'aujourd'hui. Ainsi, la traduction des Évangiles en mbum, langue du groupe Adamaoua parlée au centre du Cameroun, est difficile. Certains mots sont transposés purement et simplement, avec un habillage phonétique et graphique, comme *Téstàmã́* pour « Testament », ou bien ils reçoivent des suffixes propres à la langue réceptrice, comme le *-rí* du pluriel dans *Rómá-rí* « les Romains » et *Fárísá-rí* « les Pharisiens ». Les trois mots cités comportent des tons sur toutes leurs voyelles, le mbum étant une langue à tons (voir ce mot), où une voyelle n'est pas concevable sans son ton. D'autres mots existent en mbum, qui y étaient depuis longtemps empruntés à l'arabe, puisque la plus grande partie de cette population est musulmane, ayant été convertie au XIXe siècle par les Peuls, dont la langue a servi d'intermédiaire pour ces emprunts (voir Peul). C'est ainsi que l'on a, pour traduire « esprit saint », emprunté *rúhù*, qui, dans le Coran, signifie, selon les contextes, « souffle de vie », « instincts vitaux », « âme » ou « inspiration des prophètes ». Le procédé n'est pas sans danger, du fait du risque d'équivoque créé par ce mot, auquel les Mbums donnent un ou des sens qui n'ont que peu de rapports avec la notion d'esprit saint.

D'autres créations sont censées répondre à ce qui est considéré comme une lacune, et qui n'en est une que dans la mesure où l'exercice de traduction conduit à comparer les moyens dont disposent les langues. Ainsi, en mbum comme dans beaucoup d'autres langues, africaines ou non, il n'existe pas de mot qui veuille explicitement dire « pouvoir ». Le sens, potentiel ou de capacité, qui est en général celui du *pouvoir* français est exprimé par le contexte, ou par le contenu même de certains verbes dont l'implication dynamique correspond à l'idée de « pouvoir ». Mais les missionnaires francophones, habitués au verbe *pouvoir*, ne pouvaient se résoudre à ne pas en créer en mbum. Ils ont donc façonné *yènú kà kpóngà*, mot à mot « être avec la force (de) ». Une telle expression est sentie par les autochtones (cf. Hagège 1970) comme très appuyée et peu naturelle. Il en est de même pour les mots composés. Ces derniers représentent, certes, une solution adéquate, puisqu'en juxtaposant deux mots autochtones, ils décrivent avec le plus de précision possible la notion ou l'objet nouveau. Il faut aussi, bien entendu, qu'ils soient formés selon les règles de la langue d'accueil. Tel est le cas du composé *pàklà* « tabernacle », constitué de *pàk* « maison » et *là* « vêtement ». Tel est aussi le cas de *sónàfè* « rédemption », construit sur *sónà* « fait de racheter » et *fè* « chose » : *fè* apparaît en tant que suffixe dans un grand nombre de mots abstraits, mais aussi en tant que préfixe dans des mots concrets désignant l'être ou l'objet auquel s'applique l'action, comme *fèsónà* « ce qu'on rachète », d'où « prisonnier sur rançon ».

Cependant, le caractère théoriquement irréprochable de créations comme *sónàfè* n'est pas une garantie suffisante pour que ces termes s'implantent durablement dans le vocabulaire. Si elle n'est pas consacrée par l'usage, une telle création peut demeurer surprenante, et choquer les habitudes des locuteurs. Il faut ajouter que ce qui rend incertain l'avenir de ces mots nouveaux, c'est, autant que leur nouveauté, le fait qu'ils sont introduits par une poignée de traducteurs étrangers. Ces derniers doivent s'efforcer de les rendre familiers. Cela souligne l'importance que revêt, pour des traductions comme celles des livres religieux, le fait d'être accompagnées par des gloses qui sont, dans le cas du christianisme, une des composantes essentielles de la catéchèse.

Cet enseignement ne diffère peut-être pas fondamentalement de celui qui fixe chez l'enfant, dans l'apprentissage de sa langue maternelle, les sens des mots tels qu'ils lui sont expliqués dans sa famille, à l'école et dans toutes les autres circonstances de sa vie. Dans les cas les plus heureux, le lexique créé par les missionnaires, même lorsqu'il contient des termes susceptibles de produire une équivoque comme plus haut *rúhù*, ou des termes bien formés mais au contenu nouveau, comme *sónàfè*, peut avoir des chances de survie chez ceux auxquels il est destiné, puisqu'il suit les mêmes voies que l'acquisition ordinaire de la langue. Dans les cas où elle a été un succès, la traduction des Évangiles a fait de même ici que dans tant de langues d'Europe et d'Amérique, dont le visage a été transformé par l'enseignement chrétien : elle a apporté des mots nouveaux, dans le sillage des notions nouvelles.

La traduction doit donc tenir compte des usages du public auquel elle est destinée. Un autre exemple en est l'important problème de la réception, ou manière dont le public reçoit une œuvre littéraire. Lorsque Antoine Galland fait paraître, au début de l'année 1704, à Paris, les Nuits 1 à 30 des *Mille et Une Nuits, contes arabes traduits en français*, il existe de nombreux éléments favorables à un bon accueil de son œuvre. Jusqu'à la seconde moitié du XVIIe siècle en France, et plus généralement en Europe, l'Orient musulman était ignoré ou détesté, du fait d'une image négative, sinon d'une séculaire exaspération à l'égard de l'islam, qui s'était imposée dans le sillage des croisades, et que reflètent au XIIIe siècle l'ouvrage en vers d'Alexis Du Pont, le *Roman de Mahomet*, ou au XIVe siècle la prose anonyme intitulée *Livre de la loi au Sarrasin.* Au XVIe siècle, malgré l'ouverture humaniste des Scaliger père et fils, et surtout de Guillaume Postel, qui se rendit à Constantinople, soutint la tolérance envers l'islam et enseigna les langues « pérégrines », arabe et hébreu, au Collège royal, l'image du monde arabe demeure négative, ou, pis encore, absente, comme dans les *Essais* de Montaigne. Le commerce des épices n'est certes pas sans retombées, mais les œuvres inspirées par cette relation encore superficielle avec les terres d'islam, comme le *Polexandre* de Du Verdier (1629), *Ibrahim ou l'illustre Bacha* de Mlle de Scudéry (1641) ou la *Mort d'Osman* de Tristan L'Hermite (1656), ne vont guère au-delà d'un exotisme de pacotille.

La situation commence à se modifier lorsque se développent les entreprises commerciales de Louis XIV, secondées par Colbert, qui y adjoint un important effort culturel. S'il crée en 1670 la Compagnie du Levant pour donner une impulsion aux échanges avec l'Orient, il institue aussi de nouvelles chaires au Collège royal, nomme des « secrétaires interprètes du roi aux langues orientales », octroie des subventions aux missions destinées à l'achat de médailles et de manuscrits, accorde des pensions aux savants qui partent eux-mêmes étudier l'Orient, et ne se contentent pas de recueillir et d'embellir des récits de voyageurs. Pour favoriser ces missions, Colbert crée, en outre, le corps des Jeunes de Langue, qui devaient devenir, après un séjour à Constantinople, enseignants ou conservateurs. De ce corps firent partie Galland et un autre orientaliste, son ami Pétis de la Croix. Un travail important de Galland, qui marque une nouvelle étape dans la relation avec l'Orient, fut l'achèvement et l'édition de la *Bibliothèque orientale* de D'Herbelot, remarquable encyclopédie de connaissances, en quoi se reflétaient les efforts d'ouverture accomplis depuis le milieu du XVIIe siècle.

Le destin des traductions des grandes œuvres littéraires est toujours lié aux circonstances culturelles et sociales de leur parution. Il convient donc de rappeler qu'au facteur favorable que constituait l'ouverture à l'Orient s'en ajoutent deux autres qui sont propres à la société française de la fin du XVIIe et du début du XVIIIe siècle. D'une part, en effet, la traduction des *Mille et Une Nuits* par Galland coïncide avec la seconde phase de la querelle des Anciens et des Modernes. Certes, Galland, brillant élève d'humanités classiques en son temps de collège, ne pouvait désavouer le latin et le grec. Mais, tout en se gardant de prendre ouvertement position sur la mise en cause des deux antiquités, il apportait aux Modernes, par sa traduction, une implicite caution. D'autre part, sa traduction de contes arabes paraît au moment même où fleurit en France un abondant bouquet de féeries. Les dernières années du XVIIe siècle n'avaient pas été fécondées dans ce domaine par le génie du seul Charles Perrault, le plus pétulant des Modernes, mais aussi par les *Contes* et récits surnaturels de Mme de la Force, de Mme d'Aulnoy, de Mme de Murat, de Préchac, tous auteurs de livres à l'énorme succès.

Cependant, dans la mesure même où le public si bien préparé par toutes ces circonstances favorables était celui de la bonne société de l'époque, avec ses habitudes et ses exigences, Galland ne pouvait pas traduire avec une absolue fidélité. En effet, le début du XVIIIe siècle est encore un temps de « belles infidèles », ainsi qu'on disait des traductions comme de certaines jolies femmes. Il n'était pas possible de présenter au public raffiné des cours et des cénacles la forme originale des nombreux passages où les auteurs arabes du conte égrènent quelques crudités, qui ne choquaient pas les destinataires lettrés du monde arabe, seuls capables de lire l'ouvrage dans sa version d'origine. Galland était bien conscient du dilemme de la traduction fidèle, compromise par l'autre fidélité, celle qui répond à l'attente d'un certain public. Il s'en explique clairement dans l'Avertissement du premier tome, en 1704 :

> « Le traducteur se flatte que les personnes qui entendent l'arabe, et qui voudront prendre la peine de confronter l'original avec la copie, conviendront qu'il a fait voir les Arabes aux Français avec toute la circonspection que demandait la délicatesse de notre langue et de notre temps. »

C'est tout le problème de la traduction, posé en termes aussi mesurés que rigoureux. C'est précisément parce que Galland sut être à la fois un traducteur fidèle et un conteur agréable pour les lecteurs occidentaux de son époque que sa traduction des *Mille et Une Nuits* connut un succès exceptionnel. Cette traduction fut à son tour traduite, pour le seul XVIIIe siècle, en allemand, en anglais, en italien, en flamand, en russe, en danois. Elle fut prise pour base d'éditions piratées en grand nombre dès 1705. Elle fut lue et citée avec enthousiasme par Montesquieu, Fréron, Sismondi, Champfleury, Nodier, Bürger, Hoffmann, Chamisso, Grillparzer, et même des auteurs plus tardifs, dont l'époque n'était plus tout à fait celle des belles infidèles en traduction : De Quincey, Tennyson, Dickens, notamment. L'importance de la traduction de Galland réside, de plus, en ceci qu'il préparait la naissance de l'orientalisme en Occident comme discipline de recherche, telle qu'on la fait remonter, pour la France, à Silvestre de Sacy, c'est-à-dire au premier tiers du XIXe siècle, sans oublier, cependant, un précédent essentiel : peut-être en partie inspirée, à distance, par l'œuvre de Galland, l'expédition d'Égypte (1798-1799), que Bonaparte fit décréter par le Directoire pour des raisons stratégiques, fut aussi, avec le concours des savants dont il s'était entouré, un épisode déterminant du vaste intérêt de la France tant pour les antiques temps pharaoniques que pour le monde arabe moderne.

Si pourtant la traduction de Galland rencontra ce large succès dans beaucoup de milieux, elle subit aussi les critiques auxquelles répondait à l'avance le texte ci-dessus, relatif aux choix de traduction faits par Galland en fonction des goûts de son temps. En effet, deux siècles après lui, le docteur J. C. Mardrus fait paraître à la Revue Blanche, à Paris, *Le Livre des Mille et Une Nuits, traduction littérale et complète.* Les éditeurs écrivent dans une Note liminaire :

« Exemple curieux de la déformation que peut subir un texte en passant par le cerveau d'un lettré au siècle de Louis XIV, l'adaptation de Galland [...] a été filtrée de tout sel premier [...]. Cette adaptation surannée n'a rien à voir, d'aucune manière, avec le texte des contes. [Les protagonistes, chez Galland], qu'ils soient d'Athènes, de Rome ou de Perse, s'expriment comme à Versailles et à Marly. »

Quant à Mardrus lui-même, il apprécie sa propre traduction en ces termes :

« Une méthode seule existe, honnête et logique, de traduction : la littéralité, impersonnelle, à peine atténuée pour justifier le rapide pli de paupière et le savourer longuement [...]. Elle produit, suggestive, la plus grande puissance littéraire. Elle fait le plaisir évocatoire. Elle recrée en indiquant. Elle est le plus sûr garant de vérité. Elle plonge ferme en sa nudité de pierre. Elle fleure l'arôme primitif et le cristallise. Elle délie [...]. Elle fixe. »

La dédicace de l'ouvrage est infligée au regretté Mallarmé, dont l'auteur croit imiter la manière dans ces lignes typiques du style décadent de l'époque (1904). Pour mesurer la valeur du satisfecit que se décerne Mardrus et la justesse des critiques de ses éditeurs à l'égard de Galland, il faut examiner le détail du texte et de ses traductions. Je ne retiendrai que quelques passages. Dans l'un, où l'on fait parler deux animaux, nous pouvons lire

fa-lam yarudd ʕalay-hi l-himar džawab-an wa nadima šiddata l-nadam (et-ne.pas répondit à-lui le-âne réponse-OBJET et regretta force le-regret).

Galland traduit par

« L'âne ne répondit rien au bœuf, tant il avait de dépit »,

et Mardrus par

« Mais l'âne ne lui répondit aucune réponse et se repentit le plus fort repentir ».

Cette traduction est littérale. Mais s'il est courant en arabe, pour insister sur l'action, de construire un verbe avec un complément d'objet de même sens et parfois de même racine, en français cette construction produit un effet bizarre. Galland, pour sa part, comprend bien que le *wa* de l'arabe, habituellement « et », souligne ici la force du sentiment et de sa conséquence, d'où l'emploi de *tant*, qui rend parfaitement le sens.

Dans un autre passage, on peut lire

ma qasara l-yawm-a maʕa-na: hadha: l-ham:al (ne.pas cassa le-jour.OBJET avec-nous ce le-portefaix).

Galland traduit par

« ce portefaix nous a assez bien diverties »,

et Mardrus par

« ce garçon n'a en rien diminué notre journée »,

sans voir que l'expression ici est idiomatique : le sens littéral est bien « diminuer la journée », mais il faut comprendre « rendre très agréable la journée », ce que Galland comprend fort bien, et traduit d'une formule qui est, certes, dans le goût de son temps, mais n'en est pas moins exacte.

On trouve même de véritables contresens dans la traduction de Mardrus : un autre conte présente un personnage s'adressant à un effrit (petite divinité maléfique) qui veut s'emparer de lui. L'homme lui dit :

> ^{c}*aʕlam anna-ni: ʕalayya deyn wa li: ma:l kaθi:r* (sache que-moi sur.moi dette et à.moi argent beaucoup)
> « sache que j'ai des dettes et aussi une grande fortune ».

Galland, jugeant cette phrase contradictoire parce que trop condensée, choisit de la couper en deux parties séparées dont l'une est

> « il s'appliqua sur toutes choses à payer ses dettes »

et l'autre

> « laissez-moi le temps de partager mes biens à ma famille ».

Cette manière de procéder, qui rend le texte parfaitement clair, est en outre fondée sur une excellente connaissance de la structure et du vocabulaire. Tel n'est pas le cas de la traduction de Mardrus :

> « sache que je suis un croyant et que je ne saurais te mentir. Or j'ai beaucoup de richesses ».

Le traducteur fait ici une confusion grossière de vocabulaire, due à l'absence habituelle de voyelles dans les textes arabes (autres que celui du Coran). Les trois consonnes *DYN* peuvent être lues soit *di:n*, mot très courant qui signifie « foi » ou « religion », soit *deyn*, mot moins courant, qui signifie « dette ». Sa fine connaissance de l'arabe permet à Galland d'éviter la confusion faite par Mardrus d'un de ces sens avec l'autre. Quant à la portion de texte « et que je ne saurais mentir. Or », elle est entièrement inventée par Mardrus, et ne correspond à rien dans le texte arabe. Alors que Galland résolvait par un fin découpage la difficulté créée par un rapprochement insolite entre dettes et richesses dans cette phrase au style peu orné et proche de l'oral spontané, puisque les contes qu'il avait recueillis à Alep, puis à Paris, auprès d'un vieux maronite syrien étaient en arabe littéraire mâtiné de syrien parlé de l'époque, Mardrus, ayant commis un contresens sur *dayn*, s'appesantit encore en cherchant à expliquer la bizarrerie créée par le sens erroné qu'il attribue à ce mot !

Dans un dernier passage, où la reine s'adresse à son époux, le texte arabe dit

> *qasad-i: 'an 'aqu:la la-ka šay'-an fa-la: tuχa:lifa-ni: fi:-hi* (intention-ma que je.dise à-toi chose-OBJET et-ne.pas tu.contredises-moi dans-cela)
> « mon intention est de te demander une chose, et je te prie de ne pas me la refuser ».

La traduction de Galland est

> « mon prince, je vous supplie d'y consentir »,

et celle de Mardrus

> « ô mon maître, mon désir est de devenir ta chose ; je te prie donc de ne pas me refuser ».

Le commun dessein des deux traducteurs de s'adapter aux goûts de leurs contemporains fait adopter à Galland une manière qui s'inspire du style noble, et à Mardrus un tout autre parti : non content du contresens qui le fait traduire *'aqu :la* « que je dise » par « que je devienne », Mardrus choisit d'aiguiser l'imagination libertine du lecteur présomptif en ajoutant, par pure invention, une formulation croustillante qui n'a plus rien à voir avec le texte arabe. Sa traduction tout entière en est traversée, ce qui lui a probablement paru un procédé commercial de haut rendement. Ainsi, le souci de produire une traduction qui soit adaptée aux mœurs et goûts, tels du moins qu'on les suppose, du temps où l'on se trouve est une louable exigence professionnelle de tout traducteur, mais plus importante encore est une connaissance suffisante de la langue du texte d'origine.

La traduction française des *Mille et Une Nuits* et celle des concepts chrétiens en chinois sont des phénomènes culturels d'un grand intérêt, mais n'ont pas eu d'incidence politique grave, au moins directement. Cependant, il peut arriver que, dans le domaine de la traduction, tel soit le cas. Il en existe deux exemples éloquents. Le premier concerne le traité signé, le 17 décembre 1885, pour mettre fin à un an et demi d'hostilités entre les représentants de la reine de Madagascar et les plénipotentiaires français. Ce traité contenait un passage où il était écrit, en malgache, que la France veillerait sur les relations de Madagascar avec

ny fanjakana any ivelany
« les gouvernements là-bas à l'extérieur ».

Mais cela pouvait aussi signifier « les gouvernements étrangers ». Dans la première interprétation, il était dit que la France représentait les intérêts malgaches à l'étranger, alors que dans la seconde, il était impliqué que la France, par l'intermédiaire de son résident général, pouvait seule accréditer les ambassadeurs étrangers. Les représentants malgaches considéraient que la version malgache du traité ne disait rien de semblable à cette seconde interprétation, seule la reine étant habilitée à l'accréditation. L'enjeu n'était pas insignifiant. Il s'agissait tout simplement de décider si Madagascar serait ou non un pays indépendant. L'interprétation française, évidemment commandée par des intérêts politiques et économiques particuliers, conduisait directement au protectorat de la France sur la grande île.

L'autre exemple est celui de la fameuse Résolution 242 des Nations unies. Il se trouve que, pour l'État d'Israël, c'est la version anglaise de cette Résolution qui doit faire autorité, alors que pour les Palestiniens et pour les États arabes, c'est la version française. Quelles raisons peuvent bien être invoquées pour justifier cette divergence de positions ? Tout simplement des raisons de grammaire, que met en évidence un point particulier de traduction. Pour comprendre de quoi il s'agit, il faut se rappeler que le 22 novembre 1967, date de cette Résolution, la situation était la suivante : les forces armées d'Israël occupaient un certain nombre de territoires précis qui, avant le début des hostilités, relevaient de la juridiction de trois de ses voisins : l'Égypte, la Jordanie et la Syrie. Or, parmi les principes considérés dans la Résolution comme impliqués par la Charte de l'ONU, le premier était formulé, dans sa version en anglais, d'une manière telle qu'il exigeait

> *withdrawal of Israel armed forces from territories occupied in the recent conflict*

ce qui, en français, peut se traduire de deux façons distinctes : soit

> *retrait des forces armées israéliennes* ***de*** *territoires occupés lors du récent conflit,*

> soit

> *retrait des forces armées israéliennes* ***des*** *territoires occupés lors du récent conflit.*

En effet, la grammaire du français oblige à choisir entre *de* et *des*, car dans ce contexte, les deux sont possibles. Or ils produisent des sens différents : *des* signifie que le retrait exigé concerne tous les territoires, alors que *de* signifie qu'il ne concerne qu'une partie d'entre eux. Au contraire, en anglais, l'emploi de l'article défini devant un nom au pluriel est soumis à des usages compliqués et, souvent, il est évité, de sorte que la version la plus naturelle est celle qui dit *from territories.* Cette expression peut être traduite en français soit par *des territoires*, soit par *de territoires*. On voit bien, par conséquent, la raison de la préférence manifestée par Israël pour la version anglaise : elle est ambiguë, ce qui signifie qu'aux termes de cette version, Israël peut être requis de se retirer soit de tous les territoires occupés, soit d'une partie d'entre eux seulement. Il est donc permis, selon Israël se prévalant de cette ambiguïté, de retenir le second de ces sens. Au contraire, la version française, du fait des contraintes de la grammaire française, fait un choix en faveur de la première interprétation, d'où la préférence des pays arabes pour cette version, qui oblige Israël à un retrait total. Il ne s'agit pas de byzantines subtilités. Il s'agit, à l'occasion d'un point de traduction, de rien de moins que la paix au Proche-Orient, puisque l'application de cette résolution dans sa version française continue d'être exigée par le monde arabe.

Tunisien (arabe)

Le dialecte arabe de Tunisie est une des illustrations de la diglossie (voir Bilingues) du monde arabe, où l'arabe littéraire, forme modernisée de l'arabe classique du Coran dans lequel le prophète Muhammad reçut et transmit la révélation de l'islam, n'est pas la langue maternelle des populations, qui utilisent des dialectes, variables avec chaque pays. La connaissance des deux variantes, parlée quotidienne et écrite prestigieuse, n'est véritable que chez les personnes éduquées et longuement scolarisées. C'est la raison pour laquelle, afin d'offrir aux masses un meilleur accès à la connaissance de l'arabe classique, des savants maghrébins, en particulier tunisiens, tentent de donner une large diffusion à un « arabe médian » qui emprunte des mots et des constructions à l'arabe littéraire tout en étant fondé sur l'arabe dialectal.

L'histoire de la Tunisie, et des langues qui s'y sont parlées, est ancienne, riche et complexe. La civilisation capsienne, d'où sans doute le nom de la ville de

Gafsa, y remonte à – 8000. Les Libyens y sont installés par Ramsès II vers – 1190, et leur relation est déjà étroite avec la Tunisie ; beaucoup plus tard, l'arabe libyen sera, comme il l'est encore aujourd'hui, très proche de celui de Tunisie. Les Phéniciens, peuple cananéen apparenté aux Hébreux, d'où la ressemblance entre l'hébreu et ce qu'on sait du punique, fondent en – 1100 le port d'Utique, puis en – 814 la ville de Carthage, dont la destruction en – 146 par les Romains est suivie de la naissance de la province romaine d'Afrique, à peu près sur l'emplacement de la Tunisie actuelle.

Mais en 429, Carthage est prise par les Vandales. Cependant, ces derniers sont chassés un siècle plus tard par les Byzantins, lesquels, à leur tour, sont vaincus par les Arabes à Sbeitla en 647, date suivie, en 670, de la fondation de Kairouan par Oqba ibn Nafia, puis en 698 de la prise de Carthage par les Arabes, ce qui installe définitivement en Africa la langue arabe, supplantant la langue grecque. Lorsque, en 701, Hassan ibn Nu'man finit par vaincre la résistance de la Kahéna, célèbre reine juive berbère, les Aurès et leurs habitants les Amazighs (Berbères) sont islamisés, et le conquérant de l'Espagne en 711 (voir Hispaniques [vocables]) sera un musulman amazigh, Tarik ibn Ziyad, dont le nom sera donné au détroit de *Gibraltar*, mot abrégeant *djibr al Tar(ik)* « mont de Tarik ».

L'arabe continue de dominer durant toutes les dynasties successives, Aghlabides, Fatimides, Zirides, Almohades, Hafsides. Ces derniers fondent et érigent en capitale la ville de Tunis, dont le nom viendrait de l'amazigh *yensa* « passer la nuit », parce que la ville est une étape naturelle par sa situation au croisement des voies littorales reliant les Aurès à la mer Rouge. La Tunisie était depuis longtemps une dépendance semi-autonome des Ottomans lorsque, par le traité du Bardo en 1881 puis par la convention de La Marsa en 1883, est imposé le protectorat français. Un de ses effets importants est l'installation du français en Tunisie. Loin d'être remise en cause par l'indépendance, signée en 1956, cette installation est consolidée au contraire par la généralisation de son enseignement, décision d'Habib Bourguiba, héros de la lutte nationaliste, devenu le premier président du pays.

Par suite de ces événements, l'arabe tunisien est aujourd'hui la langue principale, parlée par toute la population, et le français la langue apprise dès la troisième année de l'école primaire, cependant que l'arabe littéraire, bien qu'enseigné dès le début, continue, comme dans tous les pays arabes, d'être la langue de prestige, non utilisée dans la vie quotidienne et non transmise dans les familles.

S'il a beaucoup de traits de tous les dialectes et de l'arabe classique, comme les pluriels, dits internes, modifiant, parfois fortement, la forme du singulier (*ta:jer* « commerçant » / pluriel *tujja:r*, *sallu:m* « échelle » / pluriel *sla:ləm*, *ba:b* « porte » / pluriel *biba:n* [cf. Quitout 2002, p. 33]), le dialecte tunisien possède aussi certaines caractéristiques linguistiques qui lui sont propres, ou qu'il ne partage qu'avec une partie des dialectes maghrébins, notamment la marque *mtaʕ* du génitif exprimé par *de* en français, alors qu'au Maroc et en Algérie occidentale, on entend non pas *mtaʕ*, mais *dia:l*. Certains mots sont également vite identifiés dans le monde arabe comme tunisiens, par exemple *bəršä* « beaucoup », *nnəžžəm* « je peux »/ *mä-nnəžžəm-š* « je ne peux pas », *n-habb* « je veux », *θəmmä* « il y a » / *mä-θəmmä-š* « il n'y a pas », la négation discontinue *mä… š* étant, en outre, régulière en arabe tunisien, à la différence de ce qu'offrent d'autres dialectes.

Les dernières décennies ont renforcé la position de l'arabe tunisien, de plus en plus prôné comme la langue dans laquelle s'exprime l'identité tunisienne, en dépit des progrès de l'arabe médian. L'arabe parlé en Tunisie est une langue où s'expriment parfaitement la philosophie souriante, la tolérance et l'humour, qui sont des traits de la personnalité tunisienne.

Typologie (des langues)

L'étude des types variés de langues, ou typologie, est fort en vogue aujourd'hui parmi les linguistes. Jusqu'au XVIIIe siècle, on s'intéressait, certes, à la nature des langues, à ce qu'elles nous apprennent sur l'esprit humain, à la grammaire ou aux possibilités poétiques des grandes langues classiques, latin et grec en Occident, arabe coranique au Proche-Orient, sanscrit en Inde, chinois ancien en Chine. Mais on n'était guère soucieux de classer en types ou familles les langues du monde dans leur immense diversité. Avec l'économiste Adam Smith (1759), esprit fécond qui était aussi intéressé par les langues, apparaît une première classification qui les distingue en langues composées, comme celles de l'Europe, et langues non composées, comme le chinois. On trouve des compilations et catalogues dans la seconde moitié du XVIIIe siècle, dues aux voyageurs et grammairiens P. Hervás (1784), dont la liste est déjà en partie généalogique, P.S. Pallas (1787-1789), naturaliste berlinois d'origine française qui partit recenser pour le compte de Catherine II de Russie les langues de son vaste empire, et J.C. Adelung (1806), géographe en même temps que linguiste amateur, comme d'autres en son temps, dont le travail fut complété et publié après sa mort par S. Vater.

C'est au début du XIXe siècle que les frères Friedrich et August Wilhelm von Schlegel introduisirent, l'un en 1808, l'autre en 1818, une classification véritable des langues en types. Ils distinguaient celles qui ne connaissent aucune combinaison de formes, et dont l'exemple est le chinois avec ses monosyllabes invariables, celles qui utilisent des affixcs (préfixes et suffixes), enfin celles qui fléchissent les formes, c'est-à-dire modifient leur corps, ou leurs extrémités initiale ou finale. Ce troisième type est illustré par les langues de l'Europe occidentale, et considéré par ces auteurs, évidemment, comme le plus parfait. Sa forme achevée est le sanscrit, dont l'existence comme langue sacrée de l'Inde était connue dès le début du XVIIIe siècle, sinon précédemment. À vrai dire, on avait, dans d'autres familles de langues, déjà décelé, plus tôt, des parentés. L'érudit hongrois J. Sainovics avait, dès 1770, publié à Copenhague un ouvrage intitulé *Demonstratio idioma Ungarorum et Lapponum idem esse* (« Démonstration de la similitude de la langue des Hongrois et des Lapons »). Mais les savants occidentaux s'intéressaient surtout à leurs langues, et aux parentés entre elles. La parenté du sanscrit avec les langues de l'Europe, qui va inspirer le regroupement dans une famille appelée indo-européenne, est explicitement posée pour la première fois, bien qu'elle fût supposée depuis longtemps, par une communication que présente à la Société asiatique du Bengale, en 1786, le juge William Jones :

> « La langue sanskrite, quelle que soit son antériorité, est d'une structure merveilleuse ; plus parfaite que la langue grecque, plus abondante que la latine, d'une culture plus raffinée que l'une et l'autre, elle a néanmoins avec toutes deux une parenté si étroite, tant pour les racines verbales que pour les formes grammaticales, que cette parenté ne saurait être attribuée au hasard. Aucun philologue, après avoir examiné ces trois idiomes, ne pourra s'empêcher de reconnaître qu'ils sont

dérivés de quelque source commune, qui peut-être n'existe plus. Il y a une raison du même genre, quoique peut-être moins évidente, pour supposer que le celtique et le gotique, bien que mélangés avec un idiome entièrement différent, ont eu la même origine que le sanskrit ; et l'ancien persan pourrait être ajouté à cette famille. »

Cette révélation de William Jones inspirera aux continuateurs des frères Schlegel une vision de la typologie des langues qui reste étroitement tributaire de la grammaire comparée, notion introduite par Friedrich von Schlegel. On cherche bien à répartir les langues humaines en types, mais cette typologie est en même temps génétique : les langues indo-européennes ont des racines communes, mais elles sont, en même temps, douées de structures grammaticales semblables. Wilhelm von Humboldt (1836), Franz Bopp (1833-1857), August Friedrich Pott (1849), August Schleicher (1861) popularisent une répartition des langues en trois types :

— isolant : langues à mots indépendants, généralement d'une syllabe, comme celles d'Extrême-Orient : chinois, vietnamien, thaï, etc.

— agglutinant : langues où s'agglutinent aux racines divers affixes, comme le hongrois, les langues malayo-polynésiennes, ou le turc, qui dit *deniz-ler-in* (mer-PLURIEL-de) « des mers ».

— flexionnel : langues où la rencontre des affixes avec les racines produit une flexion de ces dernières, c'est-à-dire une modification, externe ou interne, comme dans les langues indo-européennes ou sémitiques ; cela est illustré par le latin *marium* « des mers », où le pluriel et la marque « de » sont fondus à la différence du turc, ou par les correspondances française *peux~pouvons*, anglaise *man* (singulier)~*men* (pluriel) « homme(s) », arabe *kita:b* (singulier) ~ *kutub* (pluriel) « livre(s) ».

À ces trois types a été ajouté un quatrième, inspiré par l'étude poussée des langues amérindiennes comme l'eskimo (« inuit » aujourd'hui), ainsi que le nahuatl, dont on avait cependant des grammaires depuis les débuts de la colonisation espagnole du Mexique : il s'agit du type dit incorporant, dans lequel le mot coïncide souvent avec une phrase, les compléments tendant à se grouper avec le verbe en une seule unité.

Cette typologie, surtout fondée sur la structure du mot, continue d'avoir cours aujourd'hui. Cependant, la typologie contemporaine s'intéresse essentiellement aux manières très diverses dont les langues, qu'elles soient ou non apparentées (génétiquement ou en termes de structure du mot), se caractérisent par rapport aux grands domaines qui sont au centre de leur utilisation dans la communication : la construction de la phrase du point de vue du type de rapports entre le verbe et les participants : agent (voir ce mot), patient, circonstances de l'action ; la relation entre le verbe et le nom ; les mots qui s'associent au verbe (marques de temps, d'aspect [temps humain vécu], de voix, de direction, etc.) et au nom (article, démonstratifs, etc.) ; l'adjectif, là où il existe ; l'adverbe ; les classificateurs (voir Classes) ; la construction des mots complexes, composés et dérivés, à partir des mots simples ; la formation et le comportement grammatical des mots qui indiquent les fonctions : prépositions, postpositions, cas de déclinaisons, etc. ; l'expression de la personne ; la possession ; la négation ; l'interrogation ; la différenciation entre les catégories de mots, notamment à travers l'examen des langues jeunes, comme les créoles, où cette différenciation est encore un phénomène récent ; les stratégies de présentation du thème dont il est question dans une phrase ou un paragraphe (thématisation), ainsi que d'insistance sur une partie de la phrase à mettre en valeur (focalisation) ; la coordination ; la subordination, etc.

Amorcée dès les années 1970-1980 (voir, notamment, Hagège 1975, 1982), et poursuivie dans divers travaux, particulièrement en Allemagne, en France, en Italie, aux États-Unis, depuis le début des années 1990, la typologie linguistique est un des courants qui dominent, aujourd'hui, les recherches sur les langues. Ce courant s'oppose implicitement et parfois explicitement, en même temps qu'il lui succède historiquement, à celui qui, de la fin de années 1950 à celle des années 1980, a surtout tendu à étudier les mécanismes universels, et théoriquement innés (cf. Chomsky 1965), par lesquels les phrases des langues sont construites, et ce que cela peut révéler sur le cerveau et son fonctionnement. Cette perspective, aujourd'hui représentée surtout par les recherches cognitives, se distingue de la typologie linguistique en ceci que l'étude des langues n'en est pas l'objet unique ni central, mais est conçue comme une participation aux recherches que conduisent les cognitivistes sur les structures mentales.

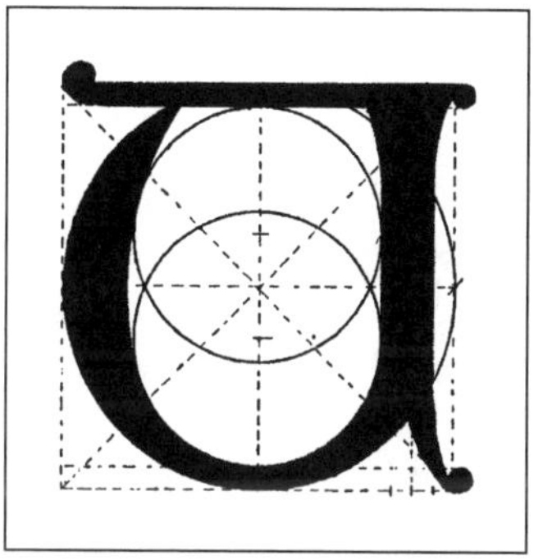

Union

« Quel mot merveilleux que *und* [“et”] », s’exclame Isolde, à l’endroit de Tristan, dans un des plus beaux duos de passion de l’opéra de Wagner, « puisqu’il dit que le nom de Tristan et le nom d’Isolde ne peuvent être prononcés que lorsque l’un est associé à l’autre. Proférer l’un n’est possible que s’il est uni avec l’autre, comme l’amour nous unit en une seule personne : Tristan et Isolde ».

Il n’est pas indispensable, pour obtenir cet effet d’union, qu’une langue possède un mot spécifique ne signifiant que « et ». Beaucoup de langues, le cinquième, peut-être, de toutes celles qui sont connues, n’ont pas de mots différents pour « et » et pour « avec ». Il en existe même qui expriment « et » par un verbe, si étrange que la chose paraisse à ceux qui parlent en français ou en italien. Ainsi, l’éfik (Nigéria)

et le walman (Papouasie-Nouvelle-Guinée) expriment « et » par « s'ajouter à », suivi de l'autre ou des autres verbes qui réfèrent à l'état ou à l'action dont parle la phrase.

Beaucoup de langues, néanmoins, possèdent un mot comme le *et* du français, c'est-à-dire une conjonction, justement dite de coordination, et qui sert à coordonner deux phrases, ou deux unités au sein d'une phrase : c'est ce que font le *og* danois, le *şi* roumain, le *és* hongrois, le *wa* arabe, le *va/vé* hébraïque, le *aur* hindi, le *dan* indonésien ou le *yú* du chinois classique. Dans de telles langues, le développement de ces conjonctions est parallèle à celui de la prose, s'il n'en est pas, même, l'indice, en même temps que l'instrument, caractéristique. On note, en effet, dans l'histoire du latin, du grec ancien, du français ou de l'anglais, un parallélisme entre l'émergence d'outils de coordination et l'apparition de la prose, et cela dans la mesure même où la forme poétique, marquant par le rythme et la prosodie les relations entre les phrases, n'avait pas besoin d'un coordonnant explicite, les différents types de vers suffisant à segmenter les phrases (cf. Jacquesson 2007). Cette évolution ressort nettement, pour l'ancien français, de la comparaison entre la *Cantilène de sainte Eulalie* (fin du IXe siècle) et les romans de Chrétien de Troyes (XIIe siècle), ainsi que, pour l'anglo-saxon puis le vieil-anglais, entre l'épopée de Beowulf (VIIIe siècle) et l'*Histoire ecclésiastique de la nation anglaise* de Bède le Vénérable, ou encore, pour l'akkadien, entre la langue classique (milieu du IIIe millénaire avant l'ère chrétienne) et le néo-babylonien, ou enfin, pour l'hébreu, entre les étapes successives de son histoire, en particulier entre l'hébreu biblique et celui de la Michna (voir Jérusalem [Pékin et]).

La possibilité ou l'impossibilité d'un « et », appelé *coordonnant* dans les grammaires, est un indice remarquable de la propriété qu'ont les langues d'établir des hiérarchies entre les unités au sein des phrases. On ne peut pas coordonner deux éléments que leurs structures ou leurs sens respectifs rendent tout à fait hétérogènes : si

elle est partie dès cinq heures ***et*** *en avion*
ou
ses collègues ***et*** *son ami lui causent du souci*

ne paraissent pas des formulations incongrues, en revanche

elle est partie dès cinq heures ***et*** *furieuse*

pourrait sembler bizarre, et plus encore

son ami ***et*** *que l'affaire ne soit pas résolue lui causent du souci,*

sans compter

ce sentiment et *Pierre plaisaient à Marie*

ou

il a peur ***et*** *deux maisons*,

deux phrases que la plupart des francophones pourraient juger impossibles. Tant il est vrai que les enivrantes unions dont peut faire rêver l'agile petit mot « et » ne sont pas toujours cautionnées par la grammaire, et pas davantage, sans doute, par le « bon sens ». De ces unions problématiques, il en est une autre encore, qui, elle aussi, prétend apparier des éléments hétérogènes, par exemple une proposition subordonnée, commençant par *quand*, *si*, *bien que*, *pour que* ou bien un participe présent ou passé, et d'autre part, dans la même phrase, une proposition principale. La plupart des langues refusent cette association : on évite, en français,

quand il pourra voir ce film, ***et*** *il sera content,*

ou

s'il voulait monter sur ce tertre, ***et*** *il aurait du mal,*

ou encore

se levant brusquement, ***et*** *il a attrapé son téléphone,* ainsi que

ayant ouvert le tiroir, ***et*** *il en sort un pistolet.*

Dans toutes ces phrases, les propositions initiales, qui sont subordonnées ou participiales, ne se situent pas au même niveau syntaxique que les propositions principales qui les suivent, et la bizarrerie du ***et*** est justement le révélateur de cette différence. Dérisoires querelles, dira-t-on, de grammairiens, toujours gourmands de débats et controverses dont l'issue, comme l'assurait Érasme, n'aura que peu d'effet sur le destin de notre espèce ? Dans une certaine mesure, oui ; dans une autre, pas tout à fait. On a parfois souligné, par exemple, que certaines particularités du vieux-russe, dans des textes célèbres de la littérature russe, comme l'*Écrit du tsar Ivan le Terrible* (XVIe siècle) ou les livres de l'archiprêtre Avvakoum (XVIIe siècle), reflètent une langue dans l'enfance, parce que inapte à construire des phrases à structures enchâssées qui, selon Wilhelm von Humboldt (voir Typologie [des langues]), sont typiques des langues évoluées de l'ouest de l'Europe.

On s'est justement appuyé, pour soutenir cette thèse, sur les nombreux exemples de propositions participiales qui, dans ces textes vieux-russes, sont reliées par *i* (« et ») à la principale, comme dans les exemples français ci-dessus. Or, il est montré dans des travaux modernes (cf. Ferrand 1981) qu'en réalité, dans tous ces cas, ce que l'on croit être un coordonnant « et » alterne très souvent avec son absence, et que par suite, ce mot doit être interprété comme un adverbe établissant une corrélation. Il se comporte de la même façon que des mots et expressions comme ceux qu'on pourrait substituer, dans les exemples français ci-dessus, au ***et*** qui y relie une proposition principale à une subordonnée antérieure commençant par ***quand***, ***si***. En substituant à ***et***, dans ces exemples, des mots de ce type, c'est-à-dire des instruments de corrélation comme *eh bien* ou *alors*, on obtient des phrases françaises courantes.

Cela suffit pour réfuter les conclusions précipitées qui ont été tirées de structures russes mal interprétées, où l'on a voulu voir des reflets de la simplicité pré-rationnelle de l'âme russe (Ferrand *ibid.*). Une étude grammaticale attentive peut ainsi faire justice de stéréotypes alimentés par des analyses insuffisantes des faits de langue. Quand ces stéréotypes concernent des nations entières et orientent l'attitude d'autres nations à l'endroit de ces dernières, alors on peut voir que les apparentes cuistreries des docteurs de langues ne sont pas sans implications politiques, positives ou négatives.

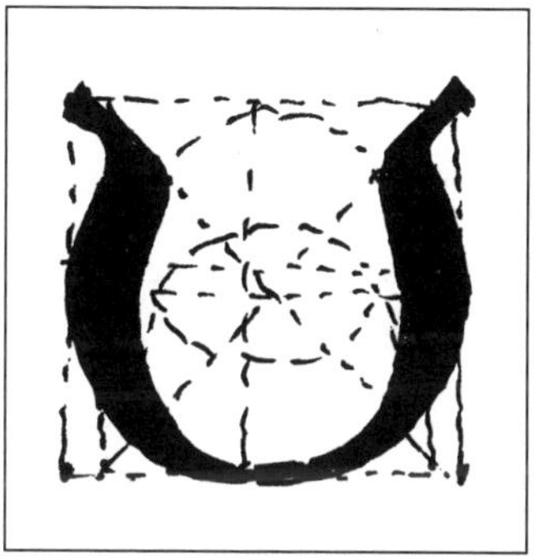
U

Verlanisons !

Verlanisons, c'est-à-dire permutons en chœur ! Le nom du verlan est lui-même du verlan, puisque le mot est obtenu par permutation des deux syllabes de *l'envers* en *vers-l'en* écrit *verlan*. Le procédé consiste donc à mettre à l'envers les mots, en permutant leurs syllabes. Il est loin de n'avoir que l'âge, très récent, d'une de ses manifestations modernes les plus connues : le titre de la chanson de Renaud *Laisse béton*, dont le second mot est le verlan de *tomber* (cf. Calvet 1994, p. 59-64). On verlanisait déjà bien avant le XXe siècle. *Bonbour* pour *Bourbon* est attesté à la fin du XVIe siècle, *Sequinzouill* pour *Louis XV* au XVIIIe, et *Lontou* pour le bagne de Toulon au début du XIXe siècle. Le verlan, à l'origine code secret des prisonniers de droit commun, est répandu aujourd'hui dans les milieux d'étudiants et de travailleurs de la même génération.

Il s'agit bien d'un code, et non d'une transformation faite au hasard. Si le mot français que l'on va verlaniser est constitué de deux syllabes, on les fait permuter, d'où, sur *taxi*, *bonhomme* et *racaille*, les mots *xita*, *nombo* et *caillera*, ce dernier étant parfois employé pour désigner le parler des cités qui entourent les grandes villes de France. Si le mot de base est fait d'une seule syllabe sans consonne finale, on permute les sons, d'où, par exemple, *ouf* sur *fou* ou *ouate* sur *toi*. Si la syllabe unique ne se termine pas par une consonne, on ajoute, pour lui donner deux syllabes et donc permettre une permutation, un « e muet », qui n'est pas muet car il est prononcé comme le « eu » de « pneu ». Ainsi, *flic* (terme remontant au XIVe siècle) donne d'abord *flikeu*. On applique ensuite la verlanisation, c'est-à-dire que l'on fait permuter ces deux syllabes, d'où *keufli*. On applique enfin la troncation, qui supprime le *-li* final, d'où *keuf*. Ainsi *flic* passe à *keuf* par application de trois règles, disyllabisation, permutation puis troncation. C'est de la même façon que s'obtiennent le verlan de *femme*, celui de *frère* et celui de *mère*, à savoir *meuf*, *reuf* et *reum*.

Le procédé peut être appliqué à des mots de plus de deux syllabes, et selon un agencement variable de leur ordre, qui laisse une certaine place à la fantaisie. Ainsi, *calibre* produit *brelica*, mais *cigarette* donne *garetsi*, et *enculé* fournit *léancu*. Au surplus, la verlanisation est réversible, et les règles ne sont pas mécaniquement appliquées, laissant quelque champ à l'inspiration : *beur*, verlan de *arabe* (dont on a retranché le *a-* initial) à travers l'étape *beura* suivie de la troncation du *-a*, peut être reverlanisé en *reubeu*, et de même, *keuf* en *feukeu*, et l'on voit que dans l'un comme dans l'autre, il n'y a pas, cette fois, de troncation.

Et l'argot ? Le verlan en est-il la forme moderne, s'y est-il substitué ? Non, car le verlan est le code linguistique des cités, alors que l'argot est celui des ouvriers et des marginaux, moins répandu qu'autrefois, mais toujours en usage, et illustré dans la littérature moderne et contemporaine par divers auteurs, dont Louis-Ferdinand Céline, Alphonse Boudard, Frédéric Dard (pseudonyme : San Antonio). Certes, comme l'argot, le verlan répond à trois pulsions : cryptique, ludique, identitaire. Cryptique car il s'agit d'un code à vocation d'opacité pour les non-initiés, ludique car il est le produit d'un jeu sur les éléments du vocabulaire et qu'on s'amuse à le parler dans l'intention même de ne pas être compris des allogènes, enfin identitaire parce que les communautés, nombreuses dans les cités de HLM autour des grandes villes de France, dont les frustrations sont alimentées par le chômage endémique et le rejet raciste, sont soucieuses de puiser dans un usage linguistique qui leur soit propre les signes qui les définissent. Cependant, le verlan n'est pas en principe, comme l'est l'argot historique, la langue des escrocs, des mendiants, des « malfaiteurs du milieu », des détrousseurs et cambrioleurs comme les Coquillards du XVe siècle, les hommes du célèbre Cartouche au XVIIIe siècle, ou, au XIXe siècle, les chauffeurs (des pieds de leurs victimes ainsi contraintes à dévoiler leurs biens), le bagnard-policier Vidocq (dont Balzac fit Vautrin et dont Hugo se souvint dans *Les Misérables*), les marginaux divers mis en scène par les romanciers, d'Eugène Sue à Zola, et enfin certains héros des romans policiers.

Cela ne signifie pas que le verlan des cités ne fasse pas de nombreux emprunts à l'argot, les recevant tels quels sans les verlaniser. Proviennent de l'argot ancien les mots suivants, parfois attestés dans le code des cités bien que plus fréquents dans les formes modernes de l'argot, que la langue des cités n'a pas supplantées : *camarde* « mort », *daron* et *daronne*, « père ou maître » et « mère ou maîtresse », *entraver* « comprendre », *jaspiner* « parler », *mac* « maquereau », *mézigue* « moi », *papelard* « papier », *pieu* « lit », *pioncer* « dormir », *roustons* « testicules », *tézigue* « toi », *tocante* « montre », et bien d'autres.

Il existe des argots dans bien d'autres lieux que la France. Pour ne prendre que des exemples européens, on connaît un argot de Budapest, et un autre, de Sarajevo, particulièrement productif à l'époque des guerres qui ont déchiré la Bosnie. Y a-t-il des limites à la pulsion d'expressivité, par laquelle les sociétés humaines tentent de pulvériser le carcan de la grammaire et du lexique, en même temps qu'elles investissent leur créativité dans des formes de langues qui traduisent leurs frustrations et leurs révoltes ?

Vie (les langues et la)

On avait volontiers, dans la seconde partie du XIXe siècle, une conception vitaliste des langues. Le grand linguiste Franz Bopp, un des fondateurs de la grammaire comparée et de la typologie des langues (voir ce mot), écrivait dans un livre (1833) où apparaissent de manière récurrente des expressions comme « physiologie du langage » et « anatomie linguistique » :

> « Les langues doivent être considérées comme des corps naturels, qui sont construits selon des lois, et portent en leur sein un principe de vie. »

Il n'est pas indifférent de souligner les liens qu'avaient les fondateurs de la grammaire comparée avec les biologistes. August Schleicher, en particulier, considérait que les langues sont des phénomènes relevant des sciences naturelles. Comme un grand linguiste français disparu en 1996, André Haudricourt, Schleicher était à l'origine un botaniste. Lecteur de Linné et de Cuvier, et par conséquent intéressé par la taxinomie végétale et par l'anatomie, Schleicher avait ensuite été marqué par les ouvrages fondateurs de la grammaire comparée, notamment ceux de Franz Bopp (1816 et 1833). De plus, Schleicher était lié avec Ernst Haeckel, naturaliste auteur de l'idée d'un parallélisme entre phylogenèse (évolution de l'espèce) et ontogenèse (évolution de l'individu), la seconde reproduisant sur une durée très courte la première. Haeckel attira sur le livre de Charles Darwin *The Origin of Species* (1859) l'attention de Schleicher, qui trouva dans la théorie transformiste une confirmation de ses vues. Schleicher écrit en 1863 :

> « Les langues sont des organismes naturels qui [...] naissent, croissent, se développent, vieillissent et meurent ; elles manifestent donc, elles aussi, cette série de phénomènes qu'on comprend habituellement sous le nom de vie. La [...] science du langage est par suite une science naturelle, sa méthode est d'une manière

générale la même que celle des autres sciences naturelles. Aussi, l'étude du livre de Darwin […] ne m'a-t-elle pas paru trop m'écarter de mes positions. »

Il est tout à fait vrai que les langues, comme les espèces vivantes de la nature, naissent et vivent. La vue vitaliste des langues telle que la représente Schleicher peut donc être comparée à la théorie darwinienne. Néanmoins, sur deux points, ce linguiste méconnaît les apports du transformisme : d'une part, il ne retient pas la sélection naturelle, d'autre part, alors même qu'il voit les langues comme des espèces vivantes, il nie, contradictoirement, leur dimension historique, qui est inhérente à toute espèce. Il convient donc de ne retenir de cette étape vitaliste de la réflexion sur les langues que leur assimilation à des espèces de la nature, et non la méconnaissance de l'histoire interne de chaque langue, et des facteurs sociaux qui façonnent cette histoire. En fait, on ne peut voir dans les langues une image même de la vie que dans la mesure où elles sont inscrites dans l'histoire et la société.

Un autre aspect qui fait des langues un véritable symbole de vie est leur diversité, tout à fait comparable au foisonnement des insectes ou au pullulement des graminées. Partout, le cours torrentueux des langues ressemble à celui de la vie qui anime l'univers. Mais il est une propriété particulière des langues qui leur assigne une place tout à fait exceptionnelle au royaume des espèces vivantes. Les langues sont la seule espèce vivante qui ne meure pas ! Lorsque l'on dit, en effet, qu'une langue est morte, cela signifie qu'elle a cessé d'être parlée, qu'elle est donc sortie d'un usage, qui est celui de la parole. Mais pourquoi aurait-elle, du même coup, disparu comme langue, c'est-à-dire comme système de règles appliquées dans le discours ? Si l'on comprend cette différence capitale entre langue et parole, qui est au centre de la théorie de Ferdinand de Saussure (1916), considéré comme le père fondateur de la linguistique moderne, alors on comprend aussi que ce qui disparaît quand une langue meurt, c'est son emploi dans la communication, et cela seulement. En d'autres termes, il suffit qu'elle se soit conservée sous forme écrite pour pouvoir être ressuscitée. En effet, les documents écrits qui la reflètent, ou, s'il s'agit de grammaires, décrivent, ses règles et tout son système demeurent toujours disponibles pour ceux qui voudraient rendre à l'usage la langue disparue.

C'est exactement là la raison pour laquelle a réussi l'entreprise de résurrection de l'hébreu à l'époque moderne. Une continuité d'attestation historique sur plusieurs millénaires (voir Écrite [langue]) et Jérusalem [Pékin et]) a eu ceci pour résultat : un savant lexicographe qui consacra sa vie à la compilation d'un immense dictionnaire de l'hébreu de toutes les époques, Eliézer Ben Yehuda, put retrouver les innombrables documents nécessaires à sa tâche. Bien entendu, il ne suffit pas du vouloir ni du labeur, même gigantesque, d'un seul homme. Un moteur capital fut la conscience historique, entretenue à travers les millénaires chez les communautés juives, qui continuaient, au fil d'une durée aussi immense, de vivre leur existence comme un exil hors de la Terre sainte, et de le rappeler en famille, chez les plus religieux, à chaque célébration de la fête du Grand Pardon (Kippour). Un dernier facteur fut la très forte motivation des pionniers, qui, d'abord dans quelques familles, puis à travers l'extension du mouvement de résurrection à toute une communauté par l'enseignement aux enfants, au foyer et à l'école depuis les classes maternelles, également à travers la presse, enfin par la création et la montée en autorité du Comité de la langue, parvinrent à faire reparaître au sein de l'usage quotidien une langue qui, dans les années 1920, en était disparue depuis deux mille cinq cent vingt années, c'est-à-dire depuis l'exil des élites juives à Babylone en – 597 !

Ainsi, les langues mortes sont des structures sans voix, mais non sans existence. Il « suffit » d'un très puissant vouloir collectif et d'une conscience nationale alimentée par un très vif sentiment de continuité bravant les fureurs dissolvantes du temps, pour qu'une résurrection soit possible. Certes, il s'agit d'un ensemble de facteurs dont la réunion est très rare et très difficile. Mais la renaissance de l'hébreu laisse penser qu'il n'y a pas d'impossibilité théorique. D'autres s'en sont inspirés, par exemple les promoteurs du… cornique, disparu, il est vrai, en 1800 (voir Familles de langues).

Vietnamien

On ne sait s'il faut attribuer au vietnamien une parenté avec le groupe mon-khmer de la même famille austro-asiatique, ou avec le thaï. En effet, on ne peut nier le caractère foncièrement mon-khmer du vocabulaire vietnamien, mais d'autre part, on ne peut nier davantage le caractère foncièrement thaï de son système de tons (voir ce mot). Dès lors, le problème est de savoir s'il s'agit d'une langue qui était initialement mon-khmer et n'avait donc pas de tons, comme c'est aujourd'hui le cas du khmer (cambodgien), mais qui aurait adopté le système de tons du thaï, ou bien, réciproquement, d'une langue thaïe, c'est-à-dire d'une langue à tons, qui aurait incorporé une partie considérable du vocabulaire mon-khmer.

La première hypothèse paraît la plus vraisemblable. En effet, bien que le système des tons, une fois acquis, fasse partie intégrante d'une langue comme le montrent les correspondances tonales régulières entre les langues de même famille, par exemple les différents dialectes chinois ou les différents dialectes thaïs, les homologies de vocabulaire demeurent cependant un fait déterminant dans la comparaison entre les langues. Il semble donc difficile de ne pas reconnaître une parenté mon-khmer à une langue qui, comme le vietnamien, possède un si grand nombre de mots semblables à ceux de ce groupe. D'autre part, il existe au Vietnam, au Laos et en Thaïlande des langues austro-asiatiques : bahnar, khmu, mueong, palaung, pear, qui racontent l'antique histoire du vietnamien, et démasquent son origine, occultée par sa forte sinisation et par son caractère monosyllabique et tonal : le vietnamien était il y a trois mille ans, comme ces langues en partie plurisyllabiques, une langue plurisyllabique lui aussi, et l'acquisition des tons est allée de pair avec l'évolution vers le monosyllabisme.

De plus, l'acquisition de tons dans une langue qui n'en possédait pas est un phénomène bien attesté. Lorsqu'un brusque relâchement des cordes vocales se produit sur une consonne articulée au niveau du larynx, cela déclenche une baisse de la hauteur musicale de la voyelle qui précède, ce qui signifie qu'on entend un ton descendant, orienté du registre aigu vers le registre grave. Ce ton finit par devenir une caractéristique permanente de la voyelle qui le porte, c'est-à-dire par différencier les mots selon le type de tons que portent leurs voyelles. C'est alors la naissance même d'une langue à tons à partir d'une langue qui ne portait pas de tons jusque-là. Une pression très forte s'est ajoutée à ces conditionnements phonétiques : celle d'une langue à tons, le chinois, puisque le Vietnam, conquis par la Chine deux siècles avant l'ère chrétienne, n'en devint indépendant qu'au Xe siècle. Mais le confucianisme continuait à régir la vie nationale et les relations sociales. Or, au Vietnam, la doctrine confucianiste impliquait langue et écriture chinoises.

Pour remplacer les caractères chinois, les Vietnamiens inventèrent une écriture idéophonétique, le *chữnôm*, attestée sur une stèle de 1173. Mais au début du XVIIe siècle, les missionnaires jésuites mirent au point une notation du vietnamien en alphabet latin, augmenté de nombreux signes diacritiques, qui notent assez exactement les voyelles et les tons de cette langue, ainsi que les consonnes, non sans quelques particularités, comme la graphie « nh », semblable à celle du portugais, pour noter le son que le français note « gn ». Le premier dictionnaire vietnamien utilisant cette écriture fut le *Dictionarium Annamiticum, Lusitanum et Latinum* du père Alexandre de Rhodes, imprimé à Rome en 1651. Cette nouveauté aboutit à une démocratisation de l'écriture, jusque-là réservée aux élites de lettrés et de mandarins qui savaient lire les caractères chinois. Un terme, *quốc ngữ*, désigne à la fois cette écriture en alphabet latin et la langue vietnamienne.

Le *quốc ngữ* fut favorisé par l'administration coloniale française, qui y voyait, du fait des lettres latines, une étape vers l'apprentissage de l'écriture et de la langue françaises, et qui considérait le vietnamien comme réduit à l'état de... simple patois par quatorze siècles de pression du chinois ! Cette écriture latine à signes diacritiques supplémentaires devint la norme orthographique du vietnamien. Mais à l'ambition coloniale d'une substitution du français au chinois en tant que langue dominante au Vietnam fit échec le coup d'État japonais de mars 1945, qui chassa la France. Le retour des Français en 1947 rendit au français sa position, mais incomplètement et pour une courte durée, du fait de la première guerre d'Indochine, puisque les zones occupées par le Vietminh enseignaient le vietnamien. Après la défaite française à Diên Biên Phu en 1954, l'indépendance du Vietnam a fait du vietnamien la langue unique dans tous les domaines, même s'il est vrai que le long « contact » avec les Américains a donné à l'anglais, surtout au sud, une position forte.

Cette langue connaît trois variantes régionales, distinguées par des particularités de prononciation et de vocabulaire, la grammaire et l'écriture étant les mêmes dans tout le Vietnam : le parler du Nord, dont le centre principal est Hanoï, la capitale, le parler du Centre autour de Huê, ancienne capitale impériale, et le parler du Sud, dont le centre est Saigon, aujourd'hui appelée Ho Chi Minh-Ville. À cette division dialectale s'ajoute une différence qui fut très forte quand se combattaient deux Vietnams, et qui, depuis la réunification de 1975, est en voie d'atténuation, mais non disparue : le Sud est une société de consommation commerçante et américanisée, le Nord est une société communiste plus austère, dans laquelle la question de la langue a été beaucoup plus sérieusement traitée, notamment par l'élaboration d'une terminologie scientifique qui tente d'éviter les mots étrangers. Mais le chinois étant depuis très longtemps la source inépuisable des termes savants, c'est au Nord que, par une ironie des circonstances, on trouve le plus de termes sino-vietnamiens (voir Emprunt), souvent peu transparents pour les habitants du Sud ! Une longue cohabitation des deux parties du pays qui, jusqu'en 1975, étaient deux entités en guerre l'une contre l'autre, pourrait un jour conduire à une unification culturelle et psychologique, dans laquelle la langue aurait, comme toujours, joué un rôle de premier ordre. Le rôle principal.

Veut-on d'autres preuves d'un fait fondamental ? Ce fait peut s'énoncer en une formule simple : au-delà de toutes les convictions, de toutes les proclamations, les langues, auxquelles le présent *Dictionnaire amoureux* consacre ces pages comme autant d'actes de passion, sont bien ce que les hommes ont de plus humain.

Références bibliographiques

Adamou, Evangelia et Georges Drettas, 2008, « Slave », in E. Adamou, dir., *Le nom des langues* II, Le patrimoine linguistique de la Grèce, Louvain-la-Neuve, Peeters, p. 107-132.

Adelung, Johann Christoph, J.S.Vater, 1771-1806, *Mithridates, oder allgemeine Sprachenkunde* (« Mithridate, ou Philologie générale »), Berlin.

Akin, Salih, 1997, « Désignation d'une langue innommable dans un texte de loi », in A. Tabouret-Keller, dir., *Les enjeux de la nomination des langues*, Louvain-la-Neuve, Peeters.

Assatiani, Irène et Michel Malherbe, 1997, *Parlons géorgien*, Paris, L'Harmattan.

Bopp, Franz, 1816, *Über das Conjugationssystem der Sanskritsprache in Vergleichung mit jenem der griechischen, lateinischen, persischen und germanischen Sprachen* (« Sur le système de conjugaison du sanscrit, comparé à ceux du grec, du latin, du perse et de l'allemand »), Frankfurt.

Bopp, Franz, 1833-1857, *Vergleichende Grammatik des Sanskrit, Zend, Griechischen, Lateinischen, Litthauischen, Gotischen und Deutschen* (« Grammaire comparée du sanscrit, du zend, du grec, du latin, du lituanien, du gotique et de l'allemand »), Berlin.

Briquel, Dominique, 1994, « Étrusque et indo-européen », in Françoise Bader, dir., *Langues indo-européennes*, Paris, Éditions du CNRS, p. 319-330.

Brisset, Jean-Pierre, 1904, *Les origines humaines*, Paris, à compte d'auteur.

Călinescu, G., 1985, *Istoria literaturii române de la origini pîna în prezent*, Bucureşti, Editura Minerva.

Calvet, Louis-Jean, 1994, *L'argot*, collection « Que sais-je ? », Paris, Presses Universitaires de France.

Carminati, Jean-Paul, 1999, *Dictionnaire imaginaire des stations de métro*, Paris, Castor Astral.

Chomsky, Noam, 1965, *Aspects of the Theory of Syntax*, Cambridge (Mass.), MIT Press.

Clairis, Christos, 1997, « Lingüística fueguina 1997 », *Onomazein* 2, p. 421-450.

Cohen-Lévinas, Danièle, 1996, « Devant la loi : écriture dramatique et dramaturgie musicale », in *La loi musicale, Ce que la lecture de l'histoire nous (dés)apprend*, textes réunis et présentés par Danièle Cohen-Lévinas, Paris, L'Harmattan.

Courthiade, Marcel, 1989, « La langue romani (tsigane) : évolution, standardisation, unification, réforme », in István Fodor et Claude Hagège, dir., *Language Reform : History and Future*, Hamburg, Buske Verlag, p. 87-110.

Courthiade, Marcel, 2007, Présentation de l'ouvrage *Un dictionnaire rromani(-magyar) oublié, le « Gyök-*

Szótár » de F. Sztojka (1890), Paks (Hongrie), Malatin Kiadó, et Paris, Inalco & Rromani Baxt.

Cyrano de Bergerac, Savinien de, 1649, *Histoire comique des États et empires de la lune*, Paris.

Dauby, Jean, 1979, *Le livre du « rouchi », parler picard de Valenciennes*, Amiens, musée de Picardie.

Dawson, Alain, 2005, *Le Picard de poche*, Chennevières-sur-Marne, Assimil.

Feltes-Strigler, Marie-Claude, 2002, *Parlons navajo*, Paris, L'Harmattan.

Fernandez-Vest, M.M. Jocelyne, 1997, *Parlons lapon*, Les Sames, langue et culture, Paris, L'Harmattan.

Ferrand, Marcel, 1981, « La phrase russe ancienne reconstruite », *Revue des Études slaves*, LIII, 3, p. 427-456.

Flournoy, Théodore, 1900, *Des Indes à la planète Mars, Étude sur un cas de somnambulisme avec glossolalie*, Paris, Genève.

Forest, Robert, 1993, *Négations, Essai de syntaxe et de typologie linguistique*, Société de linguistique de Paris, Paris, Klincksieck.

Franolić, Branko, 1972, *La langue littéraire croate*, Paris, Nouvelles Éditions Latines.

Gilder, Alfred, 2009, *Le jeu de mots en trente leçons d'humour*, Paris, Le Cherche Midi.

Glacken, Brendan, 1973, « The awful Icelandic Language », *Atlantica*, II, 3-4.

Greenberg, Joseph, 1971, « The Indo-Pacific Hypothesis », in Thomas A. Sebeok, resp., *Current Trends in Linguistics*, volume 8, La Haye, Mouton.

Greenberg, Joseph, 2000, *Indo-European and Its Closest Relatives. The Eurasiatic Language Family*, Stanford, Stanford University Press (traduction française en 2003, préfacée par Claude Hagège, chez Belin, éditeur, *Les langues indo-européennes et la famille eurasiatique*).

Grinevald, Colette, 2006, « The expression of static location in a typological perspective », in Maya Hickmann and Stéphane Robert, resp., *Space in Language, Linguistic Systems and Cognitive Categories*, Amsterdam/Philadelphia, John Benjamins, p. 29-58.

Grozdanovitch, Denis, 2008, *Le petit Grozda, Les merveilles oubliées du Littré*, Paris, Points.

Hagège, Claude, 1970, *La langue mbum de Nganha (Cameroun), Phonologie, grammaire*, 2 volumes, Paris, Société d'Études linguistiques et anthropologiques de France, Klincksieck dépositaire.

Hagège, Claude, 1975, *Le problème linguistique des prépositions, avec un essai de typologie à travers plusieurs groupes de langues*, collection linguistique publiée par la Société de linguistique de Paris, Paris/Louvain, Peeters.

Hagège, Claude, 1981, « Le comox lhaamen de Colombie-Britannique, Présentation d'une langue amérindienne », *Amérindia*, Paris, Association d'Études amérindiennes, numéro spécial 2.

Hagège, Claude, 1982, *La structure des langues*, collection « Que sais-je ? », Paris, Presses Universitaires de France.

Hagège, Claude, 1985, *L'Homme de paroles. Contribution linguistique aux sciences humaines*, collection « Le temps des sciences », Paris, Fayard.

Hagège, Claude, 1986, *La langue palau, une curiosité typologique*, collection « Forms of Language Structure », Munich, Fink.

Hagège, Claude, 1996, *L'enfant aux deux langues*, Paris, Éditions Odile Jacob.

Hagège, Claude, 1997, « Razlika između hrvatskoga i srpskoga nije šala » (« La différence entre le croate et le serbe n'est pas une plaisanterie », *Hrvatsko slovo*, Tijednik za kulturu (*La parole croate*, hebdomadaire culturel), p. 3-4.

Hagège, Claude, 2000, *Halte à la mort des langues*, Paris, Éditions Odile Jacob.

Hagège, Claude, 2006a, *Combat pour le français. Au nom de la diversité des langues et des cultures*, Paris, Éditions Odile Jacob.

Hagège, Claude, 2006b, « Les gloses de Rachi, rabbin champenois du XIe siècle, document exceptionnel pour l'histoire du français parlé… et de l'hébreu », in René Samuel Sirat, dir., *Héritages de Rachi*, Paris, Éditions de l'Éclat, p. 77-94.

Hagège, Claude, 2008, « Towards a typology of interrogative verbs », *Linguistic Typology* 12, 1, p. 1-44.

Hagège, Claude, 2009, à paraître, *Adpositions, Function-marking in Human Langages*, Oxford, Oxford University Press.

Haudressy, Dola, 1995, *Lire* Le Monde *et traduire. Le russe politique*, Paris, Institut d'Études slaves.

Herder, Johann Gottfried, 1767, *Fragments sur la littérature allemande.*

Hervás y Panduro, père, 1784, *Catalogo delle lingue conosciute e notizia della loro affinità e diversità*, Cesena.

Hervey de Saint-Denis, 1872, *Poésies de l'époque des Thang*, Paris, Amyot.

Hill, Clifford Alden, 1974, « Spatial perception and linguistic encoding : a case study in Hausa and English », *Studies in African Linguistics*, Supplement 5, p. 135-148.

Humboldt, Wilhelm von, 1836, *Ueber die Kawisprache auf der Insel Jawa*, Berlin.

Illitch-Svitytch, Vladislav M., 1971-1984, *Opyt sravnenija nostratitcheskich jazykov*, 3 volumes, Moscou, Nauka.

Itier, César, 1997, *Parlons quechua*, Paris, L'Harmattan.

Jacquesson, François, 2006, « La reconstruction linguistique du passé : le cas des langues boro-garo », *Bulletin de la société de linguistique de Paris*, vol. 101, n° 1, p. 273-303.

Jacquesson, François, 2007, « La coordination, instrument décisif de l'émergence de la prose : une description historique », in *La Coordination*, sous la direction d'André Rousseau, Louis Begioni, Nigel Quayle et Daniel Roulland.

Jahr, Ernst Håkon, 1989, « Language planning and language change », in Leiv E. Breivik and Ernst Håkon Jahr, eds. *Language Change : Contribution to a Study of its Causes*, Berlin & New York, Mouton de Gruyter, p. 99-113.

Kieffer, Jean-Louis, 2006, *Le Platt Lorrain de poche*, Assimil, Chennevières-sur-Marne.

Kochanowski, Vania de Gila-, 1994, *Parlons tsigane, Histoire, culture et langue du peuple tsigane*, Paris, L'Harmattan.

Lechartier, Frank, 2009, *Le secret douloureux qui me faisait languir…, Autour d'Henri Duparc*, Récit poétique, Paris, Zurfluh.

Lénine, Vladimir Ilitch Oulianov, dit, 1931, *Œuvres complètes*, Moscou, Éditions du peuple.

Leroy, Anne et Alpha Oumar Kona Balde, 2002, *Parlons poular*, Paris, L'Harmattan.

Masson, Michel, 1975, « Aspects humoristiques dans la renaissance de l'hébreu moderne », *Comptes rendus du Groupe d'Études chamito-sémitiques*, décembre, p. 1-10.

Masson, Michel, 1986, *Langue et idéologie, Les mots étrangers en hébreu moderne*, Paris, Éditions du CNRS.

Mennecier, Philippe, Bernadette Robbe et Pierre Robbe, 1996, « Entre verbal et nominal, Classes de monèmes en langue inuit », in Nicole Tersis et Michèle Therrien, dir., *La dynamique dans la langue et la culture inuit*, Paris, Peeters p. 119-150.

Miklosich, Franz von, 1882, *Ueber die Mundarten und Wanderungen der Zigeuner Europas* (« Sur les dialectes et les nomadisations des Tsiganes d'Europe »), Denkschriften der Akademie von Wien.

Montaut, Annie, 2007, « Formes et valeurs de la réduplication totale en hindi-ourdou », in *La réduplication, Faits de Langues* 29, Paris, Ophrys.

Nakane, Chie, 1970, *Japanese Society*, Londres, Weidenfeld and Nicolson.

Nicklaus, Hélène, 2008, *Le Platt, une langue*, Sarreguemines, Éditions Pierron.

Nodier, Charles, 1828, *Dictionnaire raisonné des onomatopées françaises*, Paris.

Orwell, George, 1949, *1984*, Londres, MacMillan.

Pallas, Pierre Simon, 1787-1789, *Linguarum totius orbis vocabularia comparativa Augustisimae cura collecta* (« Vocabulaires comparés des langues du monde entier, compilés sous la tutelle de l'Augustissime [Catherine] »), Saint-Pétersbourg.

Pawley, Andrew, 1985, « On speech formulas and linguistic competence », *Lenguas Modernas* (Universidad de Chile), 12, p. 84-104.

Pott, August-Friedrich, 1849, *Jahrbücher der freien Akademie zu Frankfurt* (« Annales de l'Académie libre de Francfort »), Frankfurt.

Queyrel, François, 2008, *Le Parthénon, Un monument dans l'Histoire*, Paris, Bartillat.

Quitout, Michel, 2002, *Parlons l'arabe tunisien*, Paris, L'Harmattan.

Ramirez, Henri, 1994, *Le parler yanomami des Wamatauteri*, Aix-en-Provence, thèse de l'Université de Provence.

Rémy, Pierre-Jean, 2004, *Dictionnaire amoureux de l'Opéra*, Paris, Plon.

Rey-Debove, Josette et Gilberte Gagnon, 1984, *Dictionnaire des anglicismes, les mots anglais et américains en français*, Paris, Le Robert (Les usuels du Robert).

Richard, Hervé, 2009, *Parlons allemand*, Paris, L'Harmattan.

Rosten, Leo, 1968, *The Joys of Yiddish*, New York, McGraw-Hill Book Company.

Saussure, Ferdinand de, 1916, *Cours de linguistique générale*, Genève, Payot.

Schleicher, August, 1861, *Compendium der vergleichenden Grammatik der indo-germanischen Sprachen* (« Abrégé de grammaire comparée des langues indo-européennes »), Weimar.

Sephiha, Haïm Vidal, 1973, *Le ladino (judéo-espagnol calque)*, Paris, Centre de Recherches hispaniques.

Shibatani, Masayoshi, « Passives and related constructions : a prototype analysis », *Language* 61, 4, p. 821-848.

Schlegel, August Wilhelm & Friedrich, 1798, *Die Sprachen, Ein Gespräch über Klopstocks grammatische Gespräche,* Berlin, Athenaeum.

Sollers, Philippe, 2001, *Mystérieux Mozart*, Paris, Plon.

Sudre, François, 1866, *Langue musicale universelle inventée par François Sudre, également inventeur de la téléphonie*, Paris, Flaxland, 1866.

Szulmajster, Anne, 1998, « À travers les langues », in Didier Nordon, dir., *L'ennui, féconde mélancolie*, Paris, Éditions Autrement, p. 161-195.

Thibault, A., 1992, « L'espagnol », in *Dictionnaire historique de la langue française*, sous la direction d'Alain Rey, Paris, Dictionnaires Le Robert, p. 723-726.

Tuan, Yi-Fu, 1977, *Space and Place. The Perspective of Experience*, Minneapolis, University of Minnesota Press.

Vanhove, Martine, 1994, « La langue maltaise, un carrefour linguistique », *Revue du Monde musulman et de la Méditerranée*, 71, Le carrefour maltais, p. 167-183.

Vertus, A. de, 1868, *La langue primitive basée sur l'idéographie lunaire, Principe des idiomes anciens et modernes, suivi de notes contenant les objections de plusieurs linguistes éminents,* Paris, à compte d'auteur.

Villagra-Batoux, Sara Delicia, 1996, *Le guarani paraguayen : de l'oralité à la langue littéraire*, Villeneuve-d'Ascq, Presses Universitaires du Septentrion.

Vogel, Sylvain, 2006, *Introduction à la langue et aux dits traditionnels des Phnong de Mondulkiri*, Phnom Penh, Éditions Funan.

White, William Charles, 1966, *Chinese Jews, A Compilation of Matters Relating to the Jews of K'ai-fêng Fu*, Toronto, University of Toronto Press.

Wlodarczyk, André, 1996, *Politesse et personne, Le japonais face aux langues occidentales*, Paris, L'Harmattan.

Wolfson, Louis, 1970, *Le Schizo et les langues*, Paris, Seuil.

Yaguello, Marina, 1984, *Les fous du langage*, Paris, Seuil.

Index des langues

FAMILLE	LANGUES	PAYS
adamaoua	banda	Centrafrique
	gbaya	Centrafrique
	mbum	Cameroun
aïnou	aïnou	Japon
alakaluf	qawasqar	Chili
algonquien	algonkin	États-Unis
	connecticut	États-Unis
	cree	Canada
	illinois	États-Unis
	massachusetts	États-Unis
	ojibwa	Canada
altaïque (mongol)	bouriate	Russie
	kalkha	Mongolie

FAMILLE	LANGUES	PAYS
(toungouse)	even (ou lamout)	Russie
	evenki	Russie
	mandchou	Chine
(turc)	azéri	Azerbaïdjan
	kazakh	Kazakhstan
	kirghiz	Kirghizstan
	ouïgour	Chine
	ouzbek	Ouzbékistan
	tchouvache	Russie
	turc	Turquie
	turkmène	Turkménistan
	yakoute	Russie
andaman	jarawa	îles Andaman
	onge	îles Andaman
araucan	mapudungun	Chili, Argentine
arawak	chipaya	Bolivie
	palikur	Brésil, Guyane française
athapaske	apache	États-Unis
	chasta	États-Unis
	loucheux	États-Unis
	navajo	États-Unis
atlantique	peul	Guinée, Sénégal, Mali, Burkina Faso, Nigéria, Cameroun
	serer	Sénégal

FAMILLE	LANGUES	PAYS
	ouolof	Sénégal
atsugewi		États-Unis
australien	aranda	Australie
(pama-nyungan)	dyirbal	Australie
	jodajoda	Australie
	madimadi	Australie
	wangkumara	Australie
	wadiwadi	Australie
	warlbiri	Australie
	wembawemba	Australie
	yankunytjatjara	Australie
austro-asiatique	bahnar	Vietnam
	khasi	Inde
	khmer	Cambodge
	khmu	Laos
	kuy	Cambodge, Thaïlande
	mundari	Inde
	mueong	Vietnam
	palaung	Birmanie
	pear	Cambodge
	phnong	Cambodge, Vietnam
	santali	Inde
	vietnamien	Vietnam
austronésien		
(malayo-polynésien)	balinais	Indonésie
	batak	Indonésie
	bugis	Indonésie
	chamorro	Guam
	dayak	Indonésie

FAMILLE	LANGUES	PAYS
	hawaïen	Hawaii
	indonésien	Indonésie
	javanais	Indonésie
	malgache	Madagascar
	nasariana	Vanuatu
	nêlêmwa	Nouvelle-Calédonie
	palau	îles Palau
	soundanais	Indonésie
(océanique)	fidjien	Fidji
	futunien	Futuna
	houaïlou (adjié)	Nouvelle-Calédonie
	lavukaleve	îles Salomon
	longgu	îles Salomon
	marquisien	îles Marquises
	marshallais	îles Marshall
	mokil	Port-Sandwitch (Vanuatu)
	rotumien	Rotuma
	samoan	Samoa
	tahitien	Tahiti
	tinrin	Nouvelle-Calédonie
	tongien	Tonga
	vetmbao	Vanuatu
(philippin)	tagalog	Philippines
	bikol	Philippines
	hiligaynon	Philippines
	kapampangan	Philippines
	ilocano	Philippines
	maranao	Philippines
	pangasinan	Philippines

FAMILLE	LANGUES	PAYS
	tausug	Philippines, Indonésie
(tsou)	rukai	Formose
aymara	aymara	Bolivie, Pérou
bantou	bafia	Cameroun
	boulou	Cameroun
	chichewa	Malawi
	douala	Cameroun
	kikongo	Congo, République démocratique du Congo
	kirundi	Burundi
	kinyaruanda	Ruanda
	lingala	Congo
	luganda	Ouganda
	luyia	Kénya
	mbili	Cameroun
	shona	Zimbabwe
	sotho	Lesotho
	swahili	Tanzanie, Kénya
	tswana	Botswana
	xhosa	Afrique du Sud
	yaka	République démocratique du Congo
	zoulou	Afrique du Sud
basque	basque	Espagne, France

FAMILLE	LANGUES	PAYS
berbère	chleuh	Algérie
	kabyle	Algérie
	rifain	Maroc
caraïbe	wayana	Brésil, Guyane française
caucasique	avar	Russie
	géorgien	Géorgie
	laze	Turquie
	mingrélien	Géorgie
	oubykh	Turquie
	svane	Géorgie
	udi	Russie
chibcha	rama	Guatemala
	teribe	Panama
chinantec	otomi	Mexique
chiquito	chiquito	Bolivie
chon	selknam	Argentine
	tehuelche	Argentine
coréen	coréen	Corée
cuitlatec	cuitlatec	Mexique
couchitique	afar	Djibouti
	oromo	Éthiopie
	somali	Somalie
	yaaku	Kénya

FAMILLE	LANGUES	PAYS
Cross-River	éfik	Nigéria
dogon	dogon	Mali, Burkina Faso
dravidien	kanara	Inde
	malayalam	Inde
	tamoul	Inde
	telugu	Inde
eskaléoute	inuktitut	Canada
(inuit)	inuktun	Canada
	inupiak	États-Unis
	kalaallisut	Groenland
(yupik)	naukanski	Russie
	sirenikski	Russie
	yupik central	États-Unis
	yupik sibérien	Russie
guaicuru	toba	Argentine
gur	mooré	Burkina Faso
	sénoufo	Mali, Côte-d'Ivoire
hamitique	berbère	Maghreb
	copte	Égypte
	égyptien	Égypte ancienne
haush	haush	Chili
indo-européen	albanais	Albanie
	arménien	Arménie
	grec	Grèce

FAMILLE	LANGUES	PAYS
indo-européen		
(baltique)	letton	Lettonie
	lituanien	Lituanie
(celtique)	breton	France
	cornique	Royaume-Uni (Cornouailles)
	gaélique	Royaume-Uni (Écosse)
	gallois	Royaume-Uni (Pays de Galles)
	gaulois	Gaule
	irlandais	Irlande
	manx	Royaume-Uni
(créole anglais)	jamaïcain	Jamaïque
(créoles français)	guadeloupéen	Guadeloupe
	guyanais	Guyane française
	haïtien	Haïti
	réunionnais	Réunion
(créoles luso-néerlandais)	aruba	Aruba
	papiamentu	Curaçao
(créole néerlandais)	afrikaans	Afrique du Sud
(créoles portugais)	capverdien	Cap-Vert
	guinéen	Guinée-Bissau
(germanique)	alémanique	Suisse

FAMILLE	LANGUES	PAYS
	allemand	Allemagne, Autriche, Liechtenstein
	anglais	Royaume-Uni, États-Unis, Canada, Australie, Nouvelle-Zélande, Afrique du Sud
	danois	Danemark, Groenland
	néerlandais	Pays-Bas, Belgique, Curação
	tok pisin	Papouasie
	yidiche	Israël, États-Unis, France, Russie
(indo-aryen)	assamais	Inde
	bengali	Inde
	bihari	Inde
	bhojpuri	Inde, Trinidad
	cachemiri	Pakistan
	gujrati	Inde
	hindi-ourdou	Inde
	maithili	Inde
	marathi	Inde
	pendjabi	Inde
	romani	Europe
	sanskrit	Inde
	sri-lankais	Sri-Lanka
(iranien)	afghan	Afghanistan
kurde		Iraq, Turquie, Syrie, Russie
	pachto	Afghanistan, Perse

FAMILLE	LANGUES	PAYS
	persan	Iran
	tadjik	Tadjikistan, Iran, Ouzbékistan
(pidgin à base anglaise)	bichelamar	Vanuatu
	mélanésien	Australie, Nouvelle-Guinée, Mélanésie
(roman)	catalan	Espagne
	espagnol	Espagne, Mexique, Amérique centrale et du Sud sauf Brésil
	français	France, Belgique, Suisse, Canada
	italien	Italie
	judesmo	Turquie, France, Belgique
	occitan	France
	portugais	Portugal, Brésil, Angola, Mozambique, Cap-Vert
	roumain	Roumanie
(slave)	biélorusse	Biélorussie
	bulgare	Bulgarie
	croate	Croatie
	macédonien	Macédoine
	nachta	Grèce
	polonais	Pologne
	russe	Russie, Ukraine, pays Baltes, Moldavie
	serbe	Serbie

FAMILLE	LANGUES	PAYS
	slovaque	Slovaquie
	slovène	Slovénie
	tchèque	République tchèque
	ukrainien	Ukraine
japonais	japonais	Japon
kaingán	botocudo	Brésil
ket	ket	Russie (Sibérie centrale)
khoisan	dama	Afrique du Sud, Angola
	bochiman	Afrique du Sud
	hottentot	Afrique du Sud
	sandawe	Afrique du Sud, Namibie
kwa	baoulé	Côte-d'Ivoire
	éwé	Bénin, Ghana, Togo
	igbo	Nigéria
	yoruba	Nigéria
mandé	bambara	Mali, Côte-d'Ivoire
	dyoula	Burkina Faso, Mali, Côte-d'Ivoire
	mandingue	Sénégal, Guinée, Mali
	soninké	Mali, Côte-d'Ivoire, Sénégal, Burkina Faso

FAMILLE	LANGUES	PAYS
maya	jacaltec	Guatemala
	tzotzil	Guatemala
	quiché	Guatemala
	yucatec	Mexique
miao-yao	bunu	Chine
mixe-zoque	mixe-zoque	Mexique
mixtec	mixtec	Mexique
muskogee	choctaw	États-Unis
na-déné	eyak	Canada
	haida	Canada
	tlingit	Canada
nilo-saharien	kanouri	Niger, Nigéria, Tchad
	madi	Ouganda, Soudan
	mangbetu	République démocratique du Congo
	masai	Kénya, Tanzanie
	nubien	Soudan
	shilluk	Soudan
	songhaï	Niger
otomangue	chinantec	Mexique
	mixtec	Mexique
	otomi	Mexique
oubanguien	sango	Centrafrique

FAMILLE	LANGUES	PAYS
ouralien (finno-ougrien)	estonien	Estonie
	finnois	Finlande
	hongrois	Hongrie, Roumanie
	live	Estonie
	mordve	Russie
	ostiak	Russie
	samoyède	Russie
	vogoul	Russie
	votiak	Russie
papou	kâte	Papouasie-Nouvelle-Guinée
pano	amahuaca	Brésil, Pérou
	cachinaua	Brésil, Pérou
pénutia	chinook	États-Unis
	wintun	États-Unis
salish	comox	Canada
chon	selknam	Argentine
	tehuelche	Argentine
sémitique	amharique	Éthiopie
	arabe littéraire	Proche-Orient, Maghreb
	arabe palestinien	Palestine, Israël
	arabe tunisien	Tunisie
	araméen	Syrie, Liban

FAMILLE	LANGUES	PAYS
	guèze	Éthiopie ancienne
	hébreu	Israël
	maltais	Malte
	soureth	Iran, Iraq, France
	sud-arabique	Arabie
	tigrigna	Éthiopie
sino-tibétain (tibéto-birman)	birman	Birmanie
	boro	Inde
	déuri	Inde
	dimasa	Inde
	garo	Inde
	kanauri	Népal
	kokborok	Inde
	naga	Inde
	nocté	Inde
	tibétain	Chine
sioux	cherokee	États-Unis
	dakota	États-Unis
	kiowa	États-Unis
	omaha	États-Unis
(iroquois)	mohawk	États-Unis
	onondaga	États-Unis
	sénéca	États-Unis
	wyendat	Canada
sumérien	sumérien	Mésopotamie ancienne
taï-kadaï	sui	Chine du Sud

FAMILLE	LANGUES	PAYS
	thaï	Thaïlande
tchadique	margi	Nigéria
	haoussa	Niger, Nigéria, Cameroun
	tera	Nigéria
tchoukotko-kamtchatkien	alutor	Russie
	itelmen	Russie
	kerek	Russie
	koryak	Russie
	tchouktche	Russie
tequistlatec	tequistlatec	Mexique
totonac	totonac	Mexique
torricelli	walman	Papouasie-Nouvelle-Guinée
tucano	tuyuca	Brésil, Colombie
tupi-guarani	guarani	Paraguay, Argentine
uto-aztèque	cahuilla	États-Unis
	comanche	États-Unis
	hopi	États-Unis
	nahuatl	Mexique
	thono o'odham (ou papago)	États-Unis, Mexique
	ute	États-Unis
wakash	kwakwala	Canada

FAMILLE	LANGUES	PAYS
	nootka	Canada
yagan	yagan	Chili
yagua	yagua	Pérou
yanomami	yanomami	Brésil, Venezuela

Table des entrées

DU MÊME AUTEUR

Description phonologique du mbum (Cameroun), Bulletin de la SELAF, n° 5, Paris, Klincksieck, 1968, 69 pages.

Esquisse linguistique du tikar (Cameroun), Bibliothèque de la SELAF, n° 11, Paris, Klincksieck, 1969, 62 pages + 1 carte.

La langue mbum de Nganha (Cameroun), Phonologie – Grammaire, thèse d'État, Bibliothèque de la SELAF, 2 tomes, n°s 18 et 19, Paris, Klincksieck, 1970, 366 pages + 2 cartes.

Profil d'un parler arabe du Tchad, Paris, Geuthner, « Matériaux 1 » de l'Atlas linguistique du monde arabe, publié sous la direction de David Cohen, Supplément 2 des Études chamito-sémitiques, 1973, 79 pages + 1 carte.

Le problème linguistique des prépositions et la solution chinoise (avec un essai de typologie à travers plusieurs groupes de langues), Collection linguistique publiée par la SLP, Louvain, Peeters, 1975, 429 pages.

La grammaire générative. Réflexions critiques, Paris, PUF, coll. « Le linguiste », 1976, 244 pages.

La phonologie panchronique, Paris, PUF, coll. « Le linguiste », 1978, 224 pages (en collaboration avec A. G. Haudricourt).

Le comox lhaamen de Colombie britannique : présentation d'une langue amérindienne, numéro spécial 2 de la Revue d'ethnolinguistique amérindienne *Amérindia,* Paris, Association d'ethnolinguistique amérindienne, 1981, 187 pages + 2 cartes.

La structure des langues, Paris, PUF, coll. « Que sais-je ? », n° 2006, 1982, 128 pages. 2e édition 1986, 4e édition 1995, 6e édition 2001.

La réforme des langues : histoire et avenir – Language Reform : History and Future – Sprachreform : Geschichte und Zukunft, en collaboration avec I. Fodor, Hamburg, Helmut Buske Verlag, 1983-1994, 6 vol., 2707 pages, 90 illustrations.

L'homme de paroles, Contribution linguistique aux sciences humaines, Paris, Fayard, coll. « Le temps des sciences », 1985, 320 pages.

La langue palau, une curiosité typologique, coll. « Forms of language structure », ed. by Haiim B. Rosén, München, Wilhelm Fink Verlag, 1986, 186 pages.

Le français et les siècles, Paris, Odile Jacob, 1987, 270 pages.

Le souffle de la langue. Voies et destins des parlers d'Europe, Paris, Odile Jacob, septembre 1992, 286 pages + 4 cartes (traduction allemande : *Welche Sprache für Europa ? Verständigung in der Vielfalt,* Paris, Éditions de la Fondation de la Maison des Sciences de l'Homme, 1996).

The language builder, An essay on the human signature in linguistic morphogenesis, coll. « Current Issues in Linguistic Theory », 94, Amsterdam, John Benjamins Publishing Company, 1993, 283 pages.

L'enfant aux deux langues, Paris, Odile Jacob, 1996, 298 pages.

Le français, histoire d'un combat, Boulogne, Éditions Michel Hagège et La Cinquième-Édition, 1996, 175 pages.

Halte à la mort des langues, Paris, Odile Jacob, novembre 2000, 402 pages.

Combat pour le français, au nom de la diversité des langues et des cultures. Paris, Odile Jacob, janvier 2006.

DANS LA MÊME COLLECTION

Ouvrages parus

Claude ALLÈGRE
Dictionnaire amoureux de la science

Yves BERGER
Dictionnaire amoureux de l'Amérique (épuisé)

Jean-Claude CARRIÈRE
Dictionnaire amoureux de l'Inde
Dictionnaire amoureux du Mexique

Jean des CARS
Dictionnaire amoureux des trains

Michel del CASTILLO
Dictionnaire amoureux de l'Espagne

Patrick CAUVIN
Dictionnaire amoureux des héros (épuisé)

Malek CHEBEL
Dictionnaire amoureux de l'Islam

Bernard DEBRÉ
Dictionnaire amoureux de la médecine

Jean-François DENIAU
Dictionnaire amoureux de la mer et de l'aventure

Alain DUCASSE
Dictionnaire amoureux de la cuisine

Dominique FERNANDEZ
Dictionnaire amoureux de la Russie
Dictionnaire amoureux de l'Italie

Claude HAGÈGE
Dictionnaire amoureux des langues

Daniel HERRERO
Dictionnaire amoureux du rugby

Christian LABORDE
Dictionnaire amoureux du Tour de France

Jacques LACARRIÈRE
Dictionnaire amoureux de la Grèce
Dictionnaire amoureux de la mythologie (épuisé)

André-Jean LAFAURIE
Dictionnaire amoureux du golf

Paul LOMBARD
Dictionnaire amoureux de Marseille

Peter MAYLE
Dictionnaire amoureux de la Provence

Christian MILLAU
Dictionnaire amoureux de la gastronomie

Bernard PIVOT
Dictionnaire amoureux du vin

Pierre-Jean RÉMY
Dictionnaire amoureux de l'Opéra

Pierre ROSENBERG
Dictionnaire amoureux du Louvre

Jérôme SAVARY
Dictionnaire amoureux du spectacle (épuisé)

Jean-Noël SCHIFANO
Dictionnaire amoureux de Naples

Alain SCHIFRES
Dictionnaire amoureux des menus plaisirs

Robert SOLÉ
Dictionnaire amoureux de L'Egypte

Philippe SOLLERS
Dictionnaire amoureux de Venise

Denis TILLINAC
Dictionnaire amoureux de la France

Composition et mise en page

NORD COMPO
multimédia

Cet ouvrage a été achevé d'imprimer en mars 2009
dans les ateliers de Normandie Roto Impression s.a.s.
61250 Lonrai

Dépôt légal : avril 2009 – N° d'édition : 14435.
N° d'impression : 091161
Imprimé en France

Mario VARGAS LLOSA
Dictionnaire amoureux de l'Amérique latine

Dominique VENNER
Dictionnaire amoureux de la chasse

Jacques VERGÈS
Dictionnaire amoureux de la justice

Frédéric VITOUX
Dictionnaire amoureux des chats

À paraître

Catherine BENSAID
Dictionnaire amoureux de la psychanalyse

Antoine de CAUNES
Dictionnaire amoureux du rock

Didier DECOIN
Dictionnaire amoureux de la bible

Michel LE BRIS
Dictionnaire amoureux de l'exploration

Yann QUEFFELEC
Dictionnaire amoureux de la Bretagne

Alain REY
Dictionnaire amoureux des dictionnaires

TRINH Xuan Thuan
Dictionnaire amoureux du ciel et des étoiles